Sprache und Information

S+I

Sprache und Information
Beiträge zur philologischen und linguistischen Datenverarbeitung, Informatik und Informationswissenschaft

Herausgegeben von
István Bátori, Walther von Hahn, Rainer Kuhlen, Winfried Lenders, Wolfgang Putschke, Hans Jochen Schneider, Harald Zimmermann

Band 16

Wolfram Wilss / Klaus-Dirk Schmitz (Hgg.)

Maschinelle Übersetzung – Methoden und Werkzeuge

Akten des 3. Internationalen Kolloquiums
des Sonderforschungsbereichs 100
»Elektronische Sprachforschung«
Saarbrücken, 1.–3. September 1986

Max Niemeyer Verlag
Tübingen 1987

CIP-Kurztitelaufnahme der Deutschen Bibliothek

Maschinelle Übersetzung – Methoden und Werkzeuge : Saarbrücken, 1.–3. September 1986 / Wolfram Wilss ; Klaus-Dirk Schmitz (Hgg.). – Tübingen : Niemeyer, 1987.
(Sprache und Information ; Bd. 16) (Akten des . . . Internationalen Kolloquiums des Sonderforschungsbereichs 100, Elektronische Sprachforschung ; 3)
NE: Wilss, Wolfram [Hrsg.]; Sonderforschungsbereich Elektronische Sprachforschung ⟨Saarbrücken⟩: Akten des . . . internationalen Kolloquiums; 1 GT.

ISBN 3-484-31916-X ISSN 0722-298-X

Printed in Germany. Druck: Weihert-Druck GmbH, Darmstadt.

INHALTSVERZEICHNIS

VORWORT

Der Sonderforschungsbereich (SFB) 100 'Elektronische Sprachforschung' hat in der Zeit vom 1.-3. September 1986 an der Universität des Saarlandes, Saarbrücken, ein internationales Kolloquium veranstaltet, das dazu diente, die in vierzehnjähriger Projektforschung gewonnenen Erkenntnisse theoretischer und praktischer Art abschließend vorzustellen und Perspektiven für eine Weiterarbeit nach Auslaufen des SFB 100 am 31. Dezember 1986 anzudeuten. Der vorliegende Band enthält, von zwei Ausnahmen abgesehen, die bei diesem Kolloquium gehaltenen Vorträge.

Mit der selbstgestellten Aufgabe, die vielen ineinander verschachtelten und sich überlagernden Probleme der maschinellen Übersetzung (MÜ) zu knacken, beschäftigt man sich in Saarbrücken schon seit 1959, einem Zeitpunkt also, wo man andernorts sich noch darauf beschränkte, zu sorgfältig ausgewählten Texten alphabetisch geordnete Wortformen-Indices zu erstellen. Damals ist unter der Leitung von Professor Dörr, dem Direktor des Rechenzentrums der Universität des Saarlandes, von Diplom-Mathematiker Hubert Martin ein prototypisches Projekt für die MÜ Lateinisch-Deutsch in Angriff genommen worden mit dem Ziel, lateinische Schulbuchsätze ins Deutsche zu übersetzen. Dieses Projekt, das nach einiger Zeit eingestellt wurde, war immerhin so gut, daß es für die entsprechenden lateinischen Einheiten die richtigen deutschen Wortformen auf dem Gebiet der Substantiva und der schwachen Verben lieferte. Aber die deutsche Synthese war noch so fragmentarisch, daß deutsche starke Verben wie schwache behandelt wurden, mit dem Ergebnis, daß z. B. für lateinisch _dabat_ im Deutschen die Wortform _gebte_ geliefert wurde.

Die nächste Phase stellte ein Projekt dar, das darauf angelegt war, eine maschinelle deutsche Analyse und Synthese zu entwickeln. Der Initiator dieses Projekts war der spätere erste Sprecher des SFB 100, Professor Eggers, der das Corpus-Material für eine automatische Analyse deutscher Sätze aus Hamburg mitbrachte. Sein Ziel war es, Wege für die maschinelle Erkennung von Satzgliedern wie Subjekt, Objekt, Prädikat zu suchen, zwischen Haupt- und Nebensätzen zu unterscheiden und zusammengesetzte Verbformen (z. B. _würde gegeben worden sein_) auf ihre Grundformen, in dem genannten Fall also auf _geben_, zurückzuführen und überhaupt eine breit angelegte Lemmatisierung der flektierbaren Wortformen der deutschen Sprache zu betreiben. Dieses Projekt war im Germanistischen Institut der Universität des Saarlandes angesiedelt und arbeitete mit technischer Unterstützung durch das Rechenzentrum. Aufgrund eindrucksvoller Anfangserfolge der sog. Syntaxgruppe gelang es Professor Eggers, die Deutsche Forschungsgemeinschaft (DFG) für eine finanzielle Unterstützung zu gewinnen, und so begann noch im Jahr 1960 mit Unterstützung durch interessierte studentische Mitarbeiter die planmäßige Projektarbeit.

Die auf die Entwicklung einer deutschen Analyse zugeschnittene Projektarbeit erweiterte sich entscheidend dadurch, daß die DFG ein von ihr erworbenes MÜ-Verfahren Russisch-Englisch der Saarbrücker Syntaxgruppe zur Erprobung anvertraute, verbunden mit dem Auftrag, gegebenenfalls auf der Grundlage dieses MÜ-Programms ein russisch-deutsches Übersetzungssystem zu entwickeln. Dies hatte zur Folge, daß sich die Syntaxgruppe nunmehr auch intensiv mit Fragen der deutschen Synthese zu befassen hatte, an deren Fehlen seinerzeit das MÜ-Vorhaben Lateinisch-Deutsch gescheitert war. Die Entwicklung einer deutschen Synthese erwies sich bald als eine außerordentlich umfangreiche Arbeit, weil die Probleme der Synthese ganz andere sind als die der Analyse; m.a.W., es erwies sich als unmöglich, die im Rahmen der Entwicklungsarbeiten auf dem Gebiet der Analyse gewonnenen Erkenntnisse auf die Synthese anzuwenden und das Programm gleichsam umzudrehen. Man kann für jede Einzelsprache zwar ein multilingual verwendbares Analyseprogramm entwickeln und dieses kontinuierlich verbessern, aber Syntheseprogramme sind jeweils ausgangssprachenabhängig, d.h. sie müssen für jedes MÜ-Sprachenpaar neu erarbeitet werden.

Die Erfolge der Syntaxgruppe wirkten in der Universität des Saarlandes stimulierend, und damit begann die dritte Phase der Sprachdatenverarbeitung (SDV) an der Universität. So befaßten sich die Anglisten unter der Leitung von Professor Finkenstaedt mit der Herstellung automatischer Wörterbücher; die Romanisten unter der Leitung von Professor Scheel wandten sich der Untersuchung französischer Neologismen zu und bezogen im weiteren Verlauf der Entwicklung auch die maschinelle Analyse der französischen Syntax in ihr Forschungsprogramm ein. Auch die Informatiker meldeten ihr Interesse an linguistischen Problemen an und nahmen unter Leitung von Professor Hotz die Entwicklung einer für die SDV besonders geeigneten Programmiersprache mit dem Namen COMSKEE in Angriff.

Im Jahr 1973 war es dann soweit: Unter großzügiger Förderung durch die DFG schlossen sich die genannten vier Projekte zum SFB 100 'Elektronische Sprachforschung' zusammen, zu eben jenem SFB, der Ende 1986 auslaufen wird, weil nach den Statuten der DFG ein SFB maximal 15 Jahre gefördert werden kann. Danach bleibt theoretisch die Möglichkeit, daß die Heimatuniversität den SFB in eigener Regie weiterführt oder daß eine andere Form der institutionalisierten Weiterförderung gefunden wird. Da eine Übernahme durch die Universität des Saarlandes aus finanziellen Gründen ausgeschlossen war, hat sich der SFB 100 um eine andere Lösung in Form einer Landesanstalt für SDV bemüht, aber damit ist er bei den zuständigen Stellen im Saarland auf keine Gegenliebe gestoßen - offen gesagt, wir wissen bis heute nicht warum, denn unsere umfangreichen, zeitaufwendigen Ausarbeitungen aus dem Jahr 1983 sind ohne Antwort geblieben. Wir hatten seinerzeit u.a. damit argumentiert, daß die nationale und die internationale Kommunikation durch komplexe Systeme, Strukturen und Mechanismen geprägt ist. In exemplarischer Form ist dieser Umstand in den EG zu beobachten. Aus den ursprünglich vier Amtssprachen (Deutsch, Französisch, Italienisch und Niederländisch) sind durch den Beitritt Englands, Dänemarks und Griechenlands sieben geworden, d. h. die ursprünglich zwölf Sprachkombinationen erhöhten sich auf 42. Durch den Beitritt Spaniens und Portugals hat sich die Zahl der Amtssprachen auf neun erhöht, d. h. jetzt sind die Sprachendienste der EG mit 72 Sprachkombinationen konfrontiert, weil die EG eine egalitäre Sprachenpolitik betreiben, d. h. die Sprache eines jeden Mitgliedstaates ist automatisch Amtssprache. Eine Verringerung der EG-Amtssprachen auf zwei oder drei ist nicht durchsetzbar; dafür ist der Behauptungs- und Überlebenswille der einzelnen Nationalsprachen zu stark.

Weiterhin wurde festgestellt, daß die vielfältig diversifizierten wissenschaftlichen Aktivitäten eine riesige Informationsexplosion ausgelöst haben, die ihrerseits im Rahmen des 'Transfer of Technology' riesige Informationsbedürfnisse ausgelöst haben, die auf konventionellem Weg nicht mehr gedeckt werden können. Deshalb spielt die SDV i.a. und die MÜ im besonderen in der nationalen und internationalen Kommunikation eine immer größere Rolle, und zwar auf den folgenden sechs Gebieten:

1. MÜ und Maschinengestützte Übersetzung (MGÜ)
2. Automatische Indexierung und Informationswiedererschließung
3. Künstliche Intelligenz (KI) und Expertensysteme
4. Textverarbeitung
5. Software-Entwicklung
6. Akustische Sprachein- und -ausgabe.

Ein anderer Gesichtspunkt für den SFB 100, eine Landesanstalt für SDV anzuvisieren, war, daß es auf dem Gebiet der MÜ und der MGÜ zwar zahlreiche Bemühungen gibt, aus anderen Sprachen ins Deutsche zu übersetzen, daß es aber umgekehrt in nennenswertem Umfang nur ein einziges Projekt gibt (METAL in Austin/Texas, jetzt von Siemens übernommen), das mit Deutsch als Ausgangssprache die authentische Übersetzung in andere Sprachen betreibt. Zweifellos liegt es im deutschen Interesse, deutsches wissenschaftliches Schrifttum, wenn es schon im Original im Ausland kaum mehr gelesen wird, weil Deutsch keine internationale Wissenschaftssprache mehr ist, wenigstens in Übersetzungen zu verbreiten. Angesichts der zunehmenden wirtschaftlichen Bedeutung des Vorderen Orients schien es dem SFB 100 besonders wichtig, auch die Schaffung eines deutsch-arabischen MÜ-Systems in Angriff zu nehmen. Als Aufgabenkatalog stellte sich der SFB 100 u.a. vor:

- Software-Entwicklung für MÜ und MGÜ für verschiedene Sprachenpaare und Übersetzungsrichtungen
- Entwicklung einer Programmierumgebung für SDV
- Sprachtheoretische Untersuchungen (Grundlagenforschung)
- Evaluation von MÜ- und MGÜ-Systemen
- Pilotanwendungen
- Dienstleistungen für Staat und Wirtschaft
- Informationsaustausch und Zusammenarbeit u.a. mit EUROTRA, CERTAL/Paris, GETA, ESA, LOGOS, METAL usw.

Aber das ist leider, wie gesagt, Schnee vom vorletzten Winter. Das Ausbleiben einer Resonanz von den zuständigen Stellen kann an der Qualität der Arbeit des SFB 100 nicht gelegen haben, denn die alle drei Jahre gemäß DFG-Satzung veranstalteten Begehungen des SFB 100 durch die DFG und durch die von der DFG bestellten Gutachter sind insgesamt immer positiv ausgefallen, so daß eine Weiterförderung laufend bewilligt wurde, zuletzt 1983 mit der Auflage, daß die Arbeit des SFB satzungsgemäß Ende 1986 beendet werden müsse.

Der SFB 100 kann heute, im 14. und letzten Jahr seines Bestehens, auf eine fruchtbare, ergebnisreiche und ausstrahlungswirksame Arbeit zurückblicken. Die anglistische Arbeitsgruppe unter Professor Finkenstaedt stellte zwar nach dessen Wegberufung ihre Arbeit ein, aber an ihre Stelle trat 1978 mit neuen Mitarbeitern und Professor Wilss als Projektleiter ein neues Projekt, jetzt mit dem Ziel der Entwicklung einer englischen Syntaxanalyse als Vorarbeit für die Entwicklung eines englisch-deutschen MÜ-Systems. Inzwischen war zum SFB 100 auch noch ein anderes, skandinavistisches Projekt gestoßen, das unter Leitung von Professor Beck bis zu dessen Wegberufung die Möglichkeiten des Rechnereinsatzes bei der Erforschung altisländischer Rechtshandschriften prüfte. Auch hatte es sich als notwendig erwiesen, die deutsche Syntaxgruppe in zwei Teilprojekte umzuorganisieren, einmal das Projekt A2, das, auf SAFRAN aufbauend, eine funktionale Sprache zur Repräsentation linguistischen Wissens und linguistischer Strategien entwickelt hat. Dieses Projekt leitete Diplom-Mathematiker Dieter Maas bis zu seinem Übertritt zu EUROTRA; dann ging es in die Verantwortung von Dr. Thiel über. Dazu kam das Projekt A3, das, unter der Leitung von Frau Professor Sandig stehend, sich mit der linguistischen Modellierung von Textwissen auf der Grundlage von Wissensrepräsentationen und deren Implementierung befaßte.

In enger Zusammenarbeit zwischen den fünf Projektgruppen trat dann im Verlauf der weiteren Entwicklung immer deutlicher als Hauptaufgabe die Entwicklung von maschinellen Übersetzungssystemen in den Mittelpunkt der Arbeit. Neben der Weiterführung der englischen und französischen Analyse wurde die deutsche Synthese vorangetrieben; außerdem wurde in kleinerem Rahmen auch an der englischen und französischen Synthese für die MÜ Deutsch-Englisch und Französisch-Englisch gearbeitet.

Die Beschäftigung mit der MÜ Russisch-Deutsch trat dagegen immer mehr in den Hintergrund. Die Erklärung: Inzwischen hatten die EG Interesse an der Arbeit des SFB bekundet. Die Folge war, daß sich ab 1974 enge Kontakte zu den einschlägigen Stellen in Luxemburg ergaben, die die Ressourcen des SFB 100 in immer stärkerem Maße beanspruchten. Es mußten also Prioritäten gesetzt werden, und daß die Zusammenarbeit mit den EG das aktuellere und attraktivere Ziel darstellte, wird niemand überraschen. Denn es ergab sich nunmehr die Möglichkeit für den SFB, zusammen mit den EG EUROTRA zu konzipieren und die Entwicklung wichtiger EUROTRA-Programmteile in Angriff zu nehmen. Im Zuge der Institutionalisierung von EUROTRA wurde EUROTRA-D mit Sitz in Saarbrücken gegründet (mit Begleitforschung an den Universitäten Berlin, Bielefeld und Stuttgart). Der SFB 100 betrachtet es als eine Anerkennung seiner Arbeit, daß im EUROTRA-D-Team auch ehemalige SFB-Mitarbeiter tätig sind und daß viele im SFB 100 entwickelte Ideen Eingang in die EUROTRA-Arbeit gefunden haben.

In das Jahr 1982 fällt der Wechsel im Amt des Sprechers des SFB 100. Professor Eggers, dessen Initiative der SFB 100 seine Entstehung verdankt und dem deswegen die Mitarbeiter des SFB 100 zu großem Dank verpflichtet sind, trat aus Altersgründen von seinem Amt als Sprecher zurück. Professor Wilss wurde als Nachfolger gewählt.

Etwa um dieselbe Zeit wie der Wechsel im Amt des SFB-Sprechers änderte sich auch die Blickrichtung des SFB 100, am konsequentesten vielleicht im Teilprojekt K, MÜ Englisch-Deutsch. Es gab nunmehr Überlegungen, wie man SUSY praktisch nutzen und wie man SUSY benutzerfreundlicher machen kann. Da ist einmal zu nennen die Integration einer fakultativen, von den Studierenden der Fachrichtung 'Angewandte Sprachwissenschaft sowie Übersetzen und Dolmetschen' positiv aufgenommenen neuen Studienkomponente SDV in das Ausbildungsprogramm für Diplom-Übersetzer und Diplom-Dolmetscher; hier haben sich die Mitarbeiter des Projektbereichs K mit ihrer Bereitschaft, zusätzlich zu ihrer Projektarbeit unvergütete Lehraufträge zu übernehmen, nachhaltig um die Studierenden dieser Fachrichtung verdient gemacht. Da ist weiterhin zu erwähnen das vom BMFT vier Jahre geförderte Projekt SUSANNAH (SUSY ANWENDERNAH), dessen Ziel es war, für SUSY unter Berücksichtigung spezifischer Benutzerbedürfnisse eine Terminologieumgebung zu entwickeln, d.h. SUSY einem breiten Spektrum von Benutzern kommerziell zugänglich zu machen.

Zu erwähnen ist schließlich auch ein Pilotprojekt, das die erwähnte Fachrichtung zusammen mit Siemens/München in Gang gesetzt hat: Ziel des Pilotprojekts ist es, zu einer beiden Seiten gerecht werdenden anwendungsorientierten Projektforschung auf dem Gebiet der Terminologieerfassung, Terminologieaufbereitung und der Entwicklung von Werkzeugen für die SDV zu kommen und damit die Fachrichtung in die Kooperationsvereinbarungen zwischen Siemens und der Universität des Saarlandes im Rahmen eines APC-Großrechner-Systems einzubeziehen.

Alle genannten Weiterentwicklungen (auch die unter Leitung von Professor Zimmermann in der Fachrichtung 'Informationswissenschaft' angesiedelten) wären nie in Gang gekommen, hätte die DFG nicht engagiert die finanziellen Voraussetzungen für die Arbeit des SFB 100 geschaffen. Ihr gilt deshalb der tiefempfundene Dank der Projektleiter und der wissenschaftlichen Mitarbeiter des SFB 100. Mit herzlichem Dank verabschiedet sich der SFB 100 auch von seinen Gutachtern, die verständnisvoll, konstruktiv, geduldig und ohne uns zu gängeln, die Arbeit des SFB 100 verfolgt und uns mit Rat und Tat unterstützt haben. Unser Dank gilt auch den Herausgebern der im Niemeyer-Verlag Tübingen erscheinenden Reihe 'Sprache und Information' und dem Verlag selbst, weil sie sich unbürokratisch bereiterklärt haben, die Akten unseres Kolloquiums in dieser Reihe zu veröffentlichen. Zu der Veröffentlichung haben die Universität des Saarlandes und die Vereinigung der Freunde der Universität des Saarlandes e.V. je ein Druckkostenzuschuß von DM 2000,- beigesteuert, wofür ihnen die Herausgeber vielmals danken möchten.

Die Herausgeber haben mit Unterstützung von Gabriele Blankenmayer, Sabine Eiserloh-Kaiser und Klara Helmholz die Reihenfolge - Beitrag des Sprechers des SFB 100, Beiträge der eingeladenen Gastreferenten, nach Projektbereichen geordnete Beiträge der SFB-Mitarbeiter - festgelegt und für die notwendige formale Vereinheitlichung gesorgt. Für den Inhalt der einzelnen Beiträge tragen die Verfasser die Verantwortung.

Saarbrücken, im Oktober 1986 Die Herausgeber

THEORETISCHE ASPEKTE DER MASCHINELLEN ÜBERSETZUNG

Wolfram Wilss

Wer sich auf das Gebiet der maschinellen Übersetzung (MÜ) vorwagt, hat es mit dem faszinierendsten, gleichzeitig aber auch mit dem schwierigsten Gebiet der Sprachdatenverarbeitung (SDV) zu tun, denn es geht bei der MÜ um nicht weniger als um den Versuch, unvorstellbar komplexe mentale Prozeduren, die sich in Zusammenarbeit zwischen Gehirn und Bewußtsein in Bruchteilen von Sekunden abspielen, auf ein technisches Verfahren zu reduzieren, das von einem Rechner mit den ihm zur Verfügung stehenden Mitteln ausgeführt werden kann. Wer also auf MÜ setzt, muß sich einem Verhaltenskodex unterwerfen, der sich am Funktionsprinzip des Rechners orientiert. Und er muß bereit sein, sprachliche Sachverhalte einer mikroskopischen Vergrößerung zu unterziehen, die all das schattenlos sichtbar macht und in Regelform bringt, was der Sprachbenutzer nicht sieht und auch gar nicht sehen muß, weil er sich aufgrund seines Sprach- und Weltwissens in den verschiedensten Kommunikationssituationen kontingent, d. h. situationsangemessen verhalten kann. Der Mensch kann z.B. wesentliche Informationen von unwesentlichen unterscheiden; der Rechner - genauer: das den Rechner steuernde Programm - kann das nicht oder jedenfalls nur in dem Maße, wie das Programm zwischen wesentlich und unwesentlich unterscheidet. Dasselbe gilt für textuelle Ambiguität. Der Mensch weiß, wie er in dem Satz <u>Hier müßte es eine Umgehungsstraße geben</u> das Modalverb interpretieren muß (im Sinne von 'angeblich' oder im Sinne einer verkehrspolitischen Forderung), und auch der Satz <u>Genscher kann nichts bewegen</u> ist vom Menschen trotz seiner syntaktisch-semantischen Ambiguität situationskontextuell eindeutig zu identifizieren. Der Rechner muß dagegen in beiden Fällen passen. Dazu kommt, daß ein Rechner - und dies gilt für sprachliche und nichtsprachliche Zusammenhänge - nur in Mikrowelten operieren kann, die hinter der Alltagskomplexität weit zurückbleiben. Deswegen kann man dem Rechner auch kein Weltbild vermitteln. Der Rechner hat nicht die Möglichkeit zur selbständigen Steuerung eines Übersetzungsablaufs. Aber dies ist auch nicht seine Aufgabe; der Rechner ist ein Werkzeug, dessen Leistungsfähigkeit man nicht daran messen darf, daß er kein Problembewußtsein hat und deshalb auch den Wahrheits- und Plausibilitätscharakter einer maschinell erzeugten Übersetzung nicht einschätzen und kontrollieren kann. Hier wirken anthropozentrische Vorurteile fort, die in sachverhaltsverfälschender Weise auf den Rechner projiziert werden.

Die Geschichte der Wissenschaft zeigt, daß jedes Zeitalter unter dem Einfluß der jeweils zeittypischen Denkformen sein spezifisches theoretisches und forschungspraktisches Paradigma favorisiert. Wie alle Lebensbereiche, so haben auch die Wissenschaften ihre Konjunkturen. Wenn man die zeitgenössische Sprachwissenschaft auf ihre theoretische Schwerpunktbildung hin unter die Lupe nimmt, so zeigt gerade die MÜ-Forschung, daß es eine die Vielzahl der einzelnen Forschungsperspektiven übergreifende Grundeinstellung gibt: die mit unterschiedlichen Spielarten ziemlich klar die Szenerie beherrscht, die Tendenz zu einer analytischen, klassifikatorischen, inventarisierenden Denkweise. Wir beobachten eine Veränderung in der 'conditio humana', die sich nicht mehr am diskursiven, sondern am digitalen Denken orientiert. Der 'Zeitgeist' erschafft zwar nicht Wissenschaft, aber er beeinflußt die Bedingungen und steuert die Antriebe, die für die Wissenschaftspraxis maßgebend sind. Wissenschaft ist ein revolutionärer (zumindest evolutionärer) Prozeß, in dem die Zerstörung (Relativierung) alten Wissens und die Entfaltung neuen Wissens Hand in Hand gehen. Der schöpferische Wissenschaftler ist, so ein oft zu hörendes Diktum, Abbruchspezialist und Baumeister in einer Person.

In diesem Kontext ist der Abbau der anthropozentrischen Auffassung der Sprache zugunsten einer positivistischen, rationalistischen, universalistischen Sprachtheorie zu sehen. Statt von kausal determinierten Wechselbeziehungen zwischen den Ausdrucksmöglichkeiten und dem Weltbild einer Sprachgemeinschaft auszugehen, wie es z. B. Weisgerber im Anschluß an von Humboldts These von der Souveränität der für den Sprachbenutzer denkenden Sprache getan hat, versteht die theoretische Sprachwissenschaft der Gegenwart natürliche Sprache als funktional bestimmten Zusammenhang, der Struktureigenschaften besitzt, die durch entsprechende Methoden in ihrem wechselseitigen Abhängigkeitsverhältnis sichtbar gemacht werden können. Sprache gilt als ein komplexes System mit einer Anzahl von Subsystemen, deren Funktionsfähigkeit von kommunikationssteuernd wirkenden Gesetzmäßigkeiten abhängt. Struktur hat Zwangscharakter; durch empiriebezogene Untersuchung der strukturgebenden Kräfte in der Sprache läßt sich ausfindig machen, was die Sprache im Innersten zusammenhält. Ziel dieser Sprachtheorie ist es, die Voraussetzungen für die Parametrisierung sprachlicher Zusammenhänge zu schaffen. Dabei läßt sie sich von der Überlegung leiten, "daß in dem Maße, als die unmittelbaren Inhaltsbestimmungen zurücktreten, die allgemeinen Form- und Relationsmomente zu um so schärferer und reinerer Ausprägung gelangen" (Cassirer 1964:45). M.a.W.: Im heutigen Forschungsparadigma verbindet sich der statische Begriff von Zuständen mit dem dynamischen Begriff von Prozessen. Daraus resultieren neue Wirklichkeitsvorstellungen, die sich von der Metaphysik abgekoppelt haben und sich im Gravitationsbereich einer 'physikalischen' Wissenschaftstheorie bewegen. Dabei ist die Sprachwissenschaft i.a. und die MÜ-Forschung im besonderen auf erkenntnistheoretische und erkenntniskritische Fragen gestoßen, die man unter dem Stichwort 'Kommensurabilität von Aufgabenstellung und den zur Problemlösung einsetzbaren Methoden' zusammenfassen kann. Daraus folgt, daß die MÜ-Forschung, wenn sie mehr als Ad-hoc-Ergebnisse erzielen will, einen tragfähigen theoretischen Darstellungs- und Begründungzusammenhang entwickeln muß. Es stimmt nicht, daß der MÜ-Theoretiker dem MÜ-Praktiker von ferne nachfolgt, um, so gut er kann, zu registrieren und zu erklären, was aus der Arbeit des MÜ-Praktikers an grundlegenden Erkenntnissen abgeleitet werden kann. Ein Programm ist immer nur so gut wie die dahinterstehende Theorie.

Dies gilt insgesamt für das Verhältnis von Computerwissenschaft und Computertechnologie. Das geistige Klima der Gegenwart ist computer-orientiert. Die Computertechnologie ist eine 'Schlüsseltechnologie' geworden, die nahezu alle Bereiche menschlicher Tätigkeit so massiv durchdringt, daß 'computer literacy' ein wichtiger Faktor internationaler und nationaler Dialogfähigkeit geworden ist. Dabei kann man sich den Rechner als ein Superwerkzeug vorstellen, das genau definierte Aufgaben in genau detaillierter, d.h. vom Menschen programmierter Weise erledigt, oder man kann ihn als lernfähiges System betrachten, das, und hier kommt die Forschung auf dem Gebiet der Künstlichen Intelligenz ins Spiel, Teilbereiche natürlicher Sprache etwa in Form von Frage-Antwort-Systemen zu beherrschen vermag, einfache kognitive Prozesse nachvollziehen kann und die Fähigkeit zur Selbstorganisation besitzt. Auf jeden Fall verlangt das Funktionsprinzip des Rechners bestimmte Grundsätze und Leitlinien für die Hardware-Konstruktion und für die Software-Entwicklung. Daß die Software-Entwicklung hinter der Hardware-Entwicklung herhinkt, rührt m.E. daher, daß es noch nicht gelungen ist, jedenfalls nicht in dem für jedes operative Verfahren notwendigen Minimal-Umfang, maschinelle Problemlösungsstrategien zu entwickeln, die auf der für jeden kognitiven Prozeß grundlegenden Verbindung von 'wissen daß' und 'wissen wie' beruhen und über ein hinlängliches Inferenzpotential verfügen.

Hier ist noch fast alles offen, aber gerade in dieser Offenheit des Fragenkönnens scheint die Faszinationskraft des Computers bzw. der Arbeit mit dem Computer zu liegen. Diese Faszinationskraft ist nach meinem Dafürhalten das Ergebnis einer Anzahl teils konvergierender, teils interdependenter Faktoren, von denen die folgenden drei besonders wichtig sind:

1. Der Nachkriegstrend zur Logifizierung empirischer Tatbestände; am konsequentesten äußert sich dieser Trend in der Philosophie bei den Vertretern des Neopositivismus und in der Sprachwissenschaft bei den Vertretern der generativen Linguistik und der Montague-Grammatik. Neopositivisten und Generativisten sind sich, so meine ich, in der Überzeugung einig, man könne alle sprachlichen Äußerungen und alle Aussagen über die Außenwelt in mathematisch-physikalische Sätze übertragen und dergestalt eine exakte 'Einheitswissenschaft' schaffen, die auf die "Gleichförmigkeit aller physikalischen Vorgänge" (Elias 1986:471) setzt. Für eine solche Einheitswissenschaft mit ihrem eingegrenzten Wahrheitsbegriff sind in exemplarischer Form der frühe Wittgenstein in seinem philosophischen Traktat und Carnap in seiner axiomatisch fundierten logischen Syntax eingetreten.

Hinter diesem Konzept steht das Axiom von der Existenz einer logisch-mathematischen Grundstruktur der Welt, wie sie u.a. Leibniz und Galilei vorgeschwebt hat. So war Galilei der Auffassung, der Schlüssel zum Verständnis der Natur läge in der Mathematik und die Naturgesetze seien nur in mathematischer Symbolschrift zu formulieren. Leibniz hatte die Vision eines mathematischen Kalkulators, der mit Hilfe einer dafür zu entwickelnden logischen Wissenschaftssprache in der Lage sein müßte, Antworten auf Probleme zu finden, deren Lösung einen Denkprozeß erfordert. Das Ziel von Leibniz war es, die Logik von der Umgangssprache unabhängig zu machen und Begriffe sowie ihre Beziehungen untereinander mit algebraischen Mitteln zu symbolisieren. Wenn ich richtig sehe, praktiziert die SDV eine ähnliche Denkweise: Sie versucht, ihre Probleme durch eine Art 'Leibnizisation' des natürlichen Denkens zu lösen und damit eine Grundlagendisziplin für alle linguistischen Fachwissenschaften zu werden. Singuläre Beobachtungen sind wissenschaftlich unerheblich, weil sie auf der Basis mathematischer Modelle nicht überprüfbar sind; über das Besondere und Einmalige kann und will die (Natur-)Wissenschaft keine Aussagen machen. Die Sprachwissenschaft ist damit in den Bannkreis einer Wissenschaftstheorie gelangt, die Auguste Comte in seiner Sozialphysik dargestellt hat. Diese Wissenschaftstheorie hat 100 Jahre später von Carnap die Bezeichnung 'Physikalismus' erhalten und ist in den Denkbewegungen der 'Philosophy of Science' zu ihrem folgerichtigen Abschluß gekommen. Inzwischen bläst der 'Philosophy of Science', deren Methodologie durch die exakten Wissenschaften geprägt ist, der Wind ziemlich ins Gesicht. Symptomatisch ist diese Entwicklung bei Paul Feyerabend ([3]1983), dem Popper-Schüler und Popper-Renegaten, der mit seinem skeptischen Prinzip des 'anything goes' das Falsifizierbarkeitspostulat des 'Kritischen Rationalismus' provokativ in Frage gestellt und in Odo Marquard (1983) einen amüsanten, weniger exzentrischen, rhetorisch mindestens ebenso virtuosen Weggefährten gefunden hat.

2. Der zweite Faktor ist m.E. das Aufkommen der Systemtheorie und der Systemanalyse. Nun hat es natürlich so etwas wie Systemtheorie und Systemanalyse, gerade auch in der Sprachwissenschaft, schon immer gegeben, weil das Denken in Systemkategorien einen Wesenszug menschlichen Verhaltens sichtbar macht. Unsere Umwelt ist kompliziert; alles ist mit allem irgendwie vernetzt; wir ertragen aber nur ein begrenztes Maß an Komplexität. Trotzdem überrascht, in welchem Ausmaß heute immer mehr Wissenschaftler immer mehr Forschungsdisziplinen mit systemtheoretischen Kategorien und Prozeduren durchleuchten. Offenbar geben alle wissenschaftlich relevanten Fragen keine Ruhe, bis alles wissenschaftlich Erkennbare sich zu einem Gesamtsystem mit einer sachverhaltsspezifischen Anzahl von Teilsystemen zusammenschließt, die nur an bestimmten Kreuzungspunkten kontrolliert miteinander in Verbindung treten (dürfen). "Es gehört zu den faszinierenden Aspekten der neuen Systemtheorie", schreibt Alfred Gierer, "daß man in ganz verschiedenen Bereichen der belebten und unbelebten Natur, ja sogar in sozialen Beziehungen trotz verschiedener Mechanismen doch ähnliche formale Prinzipien der Strukturbildung auffindet" (1985:164). Einprägsame Beispiele für die wissenschaftliche Durchschlagskraft der Systemtheorie sind die Untersuchungen von Hermann Haken, der die 'Synergetik', die Lehre von den Zusammenhängen, begründet hat, oder von Talcott Parsons, der im Systembegriff den Schlüssel für jede Art von funktionierender, weil anpassungsfähiger (autopoietischer) Gesellschaftsordnung gesehen hat.

Das Forschungsinteresse der Systemtheorie richtet sich nicht auf das Einzelphänomen an sich, sondern auf seinen Stellenwert in einem spezifischen Strukturzusammenhang, den sie als eine Menge von Elementen und als eine Menge von Relationen zwischen diesen Elementen definiert, wobei das Ganze mehr als die Summe seiner Teile ist. Es ist kein Zufall, daß in der systemtheoretischen Argumentation der Begriff der 'Verfahrensstrukturierung' eine zentrale Rolle spielt. Verfahrensstrukturierung, und hier werden die Querverbindungen von der Systemtheorie zur MÜ handgreiflich, läuft auf eine Selbststeuerung von Lebensweltbereichen mit dem Ziel optimaler Norm- und Regelwirksamkeit hinaus. Deshalb kann man auch nur da, wo so etwas wie ein System waltet, Abweichungen verstehen. Abweichungen setzen immer einen 'Eukosmos', eine wohlgeordnete Welt mit ihren ineinandergreifenden Harmonien, voraus.

Wie die Erfindung des Rads, die Einführung des Ackerbaus, die Gründung von Städten in früheren Zeiten, so ist die Systemtheorie und die darauf aufbauende Planmäßigkeit und Rationalität des Handelns ein Teil des Selbstverständnisses der modernen Menschheit. Dem Zufall soll möglichst wenig überlassen bleiben. Die Systemtheorie hat damit eine neue Phase der wissenschaftlichen Gesamtverständigung der Menschheit eingeleitet. Die Systemtheorie, von Max Webers Hypothese des 'okzidentalen Rationalismus' vorweggenommen, repräsentiert dominant die Bewußtseinslage der Gegenwart. Wir alle stehen unter dem Diktat des 'funktionalen Imperativs'; dieser umschreibt Leitvorstellungen, wie z. B. "Ultrastabilität" und "Multistabilität" (Kirsch 1971:39f und 1971:48f), die in unserer lebensweltlichen Praxis und damit auch in der Praxis der Sprachverwendung und des Nachdenkens über Sprache, sei es im theoretischen Kontext oder beispielsweise im Kontext der MÜ, eine wichtige Rolle spielen. Im Extremfall führt die Systemtheorie - etwa bei Niklas Luhmann (1984) - zu einem 'methodischen Antihumanismus', in dem nach Habermas das selbstbezügliche Subjekt durch das selbstbezügliche System ersetzt wird, dem ein eigentliches Selbst nicht mehr gegeben ist.

Ihre eindrucksvollste und gleichzeitig zukunftsträchtigste Ausprägung hat die Systemtheorie in den Computerwissenschaften gefunden. Sie erklären den Ablauf von organischen und nicht-organischen Vorgängen als das Ergebnis des Zusammenwirkens von linear oder hierarchisch geordneten Regeln, die untereinander rückgekoppelt oder rückkoppelbar sind. Maßgebend beteiligt an diesem kybernetischen Zugriff zu unserer Sprach- und Lebenswelt ist die Entwicklung von programmgesteuerten DV-Anlagen, mit denen die Sprachwissenschaften das objektiv Mögliche erkunden können, aber vor dem Nicht-objektivierbaren, dem nicht in Regeln Faßbaren, die Waffen strecken müssen. Dies hat, bezogen auf die MÜ-Forschung, nichts mit wissenschaftlichem Defätismus zu tun, sondern ist die logische Folge des Umstands, daß ein Rechnerprogramm "kein psychologisches Modell für sprachliche Prozesse ist" (Wettler 1980:5). Man kann dem Rechner mit Hilfe von mehr oder minder umständlichen algorithmischen Prozeduren so etwas wie eine künstliche Operativität vermitteln, aber diese reicht nach dem heutigen Erkenntnisstand nur bis zu einer vorerst nicht überschreitbaren Komplexitätsschwelle, obwohl inzwischen aus den kausalen ontologischen Mechanismen Galileis und Newtons dynamische Wirkungsgefüge geworden sind, die zu immer größeren Verbundsystemen vernetzt werden.

Die Komplexitätsproblematik ist offenbar nicht nur für die MÜ-Forschung virulent, sondern auch und gerade für alle Einzelwissenschaften mit einem wesensgemäß mechanistisch geprägten Wirklichkeitshorizont. Diese Entwicklung hängt mit neuen Erkenntnissen der Quantenphysik und der Relativitätstheorie zusammen, die unser Bild von der Wirklichkeit entscheidend verändert haben. Hier sind u.a. Einstein und Max Planck zu nennen. Einstein war es, der im Rahmen seiner Relativitätstheorie zu neuen Erkenntnissen über die Transformierbarkeit von Masse in Energie kam. Und Max Plancks Theorie des Wirkungsquantums zerstörte den Glauben an streng deterministische und kontinuierlich aufgebaute Welten und setzte Wahrscheinlichkeitsmodelle und statistische Vorstellungen an dessen Stelle.

Bisher galt, daß man bei ungenauer Kenntnis eines Zustands und seiner Randbedingungen auf präzise Aussagen und exakte Voraussagen verzichten muß und sich mit Wahrscheinlichkeitsaussagen zu begnügen hat. Jetzt hat sich herausgestellt, daß der Wahrheitscharakter von physikalischen Aussagen nicht allein von subjektiven Erkenntnisgrenzen herrührt, sondern auch durch das Naturgeschehen vorgegeben ist. Ausgerechnet die Physik, von der die Wissenschaftstheorie einen erheblichen Teil ihrer Beispiele bezogen hat, hat die Grenzen zwischen erkennendem Subjekt und erkanntem Objekt verwischt. Immer häufiger sieht sich die Physik mit jener Aporie konfrontiert, die schon Auguste Comte zu schaffen gemacht hat, der zwischen kontrollierender Beobachtung und kontrollbedürftiger Theorie unterschieden hat. Diese erkenntnistheoretische Wendung läuft auf eine Verabschiedung der bisherigen naturwissenschaftlichen Absolutheitsansprüche hinaus. Es hat sich herausgestellt, daß die Vorstellung universell gültiger mathematischer Prinzipien der Wirklichkeit nicht standhält. D.h., daß die Philosophie ihren Vernunftbegriff von einem Begründungspostulat abgelöst verstehen muß, das auf mathematische Evidenz und Rigorosität festgelegt ist.

Eine auch noch so genaue und vollständige Beobachtung aller Faktoren reicht offenbar nicht aus, um zukünftiges Geschehen sicher und vollumfänglich vorherzusagen, sondern eröffnet immer nur ein bestimmtes Feld von Möglichkeiten, für deren Verwirklichung sich bestimmte Wahrscheinlichkeiten und Prioritäten angeben lassen. Das zukünftige Geschehen i.a. und das zukünftige Sprachgeschehen im besonderen ist also nicht voll determiniert und erst recht nicht voll determinierbar, sondern bleibt sachverhaltsspezifisch in bestimmter Weise offen. Sprache ist kein mechanistisches Uhrwerk, sondern befindet sich in einer fortwährenden Entfaltung mit sich immer wieder verändernden und damit nur ex post programmierbaren Konfigurationen. M.a.W.: Sprache ist ihrem Wesen nach 'schmuddelig'; Homogenitätspostulate sind - jedenfalls in der Sprachverwendung - nicht einlösbar.

3. Der dritte Faktor in meinen Überlegungen zur wissenschaftstheoretischen Fundierung der MÜ-Forschung ist die Finalisierung der Wissenschaft, d.h. der Versuch, die Erkenntnisse der Wissenschaft technologisch zu verwerten. Nach der Anstrengung der Menschheit, sich das Alphabet anzueignen, steht jetzt im Vordergrund kognitiver Bemühungen, ein Grundverständnis technischer Abläufe zu entwickeln. Das Interesse an der Naturbeherrschung konzentriert sich auf utilitätsbestimmte Eingriffsmöglichkeiten. Deshalb hat Gadamer zu Recht festgestellt, daß heute nicht der Fortschritt der Wissenschaft an sich, sondern die Anwendbarkeit wissenschaftlicher Erkenntnisse zählt. Dahinter steht ein instrumentelles Rationalitätsdenken, das nicht transzendental verankert ist und transzendental auch gar nicht verankert werden will. Der Mensch versteht sich als 'homo instrumentalis', der sich vornehmlich für die objektiv gegebene und mit den Mitteln der instrumentellen Vernunft beherrschbare Welt interessiert. Wo es um Verwertungszusammenhänge geht, haben theozentrische oder anthropologische Mythen und ihre Unendlichkeitsperspektiven ausgedient; was zählt, ist die Sammlung, Verwaltung und Nutzbarmachung gewaltiger Datenmengen.

Am augenfälligsten ist das Vordringen quantitativer Denkweisen in der Informations- und Kommunikationstheorie. Für die Informationstheorie und ihre Informationssuchprofile gilt nur das als informativ, was an einer Nachricht meßbar oder abzählbar ist. Prinzipiell kann man an den Begriff der Information auf zweierlei Weise herangehen, entweder hermeneutisch, d. h. auslegend, oder semiotisch, d.h. die erkennbaren Zeichen ordnend, ohne Berücksichtigung ihrer historischen Bedeutungsdimension. Die extremste Form der semiotischen, systemimmanenten Betrachtungsweise ist das numerische Verfahren einer ausschließlich nach statistischen Gesichtspunkten vorgehenden Informationswissenschaft, die nicht nur Auskunft, sondern auch und vor allem Auskunft über Auskunft erteilt. Folgerichtig ist neben den Informationsvermittler der Informationsberater getreten.

Diese Entwicklung hat natürlich - wie jeder verabsolutierte Standpunkt mit seinen inhärenten Äquivokationen - ihren Preis: Ist der kritische Punkt eines jeden wertenden Informationsverständnisses seine wissenschaftliche Nichtkontrollierbarkeit, so ist es im abstrakt-zeichenhaften Phänomenverständnis die Ungegenständlichkeit des Denkens. Es kommt nicht von ungefähr, daß die Kunst ein beliebtes Untersuchungsfeld der Informationstheorie (Informationsästhetik) ist (Fucks 1968). Dort wird seit einiger Zeit in einer 'kartesianischen' Reaktion auf den irrationalen, intuitiven Ansatz der lebensphilosophisch-hermeneutischen Kunsttheorie die informationstheoretisch fundierte Zerlegung künstlerischer Gegenstände in formale, zeichenhafte Einzelelemente in großem Umfang betrieben. Hier läßt sich Information nicht mehr auf ein Subjekt beziehen. Information ist eine verdinglichte Leistung der instrumentellen Vernunft, ein Etwas ohne persönliche Erfahrung, Erlebnisse, Empfindungen, Erinnerungen, Gedanken und Vorstellungen. M.a.W.: Information ist ein reiner Strukturbegriff, am ehesten verständlich im Kontext der Galileischen Physik und Mathematik und der damit zumindest in indirektem Zusammenhang stehenden Phänomenologie Husserls mit ihrem Versuch, die Welt zu entpsychologisieren und intersubjektive Beziehungen logisch zu fundieren. Daraus ergibt sich ein Sachverhalt, der Heidegger und Heisenberg intensiv beschäftigt hat. In einer informationstheoretisch überformten Welt affirmiert sich der Mensch selbst, mit dem Ergebnis, daß wir in eine ökologische Krise hineingeraten sind, die uns den Zusammenhang zwischen der Fragilität des menschlichen Lebens und der moralischen Pflicht zu seiner Bewahrung - jedenfalls spätestens seit Tschernobyl - unübersehbar vor Augen geführt hat.

Nun mag sich mancher Leser fragen: Was hat das, was ich zuletzt diskutiert habe, mit der MÜ zu tun? M.E. sehr viel. Erstens ist die MÜ wie die gesamte SDV ein fester Bestandteil der modernen Informationsindustrie, die unsere informationssüchtige moderne Produktions- und Konsumgesellschaft aufgebaut und institutionalisiert hat; zweitens läßt sich an der MÜ das Vordringen quantitativer Denkweisen, die für eine verwertungsorientierte Gesellschaft typisch sind, besonders deutlich beobachten, denn MÜ gibt es ja nicht um ihrer selbst willen, sondern man sieht in ihr eine, wenn nicht **die** Möglichkeit, in Zukunft den internationalen Informationsaustausch schneller, billiger und umfassender zu machen, auch wenn im Rahmen dieser 'Hyperkommunikation' qualitative Abstriche in Kauf genommen werden müssen. Daß man dabei eine Zeitlang menschliche Übersetzungstätigkeit mit manueller Tätigkeit gleichgesetzt hat, ist konzeptionell gesehen aufschlußreich; gemeint war nämlich damit, daß man übersetzerische Standardsituationen automatisch verarbeiten kann und daß Sonderfälle zur manuellen (= kognitiven) Behandlung aus einem Programm gleichsam herausgeworfen werden. Heute spricht man zutreffender von einer Mensch/Maschine-Schnittstelle, in der das 'Postediting' eine herausragende Rolle spielt.

Der Einfluß der Systemtheorie auf die MÜ-Forschung ist daraus ersichtlich, daß letztere versucht hat und noch immer versucht, alles, was regelhaft ist, in Regeln zu fassen und das auf den ersten Blick nicht Regelhafte im Rahmen des Möglichen regulierbar zu machen. Angefangen hat dies alles mit dem berühmten Memorandum von Warren Weaver an Norbert Wiener (Wilss 1980); letzterer vertrat die absurde Auffassung, daß das menschliche Gehirn dem binären System des Rechners nachgebildet ist und nicht etwa umgekehrt, wie es evolutionsgeschichtlich der Fall sein müßte.

Ich kann auf dieses oft diskutierte Memorandum aus Raumgründen nicht eingehen und auch nicht auf den Umstand, daß die MÜ-Forschung heute viel differenzierter denkt als früher, wo man geglaubt hat, die außerordentlich komplizierten Probleme der MÜ mit simplen Substitutionstechniken lösen zu können. Heute hat die MÜ-Software ein hohes Maß an 'sophistication' erreicht. Aber Software bleibt Software. Sie ist ein Produkt der instrumentalen Intelligenz des Menschen; es ist, strenggenommen, Unsinn, von 'intelligenter' Software oder vom 'Kollegen Computer' zu sprechen. Wer sich so ausdrückt, leistet einer neuen Mythenbildung Vorschub, die ohnedies naheliegt, weil der Mensch dazu neigt, den Rechner zu psychologisieren und ihm Eigenschaften zuzuschreiben, die er nicht besitzt. Der Rechner kann, wenn dieser anthropomorphisierende Zungenschlag erlaubt ist, den Plausibilitätsgrad der von ihm ausgeführten Operationen und ihrer Ergebnisse nicht beurteilen. Er steht nicht, im Sinne von Norbert Elias, zwischen 'Engagement und Distanzierung' (1983). Aber er erteilt, und dies ist im Hinblick auf sein Inferenzpotential wichtig, Lektionen in methodischer Rigorosität, die keine Kompromisse duldet, aber gerade deswegen zu Kompromissen, z. B. in Form von Mensch/Maschine-Schnittstellen, zwingt, weil sich Sprache in ihrer kommunikativen Totalität nicht auf ein logozentriertes Kalkül reduzieren läßt. Der Rechner operiert auf der Basis von algorithmisch festgelegten, nicht heuristisch offenen Handlungszielen. Deshalb ist mir unklar, was eigentlich gemeint ist, wenn man von maschinellen Heuristiken spricht. Offenbar muß man zwischen geschlossenen Heuristiken (im Sinne des Inferenzierens) und offenen Heuristiken (im Rahmen von subjektiv gesteuerten Entscheidungsprozessen) unterscheiden. Jeder Algorithmus ist situationskontextuell blind; er ist gleichsam die Verkörperung erfahrungslosen Handelns. Kein Programm ist im Sinne der Kommunikationstheorie von Watzlawick et al. (1967) doppeladressiert - mit einer Unterscheidung zwischen Inhalts- und Beziehungsebene, zwischen Proposition und Illokution, zwischen Gesagtem und Gemeintem.

Wie stehen also, so sei abschließend gefragt, die Chancen für die MÜ? Eine klare Antwort ist derzeit noch nicht möglich, weil wir, überspitzt formuliert, bisher nur die Schwierigkeiten kennen, aber noch keine morphologisch, syntaktisch und semantisch befriedigenden Gesamtlösungen anbieten können. Folgt man der ernüchternden Argumentation von Christa Hauenschild, so stehen die Chancen schlecht: Für Hauenschild ist die MÜ eine "utopische" oder "futuristische" Möglichkeit (1986:192). Folgt man der Argumentation von Pause in demselben Band, so erledigt sich die MÜ von selbst, weil die menschlichen Übersetzer auf die Dauer nicht mitspielen werden. Wenn Pause meint, die Aufgabe der MÜ-Forschung sei es, "intelligente komplexe Wörterbücher zu simulieren als Hilfe für den menschlichen Übersetzer" (1986:72), und wenn er dazu noch meint, daß man mit Hilfe maschineller Übersetzungssysteme nur "stark mangelhafte Ad-Hoc-Übersetzungen produzieren (kann), die den menschlichen Übersetzer dazu benötigen (degradieren), den Übersetzungsmüll zu beseitigen" (1986:72), bleibt die MÜ-Forschung allenfalls ein theoretisch interessantes Untersuchungsfeld, das den ALPAC-Bericht (1966) im wesentlichen bestätigen würde. Beide Ansichten sind m.E. unrealistisch, die eine, weil sie perfektionistisch argumentiert, die andere, weil sich in ihr Kassandrarufe artikulieren, die allenfalls dann berechtigt wären, wenn sich die MÜ-Forschung dazu verleiten ließe, Aufgaben in Angriff zu nehmen, die maschinell nicht lösbar sind. Dieser Gefahr wird sie entgehen, wenn sie im Bereich dessen bleibt, was sich rational-regelhaft darstellen und schaltungsalgebraisch operationalisieren läßt. Allerdings bleibt dabei ein Restrisiko: Auch mit Hilfe einer 'Megamaschine' (fünfte Rechnergeneration) kann man Sprache nicht auf ein geschlossenes Informationssystem heruntertypisieren.

Wer nüchtern abwägt, wird zu dem Ergebnis kommen, daß eine Zielsetzung mittlerer Reichweite realistisch ist, wie sie etwa in den Saarbrücker Ansätzen zur Schaffung integrierter Übersetzerarbeitsplätze mit einer klaren Arbeitsteilung zwischen Mensch und Maschine angestrebt wird (Schmitz, in diesem Band). Die erwähnte Arbeitsteilung setzt voraus, daß die MÜ-Forschung auf empirischem Weg in einem offenen Horizont analytische Begriffe und Kategorien entwickelt, die so beschaffen sind, daß man damit sprachliche Strukturen und Prozesse maschinell bearbeiten kann und daß algorithmische Orientierungsmuster und Handlungsanleitungen sichtbar werden. Gleichzeitig ließe sich mit einer solchen Vorgehensweise auch der Irrtum aus der Welt schaffen, man könne die Sprachwissenschaft, Sprachwissenschaft verstanden als 'linguistique de la parole', zu einer ganz und gar systematischen, quantifizierenden, Gesetzmäßigkeiten erforschenden Wissenschaft machen. Die menschliche Fähigkeit, komplexe Wirklichkeit in (mathematischen) Modellen abzubilden, ist begrenzt und nicht nennenswert steigerbar. Der Rechner ist kein 'Alltagsdietrich', mit dem man in alle mentalen Funktionsabläufe vordringen kann.

Eine Arbeitsteilung zwischen Mensch und Maschine scheint mir auch deswegen richtig zu sein, weil die MÜ-Forschung heute noch nicht sagen kann, wie sie sich die Auseinandersetzung mit den fünf lebensweltlich zentralen Begriffen der Komplexität, der Unbestimmtheit, der Implizität, der Mehrdeutigkeit und der Normenbildung vorstellt, und ob es möglich ist, Maschinen zu bauen, die sich selbst organisieren und die sich als lernfähige Maschinen selbst weiterentwickeln. Hier dringt die MÜ-Forschung in die metatheoretische Grundfrage menschlichen Selbstverständnisses ein, ob das Bewußtsein den Menschen zu einem im idealistischen Sinn freien Geistwesen macht, oder ob das Bewußtsein eine 'zerebrale Maschine' ist, gleichsam ein 'kybernetischer Trick', der es dem Menschen ermöglicht, eine anders nicht mehr zu bändigende Fülle von Einzeldaten auf ein empirisch zu definierendes Zweckmäßigkeitsprinzip zurückzuführen, das logisch-mathematisch darstellbar ist. Hier gibt es derzeit noch viele Streitpunkte. Man kann die Ansicht vertreten, daß bewußte Erfahrung durch den seiner selbst bewußten Geist vermittelt wird und daß das Gehirn als Wirklichkeit abbildendes und Handeln ermöglichendes Organ eine Art Bindeglied zwischen Individuum und Außenwelt ist. Dagegen steht die die Bewußtseinsforschung entmythologisierende Ansicht, daß das Bewußtsein materieller Natur ist, daß alle Leistungen des Bewußtseins biochemische Funktionsabläufe in der Großhirnrinde sind und daß es zwischen geistigen Zuständen und physiologischen Zuständen eine Identitätsbeziehung gibt (Delbrück 1986). Das Resultat solcher Überlegungen ist eine "Biologie der Erkenntnis" (Rupert Riedl), die mit dem von Friedrich Engels apostrophierten "Seelengespenst" aufräumt und das Denken auf molekulare Prozesse reduziert. Danach ist das Bewußtsein ein Evolutionsprodukt; es ist gleichsam die adaptive Antwort der Natur des Menschen auf die ihn umgebenden Umweltzwänge und verlangt eine naturwissenschaftliche Neubestimmung ehemals philosophischer Begriffe wie Geist, Kausalität und Intentionalität. Es wird nicht zuletzt die Aufgabe der MÜ-Forschung sein, frei von einer kontraproduktiven intellektualistischen Zwangsneurose hier pragmatisch Klarheit zu schaffen und den Zusammenhang von heuristischen und algorithmischen Zuständen und Prozeduren zu erforschen. Sie kann damit zu neuen Einsichten in die Natur kognitiver und assoziativer Übersetzungsprozesse und ihrer Operationalisierbarkeit gelangen und im Wechselspiel von Erscheinungsvielfalt und Methodenvielfalt eine klare Grenze zwischen Utopie und Realität ziehen.

LITERATUR

ALPAC-Report (1966): National Academy of Sciences, National Research Council (ed.). Languages and Machines, Computers in Translation and Linguistics. Washington D.C.

Cassirer, E. (1964): Philosophie der symbolischen Formen. Bd. I, Die Sprache. Darmstadt.

Delbrück, M. (1986): Wahrheit und Wirklichkeit. Über die Evolution des Erkennens. Hamburg.

Elias, N. (1983): Engagement und Distanzierung. Frankfurt/M.

- (1986): Über die Natur. In: Merkur H.6, 40 Jg. 469-481.

Feyerabend, P. (³1983): Wider den Methodenzwang. Frankfurt/M.

Fucks, W. (1968): Nach allen Regeln der Kunst. Stuttgart.

Gierer, A. (1985): Die Physik, das Leben und die Seele. München.

Hauenschild, Ch. (1986): KIT/NASEV oder die Problematik des Transfers bei der Maschinellen Übersetzung. In: I. Bátori, H.J.Weber (Hg.) (1986): Neue Ansätze in Maschineller Sprachübersetzung: Wissensrepräsentation und Textbezug. Tübingen. 167-195.

Kirsch, W. (1971): Entscheidungsprozesse. Bd. III, Entscheidungen in Organisationen. Wiesbaden.

Luhmann, N. (1984): Soziale Systeme. Grundriß einer allgemeinen Theorie. Frankfurt/M.

Marquard, O. (1981): Abschied vom Prinzipiellen. Philosophische Studien. Stuttgart.

Pause, P.E. (1986): Zur Modellierung des Übersetzungsprozesses. In: I. Bátori, H.J. Weber (Hg.) (1986): Neue Ansätze in Maschineller Sprachübersetzung: Wissensrepräsentation und Textbezug. Tübingen. 45-74.

Schmitz, K.-D. (1987): Mensch-Maschine-Schnittstelle am Übersetzerarbeitsplatz. In diesem Band.

Watzlawick, P., Beavin, J.H., Jackson, D. (1967): Pragmatics of Human Communication. A Study of Interactional Patterns, Pathologies, and Paradoxes. New York.
Wettler, M. (1980): Sprache, Gedächtnis, Verstehen. Berlin.
Wilss, W. (²1980): Maschinelle Sprachübersetzung. In: H.P. Althaus, H. Henne, H.E. Wiegand (Hg.) (1980): Lexikon der Germanistischen Linguistik. Tübingen. 802-808.

VON SUSY ZU EUROTRA: ENTWICKLUNG, VERGLEICH UND BEWERTUNGSPROBLEME

Tom C. Gerhardt

0. Einleitung

Von SUSY zu EUROTRA steht synonym für den beruflichen Werdegang des Autors, für den Wechsel vom SFB 100 zum IAI; von SUSY zu EUROTRA bezeichnet aber vor allem die Entwicklung von einem deterministischen zu einem deklarativen Maschinellen Übersetzungssystem.

Diese Entwicklung soll anhand einiger Beispiele, wie das Modell der syntaktischen Valenz von Schmidt oder das Modell der semantischen Relationen für Komplemente von Steiner, skizziert werden. Der Hauptteil dieser Ausführungen beschäftigt sich mit den wesentlichen Veränderungen, die die neue Theorie der MÜ erfahren hat und die EUROTRA von den Systemen wie SUSY, SYSTRAN oder TITRAN wesentlich unterscheidet. Der Vorteil gegenüber den früheren Systemen kommt deutlich zum Ausdruck und erneuert die Hoffnung auf das Gelingen des Unternehmens Maschinelle Übersetzung.

Da es sich bei diesem Beitrag bezüglich EUROTRA um die Erkenntnisse des Autors handelt, muß zwischen den Eckwerten von EUROTRA und der Interpretation des Autors unterschieden werden.

Außerdem muß angemerkt werden, daß die Grundlagenforschung bei dem deutschen EUROTRA-Projekt (EUROTRA-D) eine Eigeninitiative ist, die aber Teil der deutschen Arbeiten zu EUROTRA darstellt. Diese Vorschläge, die darauf abzielen, Beschreibungsmechanismen für Strukturen zunächst des Deutschen aber auch der anderen EG-Sprachen zu schaffen, werden den anderen EUROTRA-Gruppen unterbreitet, von diesen evaluiert und nach Erreichen einer Übereinkunft in die EUROTRA-Theorie intergriert.

An dieser Stelle sei zunächst der Begriff EUROTRA kurz erläutert.

0.1 Das F & E-Projekt EUROTRA

"Der Rat der Europäischen Gemeinschaft beschließt am 4. November 1982 die Annahme eines Forschungs- und Entwicklungsprogrammes für ein automatisches Übersetzungssystem modernster Konzeption (EUROTRA). Am Ende des Programms soll ein Prototyp eines operationellen Systems zur Verfügung stehen, das in einem Fachbereich und für beschränkte Textkategorien einsatzfähig ist und die Grundlage für eine industrielle Entwicklung in dem sich an das Programm anschließenden Zeitraum bildet." (Assoziationsvertrag zwischen der EWG und der GFAI vom 20.12.84).

EUROTRA ist also ein Forschungs- und Entwicklungsprogramm, das auf die Erstellung eines MÜ-Systems abzielt. Die dafür notwendigen Grundlagen müssen, sofern sie nicht vorhanden sind, geschaffen werden, wozu auch die folgenden Punkte gehören:

- Verstärkung der Forschung und Ausbildung auf dem Gebiet der Computerlinguistik in allen EG-Ländern;
- Integration aller Gruppen, die im Bereich der CL arbeiten;
- Grundlagenforschung Linguistik (z.B. Erstellung deskriptiver Grammatiken);
- Evaluierung vorhandener linguistischer Theorien und Parser für Maschinelle Übersetzung.

Das MÜ-System, das in prototypischer Form am Ende des Projekts vorhanden sein soll, heißt ebenfalls EUROTRA und ist als Softwaresystem derzeit (Oktober 1986) nur fragmentarisch zu Testzwecken vorhanden.

Es kann demnach von dem EUROTRA-System nur insofern gesprochen werden, als es bereits konzeptionell vorhanden ist, wobei der derzeitige Forschungsschwerpunkt auf der Definition der Interface-Struktur liegt. Die anderen Teile sind inhaltlich klar, aber formal noch nicht in ausreichendem Maße gestaltet.

1. Beispiele der Entwicklung

1.1. Die syntaktische Valenz

Valenzen sind in der Komplementanalyse unverzichtbarer Bestandteil der MÜ. So verfügt SUSY über Valenzinformationen im morpho-syntaktischen Wörterbuch und über einen Mechanismus (in KOMA), der prüft, ob die infragekommenden Nominal- und Präpositionalgruppen Komplement oder Adjunkt sind. Das Prinzip ist relativ einfach, da alles, was in den Valenzrahmen paßt, zum Komplement wird und der Rest zum Adjunkt. Nachdem bereits in NOMA die Attribute erkannt werden, ist dieses Verfahren gleichermaßen einfach wie schnell.

Die deterministische Strategie bewirkt gemeinsam mit präferentiellen Regeln, daß das Ergebnis für Deutsch, Russisch und Englisch in den meisten Fällen korrekt ist, oder zumindest in einem Zustand, der eine Übersetzung in die Zielsprachen Deutsch und Englisch nicht verhindert. Dies liegt aber sicherlich auch daran, daß die genannten Sprachen in diesem Punkt syntaktisch ähnlich, und daß die Oberflächenstruktur in der Interface-Struktur, d.h. in der Struktur, die die Schnittstelle zum Transfer darstellt, widergespiegelt wird.

Die Valenzen werden im Analysewörterbuch additiv, ungeordnet und ohne Angabe von dem Modus ihres Auftretens (obligatorisch/fakultativ) eingetragen. Da diese Angaben lediglich dazu dienen, um in der Komplementanalyse vorhandene Gruppen dem Verb als Valenz zuzuordnen und nicht das Verb selbst zu disambiguieren, genügt diese undifferenzierte Beschreibung den Anforderungen des Systems.

In EUROTRA hat das Verarbeitungsprogramm die Aufgabe, aktuelle Daten (den Satz) mit gespeicherten Daten (grammatische Regeln und Wörterbuch-Einträge) zu vergleichen und in den Regeln enthaltene Informationen zuzuordnen. Das bedeutet, daß im Gegensatz zu SUSY keine Entscheidung darüber gefällt wird, ob eine Gruppe Komplement ist oder nicht, sondern, daß versucht wird, der aktuellen Satzvariante Muster zuzuordnen. Diese Muster bestehen im Prinzip aus Eigenschaft-Wert-Paaren, die jeweils Ausschnitte der Struktur/Dekoration beschreiben. Das bedeutet, wenn ein Muster paßt, ist der gesamte Geltungsbereich der Regel 'disambiguiert', d.h. beschrieben.

Der Valenzbegriff, wie er bei EUROTRA-D gebraucht wird, geht auf Engel (1982) zurück; das Modell, das hier in Auszügen skizziert wird, stammt von Schmidt (1986). Danach ist die syntaktische Valenz eines Elements seine Eigenschaft, eine bestimmte Anzahl und eine bestimmte Art von Syntagmen zu binden. Diese Syntagmen werden Komplemente genannt, nicht-valenzgebundene Syntagmen heißen Adjunkte.

Die Art, Valenzen zu beschreiben ist im wesentlichen geprägt von dem EUROTRA-Modell, das deskriptiv ist und das keine oder-Verknüpfung verarbeiten kann. Es wird deshalb pro syntaktischer Variation eines Knotens (zunächst Verb) eine Beschreibung angefertigt.

Beispiel SUSY:

<u>abhängen</u>   Valenzen: Akkusativ/von/Ort

Im Gegensatz zu SUSY werden bei Schmidt die Fälle Akkusativ und Präpositional-Valenz mit <u>von</u> getrennt behandelt, eine Ortsvalenz gibt es bei diesem Beispiel nicht.

Beispiel EUROTRA-D:

<u>abhängen</u> 1) : Die Mutter hängt die Wäsche (von der Leine) ab.
Der Champion hat die Konkurrenz abgehängt.
Angabe: Nominativ (obl.), Akkusativ (obl.),
direktional mit <u>von</u> (fakul.)

<u>abhängen</u> 2) : Die Wahl des Berufes hängt von seinem Interesse ab.
Angabe: Nominativ (obl.), Präp. mit <u>von</u> (obl.)

Zur Kodierung der Valenzrahmen ist es notwendig, eine Reihe von Tests durchzuführen, um Komplemente von Adjunkten zu unterscheiden und um ihre obligatorische oder fakultative Zugehörigkeit zu prüfen. Diese Tests, die in der angeführten Literatur rezipiert werden können, führen zur Einteilung der Komplemente in zehn Klassen, bei denen zusätzlich angegeben wird, wie die Komplemente morpho-syntaktisch realisiert sein können. Es gibt fünf Klassen, die sich durch feste Kasus auszeichnen,

- C0 im Nominativ (FRITZ schläft.)
  Realisierung: NP, daß-Satz, w-Satz
- C1 im Akkusativ (Er schlägt IHN.)
  Realisierung: NP, daß-Satz, w-Satz, Infinitiv-Satz, Hauptsatz
- C2 im Genitiv (Er erinnert sich DES FEHLERS.)
  Realisierung: NP, daß-Satz, w-Satz, Infinitiv-Satz
- C3 im Dativ (Ich helfe IHM.)
  Realisierung: NP, w-Satz
- C4 mit fester Präposition (auf: Ich warte AUF IHN.)
  Realisierung: PP, daß-Satz, Infinitiv-Satz

eine Klasse bildet das situative Komplement,

- C5 (Er wohnt IN SAARBRÜCKEN.)
  Realisierung: PP, w-Satz, AdvP

eine Klasse das temporale Komplement,

- C6 (Der Vortrag dauert LANGE.)
  Realisierung: PP, w-Satz, AdvP

eine Klasse das direktionale Komplement,

- C7 (Er fährt NACH HAUSE.)
  Realisierung: PP, w-Satz, AdvP

eine Klasse bilden identifizierende Komplemente

- C8 (Er ist DOOF.)
  Realisierung: NP im Nominativ, NP im Akkusativ, AdvP,
  wie-Phrase, als-Phrase

und eine Klasse das verbale Komplement.

- C9 (Er läßt IHN KOMMEN.)
  Realisierung: Infinitiv-Satz, daß-Satz, Hauptsatz

Für das Gebiet der syntaktischen Valenz kann gesagt werden, daß über die systemgerechte Entwicklung hinaus eine linguistisch fundierte Beschreibung gefunden wurde, die in einem Kodiersystem eingebettet zur exakten Kodierung der Valenzen führt. Diese können in der derzeitigen Benutzersprache von EUROTRA notiert und mit der EUROTRA-Software verarbeitet werden, wozu man die empirischen Unterlagen von SUSY heranzieht.

1.2 Semantische Relationen

In SUSY werden semantische Relationen in SEDAM behandelt, nicht jedoch solche, deren Oberflächenrealisierung Teil des Valenzrahmens sind. Dies hängt mit drei Aspekten zusammen.

- Für die in SUSY bearbeiteten Sprachen treten keine Probleme bei der Übersetzung auf, so daß die Feststellung semantischer Relationen für valenzgebundene Syntagmen unterbleiben kann.

- Wenn dennoch Probleme auftreten sollten, so geschieht dies i.a. auf der Ebene der Oberflächenkasus. Deren Übersetzung wird jedoch im Transfer geleistet, sofern es sich nicht um Standardübersetzungen handelt.

- In SUSY werden Kompromisse zwischen linguistischer Theorie und sprachpraktischer Arbeit gesucht, wobei ein möglichst hohes Disambiguierungsniveau mit möglichst geringem Aufwand erreicht werden soll.

Das bedeutet für SUSY, daß die Übersetzung der Valenzrahmen auf einer Abstraktionsebene stattfindet, die auf jeden Fall nicht auf der interlingualen Ebene anzusiedeln ist. Es müssen jedoch die semantischen Relationen für die Adjunkte beschrieben werden, was in der Folge zu verschiedenen Analyseniveaus führt. Dies ist kein Bruch in der SUSY-Philosophie, es zeigt jedoch, daß Übersetzung im eher bilingualen Bereich andere Voraussetzungen fordert als im multilingualen Bereich.

Für EUROTRA gelten andere Maßstäbe, da die Beschreibung aller Syntagmen auf interlingualer Ebene stattfinden muß, wobei nur die Lexeme in Form von lexikalischen Einheiten als nicht-interlinguale Elemente erhalten bleiben.

Bei EUROTRA-D wird unter Steiner an einem Repräsentationsmodell gearbeitet, das zunächst nur die semantischen Relationen valenzgebundener Objekte beschreibt, später jedoch für die Adjunkte erweitert werden wird.

Ausgehend von dem Prozeßsystem der Verben werden die Mitspielerrollen den Komplementen zugeordnet. Interessant an dem Ansatz, der aus der SFG von Fawcett (1980) stammt, ist die Tatsache, daß es anders als beiden üblichen Prozeßtypen-Systemen mit Vorgangs-, Handlungs- und Zustandsverb vier Prozeßtypen, nämlich Relational-, Mentalprozess-, Kommunikations- und Aktionsverben gibt, die neuen Motivationen entspringen.

Dieses System der semantischen Relationen liefert für die Analyse der Komplemente der deutschen Verben keine Vorteile - wie man bei SUSY gesehen hat - sieht man einmal von der Disambiguierungswirkung der deskriptiven Methodik ab. Der Prozeßtyp des Verbs ist festgelegt und auch der 'semantische Valenzrahmen', der das Verb selbst mithilfe der Mitspielerrollen, die wiederum an semantischen Features festgemacht sind, disambiguiert. Damit ist für weite Teile der Struktur die semantische Analyse beendet.

Bei EUROTRA-D kann diese Klassifikation, die hier nicht weiter erörtert werden soll, nahtlos auf das System der syntaktischen Valenz von Schmidt aufgesetzt werden. Zusammen ergeben die beiden Modelle ein wünschenswert geschlossenes System.

Zusammenfassend bleibt zu sagen, daß die Weiterentwicklung und die verschiedensprachliche Evaluierung zeigen werden, ob die Vorschläge akzeptabel und in EUROTRA einsetzbar sind. Die Entwicklung ist im Sinne SUSY's; es werden theoretisch fundierte funktionale Zusammenhänge expliziert.

1.3 Semantische Merkmale

Eine Entwicklung von SUSY zu EUROTRA-D hat auf diesem Gebiet nicht stattgefunden, neue Ansätze haben neue Perspektiven ergeben, wovon eine von Zelinsky-Wibbelt (1986) vorgestellt wird. Es lassen sich jedoch einige Parallelen zu SUSY ziehen, welche hier aufgezeigt werden sollen.

Die Menge der semantischen Merkmale von Gerhardt (1983) hat sich vervielfacht. Besonderen Reiz erhält das semantische Netz dadurch, daß ein programmiertes Kodiersystem durch Menüs führt, wobei nur aktive Alternativen gezeigt werden und zur Zuordnung bereit stehen. Die Beschreibung der Nomina mithilfe der Merkmale ist derzeit noch ein isolierter Vorgang, da es noch keine Disambiguierungsregeln gibt, die diese Klassifikation verwenden. Bei SUSY führen diese Merkmale eher ein Schattendasein, da sie nicht in dem gewünschten Maße integriert wurden und werden konnten. Es ist auch problematisch einem Wort wie Sonnenaufgang Merkmale wie 'konkret', 'abstrakt' oder 'nicht zählbar' zuzuordnen. Es scheint so, als könnten diese Merkmale die Nomina in ihrem funktionalen Zusammenhang nicht beschreiben, sondern nur in einem Weltbild, das aber nicht wie eine Grammatik sprachimmanent ist. Es soll dabei nicht bestritten werden, daß Sprache die Welt abbildet, diese besteht jedoch aus einer großen Anzahl häufig kontroverser Welten. So stellt sich die Frage, ist es nun die 'reale Wirklichkeit', die beschrieben wird, oder ist es eine abstrakte Form davon? Wie auch immer ist die Anwendung semantischer Merkmale hier bei EUROTRA-D wie dort bei SUSY noch nicht genügend fundiert; witere Forschungen sind notwendig, vor allem aber praktische Tests mit konkretem sprachlichen Material, z.B. Präpositionalphrasen, wie sie von Back begonnen und zur Durchführung auf der multilingualen EUROTRA-Ebene vorgeschlagen werden.

2. Die Modelle

SUSY ist ein transferbasiertes Modell wie EUROTRA auch, dennoch trennen sie erhebliche theoretische wie auch verfahrenstechnische Unterschiede.

2.1 Das SUSY-Modell

Die Abfolge der Moduln in SUSY (Eggers et al. 1980) kann verstanden werden als Simulation eines mechanisierten Verfahrens der menschlichen Übersetzer-Tätigkeit. Schritt für Schritt werden die gestellten Aufgaben erledigt, wobei effizientes Vorgehen bezüglich der Anzahl der Mehrdeutigkeiten eines der obersten Prinzipien darstellt. Die Datenstruktur erlaubt keine Verwaltung von Mehrdeutigkeiten, und deshalb sind Mehrdeutigkeiten das wesentliche Problem dieses Systems. Dies bestätigt sich schon nach dem Einlesen und Zerlegen des Textes in Sätze, Wörter und Sonderzeichen in LESEN und der morphologischen

Analyse mit Wörterbuchsuche und Kompositionszerlegung in WOBUSU. DIHOM, die Homographenanalyse, stellt die typische Lösung für flexionsreiche Sprachen dar, deren Wortklassenfolgen bestimmten Restriktionen unterliegen.

Es wird versucht, alle morphologischen Ambiguitäten auf eine oder zumindest sehr wenige Lösungen zu reduzieren und nur sinnvolle Kombinationen zu bilden, die über eine Gewichtungstabelle nach der Wahrscheinlichkeit ihres Auftretens geordnet werden.

Danach beginnt die eigentliche syntaktische Analyse, die auf morphologisch eindeutigen Bäumen operiert.

Die Segmentierung SEGMENT erkennt die Sätze und Subsätze, wobei für das Deutsche und Russische die strikte Zeichensetzung genutzt werden kann; Französisch und Englisch hingegen müssen mithilfe eines Phrasierungs-Verfahrens bearbeitet werden. Die Nominalanalyse (NOMA) erbringt die Nominalgruppen mit ihren Attributen und die Verbalanalyse VERA die Verbalgruppen mit diskontinuierlichen Elementen. Die Komplementanalyse verknüpft die Nominalgruppen mit den Verbalgruppen und bestimmt die Relationen im Valenzrahmen, wobei die Adjunkte erkannt, aber nicht interpretiert werden. Dies geschieht in der semantischen Analyse SEDAM, wo zudem noch Einzelwortdisambiguierung durchgeführt wird, sowie die Identifikation der Festen Syntagmen und der Fachterminologie.

Damit ist die Tiefenstruktur von SUSY aufgebaut, die jedoch keineswegs homogen bezüglich ihrer Interlingualität ist.

Es werden beispielsweise die Oberflächenstruktur durch die Reihenfolge der Elemente strukturell erhalten, die Knoten mit interlingualen Werten versehen, z.B. die Adjunkte mit semantischen Relationen, oder tiefenstrukturelle Werte zugewiesen, z.B. Tiefensubjekt oder -objekt. Dies zeigt deutlich, daß in der MÜ Systeme nicht homogen sein müssen, um zu recht guten Ergebnissen zu kommen.

Die Grenzen von SUSY sind vielfach und gründen sich nicht unbedingt auf die unterschiedlichen Ebenen der Repräsentation in der Tiefenstruktur. Vor allem sind zu nennen:

- die Datenstruktur, die keine Verwaltung von Mehrdeutigkeiten zuläßt,
- die Formulierung grammatischer Regeln in Form deterministischer und programmierter Regeln
- die Trennung der verschiedenen Aufgaben (NOMA, VERA, KOMA, SEDAM) ohne die Möglichkeit der wechselseitigen Disambiguierung
- die Vielfalt der verschiedenen linguistischen Theorien und Modelle, die teilweise unabgestimmt aufeinanderprallen, oder keine optimale Lösung darstellen, wie z.B. die semantischen Merkmale.

Die Vorteile von SUSY sind offenkundig:

- das System ist relativ schnell;
- die Ergebnisse sind bei vollständigen und korrekten Wörterbucheinträgen recht gut;
- die Ergebnisse auch von Teilsystemen lassen sich vielfach einsetzen und weiterverarbeiten, z.B. Konkordanzen, lemmatisierte Indices (SALEM), Texterschließung (CTX), Informativübersetzung (ITS);
- die Wörterbücher sind z.B. für Deutsch sehr groß und decken den allgemeinen Wortschatz vollständig und Terminologien einiger Fachgebiete teilweise ab.

2.2 Das EUROTRA-Modell

EUROTRA ist ein Schichtenmodell, das von der Vorstellung ausgeht, daß es viele verschiedene adäquate Repräsentationen eines Satzes gibt. Man denke dabei z.B. an verschiedene Schriftarten, an Darstellungen wie 'labelled bracketing' oder Baumdarstellungen, der Satz als Graph, F-Struktur oder andere. Die zweite Voraussetzung besteht in der Notwendigkeit, für MÜ solche Werkzeuge und Methoden einzusetzen, die auch dem Computer angemessen sind.

So wird bei EUROTRA davon ausgegangen, daß MÜ eine komplexe Abbildungsfunktion ist, die eine Übersetzungseinheit der Sprache x in eine Übersetzungseinheit der Sprache y abbildet. Diese komplexe Abbildung soll in überschaubare Einheiten aufgeteilt werden, um einfache (Teil-)Abbildungen zu realisieren. Im Gegensatz zu SUSY wird jedoch nicht eine einzige Struktur aufgebaut, sondern eine Folge von mindestens vier Strukturen für die Analyse.

Die Ausgangsebene für EUROTRA wird die ENT sein, d.h. der normierte Text, der aus beliebigem Textformat erstellt wurde und der in der Form der EUROTRA-Datenstruktur repräsentiert ist. Die nächste Ebene in EUROTRA wird EBL genannt (Eurotra Base Level) und befindet sich derzeit in Entwicklung.

Wenn man die Morphologie, die in EUROTRA noch nicht definiert ist und ebenfalls eine Ebene im Modell bildet, einmal vernachlässigt, so läßt sich mithilfe eines Vollformenlexikons, das die Atome (atomare Regeln) enthält und einer CF-Grammatik, die in Konstruktoren (grammatischen Regeln) formuliert ist, die konfigurationale Struktur eines Satzes (ECS) aufbauen. Dazu überführen Translationsregeln (T-Regeln) die Repräsentation (z.B. einen Satz in EBL) in eine andere Repräsentation, z.B. ECS. Wenn der Vorgang abgeschlossen ist, dann können die grammatischen Regeln für diese Ebene prüfen, ob alle Produktionen der Definition dieser Ebene entsprechen. Diese Überprüfung ist jedoch kein aktiv selektiver Vorgang, sondern der Vergleich der Strukturteile mit Mustern (grammatischen Regeln). Ergebnis sind Strukturteile, für die Muster gefunden werden und solche, auf die keine passen. Letztere werden nicht weiter bearbeitet.

Der nächste Schritt produziert aus den Phrasenstrukturen Dependenzstrukturen und hebt die Wortreihenfolge auf. Valenzrahmen und andere Regeln kontrollieren die Produktionen und bereinigen die 'relationale Strukturebene' ERS.

Der nächste Schritt transformiert die ERS zu der Interface-Struktur, die eine semantische Interpretation der ERS darstellt. Die Konstruktoren, die die IS-Ebene beschreiben, komplettieren den Analyseteil von EUROTRA.

Der Transfer besteht darin, das die IS der Ausgangssprache auf die IS der Zielsprache abgebildet wird, wobei die T-Regeln bis auf eine generelle strukturkopierende Regel die lexikalischen Einheiten betreffen, die ausgetauscht werden. Dabei entstehende Mehrdeutigkeiten werden durch die Deklaration der IS in der Zielsprache automatisch beseitigt, und die semantische Struktur wird der Zielsprache angepaßt.

Damit ist der Transfer beendet und die Synthese beginnt; der Weg führt von der IS über die ERS, ECS, EBL zur ENT, d.h. in umgekehrter Reihenfolge der Analyse.

2.3 Vergleich der Modelle

SUSY und EUROTRA sind transferbasiert, wobei EUROTRA ohne strukturellen Transfer auszukommen versucht. Dies soll dadurch ermöglicht werden, daß sämtliche strukturellen Unterschiede zwischen den EG-Sprachen durch eine 'euroversale' (interlingual für die Amtssprachen der EG) Beschreibung in Dekorationen repräsentiert werden und semantische Ambiguitäten durch Merkmalbäume aufgeschlüsselt sind. Dazu ist die Frage nach der Durchführbarkeit noch nicht ausreichend beantwortet.

Beide Systeme sind modular aufgebaut, wobei SUSY eine vielschichtige Tiefenstruktur in fünf Stufen (Operatoren) erstellt. Diese Stufen sind aufgabenbezogen formuliert (Satzgefüge, Nominalgruppen, Verbalgruppen, Semantik) und erlauben Überschneidungen nur dahingehend, daß Aufgaben z.T. vorgezogen werden, aber die Erkenntnisse im entsprechenden Modul wieder gewonnen werden müssen. Eine sich gegenseitig durchdringende Analyse der verschiedenen Aufgabenbereiche ist nicht möglich, was im übrigen auch durch die deterministische Vorgehensweise verhindert wird.

EUROTRA ist ebenfalls modular aufgebaut, jedoch in einer völlig anderen Weise; jedes Modul ist in sich geschlossen und beschreibt eine Repräsentationssprache. Die Moduln oder Ebenen der Repräsentation sind insofern von einander unabhängig, als einfache Transduktionen von einer zur anderen Ebene führen sollen. Die Beschreibung einer Übersetzungseinheit, die im allgemeinen die Form eines Satzes hat, ist auf jeder Ebene vollständig. Das Ebenen- oder Schichtenmodell soll die Transduktionen vereinfachen und den Transfer bezüglich der üblichen Aufgaben, wie z.B. in SUSY, entlasten, was im idealen Fall, der bei EUROTRA angestrebt wird, möglich ist.

In SUSY sind die grammatischen Regeln vorwiegend Teile der Fortran-Programme, während diese bei EUROTRA explizit sind und mithilfe eines Standard-Editorsystems verändert werden. Dabei kann der Linguist vorhersehen, was die Software mit einer neuen oder veränderten grammatischen Regel tut, während es bei SUSY zu unangenehmen Nebeneffekten kommen kann.

Die Benutzerfreundlichkeit ist bei beiden Systemen gleich groß, wenngleich der Linguist die EUROTRA-Regeln nach kurzer Eingewöhnungszeit interpretieren kann, was bei SUSY erheblich komplexer ist.

Da die linguistischen Grundlagen bei EUROTRA transparent sind, können sie von anderen Wissenschaftlern nachvollzogen werden; dies gilt aus den genannten Gründen für SUSY nicht.

Die lange Phase der praktischen Entstehung, die SUSY wesentlich geprägt hat, hat über verschiedene technische und linguistische Realisierungen dagegen zu einem System geführt, das als Modell funktionsfähig ist. Es ist zu hoffen, daß durch diese Grundlage der Weg von EUROTRA zur gleichen Funktionsfähigkeit verkürzt werden kann.

3. Die Evaluierung

Von SUSY zu EUROTRA ist eine Entwicklung, deren Wert nur dann festgestellt werden kann, wenn es ein Maß für die Entwicklung gibt. Eine grobe Einschätzung wäre schon erfreulich, da die Leistung von MÜ-Systemen nicht in absoluten Werten gemessen werden kann.

Messen bedeutet vergleichen und so kann man zwei Dinge miteinander vergleichen, wobei das eine dem anderen überlegen ist, beide aber absolut betrachtet, völlig unerheblich sind. So kann ein Schiff, das doppelt so schnell wie ein anderes ist, mit 12 Knoten/Stunde ein langsames Schiff sein. Ob die maximale Geschwindigkeit hoch oder niedrig ist, muß jedoch mithilfe statistischer Methoden ermittelt werden, z.B. mit dem arithmetischen Mittel der Höchstgeschwindigkeiten aller Schiffe, die das gleiche Alter und eine ähnliche Wasserverdrängung haben. Dieser Wert ist das 'tertium comparationis', das dem Wert einen Rang verleiht. Unkomplizierter ist der Fall, wenn von dem schnellsten Fährschiff im Mittelmeer die Rede ist. Der Rang ist einfach dadurch zu bestimmen, daß die Höchstgeschwindigkeit höher sein muß, als bei den anderen Fährschiffen im Mittelmeer.

Das Modell der Schiffe läßt sich auf die MÜ übertragen, nur gibt es hier zwei Probleme:

- es gibt keinen objektiven Maßstab für MÜ-Systeme und
- das tertium comparationis ist der Mensch.

Bei der MÜ soll die Leistung von einer Maschine erbracht werden und sie soll eine menschliche Leistung ersetzen. Es ist jedermann ersichtlich, daß ein Fertigungsroboter ein Blechteil aus einer Formpresse in eine andere mit Sicherheit dauerhaft präziser und schneller befördern kann als ein Mensch. Für die MÜ muß aber angezweifelt werden, ob ihre Aufgabe nicht schon grundsätzlich falsch formuliert ist.

Bei jeder Konferenz, deren Thema MÜ ist, wird über die Simulation menschlicher Fähigkeiten gesprochen. Es ist zwar richtig, daß ein Computer Rechnungen nach Rechenvorschriften durchführen kann und daß er es schneller und präziser tut als der Mensch. Der Computer kann auch, da man ihm Maßsysteme zur Verfügung stellen kann, Angaben miteinander vergleichen und in Größer/Kleiner/Gleich-Relationen darstellen. Dies gilt jedoch nur für solche Systeme, die sich in Zahlen umsetzen lassen. Die Entscheidungen, die der Computer fällt, sind binär, d.h. ja oder nein. Wenn die Antwort ja und nein wäre, so ist dies nur als einmal ja und einmal nein zu realisieren, wobei der Mensch beides ganzheitlich erfaßt und den Zugriff auf ja oder nein auf einmal hat, während der Computer nur durch die Anwendung komplexer Verfahren diese Sichtweise teilen kann.

Wenn man nun an die Arbeit eines Diplom-Übersetzers denkt, dann gilt neben der Sprachbeherrschung das Verständnis des Textes als unabdingbare Voraussetzung für eine gute Übersetzung. Wenn der Mensch einen Text verstanden hat, dann hat er ein Konzept vom Text, das im Idealfall dem des Autors entspricht. Mithilfe dieses Verständnisses, läßt sich dann ein entsprechender Text in jeder beliebigen Sprache, die der Übersetzer beherrscht, generieren, wobei er zusätzlich den Originaltext als Vorbild verwendet. Es handelt sich also bei der Übersetzung darum, daß der Text in einer anderen Sprache nochmals geschaffen wird. Wenn der Computer diese menschliche Fähigkeit simulieren soll, dann müßte er Text im o.a. Sinne verstehen können.

Computer sind zu nichts anderem fähig, als zu rechnen und zu vergleichen. Aus diesem Grund kann der Computer eine Übersetzung, wie sie vom Diplom-Übersetzer verstanden wird, nicht durchführen. D.h. wenn es MÜ geben sollte, dann basiert sie auf einem anderen Axiom, und dann ist der Vorgang der Übersetzung bei Mensch und Maschine verschieden. Ob dies trotzdem zu vergleichbaren Resultaten führt, könnte ein Ergebnis der Evaluierung sein.

Nachdem man auf die Kernforderung der Übersetzung bei der MÜ verzichten muß, stellt sich die Frage, ob es sinnvoll ist, ohne Textverstehen eine Simulation des Restes zu versuchen. Daß es sinnvoll sein kann, zeigen die Evaluationen der Systeme SYSTRAN von van Slype (1978) und SUSY von von Ammon, Wessoly (1985). In beiden Fällen werden die Systeme unter dem Gesichtspunkt des praktischen Einsatzes geprüft, nicht aber die Frage berücksichtigt, ob die Systeme der Aufgabe adäquat konzipiert sind.

Bei den genannten Systemen wird die Analyse so vorgenommen, wie dies im Fremdsprachenunterricht weit verbreitet gelehrt wird; eine verbzentrierte Analyse mit Satzanalyse, Nominalanalyse, Verbalanalyse, Komplementanalyse und einer semantischen Analyse, die aber bei den MÜ-Systemen wegen der notwendigerweise sequentiellen Anordnung an den Schluß der Analyse gestellt wird. Die somit erstellte Analysestruktur erfüllt im allgemeinen die Anforderungen der Synthese.

Aus den genannten Punkten geht hervor, daß Maschinelle Übersetzung etwas vollständig anderes sein muß als Human-Übersetzung, da der Computer nicht im menschlichen Sinne verstehen und danach handeln kann. Daraus hat EUROTRA gelernt, daß MÜ nur zum Erfolg führen kann, wenn der Ansatz dem Computer adäquat ist. Die Maschine ist in der Lage, mathematische Probleme zu lösen und kann am besten formale Apparate bearbeiten. Das bedeutet für MÜ, daß sie nur dann optimal funktionieren kann, wenn sie formal definiert wird.

EUROTRA hat diesen Schritt gedanklich noch nicht ganz vollzogen, ist aber ausgehend von formalen Werkzeugen für die Linguistik zu einem mathematischen Modell gelangt.

Ein weiteres generelles Problem der MÜ ist die Frage: Was ist eine Übersetzung? Diese Frage hat die Übersetzungswissenschaft nicht beantworten können; auch die Computerlinguistik hat in diesem Punkt keinen Fortschritt gemacht.

Wenn das Pflichtenheft der MÜ Anforderungen an das System stellt, z.B. an die Interface-Struktur, dann sind diese sinnlos, solange sie sich nicht überprüfen lassen. Es gab beispielsweise bei EUROTRA das Prinzip der Isoduität (ELS-3 1985), das besagt, daß das Ergebnis der Analyse, die Interface-Struktur eine Synthetisierung des Satzes in der Ausgangssprache erlauben müsse, sodaß das Ergebnis eine Paraphrase des ursprünglichen Satzes ist. Dies sollte analog für die IS der Zielsprache gelten. Dieses Prinzip entzog sich jeglicher Prüfung, weshalb es wieder verschwand.

EUROTRA hat heute das Schichtenmodell, das jede Repräsentationsebene definiert, wie auch die T-Regel-Komplexe, die die Abbildungen von einer zur nächsten Ebene vornehmen. Die zehn Ebenen bestehen aus 2 x 5 Ebenen, wobei es jeweils zu einer Ebene in der Analyse eine entsprechende in der Synthese gibt.

Wichtig ist dabei, daß der Transfer, der aus dem Abbildungsprozeß zwischen der Interface-Struktur der Ausgangssprache und der IS der Zielsprache, sowie dem Filterungsprozeß auf der IS der Zielsprache besteht, keine Ausnahme darstellt; der Abbildungsprozeß ist genauso definiert wie die anderen und stellt formal nichts anderes dar.

Außerdem zeigt es sich, daß, da alle Ebenen und ihre Abbildungsprozesse definiert sind, das Ergebnis kontrolliert sein muß. D.h. wenn der zu übersetzende Satz morphologisch, syntaktisch und semantisch korrekt bezüglich der Sprache A ist, die Regeln der Analyse die Sprache A korrekt und bezüglich des Satzes vollständig beschreiben und dies analog für die Synthese gilt und wenn die Wortzuordnungen im Transfer korrekt sind, dann muß das Ergebnis korrekt bezüglich der Sprache B sein und eine Paraphrase des Ausgangssatzes.

Die Ausführungen ergeben, daß dieses formale Modell 'computergerecht' ist, und es stellt sich die Frage, ob dieses Modell auch 'sprachgerecht' ist. Dazu soll die Informationswissenschaft zitiert sein, die feststellt, daß vermitteltes Wissen Information sei und die Vermittlung mindestens eine Kodierung, eine Übertragung und eine Dekodierung beinhalte. Eine Übersetzungseinheit ist sicherlich eine kodierte Information, wobei die Kodierung die geschriebene Sprache ist. Bei der Kodierung geht der Schreiber davon aus, daß der Dekodierer ihn versteht und setzt seine Vorstellung nur insoweit um, als sie nicht Universalie ist. D.h. er setzt seine Gedanken nicht vollständig um. Er verwendet Symbole in der Erwartung, daß diese in Kombination mit dem Wissen des Empfängers zu derselben Bedeutung gelangen. Das bedeutet, daß die Sprache nur Teil eines Ideetransportierens ist und weder der Schreiber noch der Leser die Gewähr haben, ob sie dasselbe verstehen. Die Auslegung juristischer Sachverhalte ist ein sehr gutes Beispiel dafür, daß der Text nur Repräsentation von Bedeutung ist, aber nicht die Bedeutung selber.

Unter dieser Prämisse ist die Vorgehensweise von EUROTRA auch 'sprachgerecht' und damit erhält der Begriff MÜ von EUROTRA neue Inhalte.

Die hier zusammengetragenen Argumente erlauben es nun auch, den Begriff der Bewertung von MÜ-Systemen neu zu fassen. Dabei soll auf die Bewertung des Systems für den Systementwickler weiter eingegangen werden.

Die Fragestellung der Linguisten ist doch, ob es gelingt, die Sprache mithilfe eines Formalismus vollständig und widerspruchsfrei zu beschreiben; der Mathematiker muß das Problem lösen, einen adäquaten Formalismus zu finden oder zu formulieren, und der Informatiker sucht nach der optimalen Implementierung und entwickelt ein effizientes Programm in einer geeigneten Programmiersprache.

Die Bewertung für den Linguisten stützte sich in allen Evaluationen von ALPAC (1965) über van Slype (1978) bis von Ammon, Wessoly (1983) auf Qualitätskriterien wie Verständlichkeit, Lesbarkeit, Übersetzungstreue und Informationswert. Die Beurteilung dieser Kriterien stellt die subjektive Meinung der beurteilenden Person oder des beurteilenden Personenkreises dar und kann nicht als objektiver Maßstab gelten.

Bei EUROTRA besteht die Möglichkeit, zu prüfen, ob bestimmte grammatische Sachverhalte analysiert werden können, ob sie repräsentiert werden und ob aus der Repräsentation die korrekte Oberflächenstruktur erstellt wird. Da in einem multilingualen System die Möglichkeit der Übersetzung von einer in verschiedene Sprachen besteht, lassen sich die verschiedensten Tests realisieren.

Dabei ist eine Übersetzung von einer in dieselbe Sprache möglich oder eine Ringübersetzung ist denkbar, z.B. D-GR-DK-D, die die Qualitätstests ersetzen kann und wesentlich leichter zu beurteilen ist.

Zusammenfassend kann festgestellt werden, daß die MÜ wie EUROTRA wegen ihrer von der menschlichen Leistung abstrahierten Definition und ihres formalen, wohldefinierten Aufbaus verschiedene Methoden der Evaluierung für den Linguisten ermöglicht, die als Maß der Leistung eines MÜ-Systems bislang nicht denkbar waren. Die kognitive Ebene der Macroevaluation (Verständlichkeit, Lesbarkeit etc.) wird um neue Testmethoden erweitert werden müssen, die

Microevaluationsmethoden, besonders auf der grammatischen Ebene, lassen sich wesentlich verfeinern.

4. Aussichten

Die Entwicklung von SUSY zu EUROTRA zeigt deutlich, daß die Forschung viel präziser geworden ist, die Modelle formaler und die Methoden 'linguistischer'. Die Transparenz von EUROTRA erlaubt Einblicke, die die Grammatik ohne Programm oder den Zusammenhang zwischen Wörterbuch und Grammatik erkennen lassen. Die Vollständigkeit des Systems läßt sich prüfen, die Paßgenauigkeit zwischen den Komponenten messen und die Übersetzung mit dem Ausgangstext vergleichen. EUROTRA zeigt also Qualitäten, die bei anderen Systemen z.T. vermißt werden. Damit erneuert EUROTRA auch die Hoffnung auf die Machbarkeit der MÜ, jedoch mit der Einschränkung, daß MÜ nicht Humanübersetzung per Computer ist.

LITERATUR

ALPAC (1966): Report by the Automatic Language Processing Advisory Committee. National Academy of Science/ National Research Council. Washington D.C.

Eggers, H. et al. (Hg.) (1980): SALEM - Ein Verfahren zur automatischen Lemmatisierung deutscher Texte. Tübingen.

ELS-3 (1985): D. Arnold, L. des Tombe, L. Jaspaert: Eurotra Linguistic Specification. Eurotra documentation.

Engel, U. (1982): Syntax der deutschen Gegenwartssprache. Berlin.

Fawcett, R. (1980): Cognitive Linguistics and Social Interaction towards an Integrated Model of a Systemic Functional Grammar and the other Components of a Communicating Mind. Heidelberg.

Gerhardt, T. C. (1983): SUSY-Handbuch für Semantische Disambiguierung. (Dokumentation A2/3). Saarbrücken.

Schmidt, P. (1986): Valency Theory in a Stratificational MT-System. In: Proceedings of the 11th International Conference on Computational Linguistics COLING 86. Bonn. 307-312

Steiner, E. (1986): Valency Theory in a Stratificational MT-System. In: Proceedings of the 11th International Conference on Computational Linguistics COLING 86. Bonn. 304-306.

van Slype, G. (1978): Zweite Bewertung des automatischen Übersetzungssystems Systran der Kommission der Europäischen Gemeinschaften für das Sprachenpaar Englisch - Französisch. (CETIL/76/78).

- (1979): Critical Study of Methods for Evaluating the Quality of Machine Translation. Final Report. Brüssel.

von Ammon, R., R. Wessoly (1983): Entwicklung eines Evaluierungskonzepts für das automatische Übersetzungsprojekt SUSY-DJT (Deutsch-Japanische Titelübersetzung). Regensburg.

Zelinski-Wibbelt, C. (1986): An Empirically Based Approach towards a System of Semantic Features. In: Proceedings of the 11th International Conference on Computational Linguistics COLING 86. Bonn. 7-12.

MULTILINGUALE ANWENDUNGEN DER SPRACHDATENVERARBEITUNG IN REFERENZ-INFORMATIONSSYSTEMEN

Edith Kroupa, Harald H. Zimmermann

Abstract

Das Forschungsprojekt MARIS wird an der Fachrichtung Informationswissenschaft der Universität des Saarlandes mit Förderung des BMFT durchgeführt. Es hat den Aufbau und die exemplarische Erprobung einer computergestützten Übersetzung zum Ziel. Hierbei wird das am Sonderforschungsbereich elektronische Sprachforschung empirisch realisierte System SUSY (Saarbrücker Übersetzungssystem) mit herangezogen. Die Übersetzungen (Deutsch-Englisch) dienen der Überwindung von Sprachbarrieren in Fachinformationssystemen u.a. im Bauwesen, in der Normendokumentation und in den Sozialwissenschaften.

Es werden ein Überblick über die Entwicklungen von der maschinellen Indexierung (CTX) bis zum Modell des Saarbrücker Translations-Service (STS) gegeben und Ziele und Vorgehensweise vorgestellt.

Einleitung

Ein zentrales Problem, das sich dem Zugang zu in Informationsbanken (Datenbanken) gespeichertem Wissen entgegenstellt, sind die Sprach- und Kommunikationsbarrieren. Häufig beherrscht der Recherchierende die Sprache eines Dokuments bzw. die Indexierungssprache - sei es nun Fach- oder Fremdsprache - nicht oder nicht ausreichend.

Im fachsprachlichen Bereich muß man davon ausgehen, daß Informationen für einen Benutzer, der die Fachsprache überhaupt nicht beherrscht, auch relativ wertlos sind. Wenn dagegen ein Fachmann das spezielle Vokabular seines Fachs zumindest in gängigen Sprachen wie Englisch oder Französisch passiv beherrscht, liegen die (späteren) Probleme im Umgang mit fremdsprachigen Fachtexten weniger in der **Rezeption** der fremdsprachigen Texte als im **Such- und Wiedergewinnungsvorgang.**

Da die **rein** intellektuelle Übersetzung für große Mengen fremdsprachlicher Texte finanzielle und personelle Probleme aufwirft, bieten sich als Lösung die Übersetzung mit Computerunterstützung sowie eine Verbindung zwischen einsprachiger Indexierung und Übersetzungsäquivalenten des in den Fachtexten verwendeten Sprachmaterials an.

Im folgenden wird die Sprachbarrierenproblematik am Beispiel von Referenz-Informationssystemen eingehender untersucht. Im ersten Kapitel wird eine kurze Übersicht über die Forschungsprojekte gegeben, in deren Zusammenhang die vorgestellten Systeme entwickelt wurden und werden.

1. Sprachdatenverarbeitung im Bereich Fachinformation - Forschungs- und Entwicklungsprojekte an der Fachrichtung Informationswissenschaft der Universität des Saarlandes

Aufbauend auf den Entwicklungsarbeiten des SFB 100 (vor allem des Teilprojekts A2) wurden zunächst an der Universität Regensburg und später an der Fachrichtung Informationswissenschaft der Universität des Saarlandes mehrere Forschungsprojekte im Bereich der Sprachdatenverarbeitung durchgeführt:

JUDO (1977/1979): Juristische Dokumentanalyse

Im Rahmen des Projekts JUDO wurde mit Finanzierung des BMFT an der Universität Regensburg auf der Grundlage des (damals noch in erster Entwicklung stehenden) Teilsystems zur deutschen Syntaxanalyse des SFB 100 ein Modell zur Dokumentation juristischer Texte entwickelt. Dabei wurden linguistisch motivierte Verfahren zur computergestützten Texterschließung konzipiert und erprobt. Die Erschließung erfolgte einschließlich der semantischen Disambiguierung und des Einsatzes differenzierter Thesaurusrelationen.

JUDO/DS (1980-1982): Juristische Dokumentanalyse im Bereich Datenschutz

Das prototypische Modell wurde in einem sich unmittelbar anschließenden Projekt, ebenfalls mit Finanzierung des BMFT, das noch an der Universität Regensburg begonnen, dann aber ab September 1980 an der Universität des Saarlandes weitergeführt wurde, an größeren Dokumentmengen in einem spezifischen Fachgebiet (insbesondere an Gesetzestexten, Berichten, Zeitungsmeldungen zum

Datenschutz) getestet und fortentwickelt. Da sich bei JUDO herausstellte, daß die regelgeleitete Vereindeutigung innerhalb des Systems SUSY für die bearbeiteten Textsorten nicht ausreicht, wurden insbesondere in diesem Bereich neue Entwicklungen besonders zur Thesaurusintegration und zur Ausnutzung von Fachgebietsmarkierungen zur Disambiguierung durchgeführt. Am Ende des Projekts stand ein anwendbarer Prototyp zur Verfügung.

TRANSIT (1982/1985): Transfer informationslinguistischer Technologien

Im Projekt TRANSIT - auch hier wieder gefördert vom BMFT im Rahmen des Fachinformationsprogramms der Bundesregierung - wurde der in den Vorgängerprojekten entwickelte Prototyp auf andere Fachgebiete übertragen (Patentwesen, Werkstoffe, Sozialwissenschaften). Gleichzeitig wurde in jedem dieser Anwendungsgebiete eine spezielle Komponente weiterentwickelt. Bei den Patentdaten wurde die Praktikabilität bei großen Datenmengen getestet; gleichzeitig wurden aufgrund des Wortschatzes und der speziellen grammatikalischen Strukturen (lange, komplizierte Sätze) extreme Anforderungen an die Analysemoduln gestellt; bei den Sozialwissenschaften wurden die semantischen Komponenten getestet und z.T. weiterentwickelt, für das Fachgebiet Werkstoffe wurde ein Vergleich zwischen intellektuellen und maschinellen Indexierungsleistungen durchgeführt.

Ergebnisse von JUDO bis TRANSIT waren das Indexierungssystem CTX und eine erhebliche Stabilisierung der deutschen Analysekomponente von SUSY. Man kann dazu festhalten, daß in dieser Ausrichtung die SUSY-Teilkomponente 'Deutsche Sprachanalyse' für Indexierungszwecke ihre Einsatz- und vor allem ihre Leistungsfähigkeit deutlich gezeigt hat. Dies haben neutrale Bewertungen, z.B. im Vergleich einer unspezifischen Indexierung auf Wortformenebene zu SIEMENS/PASSAT und SUSY/CTX, deutlich herausgestellt (Krause 1986).

SUSY-DJT (1983-1985): Deutsch-Japanische Titelübersetzung mit Englisch als Switching-Language

Das Projekt SUSY/DJT war ein deutsch-japanisches Kooperationsprojekt, an dem auf deutscher Seite neben der Fachrichtung Informationswissenschaft auch die Fachrichtung Übersetzen und Dolmetschen (Prof. Wilss) beteiligt war. Es handelte sich um die labormäßige Übersetzung von Titeln japanischer Datenbanken aus dem Japanischen ins Deutsche und umgekehrt; dabei übersetzte die japanische Seite (Prof. Nagao in Kyoto) maschinell aus dem Japanischen ins Englische, mit SUSY wurden diese englischen Übersetzungen weiter ins Deutsche übersetzt und umgekehrt. Das Englische diente also zugleich als Switching Language. Die Schwierigkeiten bei der Übersetzung lagen zum einen in der Textsorte: Titel sind ohne Kontext bzgl. der korrekten Terminologie nicht leicht zu übersetzen; außerdem ist SUSY auf grammatikalisch korrekten Input ausgelegt, der bei den englischen Übersetzungen der japanischen Titel nicht immer gegeben war. Als Übersetzungsergebnis wurde allerdings lediglich eine Informativübersetzung angestrebt. Die Übersetzungsqualität wurde extern evaluiert (von Ammon, Wessely 1984; 1985) und erzielte (für alle) erstaunlich gute Ergebnisse. In diesem Projekt wurde auch eine zweisprachige Modelldatenbank mit zweisprachigen (englisch-deutschen) Deskriptoren aufgebaut.

MARIS (seit 1985): Multilinguale Anwendung von Referenz-Informationssystemen

Die Projekte SUSY/DJT und TRANSIT leiteten unmittelbar über zu dem Projekt MARIS, das seit Juni letzten Jahres unter Förderung des BMFT in Zusammenarbeit mit dem Institut der Gesellschaft zur Förderung der Angewandten Informationsforschung e.V. (IAI) durchgeführt wird. Ziel von MARIS ist es, eine organisatorische und technische Infrastruktur für Übersetzungen im Fachinformationsbereich zu schaffen. Für die Übersetzungen (Deutsch-Englisch) wird wiederum SUSY eingesetzt. Bei der Textsorte handelt es sich um Titel aus unterschiedlichen Fachgebieten, z.Z. Technische Regeln, Bauwesen, Sozialwissenschaften. Ein Schwerpunkt ist dabei die Terminologieentwicklung. Erste Tests mit SUSY haben bereits gezeigt, daß unter der Voraussetzung der entsprechenden maschinenlesbaren Terminologie diese Textsorte sehr gut maschinell übersetzt werden kann. Ein Hauptvorteil der maschinellen bzw. computergestützten Übersetzung in diesem Bereich liegt in der terminologischen Konsistenz, die sich auf den späteren Recherchevorgang sehr vorteilhaft auswirkt.

Wenn man die Verfahrensweisen und Ziele dieser außerhalb des SFB 100 'Elektronische Sprachforschung', aber in Kooperation mit Projektgruppen des SFB 100 durchgeführten Forschungsprojekte zusammenfaßt, so lassen sich folgende Akzentuierungen festhalten:

Ziele des SFB 100 waren (u.a.), die prinzipiellen Möglichkeiten einer Sprachdatenverarbeitung theoretisch wie **empirisch** (an Modellen) zu erproben. Hierzu wurden Programme erstellt, Lexika kodiert und Grammatiken weitgehend systematisch implementiert und getestet. Der breitangelegte empirische Ansatz insbesondere beim Deutschen ermöglichte es, über die Modelle des SFB 100 hinaus Labor- und Prototypen (auch unter textbezogener Lexikonerweiterung) **extern** zu entwickeln.

Ziel dieser Anwendung war also weniger, die prinzipiellen Möglichkeiten zu testen, als zu prüfen, ob sich eine Anwendung (der entwickelten Verfahren) unter (letztlich praktischen) Anforderungen des Information Retrieval und der multilingualen Repräsentation 'lohnt', wobei auch Kosten-Nutzen-Relationen ökonomischer Art von Bedeutung waren. So 'lohnt' sich nach diesem Verständnis eine computergestützte Übersetzung dann, wenn sie kostengünstiger und/oder schneller als die sog. 'Humanübersetzung' erzielt werden kann. Fragen der Wartung, der Adaptierbarkeit, der Wörterbuchpflege stehen bei diesen Untersuchungen weit mehr im Vordergrund als die linguistischen Verfahren selbst.

2. Referenz-Informationssysteme

2.1 Referenzdatenbanken

Unter Referenz-Informationssystemen werden hier Informationssysteme verstanden, in denen Dokumentbeschreibungen gespeichert sind, die **Hinweise** geben auf die gesuchten Objekte. Diese Objekte sind in der Regel Zeitschriftenaufsätze, Monographien u.ä.; es kann sich jedoch auch um konkrete Gegenstände wie Gemälde, Ausgrabungsstücke etc. handeln. Insbesondere heißt dies, daß die Datenbanken nur Beschreibungen der gesuchten Objekte enthalten, mit deren Hilfe der Zugriff auf die Objekte ermöglicht wird, nicht jedoch die Objekte selbst. Nicht berücksichtigt werden hier also Fakten- und Volltextdatenbanken.

Die Beschreibung eines Objekts in einer bibliographischen Datenbank (Referenzdatenbank) setzt sich u.a. zusammen aus:

- Titel
- (Abstract)
- Verfasser, (Herausgeber)
- (Serientitel)
- Erscheinungsjahr
- Deskriptoren, (Kategorien, Stichwörter)

Im gegebenen Zusammenhang werden ausschließlich die textuellen Teile einer Objektbeschreibung weiter untersucht. Diese sind

- Deskriptoren, begriffliche Klassifikationen
- Titel
- Abstract.

2.2 Indexierung und Retrieval

Der Input für die Datenbanken wird heute noch überwiegend intellektuell/manuell erstellt. Das bedeutet neben der intellektuellen Aufbereitung der bibliographischen Daten vor allem die intellektuelle Zuordnung von Suchbegriffen. Diese Suchbegriffe werden aus vorgegebenen Klassifikationen oder Thesauri bzw. aus kontrolliertem Vokabular ausgewählt. Daneben ist noch die sogenannte Freitextrecherche möglich. Bei der Freitextrecherche wird mit Wörtern bzw. Wortfolgen aus den Textteilen der Dokumente gesucht.

Um verschiedene Wortformen zusammenzuführen, wird das Mittel der Trunkierung (Abschneiden von Wortteilen v.a. am Wortende) verwendet. Für das Englische bringt dies relativ gute Ergebnisse, bei stark flektierenden Sprachen wie dem Deutschen ergeben sich allerdings Probleme, z.B. bei den starken Verben und den umlautenden Pluralstämmen. Vor allem aber bei Wortzusammensetzungen führt die Trunkierung oft zu unerwünschten Ergebnissen. Im wesentlichen handelt es sich dabei um zwei Fehlerquellen:

- Es werden nicht alle Ausprägungen eines Lemmas erkannt; (Beispiel: Trunkierung von $MATRIX$ ($ = Zeichen für Begrenzung des Wortes) führt nicht zur unregelmäßigen Pluralform MATRIZEN. Dies bedeutet, daß die Trunkierung in diesen Fällen dazu führt, daß Belege nicht gefunden werden (= erniedrigter Recall).

- Es werden fälschlich Stämme zusammengeführt. Zum Beispiel erhält man bei beidseitiger Trunkierung von $SCHAFT$ neben VENTILSCHAFT auch STAATSANWALTSCHAFT. Dies führt zu Ballast und damit zu verminderter Präzision; die Auswirkung für den Recherchierenden besteht darin, daß er Zeit aufwenden muß, um die für ihn interessanten bzw. auf seine Fragestellung zutreffenden Ergebnisse auszusondern.

- Im besonderen Fall treffen beide Phänomene zu: LEXIKON müßte mit $LEXIK$ trunkiert werden, um auch die Pluralform LEXIKA einzubeziehen; bei $LEXIK$ werden aber auch Begriffe wie LEXIKOGRAPH, LEXIKOLOGIE etc. gefunden.

Der Recherchierende muß dann sowohl unzutreffende Dokumente aussondern, umgekehrt wird er eine Reihe zutreffender Texte nicht finden.

Um diesem Problem abzuhelfen, wurden z.B. für das Deutsche im Rahmen der hier beschriebenen Projekte entsprechende Lemmatisierungsverfahren entwickelt, die die Rückführung der Wortformen auf Grundformen und daneben eine Zerlegung von zusammengesetzten Wörtern in ihre sinnhaften Bestandteile ermöglichen.

Auswirkungen analog zur Trunkierung resultieren aus syntaktischen und semantischen Mehrdeutigkeiten eines Wortes, die mit den oben genannten Verfahren in der Regel jedoch nicht gelöst werden. In Kapitel 5 werden Ansätze beschrieben, die auch für dieses Problemfeld Lösungsmöglichkeiten anbieten.

2.3 Mehrsprachigkeit

Bei wissenschaftlichen Veröffentlichungen nimmt der Anteil an englischsprachigen Publikationen ständig zu. Es zeigt sich, daß sich Englisch als internationale Wissenschaftssprache weitgehend durchgesetzt hat. Für den deutschen Fachinformationsmarkt zeichnen sich dadurch nun zwei gegenläufige Entwicklungstendenzen ab. Einerseits ergibt sich für Anbieter von deutschsprachiger Fachinformation die Notwendigkeit, Übersetzungen ins Englische vorzunehmen, um so die internationale Akzeptanz der eigenen Informationen zu erhöhen und damit das Marktsegment über den deutschsprachigen Markt hinaus auszuweiten. Umgekehrt stellt sich für die deutschsprachige Nutzung das Problem, daß der Informationssuchende (Experte) in der Regel zwar über ausreichend gute **passive** englische Sprachkenntnisse verfügt, um englischsprachige Texte zu verstehen, in englischsprachigen Datenbeständen jedoch nur dann die gewünschten Informationen findet, wenn er ausreichende **aktive** Sprachkenntnisse besitzt (von der Einschaltung eines Informationsvermittlers sei hier abgesehen).

Daraus resultieren heute 'doppelt' geführte Datenbanken, wenn ein Anbieter auf den deutschen Markt und daneben auf internationale Nutzung ausgerichtet ist (Wissmann 1986). Die 'deutsche' Datenbank stellt in der Regel eine Teilmenge der 'internationalen' Datenbank dar. Von der Marktlage her ist also durchaus ein Bedürfnis nach (kostengünstigen) Übersetzungen im Fachinformationsbereich festzustellen.

3. Multilinguale Objektbeschreibung

Der am ehesten zu realisierende multilinguale Zugang zu Datenbanken kann über eine mehrsprachige (zunächst auch intellektuelle) Indexierung erfolgen. Bei der Datenbank SDIM-2 des Fachinformationszentrums Werkstoffe verfolgt man z.B. diesen Weg. In diesen Datenbanken werden heute schon Deskriptoren in drei Sprachen (Deutsch, Englisch, Französisch) und Titel in mindestens zwei Sprachen (Deutsch, Englisch) angeboten (SDIM-2 1985).

3.1 Deskriptoren in mehreren Sprachen

Bezieht man mehrsprachige Indexierung sowohl auf kontrolliertes Vokabular als auch auf Einträge in den Basic Indices, liegt das Problem bei der Automatisierung der Zuordnung auch hier in der Auflösung von Mehrdeutigkeiten. Ist z.B. im Ausgangsvokabular der Begriff Spannung mit voltage (im Elektrotechnikbereich) und mit stress (in der Mechanik: Werkstoffbereich) übersetzt, so würde der menschliche Indexierer aufgrund seiner Fachkenntnisse den zutreffenden Ausdruck wählen; vom Programm aber kann die zutreffende Bedeutung ohne weitere Markierungen nicht automatisch erkannt werden; der Algorithmus 'merkt' nicht einmal in jedem Fall, ob es sich überhaupt um einen mehrdeutigen Begriff handelt. Deshalb müßten bei der ausgangssprachigen Indexierung potentiell mehrdeutige Begriffe bereits markiert werden.

Damit ist dann zwar eine eindeutige Zuordnung der zielsprachigen Begriffe zu realisieren, für den quellsprachig recherchierenden Benutzer bestehen zwei Möglichkeiten: Werden die Unterscheidungsmerkmale getilgt, so ändert sich für den Benutzer an der Oberfläche nichts, allerdings erzeugt dann die Bedeutungsvielfalt beim Rechercheergebnis Ballast (unzutreffende Dokumente). Wird das Unterscheidungsmerkmal mitgeführt, führt dies beim Benutzer zu einer aufwendigeren Handhabung des Rechercheapparats (allerdings sind auch hier technische Abhilfen denkbar).

3.2 Übersetzung von Titeln und Abstracts

Dem Nutzer wird durch die Übersetzung von Deskriptoren (Suchwortbegriffen) nur der erste Zugang zur Information erleichtert; ergeben sich zu den Stichwörtern Treffer, so hat er bei fremdsprachigen Texten immer noch das Problem, die Informationen zu verstehen. Dies hat - wie erwähnt - insbesondere Auswirkungen auf die Akzeptanz von **nicht**-englischsprachigen Informationen: denn umgekehrt hat sich zur Zeit wohl Englisch als Wissenschaftssprache durchgesetzt, so daß englischsprachige Informationen zumindest passiv rezipiert werden können.

Nachdem der Nutzer ein fremdsprachiges Dokument gefunden hat, wird ihm die Entscheidung über die Relevanz leichter fallen, wenn ihm Titel oder besser noch Titel und Abstract in einer Sprache angeboten werden, die er versteht.

Inzwischen sind maschinelle Übersetzungshilfen entwickelt worden, die in einem gewissen Grade eine rationellere Durchführung der Übersetzungsaufgaben ermöglichen (Einsparungen von 30% und mehr an Übersetzungszeit sind durchaus möglich). Ihr Einsatz lohnt sich jedoch erst ab einem gewissen Mindestvolumen an Übersetzungen. Diese Hilfsmittel (Systeme wie SYSTRAN oder LOGOS) unterstützen die fremdsprachige Textgenerierung (Übersetzung, Postedition) und führen im terminologischen Bereich zu größerer Konsistenz.

4. Das maschinelle Übersetzungssystem SUSY und das computergestützte Texterschließungssystem CTX

Das Saarbrücker Übersetzungssystem SUSY und das computergestützte Texterschließungssystem CTX sind anderweitig ausführlich beschrieben (Vgl. Zimmermann, Kroupa, Keil 1983). Deshalb sei hier zum besseren Verständnis nur ein kurzer Abriß gegeben.

SUSY ist ein modulares, multilinguales Übersetzungssystem, dreigeteilt in Analyse, Transfer und Synthese.

Die ausgangssprachige **Analyse** besteht aus den Moduln:

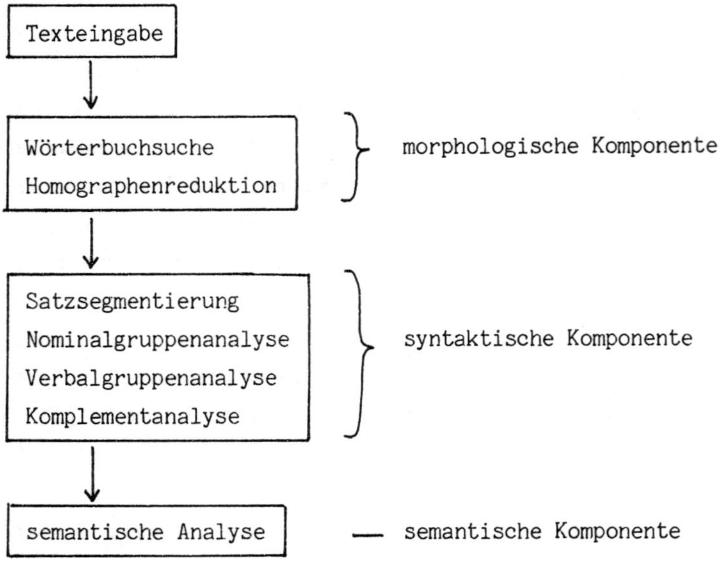

An die semantische Komponente schließt der lexikalische und strukturelle Transfer an.

Die zweisprachige Generierung besteht aus semantischer, syntaktischer und morphologischer Synthese.

CTX erzeugt unter Verwendung von SUSY-Teilen in Verbindung mit zusätzlichen Bausteinen aus Wortformen Grundformen (in unterschiedlichen Analysetiefen) und bildet syntaktische Relationen auf zweistellige syntaktisch relationierte Suchbegriffe ab. CTX nutzt also die Analysestufe von SUSY aus. Je nach Analysetiefe sind entsprechende Indexierungsergebnisse möglich.

SUSY/ERGÄNZUNGEN	CTX
morphologische Komponente	Grundformen, Kompositumzerlegung
syntaktische Komponente	Mehrwortbegriffe
semantische Komponente	semantische Vereindeutigung

Zusätzlich ist normalerweise in CTX ein Textpräprozessor vorgeschaltet, der eine logische Einteilung der Texte in kleinere Einheiten ermöglicht und die Informationen für die späteren Deskriptor-Text-Zuordnung bereitstellt.

Weiterhin wurden in Modellform zusätzliche Verfahren zur semantischen Vereindeutigung entwickelt, die Kontext und Fachgebietsmarkierungen auswerten.

Die folgende Gegenüberstellung zeigt noch einmal im Detail, wie die Ergebnisse der einzelnen Analysemodule des Übersetzungssystems zur Lösung einsprachiger Dokumentationsaufgaben genutzt werden können.

Maschinelle Übersetzung		Dokumentation
		Dokumentstruktur
Wort-/Textsegmentierung	{	Rechtschreibfehler/ Wortzerlegungen
Morphologische Analyse	{	Grundformen Stoppwörter Trunkierung
Satzsegmentierung	—	Abstandsfunktionen
syntaktische Analyse	—	nominale Mehrwortgruppen syntaktische Phrasen
semantische Analyse	—	Auflösung von Mehrdeutigkeiten

Das Verfahren läßt sich auf ein- und mehrwortiger Begriffsebene noch erweitern: Der Transfermodul liefert die zielsprachigen Entsprechungen zu den ausgangssprachigen Begriffen. Mit dem Ergebnis des gesamten Übersetzungsprozesses kann schließlich eine komplette zweisprachige Datenbank aufgebaut werden.

Der Zugang zu fremdsprachigen Informationen kann damit auf zwei Arten ermöglicht werden: Einmal durch die formal-inhaltliche Erschließung von Texten und die Relationierung der gewonnenen Suchbegriffe und fremdsprachigen Äquivalenten; zum Zweiten (z.Z. erheblich weniger effizient) durch die maschinelle Übersetzung des ausgangssprachigen Textes und die formal-inhaltliche Erschließung des zielsprachigen Textes.

5. Integriertes Terminologie- und Übersetzungskonzept

Im Fachinformationsbereich ergeben sich jedoch gerade bei der Übersetzung von Deskriptoren und Titeln eine Reihe spezifischer Probleme.

Informationsbanken zu bestimmten Themenbereichen decken in sich wieder ein größeres Spektrum an Fachgebieten ab (extreme Beispiele: Technische Regeln, Patente). Dies hat entsprechende Auswirkungen auf den Umfang des zu bearbeitenden Wortschatzes. Für das Bauwesen (Beispiel: die Datenbank des Informationszentrums Raum und Bau (IRB) in Stuttgart) hat sich z.B. ergeben, daß erst ab ca. 100.000 bearbeiteten Titeln eine gewisse Sättigung zu erwarten ist. Für den Einsatz maschineller Übersetzungsverfahren bedeutet dies, daß für jedes neu zu bearbeitende 'Fachgebiet' umfangreiche terminologische Vorarbeiten erforderlich sind.

Mehrdeutigkeiten/Fachgebietsmarkierung

Mehrdeutigkeiten können nur im Kontext aufgelöst werden; bei der Übersetzung isolierter Termini und auch noch bei Titeln reicht der Kontext oft nicht aus, um Mehrdeutigkeiten erkennen, geschweige denn auflösen zu können. Handelt es sich um bereits intellektuell klassifizierte Dokumenteinheiten, können die Fachgebietszuweisungen ausgewertet werden. Sie bieten sich auch zur automatischen Klassifizierung der in den Texten auftretenden Termini an. Somit erhält man ein lernendes Verfahren zur automatischen Disambiguierung, das allerdings auf intellektuelle Vorarbeit angewiesen ist.

Terminologiegenerierung

Der Neuheitswert der Information äußert sich auch in den Benennungen der untersuchten Gegenstände; für den Terminologen bzw. Übersetzer bedeutet dies oft, daß die fremdsprachigen Entsprechungen mühsam recherchiert werden müssen.

Eine wesentliche Aufgabe im Rahmen der praxisorientierten Entwicklung eines maschinellen Übersetzungssystems ist somit der Ausbau der Wörterbücher und Fachterminologien sowie deren Anpassung an die vom Übersetzungssystem benötigten Kodierungen. Ein Beispiel für entsprechende Ergebnisse ist im Saarbrücker Übersetzungssystem das morphosyntaktische Wörterbuch zum Deutschen. Es umfaßt bereits aufgrund der Basis-Entwicklungen im SFB 100 und den textorientierten Ergänzungen durch die Indexierungsprojekte ca. 150.000 Einträge und deckt den größten Teil des deutschen Funktionswortschatzes und des deutschen Standardwortschatzes ab. Für die praktischen Übersetzungen muß für die zu bearbeitenden Fachgebiete der entsprechende Aufbau der Transfer- und Synthesewörterbücher folgen.

Es werden verschiedene Strategien verfolgt, die den Ausbau der bestehenden Lexika (v.a. Deutsch/Englisch) kostengünstig gestalten bzw. als Beiprodukt ermöglichen. Sie werden in den Entwicklungen des sog. Saarbrücker Translations-Service (STS) im Rahmen des Projekts MARIS erprobt.

5.1 Übernahme vorhandener maschinenlesbarer Terminologie

Bei exemplarischen Untersuchungen (Peters 1985; Button 1986) hat sich gezeigt, daß aufgrund der zu bearbeitenden Textsorte (Titel von Neuerscheinungen in den jeweiligen Fachgebieten) mit relativ vielen unterschiedlichen Begriffen zu rechnen ist, die bislang weder in Fachwörterbüchern noch in Terminologiebanken zu finden sind. Es gibt z.B. bis dato keine Terminologiedatenbank, die speziell auf das Bauwesen ausgerichtet ist. Zudem ist dieser Themenbereich sehr weit zu fassen. Auch bei den technischen Regeln und Vorschriften läßt sich im eigentlichen nicht von **einem** Fachgebiet sprechen. Die Übernahme von Terminologie ist nicht notwendig kostengünstiger, ganz abgesehen von den weitgehend ungeklärten Rechtsfragen (Copyright). Die Übernahme vorhandener maschinenlesbarer Terminologie im Rahmen von MARIS beschränkt sich deshalb bislang i.w. auf die Übernahme der Bestände, die bei den einzelnen Projektpartnern, für die Übersetzungen ausgeführt werden, bereits vorliegen. Dabei handelt es sich bislang insbesondere um:

- Deutsches Informationszentrum RAUM und BAU: FINDEX Facettenorientiertes Indexierungssystem (ca. 6.800 Begriffe);

- Informationszentrum für technische Regeln: deutsch/englische Registerbegriffe (ca. 11.000 Begriffe).

5.2 Auswertung von übersetztem Textmaterial

Zweisprachiges Textmaterial ist für die computergestützte Terminologiegenerierung interessant, wenn es bereits maschinenlesbar vorliegt. Im vorliegenden Falle handelt es sich im wesentlichen um zweisprachig vorliegende Datenbestände in den Datenbanken, für die mit STS Serviceleistungen erbracht werden (für anderes maschinenlesbares Textmaterial gelten bzgl. der Verfügbarkeit und des Copyright analoge Aussagen wie für den Terminologiebereich). Aus personellen und terminlichen Gründen war es bislang nicht möglich, mehrsprachiges maschinenlesbares Material, das **nicht** im Rahmen von STS übersetzt wird, aufzuarbeiten, obwohl die entwickelte Verfahrensweise auch für Fremdmaterial einsetzbar wäre. Somit erfolgt die Terminologieerstellung vorerst parallel zu den Übersetzungsarbeiten. Die übersetzten Texte werden mittels der computergestützten Texterschließung der deutschen Quelltexte durch CTX (Kroupa 1984) ausgewertet und anschließend in einer Terminologiedatenbank (mit dem Datenbanksystem GOLEM) abgelegt. Über Thesaurusrecherchen werden zu jedem Begriff die zweisprachigen Kontexte ermittelt, die dann von den Übersetzern für die Zuordnung von Übersetzungsäquivalenten ausgewertet werden. Als Seiteneffekt des gewählten Verfahrens entsteht auf der Basis der übersetzten Daten eine Terminologiedatenbank, die von den Übersetzern bei Problemfällen als Kontext herangezogen werden kann.

In Abhängigkeit vom Ausgangsmaterial werden bei der Terminologieerstellung drei Stufen unterschieden. Ziel ist immer eine hochqualifizierte Terminologieerstellung.

Bei TERM 1 liegen zu den quellsprachigen Ausgangsbegriffen bereits die Übersetzungen vor; diese müssen lediglich noch auf die Systemformate umgesetzt werden.

Bei TERM 2 fehlen zwar die Übersetzungsäquivalente zu den Ausgangsbegriffen, es liegt zu jedem Ausgangsbegriff ein quellsprachiger und ein diesem zugeordneter zielsprachiger Kontext vor.

Bei TERM 3 kann der Kontext zu den Ausgangsbegriffen fehlen oder nur teilweise vorhanden sein, außerdem fehlt i.d.R. die Zuordnung.

5.3 Übersetzungskonzepte

Auch für Referenzdatenbanken sind i.w. zwei Arten von Übersetzungen denkbar. Orientiert man sich nur an dem Informationsbedürfnis des Benutzers, so reicht eine sog. Informativübersetzung (= Rohübersetzung) aus. Solche Übersetzungen werden z.T. auch von Übersetzungsabteilungen von Fachinformationseinrichtungen seit längerer Zeit intellektuell angefertigt. Der Kunde formuliert sein Informationsbedürfnis und erhält eine Zusammenfassung oder Übersetzung von Teilen, die nicht bis ins Detail ausformuliert zu sein braucht.

Aus Marketinggründen sollen sich aber übersetzte Dokumentationseinheiten von Originaleinträgen weder stilistisch noch terminologisch unterscheiden; dies erfordert eine hochqualitative Übersetzung, die dennoch aus Kostengründen preiswert gehalten werden soll.

Dazu bieten sich maschinelle Verfahren an. Es hat sich (zumindest bei Tests von SUSY) gezeigt, daß bei entsprechenden Terminologievorarbeiten gerade für Titel von Fachveröffentlichungen durchaus akzeptable maschinelle Übersetzungen, die wenig Nachbearbeitung erfordern, angefertigt werden können.

Liegt die entsprechende Terminologie nicht maschinenlesbar vor, so bietet es sich aus Effizienzgründen an, Texte zuerst herkömmlich zu übersetzen und anschließend zur Terminologieauswertung zu verwenden. Bei ausreichender terminologischer Sättigung wird das Verfahren umgekehrt: Wörterbücher werden nur noch bei lexikalischen Lücken, die bei der Übersetzung auftreten, ergänzt.

'Abfallprodukt' des automatischen Übersetzungsprozesses ist dabei (bei der Kopplung von SUSY und CTX zumindest), eine automatische Indexierung und die Zuordnung von fremdsprachigen Übersetzungsäquivalenten zu den Deskriptoren. Bei Bedarf läßt sich aus den so verarbeiteten Textteilen auch eine Terminologiedatenbank für Übersetzer aufbauen.

Die ersten Erfahrungen im Rahmen des Projekts MARIS zeigen, daß die Strategie bislang problemlos aufgeht: Inzwischen sind allein im Bereich des Bauwesens (Datenbank ICONDA) rund 80.000 Titel übersetzt und in ihrer Terminologie inventarisiert worden. Die entsprechend 'angereicherte' Datenbank wird soeben in den USA durch den Anbieter präsentiert.

Insgesamt ist festzuhalten, daß aus der Sicht der Informationsverarbeitung mit den Saarbrücker Arbeiten auf der Grundlage der empirischen Forschungen des SFB 100 zur Sprachdatenverarbeitung deutliche Fortschritte gemacht werden konnten. Mit dem Dank an den SFB 100 für die gute Zusammenarbeit wird zugleich die Hoffnung verbunden, daß weitere Entwicklungen - wie sie beispielsweise in Saarbrücken mit EUROTRA begonnen wurden - zu ähnlichen Möglichkeiten führen werden.

LITERATUR

Button, D. (1986): Synoptischer Wörterbuchvergleich. Saarbrücken.

Krause, J. (Hg.) (1986): Inhaltserschließung von Massendaten. Zur Wirksamkeit informationslinguistischer Verfahren am Beispiel des Deutschen Patentinformationssystems. Erscheint (Sprache und Computer 8). Hildesheim, Zürich, New York.

Kroupa, E. (1983): Die Demonstrationsdatenbank SUSY-DJT - Beschreibung und Benutzeranleitung. Saarbrücken.

Peters, J.-P. (1985): Übersicht über multilinguale Terminologie. (masch.) Saarbrücken.

SDIM-2 (1985): Hg. vom INKA Online Service (Bluesheet). Karlsruhe.

von Ammon, R., R. Wessoly (1984): Das Evaluationskonzept des automatischen Übersetzungsprojektes SUSY-DJT (Deutsch-Japanische Titelübersetzung), Teil 1. In: Multilingua Vol. 3-4/1984. 189ff.

von Ammon, R., R. Wessoly (1985): Das Evaluationskonzept des automatischen Übersetzungsprojektes SUSY-DJT (Deutsch-Japanische Titelübersetzung), Teil 2. In: Multilingua Vol. 4-1/1985. 27ff.

Wißmann, W. (1980): ICONDA - Die erste internationale Datenbank für das Bauen und Planen. In: Nachrichten für Dokumentation Vol. 3/1980. 168ff.

Zimmermann, H.H., E. Kroupa, G. Keil (1983): CTX. Ein Verfahren zu computergestützten Texterschließung. (BMFT-FB-ID83-006). Karlsruhe.

REALISIERUNG DER NATÜRLICHSPRACHLICHEN KOMPONENTE EINES EXPERTENSYSTEMS

Hubert Lehmann

0. Einführung

Im Projekt 'Juristisches Expertensystem auf der Grundlage von Linguistik und Logik', das gemeinsam von der Universität Tübingen und dem Wissenschaftlichen Zentrum der IBM durchgeführt wird, soll der Erwerb von Wissen und die Interaktion mit dem Benutzer in natürlicher Sprache stattfinden. Die natürlichsprachliche Schnittstelle wird zur Zeit auf der Basis des User Specialty Languages (USL) Systems, das in Heidelberg entwickelt wurde, und der auf Kamp zurückgehenden Diskursrepräsentationstheorie entworfen und implementiert. Im folgenden werden die natürlichsprachliche Schnittstelle und ihre Grundlagen dargestellt. Außerdem wird über den Stand der Implementierung und über gegenwärtige Pläne berichtet.

Ehe ich mich diesem Thema zuwende, möchte ich kurz die Forschungsziele des Gesamtprojekts darstellen, damit der Rahmen für unsere Arbeit deutlich wird:

1. Verarbeitung von Texten: komplexe syntaktische Strukturen und deren Semantik sowie kontextuelle Beziehungen in Texten.
2. Darstellung von Wissen: Hilfsmittel für die Formalisierung, Darstellung von sprachlichem Wissen und Allgemeinwissen (vgl. Guenthner, Lehmann, Schönfeld 1986).
3. Deduktive Techniken: Beweisverfahren für Diskursrepräsentationsstrukturen, aufbauend auf dem Tableaukalkül (Schönfeld 1985 und Guenthner, Lehmann, Schönfeld 1986).
4. Formalisierung juristischen Wissens: Darstellung des Straßenverkehrsstrafrechts in Form von Diskursrepräsentationsstrukturen (Alschwee, Grundmann 1985) sowie Formalisierung juristischer Grundbegriffe (Hubert Lehmann 1986 und Lehmann, Zoeppritz 1986).

Im Rahmen dieses Beitrags werde ich lediglich auf das erste dieser Gebiete eingehen und versuchen zu beschreiben, wie weit unsere Forschungen dort gediehen sind.

Neben diesen Forschungszielen wird in dem Projekt auch angestrebt, die Forschungsergebnisse an einer konkreten Anwendung zu messen. Wir sind deshalb dabei, einen Prototyp eines Expertensystems für das Straßenverkehrsstrafrecht zu entwickeln, den wir auch hinsichtlich seiner Benutzbarkeit überprüfen wollen. Wenn diese Anwendung erfolgreich durchgeführt werden kann, dann wollen wir die Übertragbarkeit unseres Ansatzes auf andere Bereiche ebenfalls untersuchen.

Für das juristische Expertensystem betrachten wir zwei Einsatzmöglichkeiten: 1. als Konsultationssystem für Rechtsanwälte und 2. als Lehrsystem für Jurastudenten. Die erste Einsatzmöglichkeit soll folgendes Beispiel veranschaulichen:

Fallbeschreibung T kam von der Fahrbahn ab und prallte gegen eine Straßenlaterne. Es entstand ein Sachschaden von 500 DM. Der Unfall geschah um 0 Uhr im Stadtgebiet. T wartete 20 Minuten. Er entfernte sich und ließ seinen PKW am Unfallort zurück.

Frage War die Wartezeit ausreichend?

System War jemand am Unfallort anwesend?

Benutzer Nein.

Antwort
1. Der Schaden ist größer als 300 DM, deshalb ist der Schaden nicht gering, deshalb wird die Verkehrsdichte berücksichtigt.
2. Die Verkehrsdichte ist hoch, deshalb ist die minimale Wartezeit 30 Minuten.
3. Die Wartezeit ist kleiner als die Mindestwartezeit, deshalb ist die Wartezeit nicht ausreichend.

Frage Warum ist die Verkehrsdichte hoch?

Antwort Die Verkehrsdichte ist hoch, weil der Unfallort im Stadtgebiet liegt.

Solche Konsultationen sollen mit einem System behandelt werden können, das folgende Struktur hat (die auch in Abbildung 1 dargestellt ist):

1. Dialog-Komponente: Beginn und Ende einer Sitzung, Steuerung des Dialogs mit dem Benutzer
2. Natürlichsprachliche Analyse: satzweise Analyse von Texten, DRS-Generierung, Auflösung kontextueller Referenzen
3. Deduktive Komponente: zielgesteuerte Ableitung von Resultaten auf Grund des in der Wissenbasis gegebenen Wissens:
4. Wissensverwaltung und Wissensbasis: Bereitstellen von Wissen, Überführung von Wissen in interne Form, Verwaltung von Indizes u.ä. Wissen ist teilweise in einer Datenbank abgelegt.
5. Erklärungskomponente: Generierung von Erklärungen ausgehend vom Tableau, das von der Deduktiven Komponente erzeugt wurde.
6. Natürlichsprachliche Synthese: Erzeugung von Antworten und Fragen an den Benutzer.

Eine Übersicht über das LEX-System findet sich in Alschwee, Grundmann (1985), Alschwee et al. (1985) und Hein Lehmann (1986).

1. Kommunikationsziele

Bei natürlichsprachlichen Systemen werden meist nur relativ vage Angaben über die Ziele der Kommunikation mit dem Computer gemacht, großenteils ist die Kommunikation auch so stark eingeschränkt - z.B. bei Datenbankabfragesystemen -, daß man meint, auf eine eingehende Analyse verzichten zu können. Auch in unserer Anwendung scheinen die Kommunkationsziele, die verfolgt werden können, stark eingeschränkt zu sein. Wir haben aber den Eindruck, daß gerade dies Anlaß sein sollte, eine eingehende Analyse vorzunehmen.

Grob gesprochen haben wir zwei Interaktionsweisen zu unterscheiden: 1. die Behandlung von Fällen und 2. die Eingabe von Regelwissen, das das System in die Lage versetzen soll, Fälle zu behandeln. Bei der Fallbehandlung kann man auf der Seite des Benutzers unterscheiden zwischen der Mitteilung einer Sachverhaltsbeschreibung und dem Stellen von Fragen zu einem solchen Sachverhalt. Dabei hat der Benutzer das Ziel, detailliert Auskunft darüber zu bekommen

1. unter welchen Tatbestand der Sachverhalt subsumierbar ist,
2. warum ein Tatbestand erfüllt oder nicht erfüllt ist
3. welche Merkmale des Sachverhalts gegebenenfalls strittig sind
4. wie die bisherige Rechtsprechung bei vergleichbaren Fällen aussieht.

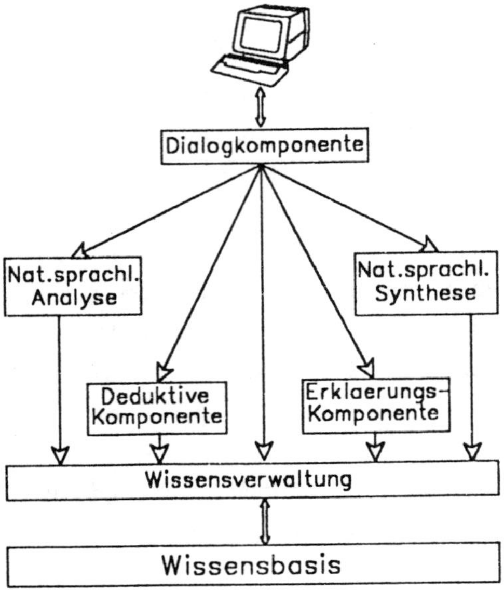

(Abb. 1)

Für das System ergibt sich das primäre Problem, Antworten und Erklärungen so zu formulieren, daß der Benutzer sie verstehen kann. Weitere Probleme ergeben sich, wenn der Benutzer die sprachlichen Fähigkeiten des Systems überschreitet oder seine Sachverhaltsbeschreibung unvollständig oder ungenau ist. Im ersten Fall ist es notwendig, dem Benutzer die Schwierigkeit, die das System mit seiner Äußerung hat zu erklären und ihn um eine Umformulierung zu bitten. Im zweiten Fall müssen dem Benutzer Fragen gestellt werden, die sich während der Suche nach einer Antwort auf die ursprüngliche Frage zum Sachverhalt ergeben haben.

Das Regelwissen, das einem juristischen Expertensystem vermittelt werden muß, läßt sich wie folgt gliedern: 1. juristisches Wissen (Vorschriften und Begriffsdefinitionen), 2. Allgemeinwissen und 3. sprachliches Wissen. Leider ist die Trennung zwischen diesen Arten von Wissen nicht scharf zu ziehen. Sie ist deshalb nur als heuristisches Hilfsmittel brauchbar und als solches sicher nützlich. Ein großer Teil dieses Wissens liegt verbal vor, und es ist daher wünschenswert, so viel wie möglich davon in Form von deutschen Sätzen dem System mitzuteilen.

2. Sprachverarbeitung

Aus den eben genannten Kommunikationszielen ergeben sich folgende Aufgaben für die Sprachverarbeitung. Texte müssen **analysiert** und **generiert** werden. Genauer, es sind narrative Texte (Sachverhaltsbeschreibungen) und normative Texte (Vorschriften, Allgemeinwissen, ...), Fragen und Antworten des Benutzers zu analysieren. Synthetisiert werden müssen Antworten und Erklärungen sowie Fragen nach fehlenden Fakten.

In den nachfolgenden Abschnitten werden die einzelnen Teile unserer sprachverarbeitenden Komponenten mit ihren theoretischen Grundlagen beschrieben: Diskursrepräsentationstheorie als Ausgangspunkt für die Analyse von Texten, die lexikalische Datenbank, die Analysegrammatik und der verwendete Analysealgorithmus, Zwischenstrukturen und ihre Erzeugung, Generierung von Diskursrepräsentationsstrukturen und die Auflösung von kontextuellen Referenzen. Zum Schluß folgen noch einige Bemerkungen zur Beschreibung von Objekten ausgehend von Diskursrepräsentationsstukturen.

2.1 Diskursrepräsentationstheorie

Die Diskursrepräsentationstheorie (DRT, Kamp 1981) strebt eine einheitliche Behandlung semantischer und pragmatischer Aspekte natürlichsprachlicher Texte an, wobei insbesondere für die Behandlung kontextueller Referenz (Bezug von Pronomina, Tempus, u. ä.) neue Ansätze gefunden worden sind. Die **Grundbegriffe** dieser Theorie sind

1. **Diskursrepräsentationsstrukturen** (DRSen): Eine DRS ist ein Paar <U,C>, wobei <u>U</u> eine Menge von **Diskursreferenten** und <u>C</u> eine Menge von **Bedingungen** ist, und
2. **DRS-Konstruktions-Algorithmus**, der natürliche Sprache in DRSen übersetzt.

Bedingungen sind **atomar**, d.h. von der Form $P(u_1, \ldots, u_n)$ oder **komplex**. Komplexe Bedingungen sind

1. implikative Bedingungen: K_1 --> K_2
2. disjunktive Bedingungen: $K_1 \vee K_2$
3. negative Bedingungen: $\neg K_1$
4. Ereignisbedingungen: (siehe folgender Abschnitt)

wobei K_1 und K_2 DRSen sind, **P** der Name eines Prädikats und $u_1 \ldots u_n$ Diskursreferenten.

Die Vorteile der DRT liegen in ihrer präzisen logischen Grundlage und daher wohldefinierten Semantik und entsprechenden deduktiven Theorie. Die DRT umfaßt die volle Prädikatenlogik 1. Stufe.

Die Darstellung von sprachlichen Begriffen und Einzelheiten des DRS-Konstruktionsalgorithmus ist in Guenthner, Lehmann, Schönfeld (1986) ausführlich diskutiert, ebenso die deduktive Behandlung von DRSen.

Mit Hilfe des Satzes Jedes plötzliche Ereignis, das Ursache eines Schadens ist, ist ein Unfall. soll ein Beispiel für eine konkrete DRS gegeben werden, die folgendermaßen aussieht:

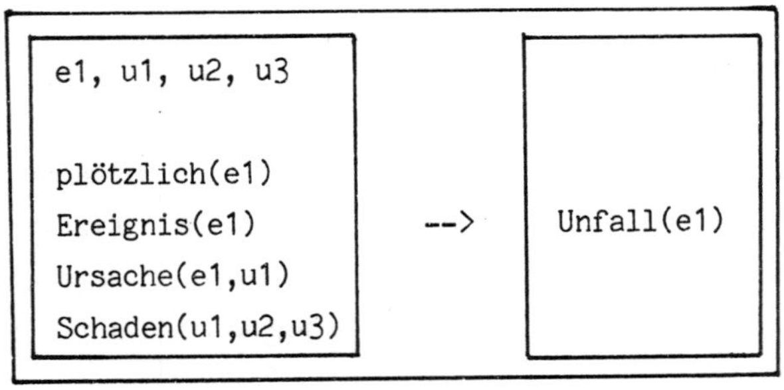

Unser Verfahren zur Konstruktion von DRSen kann man wie folgt zusammenfassen:

1. Die **Syntaxanalyse** liefert einen Syntaxbaum
2. Die im Syntaxbaum spezifizierten Interpretationsroutinen bewirken eine **Übersetzung in Zwischenstrukturen.**

3. Die Zwischenstrukturen bilden den Ausganspunkt für die **DRS-Generierung.**
4. Die endgültige DRS wird erzeugt, indem **kontextuelle Referenzen aufgelöst** werden.

Die ersten beiden Punkte werden auf der Basis des USL-Systems bearbeitet, das in PL/I programmiert ist. Die anderen Punkte werden von Programmen erledigt, die in Prolog geschrieben sind. Die Schnittstelle zwischen PL/I ist recht einfach realisiert. Für die übergabe von Sätzen an das USL-System wird der CMS-Stack verwendet. Zwischenstrukturen werden zunächst auf eine Datei geschrieben, dann wird die Kontrolle an Prolog übergeben, und von dort aus wird diese Datei dann eingelesen.

DRSen werden Satz für Satz generiert. Dementsprechend ruft die Dialogkomponente für jeden Satz die Komponente für natürlichsprachliche Analyse auf, die den jeweiligen Satz in den CMS Stack schreibt und dann die Kontrolle an das USL-System abgibt. Von dort werden eine oder mehrere Zwischenstrukturen zurückgeliefert. Eine Routine zur Behandlung ambiger Sätze ruft für jede Lesart das DRS-Generierungsprogramm auf. Falls auf diese Weise mehr als eine DRS für einen Satz generiert wird, werden diese disjunktiv miteinander verknüpft und in die DRS des gesamten Textes (die Haupt-DRS) eingebettet.

2.2 Lexikalische Datenbank

Für die Analyse von Texten in dem von uns gewählten Anwendungsgebiet ist ein relativ großes Lexikon erforderlich, und wir haben uns deshalb entschlossen, dieses Lexikon in Form einer relationalen Datenbank zu speichern. Dadurch wird die Arbeit des Lexikographen erleichtert, denn insbesondere für Korrekturzwecke kann ein solches Lexikon nach den verschiedensten Gesichtspunkten durchsucht werden, und man kann Änderungen gut kontrollieren. Unser Lexikon umfaßt mittlerweile etwa 15.000 Einträge allgemeines und juristisches Vokabular. Über die Struktur dieses Lexikons und die Kriterien für die Kodierung von Merkmalen wurde in Barnett, Lehmann, Zoeppritz (1986) berichtet. Hier soll nur eine knappe Übersicht über den Inhalt der einzelnen Einträge gegeben werden:

1. Morphologische Merkmale
2. Syntaktische Mermale
3. Stamm
4. Trennung
5. Sachgebiet (geplant)
6. Frequenz (geplant)
7. Stilebene (geplant)
8. Quelle, Datum

Der größte Aufwand wurde für die Beschreibung syntaktischer Merkmale getrieben, insbesondere für Rektion (Valenz) von Verben, Nomina und Adjektiven. Dazu wurde eine detaillierte Sammlung von Kriterien entwickelt, damit eine einheitliche und reproduzierbare Kodierung möglich wurde.

2.3 Grammatische Beschreibung

Der Formalismus zur grammatischen Beschreibung, den wir verwenden, ist durch das System ULG (User Language Generator, IBM 1981) vorgegeben. Der Formalismus erlaubt es, allgemeine Phrasenstrukturgrammatiken mit drei Arten von Merkmalen (binär, fallunterscheidend, ganzzahlig) zu beschreiben. Zusätzlich können Routinen spezifiziert werden, die während der Syntaxanalyse ablaufen und sogenannte Interpretationsroutinen, die anschließend an die Syntaxanalyse ablaufen. Wir verwenden die Interpretationsroutinen, um sogenannte Zwischenstrukturen zu erzeugen, die die Grundlage für die Erstellung von Diskursrepäsentationsstrukturen bilden.

Die von uns verwendete Grammatik, die in Zoeppritz (1984) ausführlich dargestellt ist, benutzt folgende Beschreibungsstrategie:

- Verbkomplemente werden einzeln, vom Verb beginnend nach rechts, dann nach links fortfahrend, konsumiert.
- Nomenkomplemente (attributive Adjektive, Appositionen, Relativsätze, Genitiv- und Präpositionalattribute werden einzeln, vom regierenden Nomen beginnend, konsumiert.
- Welche Komplemente konsumiert werden können wird durch ein Merkmal, das die Valenz ausdrückt, gesteuert.

Unsere Grammatik umfaßt die wesentlichen Konstruktionen, die in Texten auftreten, wie Aussage-, Frage- und Befehlssätze, Relativsätze, Daß-, Ob- und Infinitivsätze, Modal- und Hilfsverben, Verben und Verbkomplemente, Nomina und komplexe Nominalphrasen, Adjektive und Pronomina. Diese Konstruktionen sind in etwa 750 Regeln beschrieben.

Das von uns verwendete Analyseverfahren geht ursprünglich auf Kay (1967) zurück. Die erste Implementierung des Verfahrens fand im REL-System statt (Thompson et al. 1969). Im Rahmen des ULG Systems wurde es um die Behandlung von syntaktischen Merkmalen erweitert (IBM 1981). Das Analyseverfahren ist eine Verallgemeinerung des von Earley entwickelten Chart-Parsing-Algorithmus für allgemeine Phrasenstrukturgrammatiken. Die Vorgehensweise läßt sich demnach mit den Begriffen bottom-up, right-to-left und single pass charakterisieren. Das bedeutet, daß alle möglichen Analysen parallel erzeugt werden. Das Verfahren ist in PL/I unter dem Betriebssystem VM implementiert.

Ein Beispiel für das Ergebnis der Syntaxanalyse ist in Abbildung 2 gezeigt.

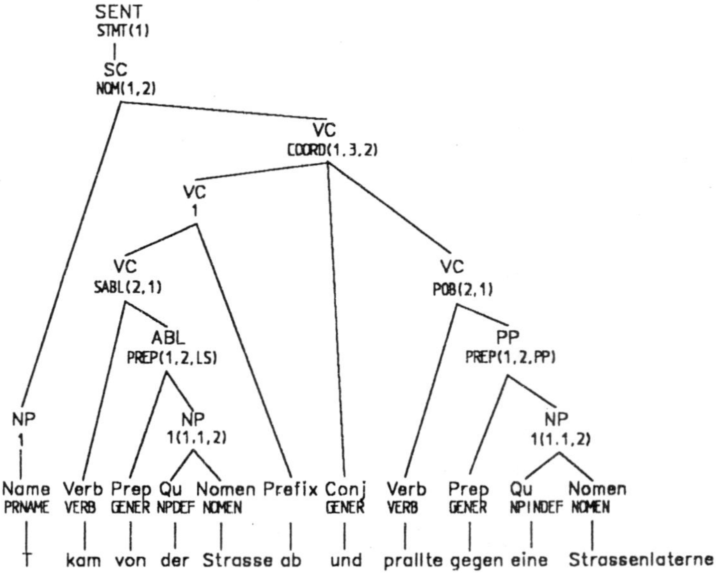

(Abb. 2)

2.4 Zwischenstrukturen

Zwischenstrukturen werden benutzt 1. um eine kanonisierte Darstellung syntaktischer Information zu erreichen und 2. um implizit gegebene syntaktische Information explizit zu machen. So führt das Auftreten diskontinuierlicher Konstituenten zum Beispiel zu komplexen Syntaxbäumen, die auf diese Weise entwirrt werden können. Zum zweiten können Konstruktionen wie das Auto mit dem beschädigten Kotflügel auf so etwas wie das Auto, das den beschädigten Kotflügel hat zurückgeführt werden.

Zwischenstrukturen werden im wesentlichen mit folgenden Typen von Knoten gebildet:

rel für Begriffe, die als Prädikate darzustellen sind
arg für die Argumente von Prädikaten
verbstr für Verben
nomstr für Nomina und Adjektive
coord für koordinierte Strukturen

Die in den Grammatikregeln angegebenen Interpretationsroutinen stellen Operationen auf Zwischenstrukturen dar. Im USL-System existieren etwa 75 solche Interpretationsroutinen. Das obige Beispiel für die Syntaxanalyse benutzt eine Anzahl von Interpretationsroutinen, die hier kurz erläutert werden sollen.

GENER(String) gibt **String** weiter

PRNAME(Name) legt folgende Struktur an

```
arg(Roln,
  nomstr(string,exi,noneg,Numerus,Genus,def,L,Name))
```

NOMEN(Nomen) legt folgende Struktur an

```
arg(Roln,
  nomstr(pred,exi,noneg,Numerus,Genus,indef,L,
    rel(Nomen,nil)))
```

VERB(Verb) legt folgende Struktur an

verbstr(Satzart,Tempus,Modus,Aspekt,noneg,F,
rel(Verb,nil))

NPDEF(Arg) setzt in der von **Arg** abhängigen **nomstr** den Wert für Definitheit auf 'def'.

NPINDEF(Arg) setzt in der von **Arg** abhängigen **nomstr** den Wert für Definitheit auf 'indef'.

PREP(Prep,Arg,Typ) setzt abhängig vom **Typ** (Adverbial, **PP**) entweder Adverbial oder Prep als Rollennamen in **arg(Roln,Nomstr)** ein.

NOM(Arg,Verbstr) fügt **Arg** als Subjekt oder Prädikatsnomen an ein regierendes Verb an.

SABL(Arg,Reg) fügt **Arg** als lokales Adverbial an ein regierendes Verb oder Nomen **Reg** an, d.h **rel(R,Komplemente)** wird zu **rel(R, Komplemente')** wobei **Komplemente'** die Verkettung von **Komplemente** und **Arg** darstellt.

POB(Arg,Verbstr) fügt **Arg** als Präpositionalobjekt an ein regierendes Verb an.

COORD(L,R,Conj) legt folgende Struktur an (falls **L** und **R** **verbstr**-Knoten sind)

```
verbstr(Satzart,Tempus,Modus,Aspekt,F,
    rel(nil,
        arg(nil,
            coord(Conj,L,R))))
```

Durch diese zunächst etwas umständlich aussehende Konstruktion wird erreicht, daß gemeinsame Komplemente an die obenstehende **verbstr** angefügt werden können und damit leicht von solchen Komplementen unterschieden werden, die an den einzelnen Verben hängen. Bei Nomenkoordination wird eine analoge Struktur gebildet.

STMT(Verbstr) setzt die Satzart in **Verbstr** auf 'del'.

Aus dem Syntaxbaum von Abbildung 2 läßt sich folgende Aufrufstruktur für Interpretationsroutinen ablesen:

```
STMT(NOM(PRNAME(T),
         COORD(SABL(PREP(GENER(von),
                          NPDEF(die,
                                NOMEN(Strasse)),
                          LS),
                     VERB(abkommen)),
               POB( PREP(GENER(gegen),
                          NPINDEF(eine,
                                NOMEN(Strassenlaterne)),
                          PP),
                     VERB(prallen)),
               und)))
```

Damit erhält man die folgende Zwischenstruktur

```
verbstr (dcl,pst,nil,nil,noneg,*,
      rel (nil,
       arg (nom,
        nomstr (string, exi, noneg, sg.nil, mas.nil, nil,*,
                'T'))
       .arg (nil,
        coord (und,
         verbstr (dcl,nil,nil,nil,noneg,*,
          rel (abkommen,
           arg (von,
            nomstr (pred, exi, noneg, sg.nil, fem.nil, def,*,
             rel ('Strasse',nil))).nil)),
         verbstr (dcl,nil,nil,nil,noneg,*,
          rel (prallen,
           arg (gegen,
            nomstr (pred, exi, noneg, sg.nil, fem.nil, indef,*,
             rel ('Strassenlaterne',nil))).nil)))).nil))).
```

2.5 DRS-Generierung

Die DRS-Generierung beginnt mit der Verarbeitung der **verbstr**, die an der Wurzel der Zwischenstruktur steht. Zunächst wird überprüft, ob das Verb sein vorliegt. Falls ja, wird zu ermitteln versucht, welches Komplement als Prädikatsnomen in Frage kommt. Anschließend werden die einzelnen Verbkomplemente der Reihe nach von links nach rechts abgearbeitet. Dabei werden die verschiedenen Typen von nominalen Komplementen (Eigennamen, Personalpronomina, Reflexivpronomina, Relativpronomina, Interrogativpronomina, NPs mit Nomen als Kopf) gesondert behandelt. Außer bei Relativ- und Reflexivpronomina wird für jedes nominale Komplement ein Diskursreferent eingeführt. Eigennamen werden als einstellige Prädikate dargestellt, Nomina als ein- oder mehrstellige Prädikate (abhängig von den entsprechenden Lexikoneinträgen und den vorhandenen Attributen). Verbkoordination führt zu einem rekursiven Aufruf der:**verbstr**-Verarbeitung für jedes Koordinationsglied. Dabei werden gemeinsame Komplemente als Parameter mitgeschickt.

Nachdem die Verbkomplemente abgearbeitet und entsprechende Bedingungen generiert worden sind, wird die Bedingung für das Verb selbst erzeugt. Für Verben werden prinzipiell Ereignisbedingungen erzeugt. Zunächst wird ein Diskursreferent für das Ereignis bereitgestellt. Dann werden die Verbkomplemente mit den vorliegenden Selektionsbeschränkungen verglichen und bei Inkompatibilität wird die DRS-Generierung für die vorliegende Lesart abgebrochen. Falls weniger Komplemente vorkommen als im der Valenz des Verbs vorgesehen, werden für die Fehlstellen 'elliptische' Diskursreferenten erzeugt. Das Prädikat, das das Verb repräsentiert, wird anschließend mit den Diskursreferenten, die für die Komplemente stehen, in die Ereignisbedingung eingefügt. Zuletzt werden Tempus und etwa vorhandene Verbnegation berücksichtigt. (Imperfekt führt zur Erzeugung einer Bedingung $E < n$, wobei E der Diskursreferent für das Ereignis ist und n der Referent für die Sprechzeit.)

Das Resultat der DRS-Generierung ist für unser Beispiel:

```
+------------------------+
| n,u1,u2,u3,u4,e1,u5,e2:|
| T(u1)                  |
| Strasse(u2,u3,u4)      |
|                        |
|     +-----------------+|
| e1: | abkommen(u1,u2) ||
|     +-----------------+|
|                        |
| e1 < n                 |
| Strassenlaterne(u5)    |
|                        |
|     +----------------+ |
| e2: | prallen(u1,u5) | |
|     +----------------+ |
|                        |
| e2 < n                 |
+------------------------+
```

2.6 Kontextuelle Referenzen

Natürliche Sprachen verfügen über Ausdrucksmittel, die kennzeichnen, ob eine erwähnte Entität identisch mit schon zuvor erwähnten (oder anschließend zu erwähnenden) Entitäten ist, oder ob sie neu in einen Diskurs eingeführt und demnach von allen bisher erwähnten als verschieden anzusehen ist. Leider sind die Regeln hierfür im Deutschen recht komplex und bis heute nicht vollständig aufgeklärt. Grundlegend scheint mir folgendes **Prinzip der kontextuellen Verknüpfung** zu sein:

Wenn ein kontextuell gebundenes Element in einen Diskurs eingeführt wird, muß es auf einen passenden Vorgänger bezogen werden, wenn ein solcher Vorgänger existiert.

Unter kontextuell gebundenden Elementen verstehen wir hier **Pronomina, definite Nominalphrasen** und **Ellipsen.** Das Prinzip läßt sich am besten an einem Beispiel erläutern. Man betrachte die Satzfolge *Gestern fuhr ein Auto gegen einen Baum. Der Fahrer starb*. Man weiß auf Grund lexikalischer Information, daß Fahrer Fahrer von Fahrzeugen sind und auf Grund der Begriffshierarchie, daß Autos Fahrzeuge sind. Aber keine **Bedeutungsregel** läßt den Schluß zu, daß der erwähnte Fahrer und das erwähnte Auto zusammengehören. Dies leistet das Prinzip der kontextuellen Verknüpfung zusammen mit Restriktionen, die für die verschiedenen Arten von kontextuell gebundenen Elementen gelten. Für diese verschiedenen Arten von kontextuell gebundenen Elementen gelten verschiedene Arten von Restriktionen hinsichtlich ihrer Bezugsmöglichkeiten. So verlangen Pronomina

1. **morphologisch** Übereinstimmung in Genus und Numerus,
2. **syntaktisch** 'Disjoint Reference', Berücksichtigung von Kamps Zugänglichkeitsrelation,
3. **semantisch** Berücksichtigung von Selektionsbeschränkungen und
4. **pragmatisch** Berücksichtigung von Angemessenheitsbedingungen.

Mit Ausnahme von pragmatischen Bedingungen sind in Guenthner, Lehmann (1983) detailliert die von uns verwendeten Regeln beschrieben. Anstelle der pragmatischen Bedingungen werden dort sogenannte **Präferenzregeln** angegeben, die zwar in der Praxis meist gut funktionieren, die aber nur als Näherungen für theoretisch fundierte pragmatische Regeln angesehen werden können. Ich gebe sie hier noch einmal wieder:

1. Kandidaten in späteren Sätzen werden bevorzugt gegenüber solchen in früheren Sätzen.
2. Pronomina werden bevorzugt gegenüber vollen NPs.
3. NPs in Matrixsätzen werden bevorzugt gegenüber solchen in eingebetteten Sätzen.
4. Regierende Nomina werden bevorzugt gegenüber Attributen.
5. Subjekt-NPs werden gegenüber Nicht-Subjekt-NPs bevorzugt.
6. Akkusativ-NPs werden gegenüber anderen Nicht-Subjekt-NPs bevorzugt.
7. Anaphora wird gegenüber Kataphora bevorzugt.

In unserem Programm zur Auflösung kontextueller Referenzen sind alle diese Regeln implementiert. Das Programm geht so vor, daß zunächst die zu behandelnden Personalpronomina gesucht und dann die entsprechenden Regeln der Reihe nach angewandt werden.

2.7 Textgenerierung

Ich will hier nur ein Problem ansprechen, das im Zusammenhang mit der Generierung von Sätzen aus DRSen auftritt, nämlich das der Beschreibung von Objekten. Solche Beschreibungen müssen erzeugt werden, wenn Fragen des Benutzers beantwortet werden sollen oder wenn das System den Benutzer nach fehlenden Fakten fragen muß. Objekte - oder allgemeiner: Entitäten - werden in DRSen durch Diskursreferenten repräsentiert, und mit jedem Diskursreferenten ist eine Menge von Bedingungen assoziiert, in denen er auftritt. Bei der Beschreibung eines Objekts sind geeignete Bedingungen auszuwählen, und zwar entsprechend den bekannten Konversationsmaximen. Es ist demnach sicherzustellen, daß

- die Beschreibung eindeutig ist,
- bei dem Benutzer bekannten Objekten nur dem Benutzer bekannte Eigenschaften und der definite Artikel verwendet werden,
- bei dem Benutzer unbekannten Objekten der indefinite Artikel verwendet wird.

Die Bedingungen, die nötig sind, um ein Objekt zu beschreiben, müssen dann in die Form einer NP gebracht werden. Falls Bedingungen auf weitere Objekte Bezug nehmen, muß dieselbe Prozedur für diese angewendet werden.

Bei der Beantwortung von Fragen ist außerdem darauf zu achten, daß in der Objektbeschreibung nicht Bedingungen aus der Frage verwendet werden wie in Wer prallte gegen die Straßenlaterne? - Das Auto, das gegen die Straßenlaterne prallte.

Zusätzlich ist noch die thematische Struktur der Frage zu berücksichtigen (die aus der Zwischenstruktur entnommen werden kann).

Bei der Generierung von Fragen an den Benutzer ist der Ausgangspunkt ein Prädikat, dessen Wahrheitswert in einem gegebenen Beweis aus vorhandenem Wissen nicht ermittelt werden kann. Hier sind dann Beschreibungen zu liefern für die Diskursreferenten, die an den Argumentstellen des Prädikats auftreten.

3. Zusammenfassung

Hier soll der Stand unserer Arbeiten an den einzelnen Gebieten noch einmal kurz dargestellt werden:

1. Die lexikalische Datenbank für das juristische Expertensystem LEX ist weitgehend aufgebaut.
2. Die Grammatik, die auf das USL System zurückgeht, ist erweitert worden, um fortlaufende Texte behandeln zu können. Vor allem für die Behandlung von Adverbien sind weitere Arbeiten notwendig.
3. Die Generierung von DRSen funktioniert für einfache Texte. Derzeit sind Arbeiten im Gange zur Behandlung von Zeit und Tempus, zu lokalen Ausdrükken, zu Kausalität und zu Pflicht.
4. Die Behandlung kontextueller Referenzen funktioniert gut für Personalpronomina. Erweiterungen der nächsten Zeit betreffen Possessivpronomina, Demonstrativpronomina und definite NPs.
5. Gegenwärtig wird an der Formulierung von Selektionsbeschränkungen für einen signifikanten Teil des Vokabulars gearbeitet, ebenso an der Erweiterung der Begriffshierarchie.
6. Arbeiten an der Generierung von Beschreibungen für Objekte und der Generierung von Fragen an den Benutzer haben begonnen.

Detailliertere Diskussionen und Berichte über weitere Ergebnisse werden Gegenstand weiterer Publikationen sein.

LITERATUR

Alschwee, B., A. Blaser, He. Lehmann, Hu. Lehmann, W. Schönfeld (1985): Ein juristisches Expertensystem mit natürlichsprachlichem Dialog - ein Projektbericht. In W. Brauer, B. Radig (Hg.) (1985): Wissensbasierte Systeme. (Informatik Fachberichte 112). Berlin, Heidelberg, New York, Tokyo.

Alschwee, B., S. Grundmann (1985): System Design for a Computer-Aided Juridical Expert System. In: A.A. Martino, F.S. Natali (Hg.) (1985): Atti preliminari del II. convegno internazionale: logica, informatica, diritto. (Consiglio Nazionale Delle Recerche, Istituto per la Documentazione giuridica). Florenz.

Barnett, B., H. Lehmann, M. Zoeppritz (1986): A Word Database for Natural Language Processing. In: Proceedings of the 11th International Conference on Computational Linguistics COLING 86. Bonn. 435-440.

Guenthner F., H. Lehmann (1983): Rules for Pronominalization. In: Proceeding s of the 1st Conference and Inaugural Meeting of the European Chapter of the ACL. Menlo Park.

Guenthner, F., H. Lehmann (1984): Automatic Construction of Discourse Representation Structures. In: Proceedings of the 10th International Conference on Computational Linguistics COLING 84. Stanford. 398-401.

Guenthner, F., H. Lehmann, W. Schönfeld (1986): A Theory for Representing Knowledge. In: IBM J. Res. Develop. 30, Nr. 1. 39 - 56.

IBM (1981): User Language Generator: Program Description / Operation Manual. (Order No. SB10-7352, IBM France). Paris.

Kamp, H. (1981): A Theory of Truth and Semantic Representation. In: J.A.G. Groendijk, T.M.V. Janssen, und M.B.J. Stokhof (Hg.) (1981): Formal methods in the Study of Language. (MC TRACT 135). Amsterdam. 277.

Kay, M. (1967): Experiments with a Powerful Parser. Second International Conference on Computational Linguistics. Grenoble.

Lehmann, Hein (1986): Das juristische Konsultationsystem LEX aus softwaretechnischer Sicht. In: F. Haft (Hg.) (1986): Computergestützte juristische Expertensysteme. Tübingen.

Lehmann, Hubert (1986): Formale Repräsentation juristischen Wissens. In: F. Haft (Hg.) (1986): Computergestützte juristische Expertensysteme. Tübingen.

Lehmann, Hubert, N. Ott, M. Zoeppritz (1985): A Multilingual Interface to Databases. (IEEE Database Engineering, Institute of Electrical and Electronics Engineers). New York.

Lehmann, Hubert, M. Zoeppritz (1986): Die Behandlung des Begriffs 'Pflicht' in einem Expertensystem. Erscheint in: 16. Jahrestagung der GI.

Schönfeld, W. (1985): Prolog Extensions Based on Tableau Calculus. In: Proceedings of the International Joint Conference on Artificial Intelligence IJCAI 85. Los Angeles.

Thompson, F.B., P.C. Lockemann, B.H. Dostert und R.S. Deverill (1969): REL: A Rapidly Extensible Language System. In: Proceedings of the 24th National Conference of the ACM. New York. 399.

Zoeppritz, M. (1984): The Grammar for German in the User Specialty Languages System. Tübingen.

PROBLEME DER SEMANTISCHEN SATZSTRUKTUR

Petr Sgall

1. In verschiedenen linguistischen Theorien arbeitet man mit zwei (oder mehreren) Ebenen der Satzstruktur, von denen eine als die tiefere, der Satzbedeutung näher stehende betrachtet wird. Eine grundsätzliche Frage ist mit dem Verhältnis der 'internen' (empirisch erforschten) und der 'externen' (von der Logik analysierten) Semantik verbunden:[1] Wie kann man von Mengen von Behauptungen wie z.B. 'die Endung x in der Sprache L hat die Bedeutungen Akk. Sing.Fem. und Gen.Plur.Neut.' oder 'die primäre Bedeutung des Kasus Instrumental in L ist die eines Adverbials des Mittels' zu einer Theorie übergehen, die - z.B. in der Modelltheorie - auf dem Carnapschen Begriff der Proposition als einer Funktion von Wahrheitswerten im Hinblick auf mögliche Welten aufbaut und behauptet, daß z.B. der Satz S der Sprache L eine Proposition ausdrückt, die der Untermenge der möglichen Welten W_i den Wert T zuordnet (d.h. S ist wahr in Bezug auf jede Welt aus W_i)?

Wie bekannt läßt Fillmore (1977) die Dichotomie der 'internen' und der 'externen' Semantik ungelöst. In der intensionalen Logik (bei Montague, D. Lewis u.a.) wird oft eine 'disambiguierte' Ebene vorausgesetzt, die mehr oder weniger genau der 'internen' Semantik entsprechen könnte und die durch eine formal-semantische Interpretation mit der Menge der Propositionen verbunden wird. Auch dann bleiben manche Fragen unklar, die vielleicht - wie die Variabilität der an einzelne Theorien gebundenen wissenschaftlichen Termini (s. Partee 1982) - als beschränkte Einzelfragen betrachtet werden können.

In manchen Richtungen der heutigen theoretischen Linguistik wird vorausgesetzt, daß die 'interne' Semantik nicht einzelsprachlich gebunden ist (vgl. den Chomskyschen Begriff der logischen Form). Für diese Annahme gibt es aber keine überzeugenden Argumente: ebenso wie im Lexikon z.B. den englischen Verben go - walk - ride usw. oder speak - talk - tell usw. keine Menge von Oppositionen im Deutschen genau entspricht, gibt es auch im Bereich der Grammatik Diskrepanzen in verschiedenen Sprachen, wie die zwischen den Systemen der Verbalaspekte und Tempora, der Artikel usw.

Deshalb scheint es angemessener vorauszusetzen, daß es eine Ebene der sprachlichen (wörtlichen) Bedeutung gibt, die zwar einzelsprachlich bedingt, aber doch frei von Ambiguität[2] ist und die als Grundlage sowohl einer semantischen Interpretation im Sinne der formalen Logik dienen kann, als auch eines Übergangs zur psychologisch bedingten Wissensstrukturierung, die im experimentellen Bereich der künstlichen Intelligenz mit Hilfe von Szenarien, Rahmen u.ä. beschrieben wird; auch die metaphorischen Bedeutungen können vielleicht vor dem Hintergrund der wörtlichen Bedeutung erörtert werden.[3]

Eine solche Konzeption der sprachlichen Bedeutung und ihrer Beziehung zur Semantik der Wahrheitswerte ergibt eine realistische Arbeitsteilung zwischen linguistischer und logischer Semantik: Eine Aufgabe (wenn nicht **die** Aufgabe) der Linguistik ist es dann, von der äußeren Form der Sätze einer natürlichen Sprache zur Ebene der sprachlichen Bedeutung zu kommen (auf empirischem Weg, wobei die Ergebnisse explizit genug sind, um in der Form eines kontrollierbaren formalen Modells formuliert zu werden). Zu den Aufgaben der Logik gehört es, ein universales formales System zu konstruieren, das alle für die Wahrheitswerte relevanten Oppositionen formal erfassen kann.[4] Die Entsprechungen zwischen den Repräsentationen der (sprachlichen) Bedeutungen der Sätze und den Formeln des logischen Systems sollten dann in Zusammenarbeit von Logikern und Linguisten gelöst werden.

Wir möchten zuerst die Fragen der Gestaltung der Ebene der sprachlichen Bedeutung kurz kommentieren (Kap. 2); dann gehen wir zu den Problemen der Beziehungen zwischen der Bedeutung und der Wahrheitswertlogik über (Kap. 3). Hierbei beziehen wir uns auf die Voraussetzungen, die in Sgall, Hajičová, Panevová (1986) ausführlicher diskutiert werden.

2. Wenn die Ebene der sprachlichen Bedeutung als die Menge der Repräsentationen der Satzbedeutungen aufgefaßt wird (ohne Ambiguität, aber ansonsten sprachspezifisch strukturiert, d.h. von der Oberflächenstruktur nur dort abweichend, wo es die bedeutungsrelevanten Oppositionen und die Synonymie notwendig machen), dann muß zuerst gefragt werden, wie die Strukturierung dieser Repräsentationen aussieht, welche Hierarchien, Einheiten und Kategorien bestehen und welche Kriterien zu ihrer Unterscheidung gebraucht werden können.[5]

Die Grundzüge der Bedeutungsrepräsentationen können der traditionellen Linguistik entnommen werden. Denn keiner der modernen Ansätze hat entscheidende Argumente gegen das angeführt, was in dieser Hinsicht schon im XIX. Jahrhundert bekannt war. Nur müssen auch solche Aspekte berücksichtigt werden, die in dieser oder jener präsystematischen oder formalen Konzeption am Rande der Aufmerksamkeit geblieben sind.

Die semantisch relevanten Oppositionen im Sprachsystem können zuerst nach dem Kriterium der Syntaktizität klassifiziert werden. Auf der einen Seite stehen die Oppositionen, die den Satzbau unmittelbar ergeben und die für die - gewöhnlich als eine Baumstruktur aufgefaßte - Struktur des Satzes mit ihren rekursiven Eigenschaften (die unbeschränkte Tiefe und Breite des Baumes) verantwortlich sind. Auf der anderen Seite stehen die als Bausteine fungierenden lexikalischen und morphologischen Bedeutungswerte (Plural, Femininum, Präteritum, ...), die in Kategorien gruppiert sind.

Die syntaktischen Oppositionen zerfallen in drei Hierarchien:

(a) die Beziehung der prototypischen Teile des Satzes zueinander (Verb und seine Partizipanten, Substantiv und Attribut usw.);
(b) die Koordinierung mit einer eigenen, rekursive Eigenschaften aufweisenden Strukturierung;
(c) die Thema-Rhema-Gliederung.

Wir können hier nur ganz kurz die Möglichkeiten der Beschreibung dieser drei Hierarchien kommentieren, wobei die asyntaktischen Einheiten als Bausteine der Hierarchie (a) betrachtet werden (sie fungieren natürlich ähnlich auch in den anderen Hierarchien). Vor allem geht es uns darum, operative Kriterien zu charakterisieren, die in der empirischen Forschung benutzt werden können und nützliche, strukturell wichtige Begriffe bestimmen.

(a) Die erste Hierarchie wird in der kontinentalen Linguistik seit langem als die Abhängigkeits- oder Dependenzstruktur beschrieben, die innerhalb der strukturellen Linguistik vor allem von Tesnière (1959) theoretisch bearbeitet wurde. Im Kontext der modernen formalen Linguistik sind Hays (1964), Kunze (1975) und Hellwig (1978) zu beachten.[6] Das Englische wird seit den fünfziger Jahren vor allem mit Hilfe des Konstituenten- oder Phrasenstrukturenmodells bearbeitet. Obwohl in der heutigen theoretischen Linguistik dieses Modell gewöhnlich bevorzugt wird, wurden keine wirklich gültigen Argumente gegen das Dependenzmodell gebracht, wenn man die mathematisch von Gaifman (1965) bewiesene Äquivalenz beider Beschreibungstypen nicht einseitig als eine Unterstützung der von Chomsky (wie von den amerikanischen Strukturalisten) ausgewählten Konzeption betrachten will. Das Dependenzmodell ist vor allem darin viel ökonomischer, daß es in der Repräsentation des Satzes keine nonterminalen Knoten braucht, obwohl diese in den Regeln der betreffenden Grammatik (die die Menge der Repräsentationen definiert) anwesend sein können.[7] Auch in der transformationellen Beschreibung und in anderen Richtungen, die mit Phrasenstrukturen arbeiten, werden am meisten keine beliebig langen Derivationsketten von nonterminalen Symbolen gebraucht. Deshalb scheint es angemessen zu sein, auf den Überfluß an explikativer Kraft, der in diesem Punkt auf Seiten der Phrasenstruktur liegt, zu verzichten.

So erhält z.B. Satz (1), ebenso wie Satz (2), die in der Abb. 1 angegebene Bedeutungsrepräsentation; die Repräsentation der Oberflächenstruktur kann eine ähnliche Abhängigkeitsbaumform haben, nur muß hier die Passivierung reflektiert werden.

(1) Dieses Theorem hat ein Franzose bewiesen.

(2) Dieses Theorem ist von einem Franzosen bewiesen worden.

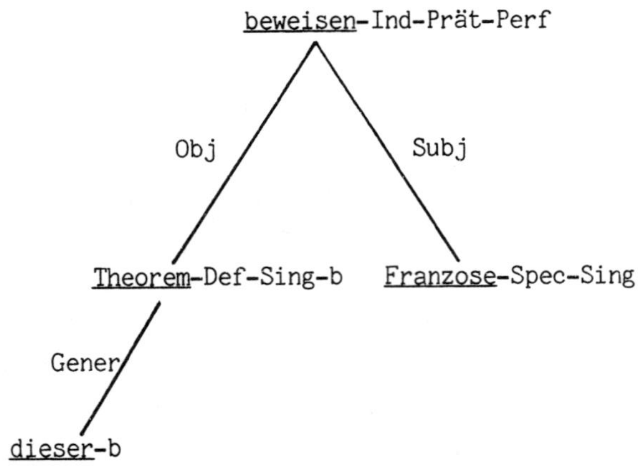

(Abb. 1)

Die Abbildung zeigt eine vereinfachte Bedeutungsrepräsentation der synonymen Sätze (1) und (2); die Kantenbewertungen entsprechen den Partizipantentypen (Tiefensubjekt und -objekt; generelle Beziehung); die komplexen Knotenbewertungen haben lexikalische (hier ohne Analyse, der Übersicht wegen nur als Wortform angegeben) und morphologische Bestandteile (Indikativ, Präteritum, Perfekt, definit, spezifizierend usw.), sowie die Angabe, ob es sich um ein thematisches Element handelt (kontextuell gebunden = b).

Es scheint, daß der wichtigste Einwand gegen die Form des Apparats darin besteht, daß eine Dependenzgrammatik mit dem Unterschied zwischen Satz und Verbalphrase nicht arbeiten kann. Die Satzadverbialien, die im Konstituentenmodell außerhalb dieser Phrase stehen, können jedoch als ein spezifischer Typ von Adverbialien aufgefaßt werden. Hierbei kann ihre Stellung in der Thema-Rhema-Gliederung wahrscheinlich adäquater als im Konstituentenmodell charakterisiert werden. (Dies wurde u.a. auf der COLING 86 - Konferenz in Bonn diskutiert.) Auch für die Beschreibung der Ellipse ist möglicherweise der Begriff der Verbalphrase nicht notwendig, denn es wird oft mehr oder weniger als **die VP** weggelassen:[8]

(3) Das hat er nicht deinetwegen getan, sondern weil er mehr Geld gewinnen möchte.

(4) Rolf hat Marie ein Geschenk gegeben, und ich meiner Frau.

Was die empirischen Fragen angeht, handelt es sich vor allem um eine testbare Bestimmung der Abhängigkeit und ihrer Richtung. Dies ist bei den endozentrischen Konstruktionen relativ einfach, wo ein Glied abfallen kann, ohne daß die syntaktische Richtigkeit des Satzes zerstört wird; in viele Leute oder Gestern kam ich hierher kann das erste Glied als vom zweiten abhängig charakterisiert werden. Wenn die Wortarten definiert sind, kann man dieses Kriterium in dem Sinn verallgemeinern, daß man statt mit einzelnen Wörtern mit der Wortart arbeitet. Dann kann man auch feststellen, daß ein Verb ohne Objekt, ein Substantiv ohne Determinanten und auch ein Verb ohne Subjekt vorkommen kann (in Es regnet hat das Deutsche nur ein expletives Pronomen, kein Tiefensubjekt, vgl. lat. Pluit und die slawischen Sprachen). Danach kann also die Richtung der Dependenzrelation auch dort identifiziert werden, wo das abhängige Glied obligatorisch ist.

Es wird heute allgemein anerkannt, daß das Verb das Zentrum des Satzes darstellt, ob man dabei über Valenz spricht, oder über Tiefenkasus, Theta-Rollen usw.. Kriterien für eine Klassifikation der Ergänzungen des Verbs in innere (durch den Valenzrahmen des Verbs gegebene) und freie (für die ganze Wortart in der Grammatik bestimmbare) wurden zuerst in der germanistischen Literatur formuliert. Für das Deutsche arbeitet man seit Bierwisch (1963) und Helbig, Schenkel (1973) mit einigen Kriterien, von denen die folgenden zwei allgemein linguistische Geltung haben:

(i) wenn eine Bestimmung des gegebenen Typs bei den verschiedensten Verben vorkommen kann, bei denen sie inhaltlich vorstellbar ist,[9] dann handelt es sich um eine freie Ergänzung;

(ii) frei sind die Ergänzungen, die ohne sprachliche Begrenzung mehr als einmal bei demselben Vorkommen des Verbs stehen können (Gestern ist er abends leider erst um zehn Uhr gekommen).

Freie ebenso wie innere Ergänzungen können bei einzelnen Verben obligatorisch sein. Dann müssen sie allerdings im Valenzrahmen als solche angegeben werden. Ein Kriterium für die Unterscheidung von obligatorischen und fakultativen Gliedern (auch dort, wo die ersten in der Oberflächenstruktur fehlen können, da sie vom Kontext oder der Situation her klar bestimmt sind - oder es wird zumindest vom Sprecher vorausgesetzt) hat Panevová (1974) im sog. Dialogtest gefunden: Nachdem (5) geäußert wurde, muß der Sprecher imstande sein, eine Frage wie (6) zu beantworten; nur auf eine Frage wie (7), die fakultative Ergänzungen betreffen, kann (8) vorkommen.[10]

(5) Franz ist schon gekommen.
(6) Wohin ist er gekommen?
(7) Wann ist er gekommen?
(8) Das weiß ich nicht.

Mit Hilfe dieser und ähnlicher Kriterien war es möglich, für das Englische ebenso wie für das Tschechische festzustellen, daß man mit den folgenden fünf inneren Verbergänzungen arbeiten kann: Agens (Tiefensubjekt), Patiens (Tiefenobjekt), Adressat, Ursprung und Ergebnis. Die ersten beiden Ergänzungstypen werden wie bei Tesnière rein syntaktisch abgegrenzt, da die Unterschiede zwischen einem aktiven Täter, einem 'experiencer', und einem 'Thema' z.B. bei

Verben wie laufen, hören, bestehen nicht durch die Sprachstruktur, sondern nur durch die lexikalische Bedeutung des Verbs angegeben werden. Bei brechen, glitschen usw. muß der Sprecher garnicht wissen, ob es sich um eine willkürliche Aktion handelt; ebenso liegt im Tiefenobjekt von sehen, bauen, zerstören, ansprechen, verlassen immer derselbe Ergänzungstyp des Patiens vor. Erst beim dritten Partizipanten scheint es berechtigt zu sein, Fillmores semantisch basierte Oppositionen in der Tiefensyntax (d.h. in der Struktur der Satzbedeutung) zu suchen: bei verwandeln (etwas jemandem aus etwas in etwas), machen usw. findet man zwei oder mehr dieser Partizipanten in syntaktischer Konkurrenz.

Die mindestens dreißig freien Verbergänzungen,[11] wie Instrument, Lokativ, Richtung wohin und woher, Zeitbestimmungen wann, seit wann, wie lange, wie oft ..., Ziel, Art und Weise, Ursache, reale und irreale Bedingung usw., können als Bedeutungen der subordinierenden Konjunktionen und auch mancher Präpositionen verstanden werden. Es ist dann nicht notwendig, für Hilfswörter eigene Knoten im Abhängigkeitsbaum zu haben. Den Hilfsverben und den Artikeln können hier (vgl. Abb. 1) auch Symbole entsprechen, die als Teile der Bewertungen auftreten. Die Bedeutungen solcher Präpositionen wie in, an, auf, über, unter, ... erscheinen hier dann erstens als syntaktische Beziehungen (Adverbialbestimmungstypen), zweitens als Symbole, die eine ähnliche Stellung wie die morphologischen Bedeutungswerte (Plural, Femininum, ...) haben. Es ist dann klar zu sehen, daß die Oberflächenunterschiede zwischen Sprachen, die Endungen, Affixe, oder Hilfswörter (oder Wortstellung) in grammatischer Geltung vorziehen, zwar typologisch wichtig sein können, für die Ebene der Bedeutung jedoch nicht unmittelbar relevant sind.

(b) Was die Koordinationshierarchie betrifft, müssen wir uns hier damit beschränken, daß wir ihre rekursiven Eigenschaften illustrieren. Wie (9) zeigt, kann auch keine grammatische Grenze für die Tiefe und Breite der Satzstruktur angegeben werden.

(9) Peter und Marie oder Laura und Hugo und Anna werden dort zu den besten Tanzpaaren gehören.

Das Beispiel (10) zeigt, daß eine koordinierte Gruppe als Ganzes syntaktisch ergänzt werden kann:

(10) Rita und Harald, die ein glückliches Ehepaar sind, wohnen in Trier.

Die Bedeutungsrepräsentation solcher Sätze kann nicht in der relativ einfachen Form eines Abhängigkeitsbaums angegeben werden. Wenn aber statt der Kanten Klammern benutzt werden, kann der Baum eindeutig linearisiert werden, und die beiden Hierarchien können zusammen in der linearen Formel angegeben werden. Mit einem so formulierten Apparat (s. Anmerkung 7) kann (11) die Struktur von (1), (12) die von (9) und (13) die von (10) angeben (wobei wir die morphologischen Teilsymbole beiseite lassen):

(11) (((dieser)$_{Gener}$ Theorem)$_{Obj}$ beweisen (Franzose)$_{Subj}$)

(12) (([[Peter [Marie Laura]$_{oder}$]$_{und}$ [Hugo Anna]$_{und}$]$_{und}$)$_{Subj}$
gehören (dort)$_{Lok}$ ((gut)$_{Gener}$ Paar)$_{wohin}$)

(13) (([Rita Harald]$_{und}$ ((Rel)$_{Subj}$ ((glücklich)$_{Gener}$
Ehepaar)$_{Obj}$ sein)$_{Gener}$)$_{Subj}$ wohnen (Trier)$_{Lok}$)

(c) Die lineare Anordnung der Einheiten einer Bedeutungsrepräsentation eines Satzes kann als der Skala des kommunikativen Dynamismus (s. Firbas 1957; 1971) entsprechend angesehen werden. Was in dieser Anordnung links vom Verb liegt, gehört zum Thema (Topik), die anderen Ergänzungen und in manchen Fällen (wenn nicht als kontextgebunden bezeichnet) auch das Verb gehören zum Rhema (Fokus). Diese dritte Hierarchie entspricht den Angaben über den Bereich der Quantoren und der Negation, die in einer formalen Notierung explizit mit Hilfe von Parenthesen und pränexen Operatoren angegeben werden (s. Hajičová, 1983; 1984, wo auch die Relevanz für Fragen der Präsuppositionen diskutiert wird).

Die Thema-Rhema-Gliederung bringt unsere Repräsentationen der Satzbedeutung in einen engen Zusammenhang zur Strukturierung des Textes, denn sie zeigt, in welchen Kontexten der Satz vorkommen kann. Die veränderliche Gestaltung des Informationsvorrats des Sprechenden und des Hörenden steht in enger Verbindung mit dieser Gliederung.[12] Daneben ist jedoch diese Gliederung auch unmittelbar für die Satzbedeutung relevant. Auch ohne solche Quantoren wie *viele* kann sie sogar für die Wahrheitsbedingungen der Sätze entscheidend sein, was wir mit den folgenden Beispielen illustrieren möchten. (14') und (15') sind (vereinfachte) Repräsentationen der primären Bedeutungen von (14) und (15).

(14) Wenige Bücher lesen viele Leute.

(14') $(((\text{wenig})_{Gener}\ \text{Buch})_{Obj}\ \text{lesen}\ ((\text{viel})_{Gener}\ \text{Mensch})_{Subj}\ )$

(15) Sonntags studiere ich.

(15') $((\text{Sonntag})_{wann}\ (\text{ich})_{Subj}\ \text{studieren})$

Linguistisch ist der Unterschied zwischen (15) und (16) ähnlich gestaltet, wie der zwischen (14) und (17).

(16) Ich studiere sonntags.

(16') $((\text{ich})_{Subj}\ \text{studieren}\ (\text{Sonntag})_{wann}\ )$

(17) Viele Leute lesen wenige Bücher.

(17') $(((\text{viel})_{Gener}\ \text{Mensch})_{Subj}\ \text{lesen}\ ((\text{wenig})_{Gener}\ \text{Buch})_{Obj}\ )$

Es wurde auch festgestellt, daß innerhalb des Fokus die lineare Anordnung eine konstante Form hat, d.h. daß es eine primäre Anordnung der Ergänzungstypen (Theta-Rollen, Tiefenkasus usw.) gibt, von der die Skala des kommunikativen Dynamismus nur dann abweicht, wenn ein im Topik liegendes Satzglied nach links vorgeschoben wird. Diese Anordnung ist in manchen Teilen für verschiedene europäische Sprachen dieselbe (Agens - Patiens - Ergebnis), während in anderen Teilen das Englische von den meisten Kontinentalsprachen abweicht (in diesen stehen z.B. Instrument und Adressat vor dem Patiens).

Hinsichtlich aller drei Hierarchien bestehen allerdings noch viele offene Fragen: die erwähnten operativen Kriterien sind mit verschiedenen Lücken und Unklarheiten verbunden (s. schon Anmerkung 10). Die Richtung der Dependenzrelation ist in Fällen wie <u>das Telephon klingeln hören</u> nicht ganz klar. Ein detailliertes Studium der Satzintonation kann zu Ergebnissen führen, die die bisher existierende Beschreibung der Thema-Rhema-Gliederung als zu grob erweisen könnten. Es scheint jedoch, daß man für diese und andere Probleme mit Hilfe des entworfenen Apparats eher einen Zugang findet als ohne ihn.

3. Um von der Ebene der sprachlichen Bedeutung zur Semantik der Wahrheitsbedingungen zu kommen, muß zuerst der Unterschied zwischen einer natürlichen Sprache (die auch auf der Bedeutungsebene nicht mit Klammern, Variablen, pränexen Quantoren usw. arbeitet) und einem formalen System unterstrichen werden. Von der Bedeutung des Satzes kommen wir zum Sinn der Äußerung, wenn die Bestimmung der Referenz mit der Satzbedeutung kombiniert wird. Hier spielen außersprachliche pragmatische Faktoren eine entscheidende Rolle.[13] Die Operation, die einer Satzbedeutung eine Menge von Äußerungssinnen zuordnet, kann als eine partielle Funktion definiert werden (um die Fälle charakterisieren zu können, wo es keinen Referenten für einen referierenden Ausdruck gibt, vgl. die Beispiele mit dem runden Quadrat).

Vom Sinn der Äußerung wird die Carnapsche Proposition schon eindeutig bestimmt. Es ist jedoch notwendig zu beachten, daß es sich auch hier nur um eine partielle Funktion handelt (der Lügnersatz entspricht z.B. keiner Proposition) und daß der Weg vom Sinn zur Proposition auch von der sprachlichen Struktur zur formalen Gestaltung der logischen Formeln oder Konstruktionen führt. D.h. neben den erwähnten Unterschieden mit Klammern, Variablen usw. sollen auf dieser Stufe auch die fakultativen Partizipanten der Satzstruktur eine Behandlung im Sinne der festen Zahl von Argumenten eines formalen Prädikats bekommen, vgl. Materna, Sgall (1984).

Der Sinn einer Äußerung könnte auch für die Fragen der Einstellungen nützlich sein. Denn, wie bekannt, können Sätze wie Erich glaubt, daß der Ton zu tief war nicht mit Hilfe von Prädikaten, die Sätze als Argumente nehmen, analysiert werden (wegen der Homonymie, Ambiguität), und auch solche, die Propositionen als Argumente haben (wegen der semantischen Äquivalenz, die keine sprachliche Synonymie ist). Wenn die Synonymie solchen Ausdruckspaaren zugeschrieben wird, die eine gemeinsame sprachliche Bedeutung haben, dann kann mit einem von den Wahrheitsbedingungen ausgehenden Kriterium ihre Anwesenheit nachgeprüft werden (die beiden Ausdrücke können überall außerhalb metalinguistischer Kontexte 'salva veritate' vertauscht werden (s. Sgall, Hajičová, Panevová 1986:73ff).

Es scheint, daß auf diese Weise mindestens Ausgangspunkte zu einer einheitlichen Auffassung der sprachlichen Bedeutungsstrukturierung und der intensionalen Semantik gesucht werden können.

Was die automatische Übersetzung betrifft, ist es natürlich nicht notwendig, daß ein Übersetzungssystem eine Beschreibung verschiedener Einzelheiten der Ebene der Bedeutung enthält. Eine adäquate Beschreibung dieser Ebene ist jedoch dahingehend wichtig, daß sie erlaubt festzustellen, was für die Zwecke des automatischen Systems weggelassen oder vereinfacht wurde, sodaß das System - wenn notwendig - verallgemeinert werden kann. Für ein mehrsprachiges System könnte eine Beschreibung der Bedeutungsebenen der betreffenden Sprachen als Ausgangspunkt zur Konstruktion einer Interlingua oder zu ähnlichen Zwecken dienen.

ANMERKUNGEN

1 Im empirischen Bereich wird 'Semantik' im Sinne der 'Semantiko-Pragmatik' gebraucht, d. h. in der 'internen' sprachlichen Bedeutung sind neben rein semantischen auch pragmatische Kategorien enthalten wie Modalität, Verbalaspekte, referentielle Indexe usw.

2 Auch hier besteht allerdings die Vagheit einzelner Bedeutungen, die von der Ambiguität (Homonymie, d. h. Anwesenheit von mehr als einer Bedeutung einer Form) z. B. darin verschieden ist, daß nur bei der letzteren der Sprechende immer weiß, welche Möglichkeit er meint. Wenn zwei Ausdrücke eine Bedeutung gemeinsam haben (Synonymie), dann haben sie auch eine gemeinsame Repräsentation auf der Bedeutungsebene.

3 Die Argumentation von Lakoff und Johnson (1980) zeigt zwar überzeugend, daß die Wahrheit eines Satzes auch von menschlichen Faktoren des Kontextes (samt der Situation) abhängt. Es wird jedoch auch hier vorausgesetzt, daß die metaphorischen Bedeutungen sekundär sind (s. 1980:18ff;118ff). Formulierungen wie "Truth is therefore a function of our conceptual system" (1980:179) schließen nicht aus, daß diese Funktion mehrere Argumente hat, d.h. daß die Wahrheit eines Satzes auch vom Tatbestand abhängt. Dies ist im Zusammenhang damit zu sehen (vgl. 1980:181), daß die Autoren die realistische Tradition ausdehnen und nicht völlig auflösen wollen.

4 Ausgehend von der extensionalen Semantik über die Modelltheorie (die die Semantik der Modalitäen einbezieht), ist die Logik neuerdings zu einer maximalen Intensionalisierung gekommen (z.B. bei Tichy 1975; 1980). Auf Probleme, die mit 'Glaubenssätzen' (s. die relativ zu einzelnen Sprechern aufgefaßte 'Kommunikantensemantik' von Mudersbach 1984), metasprachlichen Kontexten und linguistischen Paradoxien verbunden sind, kommen wir noch im Kapitel 3 zurück.

5 Wir setzen voraus, daß diese Strukturierung im Grunde für verschiedene natürliche Sprachen mit einem formalen Apparat eines einzigen Typs beschrieben werden kann, vgl. Chomskys 'formale Universalien', obwohl die einzelnen Kategorien und Werte von Sprache zu Sprache variieren.

6 Bei Hays findet man eine grundlegende Orientierung, bei Kunze eine mathematische und bei Hellwig eine mehr empirisch aufgefaßte Bearbeitung der Syntax des Deutschen.

7 S. Platek et al. (1984), wo gezeigt wird, daß dies auch dort gilt, wo die Hierarchien (a), (b), und (c) alle drei von der Grammatik beschrieben werden.

8 Chomsky (1975:119), ebenso wie Partee, Bach (1981) nehmen an, daß es Ellipsen gibt, die grammatisch (mit einem beschränkten Apparat) nicht genau delimitiert werden können.

9 D.h., ohne durch das Sprachsystem gegebene Beschränkungen; vgl. z.B. Richtungsadverbialien bei Verben, die keine Bewegung ausdrücken (von ... bis zu ... liegen), und Zielbestimmungen bei Verben wie geschehen (..., damit wir bestraft werden).

10 Genauer gesagt, (8) würde dann nicht als eine Frage nach der Richtung (Ziel der Bewegung), sondern als eine weitere Spezifizierung des schon gegebenen Zielpunktes verlangend verstanden werden.

11 Die Nomina haben auch ihre Valenzrahmen. Die meisten Ergänzungstypen (und ihre strukturellen Eigenschaften) scheinen jedoch dieselben wie bei den Verben zu sein, s. Pitha (1981).

12 S. Hajičová, Vrbová (1982), wo auch illustriert wird, wie die pragmatischen Faktoren dieser Art für die Bestimmung der Referenz der Ausdrücke relevant sind.

13 Außer den in Anmerkung 12 erwähnten Faktoren sind für den Sinn der Äußerung auch verschiedene vom Kontext und Situation, ihren menschlichen Dimensionen und Zielsetzungen bedingte Faktoren relevant, s. auch Steube (1986); die traditionell als stilistisch verstandenen Unterschiede zerfallen dann in zwei Klassen (ohne klare Grenzlinien): (a) Synonyme, wie etwa 'Verb' und 'Zeitwort', und (b) theoriegebundene und andere Lexempaare, die nur teilweise äquivalent sind (z. B. 'Verbalphrase' und 'Prädikat').

LITERATUR

Bierwisch, M. (1963): Grammatik des deutschen Verbs. (Studia grammatica 2). Berlin.

Chomsky, N. (1975): Reflections on Language. New York.

Fillmore, C.J. (1977): The Case for Case Reopened. In: K. Heger und J.S. Petöfi (Hg.) (1977): Kasustheore, Klassifikation, semantische Interpretation. Hamburg. 3-26.

Firbas, J. (1957): Some Thoughts on the Function of Word-Order in Old English and Modern English. In: Sborník filos. (Fakulty brněnské university A 5). 72-100.

- (1971): On the Concept of Communicative Dynamism in the Theory of Functional Sentence Perspective: In: Brno Studies in English 7. 12-47.

Gaifman, H. (1965): Dependency Systems and Phrase Structure Systems. In: Information and Control 8. 304-337.

Hajičová, E. (1983): Topic and Focus: In: Theoretical Linguistics 1983/10. 268-276; auch in P. Sgall (Hg.) (1984): Contributions to Functional Syntax, Semantics and Language Comprehension. Prague, Amsterdam. 189-202.

- (1984): Presupposition and Allegation Revisited. In: Journal of Pragmatics 8. 155-167. Modifiziert in P. Sgall (Hg.) (1984): Contributions to Functional Syntax, Semantics and Language Comprehension. Prague, Amsterdam. 99-122.

Hajičová, E., J. Vrbová (1982): On the Role of the Hierarchy of Activation in the Process of Natural Language Understanding. In: Proceedings of the 9th International Conference on Computational Linguistics COLING 82, Prag. Amsterdam. 107-113.
Hays, D.G. (1964): Dependency Theory: A Formalism and Some Observations. In: Language 1964/40. 511-525.
Helbig, G., W. Schenkel (1973): Wörterbuch zur Valenz und Distribution deutscher Verben. Leipzig.
Hellwig, P. (1978): Formal-desambiguierte Repräsentation. Stuttgart.
Kunze, J. (1975): Abhängigkeitsgrammatik. (Studia grammatica 12). Berlin.
Lakoff, G., M. Johnson (1980): Metaphors We Live by. Chicago, London.
Materna, P., P. Sgall (1984): Optional Participants in a Semantic Interpretation (Arity of Predicates and Case Frames of Verbs). In: P. Sgall (Hg.) (1984): Contributions to Functional Syntax, Semantics and Language Comprehension. Prague, Amsterdam. 51-62.
Mudersbach, K. (1984): Kommunikation über Glaubensinhalte. Berlin, New York.
Panevová, J. (1974): On Verbal Frames in Functional Generative Description. In: Prague Bulletin of Mathematical Linguistics 1974/22. 3-40 und 1975/23 17-52. Modifiziert in: Prague Studies in Mathematical Linguistics 1978/6. 227-254.
Partee, B. (1982): Belief-Sentences an the Limits of Semantics: In: S. Peters, E. Saarinen (Hg.) (1982): Processes, Beliefs and Questions. Dordrecht. 87-106.
Partee, B., E. Bach (1981): Quantification, Pronouns and VP Anaphora. In: J. Groenendijk, T. Janssen, M. Stokhof (Hg.) (1981): Formal Methods in the Study of Language. Amsterdam. 445-481.
Pitha, P. (1981): On the Case Frames of Nouns: In: Prague Studies in Mathematical Linguistics 1981/8. 215-224.
Plátek, M., J. Sgall, P. Sgall (1984): A Dependency Base for a Linguistic Description. In: P. Sgall (Hg.) (1984): Contributions to Functional Syntax, Semantics and Language Comprehension. Prague, Amsterdam. 63-98.
Sgall, P. (Hg.) (1984): Contributions to Functional Syntax, Semantics, and Language Comprehension. Prague, Amsterdam.
Sgall, P., E. Hajičová, J. Panevová (1986): The Meaning of the Sentence in Its Semantic and Pragmatic Aspects. Prag, Dordrecht.
Steube, A. (1986). Kontext und mögliche Welt (Eine Untersuchung der indirekten Rede). In: J. Mey (Hg.) (1986): Language and Discourse: Test and Protest. Amsterdam. 327-372.
Tesnière, L. (1959): Eléments de syntaxe structurale. Paris.
Tichý, P. (1975): What Do We Talk about?. In: Philosophy of Science 1975/42. 80-93.
- (1980): The Logic of Temporal Discourse. In: Linguistics and Philosophy 1980/3. 343-349.

SOME THOUGHTS ON INTERFACE STRUCTURE(S)

Harold Somers

0. Preamble

In this paper I wish to make some general remarks on the nature of Interface Structures (henceforth ISs) in Machine Translation (MT) systems, and to present an outline of a specific IS model which I have been developing recently.

My general remarks will revolve around the kind of object that has been called an IS, the necessity for some intermediate representation other than an essentially syntactic one, and some possible defining characteristics of ISs in general.

My specific remarks will relate to a proposal which originated as part of work on the CEC's MT project Eurotra, was essentially elaborated by myself and Frank van Eynde, but which was not subsequently accepted for the project. I have continued to think seriously about the proposal, especially in connection with my own work on English-Japanese MT.

There has recently been a very interesting public exchange of views regarding the relationship between MT and linguistics (Kettunen 1986; Slocum 1986). Kettunen - responding to Slocum's (1985) article - criticises MT for the fact that it sacrifices its reliance on "linguistically sound principles" to the goal of producing acceptable translations cost-effectively. For this reason, "the results may not have much to say to computational linguistics or to linguistics proper." Slocum's reply is that to a great extent "linguistic theory fails to account for linguistic fact", that "MT system developers have less time to engage in theorizing than they might like", and that "theoretical linguists (...) seldom if ever engage in application development".

Personally, I find both sides of this exchange slightly unsatisfactory. There is ample evidence that many MT systems attempt to incorporate linguistic 'theories' into their design: "If we look at typical 'second generation' systems, we see a hybrid of some of the contemporary linguistic trends: such systems have dabbled with various mixtures of Transformational-Generative Grammar, Dependency, Case, Valency, Generative Semantics, Stratificational Grammar, Katz-Fodor feature theory, Mel'chuk's 'meaning <=> text' model, and so on" (Ashman 1986:195). On the other side, it is equally clear that developments in linguistic theory (notably in LFG, GPSG and GB) are quite explicitly linked to the applications-oriented issue of computational tractability.

But there is one other even more significant point, which is the **broad coverage** that MT demands: possibly broader than any other application in computational linguistics. MT system developers have to consider issues related to parsing, large-scale lexica, meaning representation, generation, and - what is more - all of these questions in at least two languages. So I would claim that, far from being of peripheral interest to computational linguists, MT is perhaps the archetypical application.

1. Interface structure(s)

Let us narrow the discussion slightly to ISs. First, we should notice that not all MT systems incorporate theoretically interesting ISs: in particular, many strictly bilingual systems do not have an 'interface' as such at all, a good example of this being TAUM's Meteo system (Chevalier et al. 1978), in which a single data structure is maintained throughout the translation process, which itself is not strictly divided into the traditional analysis-transfer-generation modules. (For example, target-language lexical substitution takes place during the source-language dictionary look-up stage.) In some other cases, a reluctance to aim at a 'deep representation' is itself an explicit design feature, motivated by theoretical convictions, as is the case with LRC's METAL (Bennett, Slocum 1985:112).

Other systems take a more ambitious theoretical stance. GETA's ARIANE system uses a 'multi-level' representation incorporating morpho-syntactic, phrase-structure and logico-semantic information (cf. Vauquois 1978; Boitet, Nedobejkine 1980); UMIST's EN-tran (Whitelock et al. 1986) conducts transfer on the basis of case frames, as do several Japanese systems (e.g. Nishida et al. 1980; Shimazu et al. 1983; Iida et al. 1984; Nitta et al. 1984; Nagao et al. 1985); the Philips system Rosetta (Landsbergen 1986) translates off logical forms; recently investigations into the possibility of using LFG-like 'f-structures' as an IS have begun to appear (e.g. Rohrer 1986; Kudo, Nomura 1986); finally, we should not ignore the Schankian 'meaning representations' proposed for the Yale system (Carbonell et al. 1978; 1981; Lytinen, Schank 1982).

Perhaps it is timely then to attempt to say what we mean by 'Interface Structure', and what type of representation does or does not qualify.

Clearly a first requisite will be that it forms the 'interface' between two distinct parts of the MT process, the one concerning the source language, and the other the target. As such it may be inter-, bi- or multilingual in nature. A second, perhaps less obvious or tangible, requirement would be that it is in some sense a theoretically interesting representation. We do not want to say much about systems where the so-called IS is essentially a constituent-structure analysis of the source language, which will then be more or less crudely manipulated to produce as near a literal translation as possible ... or do we?

The kind of structure or representation that we are interested in then is one which abstracts away from idiosyncratic surface features of a text, while capturing the relevant ones. Notice that IS is a text representation, and not a 'meaning representation'. Again this may be slightly controversial, but I would like to claim here that translation is a question of rendering texts into texts, and that this can be done without recourse to any of the techniques which might properly - i.e. within the Artificial Intelligence community - be called 'conceptual analysis' (cf. Tsujii 1986).

Notice too that there is a crucial difference between an IS and an interlingua. Whereas the latter will necessarily be a **language-independent** representation, no such claim will be made for the former, which will rather be precisely a representation of a text in a given language. It may be that the MT system, in its transfer stage, will manipulate the IS to produce a target-language oriented structure of a similar nature, though this is not theoretically necessary. So clearly the IS will have something rather close to **words** (or at least, word senses) in it, rather than 'concepts'.

But there is clearly more to it than this. For example, a quick review of the ISs found in the systems mentioned above shows us that in no case is a simple surface syntactic parse felt to be sufficient for transfer. Why might this be so? Presumably the main problem is that a purely constituent analysis of a text does not provide the relational information necessary for translation. There are other problems too, such as discontinuities.

The major problem with all of the approaches to IS typified by the selection of examples mentioned above is that they generally concentrate on one aspect of text structure at the expense of others. An essentially syntactic representation, like that of GETA's ARIANE, even if relatively 'deep', will result in a fairly literal translation or else will involve complex 'structural transfer': notice that there is an underlying assumption that wherever possible a noun phrase should be translated as a noun phrase, a relative clause as a relative clause, and so on. On the other hand, case-frame based ISs, or logical forms tend to force an unhappy trade-off between retaining all the relevant textual information and an easily manageable and transparent data structure or formalism.

A major worry that I have is that many of the most up-to-date MT systems, for all their linguistic and computational sophistication, in fact produce translations which are not of a significantly higher quality than those produced by state-of-the- art commercial systems (such as Logos, Alps, Weidner) which - as far as we can ascertain from observing the output - rely on a minimal phrasal analysis, and take as much advantage as possible of 'free rides' (e.g. a literal translation of a syntactic ambiguity which has not been analysed, which by chance reflects the ambiguity in the target language). I think the reason for this is that MT system design (perhaps unconsciously) assumes that translation is somehow a compositional task - i.e. that the translation of the whole is some not too complex function over the translations of the parts. In other words, 'Let's produce translations that are as literal as we can get away with'.

To bring this general section to a conclusion, consider the following text, and some possible translations of it into German. I suggest that none of these is a particularly adventurous translation, nor do I claim that they are all good or equal translations of the original text, and shifts of emphasis should be ignored. Notice though that the more literal (structure conserving) translations are not always the best, in any case. Notice also that I have not varied the vocabulary used. My claim is that, given the currently available technology, I would like to think that MT system design should be able to envisage generating texts of this variety given this sort of input, though of course this would put a much greater burden on the generation component which is no bad thing).

(1a) Technological progress is an essential ingredient of development, especially for countries dependent on imports for their energy needs.

(1b) Der technologische Fortschritt ist ein entscheidender Bestandteil der Entwicklung, insbesonders für Länder, die für ihren Energiebedarf vom Import abhängen.

Let me attempt here to underline some of the issues that I am trying to illustrate.

For the translation of technological progress we have all the possibilities in (2).

(2a) Der technologische Fortschritt
(2b) Der Fortschritt in der Technologie
(2c) Fortschritte in der Technologie
(2d) Technologische Fortschritte
(2e) Technologienfortschritte

Of these, (2a) is of course the most literal, while (2b) makes the phrase less opaque by reflecting the functional relationship between the head and the modifier. Notice already that the English adjective appears in the German as a noun. In (2c) and (2d) we have ignored the influence of the singularity of the English progress and, having chosen Fortschritt as the translation, make a further (independent) decision to give it syntactic (not semantic) plurality. Finally, coining a compound (2e) is often another possibility.

The examples in (3) are similar, with the additional option of the adjectival (3a,b) vs. clausal modifier (3c-e) - a decision which I believe is a question for German generation, and therefore should be neutralized in IS.

(3a) ein entscheidender Bestandteil der Entwicklung
(3b) ein entscheidender Entwicklungsbestandteil
(3c) ein Bestandteil der Entwicklung, der entscheidend ist
(3d) ein Entwicklungsbestandteil, der entscheidend ist
(3e) ein Bestandteil der Entwicklung, der entscheidet

The examples in (4) are slightly more interesting, since they show how the source structure can be deviated from. (4c) in particular shows that recognition of the semantic head of the English copular construction permits an interesting deviation from literal translation. Some perhaps more convincing examples are given in (5).

(4a) Der technologische Fortschritt ist ein entscheidender Bestandteil der Entwicklung
(4b) Die Entwicklung hat als entscheidenden Bestandteil den technologischen Fortschritt
(4c) Die Entwicklung besteht entscheidend aus technologischem Fortschritt

(5a) The basis of our assumptions is empirical truth.
Unsere Voraussetzungen gründen sich auf der empirischen Wahrheit.
(5b) SUSY is the name of the SFB-100 MT system.
Das MÜ-System des SFB-100 heißt SUSY.
(5c) Japan's most lucrative export is electronic goods.
Japan exportiert auf sehr einträgliche Weise Elektronikgüter.

In (6a-c), we see the choice of verb, adjective, or nominal for the main element, while (6d) and (6e) attempt to promote one or other of the arguments to a position of focus.

(6a) die für ihren Energiebedarf vom Import abhängen.
(6b) die für ihren Energiebedarf vom Import abhängig sind.
(6c) wo es eine Abhängigkeit zwischen ihrem Energiebedarf und ihrem Import gibt.
(6d) wo der Import dasjenige ist, wovon sie für den Energiebedarf abhängig sind.
(6e) wo der Energiebedarf dasjenige ist, wofür sie vom Import abhängen.

In (7), the modifying clause that we see in (6) is expressed as a pre-head modifier: a more literal, but less natural translation.

(7) insbesonders für vom Import für den Energiebedarf abhängige Länder

In (8) again we experiment with different arrangements of head and arguments. Notice that in (8c), choosing a verbal head, we make explicit the two-argument structure, and the their of the English text becomes a surface noun-phrase. As mentioned above, the thematic structure of the source text is violated in some of these examples.

(8a) ihr Energiebedarf
(8b) ihr Bedarf an Energie
(8c) das, was sie an Energie bedürfen

In the IS proposal that I outline below, I hope to show that these alternatives can be catered for in a neutral way. Of course, there is an accompanying assumption that generation becomes a much more significant phase of the process, and this is a topic which I think merits much more serious discussion than is currently found in the MT literature.

2. An ambitious IS proposal

I take it that the principle behind an IS is that its main function is to help minimize or simplify transfer. My starting assumption is that IS is made up of **word senses** and **features** organised into some **constructs.** All three of these object types are essentially language-specific, though we shall see later that it is necessary to restrict this freedom. But without the restriction, transfer from source-language IS to target-language IS could in theory range over all possible mappings between these three types of object, which I present here arranged roughly in a hierarchy of simplicity, as follows:

word sense -> word sense
feature -> feature
word sense -> set of word senses (disambiguation in generation)
word sense -> feature
feature -> word sense
word sense -> construct and v.v.
construct -> feature and v.v.
construct -> construct

Ideally, we would like to restrict transfer to only the following mappings:

word sense -> word sense
feature -> feature
word sense -> set of word senses (disambiguation in generation)
construct -> construct

We can do this either by arbitrarily disallowing any other type of transfer - though in this case we will probably not progress much beyond the existing situation that I was attacking in the previous section - or by attempting to reduce (or rather 'elevate') all non-trivial mappings so that they are represented in the IS in a uniform manner.

Notice that I have included construct -> construct transfer, though in fact, as we shall see, this mapping is effectively restricted by requiring a uniformity of construct in the IS, so that the mapping becomes trivial. This is done mainly because construct -> construct mappings tend to be extremely complex.

So transfer is effectively limited to word senses and features, and since features are the most versatile of the three types of objects involved, there is a general principle of representation by features wherever word -> word mapping cannot be assured.

Two other guiding principles should be stated here: first, the governing motivation is 'semantic' rather than syntactic (in the linguistic rather than formal senses of these words). This means for example that syntagmatic categories such as 'noun phrase' will have no place in IS, and this can be justified by noting that there is no a priori justification or requirement for such source-text-based information to be preserved in translation. This was what I was attempting to demonstrate with the translation example at the end of the previous section. Second is that items of information which 'belong together', i.e. which determine a specific element of the IS, are brought together in the representation, irrespective of their accidental syntactic location.

2.1. General definition

The proposed IS is essentially a dependency representation reflecting a 'semantic' predicate-argument structure, with some additional features. Each portion of text is represented by a construct - let's call it an *is* - which is made up of set of pieces of information which, for want of a better name I will call 'chunks'. Each chunk consists of a name and a set of attribute-value pairs. One of the chunks, whose name is 'PROP', has a special status in that (a) it is obligatory and (b) it has an obligatory attribute called 'PRED' whose value must be a string (in fact corresponding to a word-sense). For all the other chunks, of which - according to the theory - there are a specified number and whose names are also specified, the values can be a number of things including strings, integers, sets of features, pointers and, importantly, *is*s. They can also be empty or, in some cases, absent.

Here is a BNF representation of the IS definition:

<is> :: <chunk>^{n} n = 7 currently
<chunk> :: <name> <set-of-a/v's>
<set-of-a/v's> :: <a/v> | <a/v> <set-of-a/v's> | empty
<a/v> :: <attribute> <value>
<attribute> :: <name>
<value> :: <name> | <is> | <other things>
<other things> :: <integer> | <string> | <feature set> etc

The important and interesting thing to talk about is what the <chunk>s look like. As indicated above, it is foreseen that there will be a fixed number of these (currently seven), and a first approximation is as follows:

PROP, THEME, TIME, LOC, MODALITY, SITU, QUAL

Let us now look at each of these in turn to see what is foreseen for each of them.

2.2. PROP

We should begin with PROP which, as mentioned above, has a special property in that it is obligatory, and has an obligatory attribute PRED whose value is lexical. PROP thus will identify the governor or predicate of the _is._ There are essentially no surprises here, though there may be cases where the PRED in the _is_ is not obviously related to a corresponding syntactic dependency tree. Copular constructions are a particularly good example of this - cf. (9) above. More familiar problem examples like the translation pairs in (10) and (11) probably require legislation, since the theory is relatively neutral regarding which element **should** be the PRED: the representation allows lexical decomposition of this sort, but does not require it. (For readers unfamiliar with this well-known problem, notice in (10) that in English the syntactic governor is _like_ while in German it is _programmieren_; in (11) English expresses the manner of travel with the predicate, while the French predicate expresses the direction.)

(10) Systems analyists do not like programming in Basic.
Systemanalytiker programmieren nicht gern mit Basic.

(11) Because there are no flights, many of the delegates have driven here.
A cause de l'absence de vols, beaucoup de délégués sont venus en voiture.

Notice that the verbal or nominal nature of the PRED is irrelevant here. Instead however it is sometimes useful to talk in terms of processes (events and states = predicates) and entities (= arguments) in the Aristotelian sense. As you will see, however, not all the arguments will necessarily correspond to surface nominals. There is of course a disadvantage in this, as is demonstrated by example (3e) above: because the adjective/relative clause distinction is blurred, the choice of a potentially verbal PRED for the modification opens up this possibility.

We have noted that the PRED value is obligatory, and has as its value a string. This is quite a conservative stipulation, and it seems to me at least conceivable that the requirement could be relaxed: a trace or pointer for example would be an obvious candidate for cases of gapping and in other coordinate structures. In an IS that looked a little more like logical form, there may be a case for treating negatives and modals as PREDs. However, for the time being I am content to take this stance as a working hypothesis.

There will also be other attribute-value pairs associated with the PRED, though not obligatorily. The exact nature of these is yet to be determined, but they might for example include inherent (lexical) features (e.g. SEX = HUMAN).

Besides the PRED, the PROP chunk also gives the argument structure of the translation unit. The names of the attributes which will feature here will depend on the PRED: my personal inclination (cf Somers 1986) is to use labels found in traditional Case Grammar. In the paper cited here I claim that processes and entities both have sets of argument types associated with them, in each case of a slightly different nature, but that these should at least overlap and be mutually compatible. That process-like elements should have an argument structure (corresponding roughly to verbs and valency frames) is scarcely controversial. For some relevant ideas on argument structures for entities (like frames for nominals) see works by Sommerfeldt, Schreiber (1977) and Teubert (1979) in the Valency tradition, and by Pitha (1980) and Mackenzie (1983) in a Case Grammar framework.

Most typically, the values for these attributes will be <u>is</u>s, or occasionally pointers or indices. There may be some theoretical distinction between the null value for such an attribute as against its simple absence, but we shall not go into this here.

2.3. THEME

In the THEME chunk there will be information regarding the thematic structure of the element, if appropriate. The point of this chunk is to represent the information carried in the surface structure by gross choices such as word-order, but also by more tangible means, particularly (often) mood. So for example the choice of a passive construction will be reflected here. Notice that we are trying to get away from the banal notion that a passive in one language should (or even could) be translated as a passive in another. I am motivated in this by considerations of just what a 'passive' is. It is a term which is regarded rather naively in some MT systems I think. Notice for example that three quite different constructions in French - as in (12) - are sometimes called 'passives' just because they happen to be appropriate translations of English passives.

(12a) Le camion était chargé de meubles. (auxiliary passive)
The lorry was loaded with furniture.

(12b) On a donné un livre tous les étudiants. (impersonal passive)
All the students were given a book.

(12c) Les journaux se vendent partout. (reflexive passive)
Newspapers are sold everywhere.

Furthermore, things that are called 'passives' do not always reflect only thematic structure. The distinction in German between 'Zustandspassiv' and 'Handlungspassiv' makes an important distinction (difficult to capture in English) between a state of affairs and an event (13).

(13) Das Korn ist geschnitten.
Das Korn wurde geschnitten.

Returning to the question of thematic structure, I am not totally clear as yet what is the best way to do this, though a number of possible solutions seem to suggest themselves. One such is to propose attributes perhaps like the 'pragmatic functions' of Functional Grammar (Dik 1978), whose values are pointers or indices into any of the other chunks, though typically into PROP. Otherwise, a special 'calculus' or feature notation might be devised by which a number of typical thematic patterns could be captured. Notice that it is not only the thematic structure of the main proposition that can be represented here: it is this chunk that will express the kind of information that helps generation to distinguish between the kind of alternatives we saw in (3) above, as well as those in (4) and (6).

2.4. TIME

The TIME chunk specifies all the information relevant to the time specification of the element. In some cases this will be empty, so this chunk is optional (i.e. may have a null value), though in connection with certain types of PRED (especially process types) it may be obligatory. Typically the source of this infomation in the surface structure will be the tense and aspect marking on the verb, but crucially temporal adverbials are represented as part of this chunk too.

The exact nature of the representations in this chunk are a matter for much research, though I would envisage incorporating ideas found in recent work done in the context of MT by van Eynde (1985) and van Eynde et al. (1985). Roughly, time might be represented by a combination of attribute-value pairs, some of which will have as value an *is*.

By way of example, I suggest that the TIME chunk for a sentence like

(14) Since the post-war reconstruction period Europe has lagged behind the rest of the world.

might look something like this:[1]

```
TIME: [S = pres                                                    ]
      [R = [PROP:[PRED = 'period']                               ] ]
      [    [QUAL:[PROP:[PRED = 'reconstruct']              ]     ] ]
      [    [     [     [AGT = null          ]              ]     ] ]
      [    [     [     [PAT = null          ]              ]     ] ]
      [    [     [TIME:[S = ?                      ]       ]     ] ]
      [    [     [     [R = [PROP:[PRED = 'war']]  ]       ]     ] ]
      [    [     [     [Val = E>R                  ]       ]     ] ]
      [Val = E<=S & R<E  {i.e. E spans from R up to S}             ]
```

This can be glossed as follows: there are three reference points, namely speech-time (S), reference-time (R) and event-time (E), the latter being the time of the main proposition. In this example, S is 'present' (hence *has lagged behind*), and R is itself represented by an is. The R (*since the post war reconstruction period*) has a bear PROP with PRED 'period' and a QUAL chunk (see below) whose value is once more an _is_, this time with the PROP expressing the PRED 'reconstruct' with two unknown arguments, and its own TIME chunk expressing _post-war_: the value 'E>R' with unknown S simply expresses posteriority. Finally, the relationship between E, R and S is that E begins before and lasts up to and including S, and R is prior to E.

Notice then that both the tense of the verb and the form of the adverbial (i.e. _since_ rather than, say, _until_ or _after_) are represented here, and - incidentally - this is the only place this information will be represented.

2.5. LOC

The LOC chunk similarly brings together all the information given by locative adjuncts. Note that with some PREDs, there will be as part of the PROP chunk information of a LOC-like nature, since some predicates take locative arguments. So for example, in (15)

(15) Many personal computers are imported from the USA.

one would expect the last three words to be represented as part of the PROP chunk for import, rather than the LOC chunk for the whole sentence. This chunk is of course optional.

As yet I do not have in mind a clear idea about the exact nature of the internal structure of this chunk beyond the fact that it will contain _is_s representing the content of the locative adverbials. It seems possible that some internal relations may need to be represented, for example by features distinguishing adjacency and proximity, or where there are several locatives relating to each other, as in Source-Path-Goal sequences. Semantic treatments of location such as Bennett (1975), Dirven (1981) and Radden (1981) can be expected to provide material for this endeavour.

2.6. MODALITY

The MODALITY chunk in a similar manner contains whatever information is necessary to capture the modality of the element. Again in some cases this will be zero, though it may be obligatory, like the TIME chunk, in connection with certain types of PRED. There is no obvious candidate for a formalism for this, but note that the information will be gleaned not only from the surface modal auxiliaries, but probably also from other elements, e.g. manner adverbials. Notice too that some surface words may properly be taken to be part of the modality component of an element, in that modals too can be modified, e.g. definitely must, and so will be represented as part of the MODALITY chunk.

One should not be misled either to believe that it is only (surface) verbal elements that incorporate a modality. Consider noun phrases like those in (16), where the underlined element properly belongs in this chunk.

(16a) the possible future dismissal of teachers for incompetence
(16b) the obligatory payment of church taxes
(16c) an unwanted delay

2.7. SITU

In the SITU chunk are represented information such as cause, consequence, condition, reason, and so on, where these are not part of the PROP chunk, i.e. the circumstantials not reflected in TIME or LOC. As in PROP, it is envisaged that this chunk will typically consist of SR-like attributes with iss as values.

2.8. QUAL

In QUAL will appear all remaining information. In the case of entity-like elements, this would include things like determination, number (semantic not syntactic), and non-PROP bound modifiers. For process-like entities, this would be all remaining elements not already found in the other chunks.

2.9. General remarks

The reader will immediately appreciate that not all the details of this proposal have yet been fully worked out. In particular, the elaboration of a semantic representation for TIME and MODALITY alone would be a major undertaking. Furthermore, there remain some other small questions. For example, where in this scheme do sentential modifiers (e.g. as seen above, unfortunately) belong? Perhaps they should be grouped in their own chunk, or form part of QUAL or SITU or even MODALITY. And some other problems might perhaps arise. One thing to note is that the chunk system is extendable, but only on a multilateral basis: the number and nature of the chunks is fixed, and thus can tolerate the use of one of the chunks as a wastebin (in the present set-up, QUAL would serve this function).

2.10. Example

To conclude, I present a partial example for a simple sentence. The interested reader may care to consider the question of generating texts based on this representation, and in particular the range of alternatives that this representation leaves to the generating component of an MT system.

'Many personal computers sold in Europe are imported from the USA.'

```
[PROP: [PRED = ["import" {lexical features}]                                   ]]
[       AGT = <empty>                                                           ]
[       PAT = [PROP: [PRED = ["personal computer"]]                            ]
[             [      [       {lexical features}  ]]                            ]
[             [      [       INDEX = 1           ]]                            ]
[             [                                                                 ]
[             [QUAL: [DET  = [DEF, INTENS]                                     ]
[             [      [                                                          ]
[             [      [NUM  = PLUR                                               ]
[             [      [                                                          ]
[             [      [MOD  = [PROP: [PRED =  "sell"        ]                   ]
[             [      [       [      [AGT  = <empty>         ]                   ]
[             [      [       [      [PAT  = [INDEX = 1]     ]                   ]
[             [      [       [      [SCE  = <empty>         ]                   ]
[             [      [       [      [GOAL = <empty>         ]                   ]
[             [      [       [      [MEAS = <empty>         ]                   ]
[             [      [       [                                                  ]
[             [      [       [TIME: [S = pres          ]                        ]
[             [      [       [      [R = general       ]                        ]
[             [      [       [      [val = E<=R & E<=S ]                        ]
[             [      [       [                                                  ]
[             [      [       [LOC:  [MOTION = STATIC                        ]   ]
[             [      [       [      [VALUE  = UBI-neutral                   ]   ]
[             [      [       [      [COMPL  = [PROP : [PRED = "Europe"]]    ]   ]
[             [      [       [                                                  ]
[             [      [       [MODALITY: [{simple delarative}]                 ]]]]
[                                                                               ]
[       SCE = [PROP: [PRED = ["USA"                        ]]]                  ]
[             [      [       [NTYPE = NAME                 ]]]                  ]
[             [      [       [{other lexical features}     ]]]                  ]
[                                                                               ]
[THEME: [TOPIC = PAT]                                                           ]
[                                                                               ]
[TIME: [S = pres          ]                                                     ]
[      [R = general       ]                                                     ]
[      [val = E<=R & E<=S ]                                                     ]
[                                                                               ]
[MODALITY: [{simple declarative}]                                               ]
```

Note

1 Please note that the notation used here is strictly informal. It resembles slightly that of van Eynde, and is influenced by his work, but is not intended to be taken as a representative example thereof.

References

Ashman, B.D. (1986): Knowledge-based approaches to Machine Translation. (PhD thesis). Centre for Computational Linguistics, UMIST. Manchester.

Bennett, D.C. (1975): Spatial and temporal uses of English prepositions: an essay in Stratificational semantics. London.

Bennett, W.S., J. Slocum (1985): The LRC machine translation system. In: Computational Linguistics 11, 111-119.

Boitet, Ch., N. Nedobejkine (1980): Russian-French at GETA: outline of the method and detailed example. In: Proceedings of the 8th International Conference on Computational Linguistics COLING 80. Tokyo. 437-446.

Carbonell, J.G., R.E. Cullingford, A.V.Gershman (1978): Knowledge-based machine translation. (Research Report 146, Department of Computer Science, Yale University). New Haven CT.

- (1981): Steps toward knowledge-based machine translation. In: IEEE Transactions on Pattern Analysis and Machine Intelligence 3. 376-392.

Chevalier, M., J. Dansereau, G. Poulin (1978): TAUM-METEO: description du système. Groupe TAUM, Université de Montréal.

Dik, S.C. (1978): Functional grammar. Dordrecht.

Dirven, R. (1981): Spatial relations in English. In: Anglistik & Englischunterricht 14, "Kasusgrammatik und Fremdsprachen-didaktik". 103-132.

Iida, H., K. Ogura, H. Nomura (1984): A case analysis method cooperating with ATNG and its application to machine translation. In: Proceedings of the 10th International Conference on Computational Linguistics COLING 84. Stanford. 154-158.

Kettunen, K. (1986): Is MT linguistics? (Letter to the Editor). In: Computational Linguistics 12. 37-38.

Kudo, I., H. Nomura (1986): Lexical Functional transfer: a transfer framework in a machine translation system based on LFG. In: Proceedings of the 11th International Conference on Computational Linguistics COLING 86. Bonn. 112-114.

Landsbergen, S.P.J. (1986): Isomorphic grammars and their use in the Rosetta translation system. In: M. King (ed) (1986): Machine Translation today. Edinburgh.

Lytinen, S., R.C. Schank (1982): Representation and translation. (Research Report 234, Department of Computer Science, Yale University). New Haven CT.

Mackenzie, J.L. (1983): Nominal predicates in a Functional Grammar of English. In: S.C. Dik (ed) (1983): Advances in Functional Grammar. Dordrecht. 31-51.

Nishida, F., S. Takamatsu, H. Kuroki (1980): English-Japanese translation through case-structure convertion. In: Proceedings of the 8th International Conference on Computational Linguistics COLING 80. Tokyo. 447-454.

Nagao, M., J.-I. Tsujii, J.-I. Nakamura (1985): The Japanese Government project for machine translation. In: Computational Linguistics 11. 91-110.

Nitta, Y., A. Okajima, H. Kaji, Y. Hidano, K. Ishihara (1984): A proper treatment of syntax and semantics in machine translation. In: Proceedings of the 10th International Conference on Computational Linguistics COLING 84. Stanford. 159-166.

Pitha, P. (1980): Case frames of nouns. In: D.J. van Alkemade, A. Feitsma, W.J. Meys, P. van Reenen, J.J. Spa (eds) (1980): Linguistic studies offered to Berthe Siertsema. Amsterdam. 91-99. Repr. in: P. Sgall (ed) (1984): Contributions to functional syntax, semantics and language comprehension. Praha. 225-238.

Radden, G. (1981): Die übertragenen Bedeutungen der englischen Raumpräpositionen. In: Anglistik & Englischunterricht 14. "Kasusgrammatik und Fremdsprachendidaktik". 133-179.

Rohrer, C. (1986): Maschinelle Übersetzung mit Unifikationsgrammatiken. In I. Bátori, H.J. Weber (Hg.) (1986): Neue Ansätze in Maschineller Sprachübersetzung: Wissensrepräsentation und Textbezug. Tübingen. 75-99.

Shimazu, A., S. Naito, H. Nomura (1983): Japanese language semantic analyser based on an extended case frame model. In: Proceedings of the 8th International Joint Conference on Artificial Intelligence IJKAI 83. Karlsruhe. 717-720.

Slocum, J. (1985): A survey of Machine Translation: its history, current status, and future prospects. In: Computational Linguistics 11. 1-17.

- 1986: Is MT linguistics? (Letter to the Editor - Reply to Kettunen 1986). In: Computational Linguistics 12. 125.

Somers, H.L. (1986): The need for MT oriented versions of Case and Valency in MT. In: Proceedings of the 11th International Conference on Computational Linguistics COLING 86. Bonn. 118-123.

Sommerfeldt, K.-E., H. Schreiber (1977): Wörterbuch zur Valenz und Distribution deutscher Substantive. Leipzig.

Teubert, W. (1979): Valenz des Substantivs. Düsseldorf.

van Eynde, F. (1985): Betekenis, vertaalbarheid en automatische vertaling. (Doctoral dissertation, Departement Linguistiek, Katholieke Universiteit Leuven). Leuven.

van Eynde, F., L. des Tombe, F. Maes (1985): The specification of time meaning for machine translation. In: Proceedings of the 2nd Conference of the European Chapter of the Association for Computational Linguistics. Geneva. 35-40.

Vauquois, B. (1978): Description de la structure intermédiaire. Communication présenté au Colloque Luxembourg, 17 et 18 avril. (Document GETA). Grenoble.

Whitelock, P.J., M.M. Wood, B.J. Chandler, N. Holden, H.J. Horsfall (1986): Strategies for interactive machine translation: the experience and implications of the UMIST Japanese project. In: Proceedings of the 11th International Conference on Computational Linguistics COLING 86. Bonn. 329-334.

ZUM BEGRIFF DES 'PRÄDIKATS'

Jean-Marie Zemb

Das Wort (lat.) '<u>prae-dicatum</u>' sollte ursprünglich das Wort (gr.) '<u>rhema</u>' in einer seiner Bedeutungen übersetzen. 'Vorangestellt' war dieses Rhema in sogenannten natürlichen Sätzen wohl kaum, dafür aber in kalkülgerechten Präparaten; etwa in "**kurzlebig** kommt den Sonderforschungsbereichen zu" als formalisiertes Äquivalent zu "die Sonderforschungsbereiche sind kurzlebig". Die Verwendung anderer Verben als 'sein' in 'phematischer' Funktion (<u>copula</u>) war zwar umständlich, sie hatte aber den entscheidenden Vorteil, das manchmal 'logisches Subjekt' genannte 'Phema' vom 'grammatischen Subjekt' zu trennen. Diese Trennung bzw. Unterscheidung von <u>Kasus</u> (morphematisch oder anders gekennzeichnete Funktionen wie Subjekt, Objekt u.a.m.) und <u>Status</u> (durchaus - im Deutschen etwa vornehmlich syntaktisch - gekennzeichnete Verwendung zur Bezeichnung (Thema), zur Bedeutung (Rhema), zu beider Verbindung (Phema) und zur Koordination von Aussagen) war schon in der stoischen Texttheorie und deren 'Satz'-Konzeption in Vergessenheit geraten; in der Scholastik wurde sie sozusagen ausdrücklich verdrängt: die Kasus-Analyse ersetzte die Status-Analyse! War nicht das Nominativ-Subjekt das Thema, der 'Satzgegenstand', ob man nun aus dem 'Prädikatsverband' die 'copula' als Relator herauslösen wollte oder nicht? Gegebenenfalls ließ sich ein kopulatives Verb vom begleitenden Prädikatsnomen trennen, man verzichtete aber darauf, die anderen Verben ('denkt' - 'ist denkend', 'ißt Suppe' - 'ist Suppe essend') <u>ad hoc</u> zu transformieren; ja der Ausdruck 'Prädikat' galt fortan in erster Linie für das nicht erweiterte Verb, als ob 'lato sensu' und 'stricto sensu' a priori auf Wortgruppe und Einzelwort zu verteilen wäre.

Die **Status-Triade** (<u>Thema, Phema, Rhema</u>) war zur **Kasus-Triade** reduziert worden: <u>Satzgegenstand / Copula / Prädikatsverband</u>. Die '<u>copula</u>' ließ sich sprachwissenschaftlich nicht ernsthaft halten, da eine Universalität in Inhalt, Umfang und Verwendung des Verbs /<u>sein</u>/ offenbar nicht vorliegt. Infolgedessen kam es zur weiteren Reduktion: die diskrete Löschung der Copula verwandelte die Kasus-Triade in eine **Kasus-Dyade**, und diese hat sich sowohl in den <u>NP-VP</u>-Bäumen als im Katalog der '<u>Satzbaupläne</u>' gehalten.

Verschiedene Anfechtungen führten zur Lockerung der Kasus-Dyade, für die nunmehr keine eineindeutige Beziehung zwischen Grammatik und Logik postuliert wurde, aber durchaus ein etwas elastischer 'grammatisch-logischer Parallelismus'. Diese liberale und durchweg defensive Konzeption mußte in wachsendem Maße Grauzonen akzeptieren, etwa in den Bereichen der sogenannten Hilfszeitwörter, der unpersönlichen Verben, der Diathese, insbesondere beim Passiv, und vieler '<u>Satzglieder</u>', von denen einige als '<u>Verbergänzungen</u>' und andere als '<u>Satzergänzungen</u>' registriert wurden, wobei die Unterscheidung zwischen valenzbedingten und unabhängigen Satzgliedern nicht mehr Klarheit brachte als die spätere Unterscheidung zwischen '<u>Aktanten</u>' und '<u>Zirkumstanten</u>'. Die System-Analyse mag die Schwierigkeiten der Kasusdyade erhellen, indem sie die Ausweglosigkeit rekonstruiert, die dadurch entstehen mußte, daß die Gliederung '<u>Satzgegenstand / Satzaussage</u>' bzw. '<u>Subjekt / Prädikatsverband</u>' Satzgliedern, die aus dem erweiterten Prädikat entfernt wurden, im subjektalen Raum keine Nische zuweisen konnte; auch die Notlösung der Zuweisung einer <u>ad hoc</u>-Ebene, auf der eigentliche 'Satzergänzungen' (nicht nur sogenannte Satzadverbien, sondern, wie mir scheint, allerhand Nichtrhematisches, ohne Unterscheidung von Phematischem und Thematischem) als höhere Prädikate den Satzrumpf als Argument annehmen sollten, sieht aus wie zugleich Zugzwang und Eigenmatt.

Unabhängig von einem vorübergehend massiven Comeback in formalisierendem Gewande, mit als '<u>NP erster Ordnung</u>' umgetauften '<u>Subjekt</u>', sind die Tage der Kasus-Dyade gezählt. Zwischen beiden Weltkriegen hatte sie fast gleichzeitig zwei Anfechtungen erlebt. Von psychologisch-pragmatischer Seite hieß es: "<u>dyadisch ja, grammatisch nein!</u>", von dependenzieller Seite dagegen symmetrisch: "<u>grammatisch ja, dyadisch nein!</u>" Beider Anfechtung der Verwechslung von <u>Kasus</u> und <u>Status</u> im Falle des 'Subjektes' - der 'Rest' ist sozusagen Folgelast (ist das statutäre Thema falsch angesetzt, so kann das statutäre Rhema nur falsch ausgelegt werden, und zwischen falschen Polen kann auch das statutäre Phema - dies bei triadischen Konzeptionen - nicht richtig geortet werden) - war durchaus begründet, brachte aber keinen zuverlässigen Ersatz, oder wenigstens keine leistungsfähige Gesamttheorie. Die iterativ inchoative Ausmerzung von Unkraut ist noch keine Landwirtschaft.

Davon ausgehend, daß jeder Satz so etwas wie eine Antwort auf eine und nur eine, wenn auch virtuelle Frage sei, recherchierte die dyadische Syntax nach Psychologischem und nannte den Satzgegenstand Thema bzw. <u>topic</u> und die Satzaussage Rhema bzw. comment. Diese Umdeutung des antiken Rhemas war m.E. keine Absage an das Logische überhaupt, wie es etwa im Kratylos-Passus zu den drei verschiedenen statutären Irrtümern skizziert ist: thematischer Fehlgriff, rhematischer Mißgriff und phematisches Danebengreifen. Nach dem ersten Weltkrieg war es nicht verwunderlich, daß Scheinargumentationen psychoanalytisch hinterfragt werden sollten. Nicht daß bezweifelt worden wäre, daß immer etwas von dem, wovon die Rede ist, ausgesagt wird. Dieses Verhältnis wurde sogar als erschöpfend postuliert: jede Aussage bringe Neueres zum Vorliegenden, es komme nur darauf an, das eigentliche Prädikat zu erkennen - es ist dem Sprechenden nicht notwendigerweise bewußt - und auf diese Weise des Pudels Kern zu erkennen. Begriffsbestimmungen wie 'psychologisches Subjekt' und 'psychologisches Prädikat' führen denn auch leicht zu Verwechslungen, denn es ging in der protopragmatischen Konzeption nicht darum, neben das 'Grammatische' und neben das 'Logische' nun noch das 'Psychologische' zu stellen. Schon die Rückkehr zum antiken Ausdruck 'Rhema' deutet auf den Anspruch dieser dyadischen Analyse, den Status nicht weiter mit dem Kasus zu verwechseln. Die Entlarvung sollte dem Statutären den Vorrang sichern. An die Stelle des grammatisch-logischen Parallelismus trat nun die Vorstellung von autonomen Bereichen, nämlich einerseits Kasus - nunmehr als Funktionsgefüge ohne dyadische Auflagen erkannt - und andererseits Status, bzw., m.E. Pathos, als protagoräisches 'Es' der Logik. Die Verwendung des Ausdruckes 'Rhema' sollte es bekunden: man hatte die eigentliche Natur des Logischen entdeckt, nämlich das Psychologische, wie man auch den Riegel auf der Skala vom unbewußten Trieb zum reflektierten Bewußtsein über das mehr oder minder bewußte Tun verschieben sollte. Der fade Parallelismus, mit dem die kasusbedingte Dyade getüncht worden war, galt nun als Einbildung. Dem Sprachanalytiker waren, wie allen andern neohumanistischen Analytikern, die Schuppen von den Augen gefallen. Man hatte die Bühnenmaschinerie entdeckt und das Theater hinterlistet, ohne zu merken, daß man selber gerade einen dritten Akt spielte.

Trotz einschlägiger Korrekturen, etwa durch Einführung von Als-ob-Kategorien für das 'Bekannte' und für das 'Neue', konnte diese eigentlich bis zum Gequälten empfindsame Renaissance der Rhetorik keine überzeugende Satzanalyse vorweisen. Die Verwechslung von Pathos und Status war so gravierend, daß die Verfilzung von Status und Kasus in den NP-VP-Bäumen eine Generation lang leicht restauriert werden konnte. Zu hoffen bleibt, daß eine interne Besinnung der pragmatischen Erben dazu führe, sehr wohl dem Kasus das Seinige zu belassen, aber nicht weiter das letzte Status-Wort dem Pathos zu überlassen.

Wann wird man, wenn man schon zu diesem Behufe Eigenschaftswörter bemühen will, bei jeder Satz-Analyse abchecken: grammatisches Subjekt bzw. Prädikat, logisches Subjekt bzw. Prädikat, psychologisches Subjekt bzw. Prädikat?

Dann wird man allerdings bald feststellen, daß es nicht in jedem Satz so etwas wie topic und comment gibt. Das Pathos atmet in weiteren Zügen; es ist in der Rede zu Hause und gehört zum Gegenstand der 'Textgrammatik'. In der 'Satzgrammatik' ist auch allerhand zu unterscheiden und zu bedenken, wo seit der Stoa eine Art Tabu die Gretchenfrage nach dem Verhältnis von propositio und assertio verdrängt hat, vermutlich weil die Bedingung einer Behauptung den gängigen Aussagen-Begriff und in seinem Gefolge den Satz-Begriff aufhob: nicht nur den 'Hauptsatz', sondern auch die meisten 'Nebensätze' bzw. 'Gliedsätze'.

Der **pragmatischen Dyade** ist m.E. hoch anzurechnen, daß sie die unbegründeten Objektivitäts- und Universalitäts-Ansprüche der Kasus-Dyade bloßgestellt hat und damit die Frage nach anderen Aspekten wieder labor- wenn nicht kongreßfähig gemacht hat. Der zeitbedingte Reduktionismus, der aus dem Scheinlogischen die wirklichen Mechanismen psychologischer bzw. tiefenpsychologischer Natur herausanalysieren wollte (besser: sollte, oder richtiger: hätte sollen?), belastet aber Forschung und Diskussion. Angenommen, dem Pathos komme neben Status und Kasus eigenes zu! Dann würde die Verwechslung von Pathos und Status nicht nur das Verständnis von Logik, sondern auch dasjenige von Rhetorik versperren. Was wäre in der Tat an der Ansicht dumm oder dreist, welche das An-und-für-sich-Logische vom Ad-hoc-Pragmarhetorischen unterscheidet? Gerade das Dyadische an der pragmatischen Syntax zeigt, daß ihre tiefenlogische Deutung usurpatorisch ist; das Fehlen jeglicher copula-Funktion zwischen topic-Thema und comment-Rhema postuliert, wenn man auch Theorien so analysieren darf, die Unterwerfung des Urteilsvermögens bzw. die Auflösung von distanzierenden Nuancen, indem die orthodoxe Dialektik die phematischen Ansprüche entweder dem psychologischen Rhema oder dem psychologischen Thema zuweist. Nicht nur, daß die Pathos-Status-Verwechslung keinen unparteiischen Richter duldet! Sie schließt auch aus, daß das Rhema das Bekanntere und das Thema das Neuere sein können - eine Situation, von der doch durchaus denkbar ist, daß sie sogar in der Wissenschaft häufig eintritt, etwa gerade beim 'Rhema', wenn man es definiert als das, was von dem, wovon die Rede ist, ausgesagt wird, dann aber immer noch nicht eindeutig orten kann. Schließlich belastet die Als-ob-Logik der pragmatischen Dyade die Erforschung der Rhetorik und die Renaissance der entsprechenden Kategorien. Sogar ein olympischer Hammerwerfer käme zu nichts, wenn er sich den Hammer ans Handgelenk kettete. Die verhängnisvolle Blockierung von Status und Pathos bleibt vorläufig das Handikap der psychopragmatischen Analyse, während die Loslösung vom Kasuellen als ihr historisches Verdienst betrachtet werden kann.

Diese faktische Blockierung zwingt jedem eine Polemik auf, der den Status zwar auch vom Kasus trennt, aber nicht im Pathos auflöst. Es geht allerdings nicht darum, ob das 'Nicht-Kasuelle' logisch oder psychologisch sei. Gerade die Entwirrung dieser beiden Aspekte dürfte Fortschritte bringen: beide Dimensionen sind neben der kasuellen Dimension syntaktisch relevant - nur nicht an den gleichen Stellen.

Die zum Teil ideologisch bedingte Blockierung von Logik und Psychologie begünstigte das Comeback der Kasus-Dyade in einer geläuterten liberaleren Variante eines Parallelismus von Tiefenstrukturen. Neuere Ansätze psychopragmatischer Obedienz im Rahmen einer umfassenderen 'Textgrammatik' dürften jedoch eine Renaissance der Rhetorik begünstigen, wenigstens wenn im (gelenkten) Pathos nicht mehr der Dietrich zu allen Satzstrukturen gesucht wird.

Während gegen die schulgrammatische Kasusdyade die psycho-pragmatische topic/comment-Theorie das Dyadische übernahm und das Kasuelle verdrängte, kam eine bislang folgenschwerere Offensive von einer anderen, fast möchte man sagen komplementären Seite: an der kasuell-dyadischen Syntax sei das Dyadische das Fremde, Falsche, Unangemessene, Verheerende und Versperrende. Diese heftigen sogenannten Prädikate geben nur ein schwaches Bild von Tesnières Virulenz. Das Dyadische und erst recht das Triadische seien scholastische Artefakte, welche nicht nur Trugbildern huldigten, sondern das Verständnis der syntaktischen Strukturen - schon der elementaren - unmöglich machen. Der Satz sei eine **Monade**, und der Monarch darin sei eben das Verb (inklusive Hilfsverben), in dessen Rektion alle Satzglieder stünden, ob sie nun auf den Valenzlisten als obligat oder als fakultativ registriert seien. Auch diese kasuelle Monade versuchte, auftretende Schwierigkeiten durch Distinktionen zu überwinden, etwa zwischen Aktanten und Zirkumstanten, zwischen Verbergänzungen und Satzergänzungen, zwischen verschiedenen Ebenen von hierarchischen Konnexionen. Während die schulgrammatische Dyade dem Satzgegenstand die Satzaussage entgegenstellte und somit jeden Satz als eine Vereinigung von 'Subjekt & Rest' betrachtete, war die monadische Syntax um die Wahrung der Einheit des Satzes bemüht: der Satz sei eigentlich ein verbaler Komplex, eine mit untergeordneten Nominalgruppen durchaus vergleichbare Verbalgruppe. Nicht nur, daß ein Statusunterschied von Thematischem, Rhematischem und Phematischem a priori ausgeschlossen wurde. Der Dependenz-Reduktionismus manövrierte sich in eigene Aporien hinein, indem er den gesamten Satz quasi als Prädikat deutete, und die Verneinung als Prädikat zweiten Ranges, ohne zu erklären, wie ein solcher Nur-Prädikat-Satz zu verstehen sei und überhaupt sein könne, ohne Thema, ohne Subjekt, ohne Argument... Die Gleichsetzung von Ergänzungen und/oder Angaben mit Funktionsargumenten brachte auch nichts, da man die Kriterien schuldig bleiben mußte; ja es war sinnlos, zu fragen, ob dieses oder jenes Objekt, oder Subjekt, zum Prädikat gehörte oder nicht, denn es gehörte alles zum erweiterten Prädikatsverband auch und sozusagen an erster Stelle das Subjekt.

Dennoch nahm diese Monade intern die komposite Gestalt 'Rest & Verb' an. Der Verbund der Satzglieder mußte dem regierenden Verb angeschlossen werden, wobei das regierende Verb das sogenannte Hauptverb zu sein hatte und daher nur selten - wenn kein sogenanntes Hilfsverb vorhanden war, das verbum finitum. Waren die vorerst nicht näher gekennzeichneten Satzglieder X_1, X_2, ... X_n einzeln mit der Gruppe V_i-V_i-...V_f zu verbinden oder waren sie vorher zu einer Genossenschaft zusammenzuschweißen, welche insgesamt dem Verb unterzustellen war?

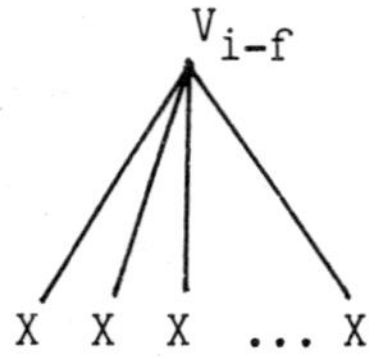

oder etwa

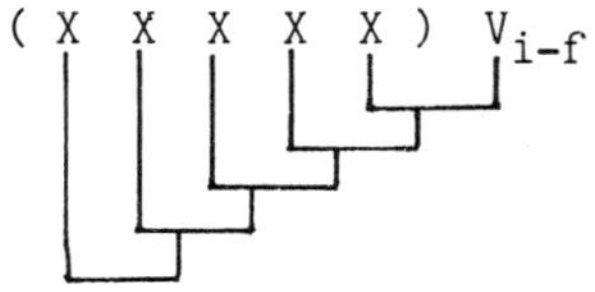

Der resolute Verzicht auf 'sprachfremde' Kategorien, nämlich auf das im Parallelismus der scholastischen grammatischen Dyade eingeschmuggelte 'Logische' hatte dem monadischen Dependenzgefüge den besten Objektivitätsleumund eingebracht. Wenn schon ein neuer Anfang gemacht werden sollte, dann mit Rohkost! Hatte schon die Drei- oder Fünf-Felder-Syntax einen vertrauenswürdigen positivistischen Charakter 'Vorfeld - Auf-Klammer - Mittelfeld - Zu-Klammer - Nachfeld', so verschaffte die 'Banalisierung' der Satzglieder dem Syntaktiker ein Gefühl von unbelasteter Wissenschaftlichkeit, als sei er nunmehr in den Elementarbereich der Strukturen gelangt, den er diesmal am besten nicht mehr verlassen sollte. Wer sich einmal mit der Frage befassen wird, wieso die im Gegensatz zur Kasus-Dyade vor einem halben Jahrhundert aufgekommene Monade von der TGG-Dyade so schnell verdrängt wurde, aber nach den systemtechnischen Schwierigkeiten der formalisierten Kasus-Dyade als das Unbelastetste und Meistversprechende - neuerdings und vielerorts - betrachtet wird, könnte ein schönes Kapitel zur Dialektik des Scheinbaren und des Anscheinenden schreiben. Wenn er Wert auf die Vermeidung von Anachronismen legt, wird er auch vermerken, daß die Dependenz-Monade im Stammbaum der syntaktischen Modelle keine jüngere Nachfolgerin der geläuterten Status-Triade ist.

Die Genealogie beweist zwar nichts, aber es hilft doch dem Verständnis und der Auseinandersetzung, wenn erkannt wird, daß die Renaissance der Status-Triade <u>de facto</u> auf beide Anfechtungen der Kasus-Dyade folgte und stets bemüht war, die Eigenleistung beider Oppositionsschulen zu würdigen, das Psychopragmatische und das Rhetorische einerseits, und das in den Valenzuntersuchungen aufblühende Kasuelle andererseits. Monadischem soll jeder weiterhin frönen dürfen, nur darf er nicht ignorieren, in welche Probleme und zu welchen Lösungen die Dependenzvorstellungen des Gründers seine direkten Nachfolger geführt haben. Das kommt von das, und nicht umgekehrt!

Zum statutären Rhema, d.h. zum eigentlich logischen Prädikat, das bereits in der kasuellen Triade verkannt worden war und daher in der kasuellen Dyade gar nicht mehr anerkannt werden konnte - und deswegen auch nicht angefochten -, sollen nun sieben knapp formulierte Thesen andeuten, wie eine geläuterte Status-Triade die Anliegen der pragmatischen Dyade und der kasuellen Monade wahren kann, ohne die Belange der Sprachlogik zu verraten, bzw. ohne die Logik des Denkens zu verkennen oder zu verletzen.

1. Statusbedingt sind nicht alle syntaktischen Strukturen, aber einige Strukturen sind ausschließlich Status-Zeichen, etwa die parataktische Versammlung von thematischen Daten am Anfang des unbehaupteten deutschen Satzes oder die Stellung der phematischen Verneinung in einem solchen Satz, also zwischen Thema und Rhema. Der Begriff 'Satzglied' ist nur scheinbar unbelastet, da er Homogenität von Thematischem, Bezeichnenden, und Rhematischem, Bedeutenden postuliert.

2. Das statutäre Rhema ist ein geschlossener, geordneter Ausdruck einer allgemeinen, also nicht existenzgebundenen und in diesem Sinne universalen und abstrakten Vorstellung. Es handelt sich um ein hypotaktisches Verbalkompositum, welches im Deutschen zentripetal und im Französischen zentrifugal abläuft.

3. Jedes Rhema ist ein Extrakt aus einem semantischen hypotaktischen Netz, vergleichbar mit dem Einzelsyllogismus bzw. mit den Sätzen des Syllogismus auf dem Hintergrund der virtuellen Gesamtheit aller Theoreme. Ein Prädikatenlexikon würde alles enthalten, was in dieser oder jener Sprache als Begriffsausdruck vorkommt und demnach den Transfer auf der Ebene des Begriffsnetzes ermöglichen.

4. Im Deutschen kommen den thematischen und den rhematischen 'Satzgliedern' verschiedene Eigenschaften zu. In Aussagen kann das Rhema kürzere oder längere Fragmente in der Eröffnung stellen, z.B.

deutlich sprechen sollte man immer
deutlich sollte man immer sprechen
sprechen sollte man immer deutlich

es kann aber nicht mit Thematischem gemischt werden, z.B.

*man deutlich sollte immer sprechen,

wie denn auch thematische, parataktische Daten die Eröffnung nicht besetzen dürfen, z.B.

*immer man sollte deutlich sprechen.

Bei zur Kennzeichnung des archaischen Partizips in sog. 'doppelten Infinitiv'-Fügungen nötigen Umstellungen steht das finite Verb nie außerhalb des Rhemas.

5. Innerhalb des Rhemas herrschen hypotaktische Verhältnisse einer ganz besonderen, eigentlich unerwarteten Art. Während in einem banalen Definitionssystem der Unterbegriff zu den Merkmalen des Oberbegriffs diejenigen des differenzierenden hinzufügt, ohne Verluste, kommt es oft vor, daß im

Begriffsnetz im Unterbegriff dies oder jenes Merkmal fehlt, welches im Oberbegriff (*genus*) oder im Mittelbegriff (*differentia specifica*) durchaus vorliegt. Die sogenannte übertragene Bedeutung bzw. die Bedeutungsübertragung ist kein Mißbrauch des semantischen Systems, sondern gehört zu seiner Ökonomie. Zur Erforschung dieser Verhältnisse genügt es nicht, die *Valenz* eines Begriffsausdruckes zu untersuchen; man sollte auch seine *Potenz* feststellen. <Unter 'Valenz' verstehe ich nicht die Kasus-*Rektion*, sondern die Beziehung von Beliebigem zu möglichen Determinanten; umgekehrt sei 'Potenz' die Beziehung zu möglichen Determinierten.>

6. Die statutären Kategorien sind apragmatisch: das Rhema kann dem einen, dem anderen, keinem oder beiden etwas Neu(er)es bringen oder nicht; während die Abfolge thematischer Daten rhetorisch frei bleibt, ist die hypotaktische Sequenz der Elemente des rhematischen Verbalkompositums nicht beliebig; 'nucleus' bzw. *determinatum ultimum* ist immer das Lexem, das im sogenannten *verbum finitum* auftritt, wobei unter den diesem aufgepfropften Morphemen das Tempus-Morphem immer thematisch und das Modus-Morphem immer phematisch ist.

7. Die kasuell mögliche *Diathese*, unter anderem die Aktiv-Passiv- und Passiv-Aktiv-Umkehrungen, ist nur erlaubt, wenn sich an den statutären Rollen nichts ändert; so kann nur ein thematisches Objekt zu einem thematischen Subjekt werden, oder ein rhematisches Subjekt nicht zu einer thematischen Agens-Ergänzung werden. Jede 'Rektion' kann thematisch oder rhematisch gesättigt werden.

Status, Pathos und Kasus sind nicht verschiedene theoretische 'Interpretationsmodelle', sondern durchgehende Bestandteile einer jeden sogenannten Äußerung - wobei zu bedauern wäre, wenn darunter nur noch das Mitteilen und nicht schon, zunächst und nachhaltig, das Fassen verstanden würde. Reduktionismus bliebe Reduktionismus, ob man den kommunikativen Akt oder die kognitive Form für das Ureigentliche hielte, das in den sogenannten tieferen Schichten den Satzbau monokratisch bestimmte und auf diese Weise der Kasus-Dyade 'Satzgegenstand-S/Satzaussage-P' eine Traumrevanche garantiert. Beim Kartenspiel würde man auch nicht den Zufall der Verteilung, den internen bzw. latenten Wert der Hand und die Strategie des Vorgehens verwechseln.

Was gehört zur Status-Triade, was zum kommunizierenden Pathos, was fällt unter das Gebots- und Verbotsregiment des Kasus, wobei mitunter die Antwort nicht in Einzelwörtern, sondern in Wortgruppen, u.a. sog. Neben- oder Gliedsätzen - die ja gar keine 'Sätze' mehr sind - zu liefern ist, deren Gefüge sich so vortrefflich in Knoten-Ast- und Zweigbildern zeichnen läßt, mitunter aber auch in 'Wortteilen', so z.B. im "ist" von "ist ein Sonderforschungsbereich kurzlebig?" Das Lexem /sein/ (die Schrägstriche reduzieren den Infinitiv zum bloßen Präsentierteller), das Tempus-Morphem, das Modus-Morphem, das Personalmorphem, die Stellung des Amalgams im Satz (und in der Gesamtrede) sind Einzelfragen wert und der Grammatiker ist Einzelantworten schuldig. Möglicherweise verführt die relative Großzügigkeit der Landschaft zur relativen Grobkörnigkeit des Details. Bei jeder der erwogenen Fragen wäre eigentlich nach Status, Pathos und Kasus zu suchen. Wer den Pfennig nicht ehrt ... !

Die angedeuteten Probleme der Konstitution der Prädikate in der jeweiligen parole und der Anlage des Prädikaten-Lexikons in der langue sind z.T. sogenannte Zukunftsaufgaben. Auch in der technischen Meisterung der LDV bleibt das meiste zu tun, und man sollte doch nicht ständig mit trügerischen MÜ-Versprechungen kurzatmige nationalstaatliche Projektunterstützungen erbetteln müssen. In der Europäischen Gemeinschaft sollten nach der Agrar- und Energie-Politik einerseits die Umwelt- und andererseits die Kommunikations-Politik als lebensnotwendig anerkannt werden. Wenn das europäische 'Bewußtsein' - und das entsprechende 'Gewissen', würde ich auf die Bitte um Disambiguierung von conscience antworten - auf die aktuelle Problemlage einschwenken würde, könnte es heute heißen "le SFB 100 est mort; vive le SFB 100!" Die Auflösung der hundert diversen Sonderforschungsbereiche könnte eine **Fehlersparnis** (frei nach Fehlinvestition) gewesen sein, denn die Ausbildung von fähigen Forschern auf diesem so komplexen Gebiet ist viel langwieriger, als die DFG zu glauben scheint.

Résumé

A l'origine, le prédicat était le rhème de la triade statutaire (relié au thème composite par l'intermédiaire du phème). L' interprétation casuelle de la triade dénatura l'intuition primitive au bénéfice d'un prédicat opposé au 'sujet'; l'abandon de la 'copule' conduisit à la dyade casuelle de la grammaire scolaire naguère reprise dans le 'modèle' GN-GV malgré deux contestations majeures, à savoir la dyade pragmatique, qui reprochait à la dyade casuelle le casuel, et la monade, qui lui reprochait le dyadique. La reprise critique du rhème statutaire permet d'intégrer à la fois le refus de la banalisation casuelle et de son postulat d'un vague parallélisme logico-grammatical, les perspectives ouvertes par la psychologie de l'énonciation et surtout du discours et les observations portant sur la rection, alors que des théories fondées exclusivement sur la psychologie ou sur le jeu des valences ne semblent pas pouvoir intégrer ce qui tient au statut, et dont il est montré en plusieurs points la vertu à la fois descriptive et explicative.

KONZEPTION, COMPUTERLINGUISTISCHE GRUNDLAGEN UND IMPLEMENTIERUNG EINES SPRACHVERARBEITENDEN SYSTEMS

Veronika Licher, Heinz-Dirk Luckhardt, Manfred Thiel

0. Einleitung

Im folgenden wird ein sprachverarbeitendes System beschrieben, das in den Jahren 1985/86 konzipiert und implementiert wurde. Finanziert wurden die Arbeiten durch die Deutsche Forschungsgemeinschaft.

Die Beschreibung des Systems erfolgt aus drei Blickrichtungen:

1. Im ersten Teil wird eine Übersicht über die NLPT (natural language processing theory) gegeben, die die theoretische Grundlage des Systems darstellt.

2. Im mittleren Teil werden unter der Bezeichnung CAP (controlled active procedures) Überlegungen zur Strategie linguistischer Problemlösungen vorgestellt.

3. Im dritten Teil wird die Implementierung eines Modells der NLPT (SAFRAN: software and formalism for the representation of natural language) beschrieben.

Weiterführende Perspektiven werden im abschließenden Kapitel aufgezeigt.

1. Grundlagen sprachverarbeitender Systeme

1.1 Objekt- und Metawissen

Die Implementierung von linguistischen Modellen auf Rechnern hat den Vorteil, daß man gezwungen ist, das System als formales System aufzubauen. Ist man sich dessen bewußt, eröffnet sich dem Computerlinguisten die Perspektive, bei dem Entwurf eines sprachverarbeitenden Systems selbst, also nicht allein bei der Konzeption der linguistischen Grundlagen, von vorneherein die klare Konzeption formaler Systeme zugrundezulegen. Dabei gilt die Zielvorstellung, aus den Komponenten formaler Systeme zumindest einige der Komponenten sprachverarbeitender Systeme abzuleiten. Die sich daraus ergebenden theoretischen Grundlagen werden als NLPT (natural language processing theory) bezeichnet, ein mögliches Modell, das im Projekt A2 implementiert wurde, als SAFRAN (software and formalism for the representation and analysis of natural language).

Zu den unerläßlichen Komponenten formaler Systeme, vgl. die üblichen Definitionen zur Prädikatenlogik, gehört die Definition der Symbole. Nach den oben aufgestellten Prinzipien der wissenschaftlichen Vorgehensweise ist somit eine Wissensquelle der SYMBOLE zu postulieren, die sowohl die Zeichen an sich als auch die Definition ihrer Semantik enthält. Zu den Zeichen gehören die Wörter der Sprache, aber auch die Attribute der linguistischen Beschreibung. Die Semantik der Attribute wird durch eine Abbildung in einen Wertebereich definiert. Zu berücksichtigen ist dabei aber die Indirektheit der Abbildung: die natürliche Sprache ist eine Abbildung der realen Welt, eine linguistische Theorie eine Abbildung der natürlichen Sprache und ein sprachverarbeitendes System eine Abbildung einer linguistischen Theorie. Dies läßt sich an folgender Graphik veranschaulichen:

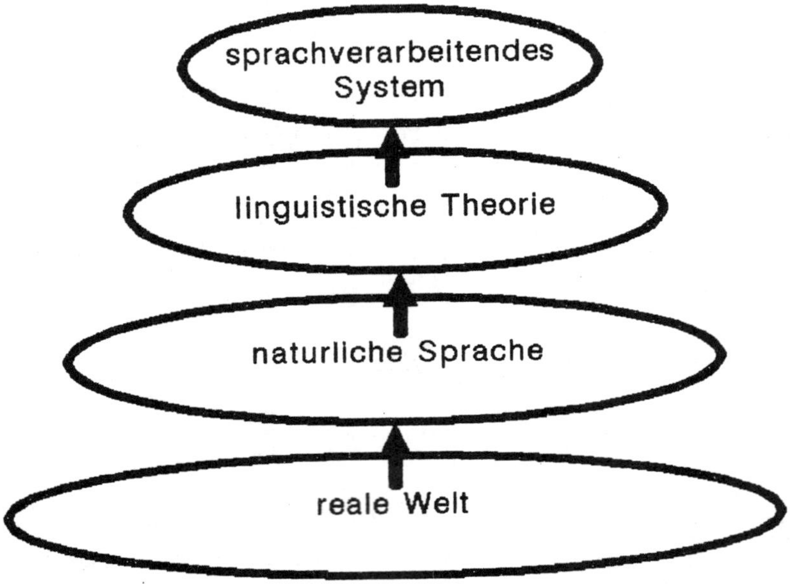

Mit der Einführung der Wissensquelle SYMBOLE wird deutlich, daß die NLPT einen sehr allgemeinen Ansatz verfolgt. Sie erlaubt die Beschreibung weiterer Ausschnitte der Welt und die Anwendung des Systems auf diese Ausschnitte.

Die Symbole eines Objektbereichs stehen nicht isoliert nebeneinander, sondern hängen zum Teil voneinander ab. Diese (funktionalen) Abhängigkeiten sollten sich isomorph (als mögliche Definition von Semantik; in der Realität ist wohl von einem Homomorphismus auszugehen) auf die Abhängigkeiten der Objekte der realen Welt abbilden lassen. Daraus folgt die Existenz einer Wissensquelle FUNC_DEP (funktionale Abhängigkeiten), in der Zusammenhänge zwischen Symbolen formuliert werden, die unabhängig von ihrer Verwendung in Regeln gültig sind. Ein derartiger Sachverhalt liegt z.B. darin vor, daß grün die Komplementärfarbe von rot ist. Dies gilt unabhängig davon, ob etwa in einer Regel einem Objekt 'Hemd' die Farbe 'rot' zugewiesen wird. Die funktionalen Abhängigkeiten können z.B. die Wörterbuchkodierung unterstützen (vgl. den Beitrag von K.-D. Schmitz in diesem Band). Z.Zt. werden sie im System SAFRAN in den Regeln benutzt, wodurch sie aufgrund der dort formulierten Inferenzen über die Symboldefinition die Konsistenz der Datenbasis gewährleisten.

Das Konzept der funktionalen Abhängigkeiten ist der Informatik entnommen und ermöglicht z.B. die Realisierung der Feature Co-occurrence Restrictions (FCR) der Generalized Phrase Structure Grammar (Gazdar et al. 1985:27f). Shieber (1985:215) läßt die Frage offen, ob die Realisierung der FCRs in PATR möglich ist.

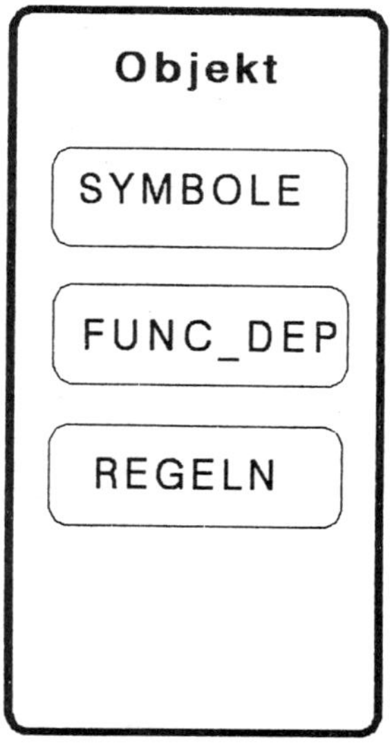

Funktionale Anhängigkeiten sind aber nicht die einzigen Zusammenhänge, in denen Symbole verwendet werden. Üblicherweise werden auch Regeln benutzt. In ihnen wird die Verwendung der Symbole beschrieben.

Mit der Wissensquelle REGELN sind die Komponenten des Systems zur Beschreibung des Objektbereichs eingeführt, vgl. nebenstehende Graphik. Für Erweiterungen ist das System jederzeit offen.

Mit dieser Konzeption wird von der traditionellen Trennung zwischen Wörterbuch und Regeln abgerückt. Daß die traditionelle Sicht zu oberflächennah war, zeigt sich z.B. darin, daß auch in Wörterbüchern Regeln vorkommen können. Im Verständnis der NLPT ist ein Wörterbuch also als mögliche Realisierung der Wissensquelle SYMBOLE oder REGELN zu sehen.

Es stellt sich nun die Frage, was mit diesem Objektwissen angefangen werden soll. Mit anderen Worten: Es kann nun formuliert werden, **was** der Linguist über die Sprache weiß, aber **wie** soll dieses Wissen verwendet werden? Damit ist die Frage nach der Methodologie der Computerlinguistik gestellt, eine Frage, die sich für die (theoretische) Linguistik in dieser Form nicht erhebt. Es ist offensichtlich im Gegenteil erklärtes Ziel auch vieler moderner computerlinguistischer Ansätze, ausgesprochen deklarative Formalismen zu verwenden und sich nicht um die Abarbeitung von Regeln zu kümmern. Dies hat für den Linguisten zweifelsohne bestimmte Vorteile. Er erkauft sie sich aber damit, daß er keinen Einfluß auf die Verarbeitungsstrategie nehmen kann, also unter den derzeitigen Umständen prinzipiell keine Methodologie der Computerlinguistik entwickeln kann. So überläßt er die Abarbeitungsstrategie dem gerade verwendeten Algorithmus (Earley: Kilbury 1985; PROLOG: Frey, Reyle 1983; Yasukawa 1984), wobei davon auszugehen ist, daß die dort implementierten Strategien für die vielfältigen Einsatzmöglichkeiten eines Parsers wohl bestenfalls zufälligerweise eine optimale Strategie aufweisen. Das Verstecken von (ein wenig) Strategie im Grammatikformalismus, wie es bei GRADE (vgl. Tsujii, Nakamura, Nagao 1984:272) der Fall ist, ist eher bedenklich. Dabei muß die Verwendung einer deklarativen Metasprache keineswegs die Formulierung einer Strategie ausschließen: Auch die Strategiedefinition könnte beispielsweise deklarativ sein. Mit der Einführung einer Strategiekomponente, die konzeptionell von dem Objektwissen getrennt ist, soll also ein erster Schritt in Richtung auf die Entwicklung einer Methodologie für die Computerlinguistik vollzogen werden. In diesem Sinne ist das implementierte System als Grundlage zu sehen, auf der experimentiert werden kann.

Insgesamt gesehen ist die derzeitige Bevorzugung deklarativer Grammatikformalismen, z.B. PATR-II bzw. D-PATR (vgl. Pereira, Shieber 1984; Shieber 1986), als Pendelausschlag in die eine Richtung zu interpretieren, der dadurch gerechtfertigt ist, daß so die Integration linguistischer Grundlagen in sprachverarbeitende Systeme außerordentlich gefördert wird. Längerfristig gesehen ist allerdings zu erwarten, daß - es sei auf die oben erwähnten Nachteile hochgradig deklarativer Sprachen verwiesen - sich etwas weniger deklarative Sprachen durchsetzen werden bzw. die Problematik durch komfortable Werkbänke entschärft wird. Der Grad der Deklarativität, der erstrebenswert ist, hängt natürlich auch von der Art und dem Zweck der Anwendung des zu erstellenden Systems ab und wird von Kriterien wie Effizienz, Benutzerfreundlichkeit, Variabilität und Unterstützung bei der Entwicklung bestimmt.

Der hier vorgestellte Ansatz ist in diesem Sinne als ein Versuch zu sehen, größeres Gewicht auf das erste Lexem in der Bezeichnung 'Computerlinguistik' zu legen. Da nicht zu erwarten ist, daß die hier entwickelte Sprache FUSL, vgl. unten, eine endgültige Lösung darstellen könnte, ist konzeptionell ein Mechanismus darin verankert, der die Entwicklung dieser Sprache hin zu mehr Deklarativität (z.B. durch die Definition einer komplexen Funktion 'unify') ermöglicht (vgl. Licher et al. 1986:80ff). Es ist beim derzeitigen Stand der Forschung noch nicht abzusehen, wie eine hochgradig deklarative Definition der Strategie mit möglichst vielen Freiheitsgraden mit einer ebenso deklarativen Formulierung des linguistischen Wissens vereinbart werden kann. Zudem würde die Forderung nach höchster Deklarativität in diesem Zusammenhang bedeuten, letztendlich die Möglichkeit der Deklaration von Algorithmen, ohne sie programmieren zu müssen, zu fordern.

Mit der Einführung einer Strategiedefinition wird darüber hinaus eine in sprachverarbeitenden Systemen neue Ebene eingeführt, auf der Aussagen über die Verwendung von Regeln als linguistisches Objektwissen gemacht werden. Derartiges Metawissen wird in Expertensystemen inzwischen häufiger benutzt (vgl. TEIRESIAS: Davis, Lenat 1982), bei sprachverarbeitenden Systemen ist es dagegen so gut wie unbekannt. Metawissen als Wissen über Wissen versetzt das System prinzipiell in die Lage, sowohl seine Handlungen auf Objektebene besser zu steuern, als auch Auskunft über sich selbst und sein Verhalten zu geben, wodurch die Grundlage für eine Erklärungskomponente gegeben ist.

Im Rahmen der NLPT wird die Strategie durch MISSIONS und SCOUTS definiert (vgl. Abs. 1.3). Aus der dort beschriebenen Strategiekonzeption ergibt sich, daß Missions, Scouts und Regeln als Graph miteinander verbunden sind. Dieser Graph wird in der Wissensquelle KONTROLLSTRUKTUR beschrieben. Damit sind derartige Systeme auch in der Lage, Auskunft über sich selbst zu geben.

Die Inhalte aller Wissensquellen werden in formalen Sprachen beschrieben, auf die weiter unten näher eingegangen wird. An dieser Stelle ist lediglich von Bedeutung, daß die Definition dieser Sprache(n) als Metawissen in einer eigenen Wissensquelle METASPRACHDEF festgehalten ist. Ihre Bedeutung und die der KONTROLLSTRUKTUR werden im Rahmen der Beschreibung der softwaretechnologischen Konzeption deutlich werden.

Damit sind diejenigen Wissensquellen eingeführt, die bei (dem ersten Entwurf) der NLPT eine Rolle spielen. Die gesamte Konzeption läßt sich mit folgendem Schaubild verdeutlichen:

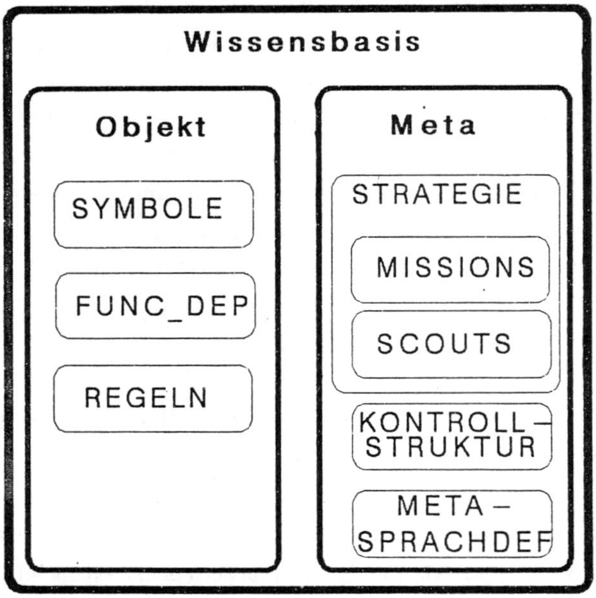

1.2 Strategiedefinition

Bisher blieben die Definition der Strategie und deren theoretische Grundlagen offen, was nun nachgeholt werden soll. Generell kann die Aufgabe eines sprachverarbeitenden Systems aufgefaßt werden als ein Problem, das zu lösen ist. Für eine Problemlösungsstrategie gibt es zwei Ansätze: die Zustandsraummethode (state-space approach) und die Problemreduktionsmethode (problem-reduction approach). An einem kleinen Beispiel aus Nilsson (1982) sollen die Prinzipien beider Ansätze demonstriert werden.

Gegeben seien die Regeln

R1: C ---> (D,L)
R2: C ---> (B,M)
R3: B ---> (M,M)
R4: Z ---> (B,B,M)

und die initiale Datenbasis 'CBZ'. Ziel sei es, einen Zustand in der Datenbasis zu erreichen, in dem ausschließlich der Buchstabe 'M' vorkommt.

Bei der Zustandsraummethode geht man davon aus, daß alle Zustände, die ein Problem annehmen kann, mit den durch die Regeln erlaubten Übergängen zwischen ihnen angegeben werden. Auf diese Weise entsteht ein Netzwerk, das auch für das kleine Beispiel eine beachtliche Komplexität aufweist. In der Problemreduktionsmethode dagegen wird das Gesamtproblem rekursiv in immer kleinere Probleme zerlegt. Das (initiale) Problem CBZ ist dort gelöst, wenn alle 3 Teilprobleme C, B und Z gelöst sind. Die Einfachheit dieses Ansatzes macht das folgende Schaubild deutlich. Die fetten Striche zeigen erfolgreiche Problemlösungen und die doppelten Kästchen erfolgreich gelöste Probleme an.

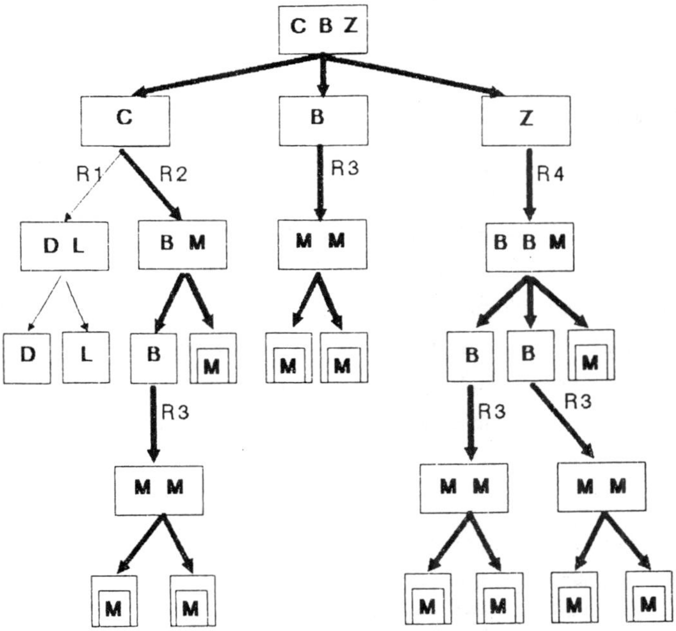

Der Problemreduktionsansatz läßt sich geradewegs auf die Problematik sprachverarbeitender Systeme anwenden, wie das folgende Beispiel zeigt. Das Problem Maschinelle Übersetzung ist gelöst, wenn sowohl Analyse und Transfer als auch Synthese gelöst sind. Das Analyseproblem ist gelöst, wenn beispielsweise die Probleme Nominale Gruppen und Verbale Gruppen gelöst sind, usw.. Im Rahmen der NLPT werden 'triviale' (d.h. unmittelbar lösbare) Probleme in den Scouts definiert und von Regeln gelöst. Alle übrigen Probleme werden durch Missions beschrieben.

Der hier vorgestellte Ansatz zur Problemlösung läßt sich in einen größeren Rahmen einordnen. So lassen sich zwei Vorgehensweisen beim menschlichen Problemlösungsverhalten unterscheiden, die mit 'reasoning forward' und 'reasoning backward' bezeichnet werden können. Allerdings sind auch Mischformen beider denkbar (vgl. Pohl 1971; Nilsson 1982:88f, für einen allgemeinen Überblick vgl. Barr, Feigenbaum 1983:23f; 1983:198). Unter reasoning forward wird eine Vorgehensweise verstanden, bei der ausgehend von dem vorliegenden Datenmaterial versucht wird, ein Ziel zu erreichen. Auf die Daten werden alle im Kontext der Problemlösung möglichen Regeln (Schlußfolgerungen) solange angewandt, bis das gewünschte Ziel erreicht ist. Dieser Ansatz wird als 'datengetrieben' (auch 'event driven') bezeichnet und entspricht einer bottom-up Strategie.

Im Gegensatz dazu wird als reasoning backward eine Vorgehensweise bezeichnet, bei der von einer Zielvorstellung ausgegangen wird und Versuche unternommen werden, von dort aus rückwärts zum Ist-Zustand zu gelangen. In diesem Sinne kann auch von 'goal-directed' gesprochen werden. Ein Gesamtproblem wird in kleinere Probleme zerlegt. Somit entspricht das reasoning backward methodologisch dem Problemreduktionsansatz. Die Problemlösung ist also top-down konzipiert. Da statt von einem Ziel auch von Erwartungen gesprochen werden kann, wird dieser Ansatz auch als 'expectation driven' bezeichnet. Ein typischer Vertreter des reasoning backward ist MYCIN (Shortliffe 1976; Davis, Buchanan, Shortliffe 1977).

Beim Parsing natürlicher Sprache wurden mit dem zielgerichteten Vorgehen im Rahmen von ATN's umfangreiche Erfahrungen gesammelt. Dieser Ansatz ist top-down und insoweit hypothesengetrieben, als bei dem Aufruf eines Unternetzes die mit ihm verbundene Hypothese gegen das Eingabematerial geprüft wird.

Wenn auch die Problemlösung in der NLPT selbst top-down konzipiert ist, treten die Nachteile einer extensiven Regelanwendung als Folge der Hypothesenbildung (vgl. bei ATN als Folge 'blinder' Teilnetzaktivierungen) nicht auf, da Regeln in der NLPT erst auf der untersten Stufe der Kontrollstruktur angewandt werden. Die Einschränkung des Problembereichs in den Missions ist nicht mit der Hypothesenbildung vergleichbar, da Hypothesen in der eigentlichen Regelanwendung geprüft werden. In der NLPT dagegen werden die Regeln nur dann aktiviert, wenn das durch sie zu lösende Problem de facto auch in den Missions festgestellt wurde. Somit ist der Ansatz der NLPT als 'regelgetriebenes reasoning backward nach der Problemreduktionsmethode' zu bezeichnen, wobei darauf geachtet werden muß, daß das reasoning backward auf Metaebene (wo es ja auch eigentlich hingehört) vollzogen wird, der regelgetriebene Ablauf dagegen auf Objektebene stattfindet.

Um ein effizientes System zu erhalten, muß man sich in diesem Zusammenhang die Frage stellen, ob dieses Vorgehen in allen Fällen optimal ist. Eine zweite Frage ist konzeptionell noch wichtiger: Wird diese Vorgehensweise allen Problemfällen gerecht? Dies läuft darauf hinaus, auch das reasoning forward als Alternative zu betrachten und damit die Möglichkeit des bidirektionalen Suchens im Sinne von zwei sich ergänzenden Ansätzen einzuführen.

Das folgende Beispiel zeigt die Vorgehensweise bei einer datengetriebenen Analyse. Es sei die Aufgabe gestellt, die semantische Relation, in der eine freie präpositionale Ergänzung zum Verb steht, festzustellen. Alles linguistische Wissen (Regeln) und strategische Wissen (Scouts), das für diese Analyse notwendig ist, steht in einer gesonderten Wissensquelle SEM_REL. In einer Mission wird das Problem definiert (freie präpositionale Ergänzung). Alle Instantiierungen dieser Problembeschreibung werden gesucht. Ein bestimmter Attributwert aus den instantiierten Präpositionalphrasen (der Wortlaut der einleitenden Präposition) wird in der Mission definiert, und dieser wird vom System als Name der zuständigen Scout interpretiert. Für den Satz

(1) Werwölfe schlafen im Winter auf Bäumen

werden also die Präpositionalphrasen <u>im Winter</u> und <u>auf Bäumen</u> instantiiert und die Scouts <u>im</u> und <u>auf</u> in der Wissensquelle SEM_REL aktiviert, wo dann das Problem der Analyse der semantischen Relationen dieser Präpositionalphrasen gelöst wird.

Der Anschluß einer datengetriebenen Strategie an die regelgetriebene entspricht im übrigen in seinen Grundzügen den 'trigger procedures' des procedural attachment in Frames (vgl. if_added im Restaurantscript bei Schank, Abelson 1977).

1.3 Der Grammatikformalismus

Die NLPT stellt verschiedene Formalismen zur Beschreibung linguistischen und strategischen Wissens zur Verfügung: eine frameartige und eine funktionale Sprache (FUSL, functional system language: Licher et al. 1986).

Die Symbole, mit denen das System arbeitet, werden als Frames dargestellt. Der Frame für das Symbol GENUS sieht z.B. folgendermaßen aus:

```
GENUS (type (SET)
       is   (MASC)
       is   (FEM)
       is   (NEU))
```

Strategie, Regeln und funktionale Abhängigkeiten werden in FUSL beschrieben. Als funktionale Sprache ist FUSL ein nichtprozeduraler Formalismus und weist daher einige vorteilhafte Merkmale auf wie referentielle Transparenz, große Unabhängigkeit bei der Auswertung der Argumente, gute Lesbarkeit, Unterstützung der Entwicklung der Wissenquellen usw..

Regeln bestehen - damit wird die Charakterisierung als Produktionensystem deutlich - aus einer linken und einer rechten Seite, wobei beide jeweils, wie es von der Lexical Functional Grammar her bekannt ist, in die Beschreibungen der c-Struktur und die der f-Struktur unterteilt sind. Hier ein kleines Beispiel:

```
rule ADV+NUMERAL

/************************************************/
/**                                            **/
/**  ADV (nur) NUMERAL (fünf) --->             **/
/**          NUMERAL (ADV (nur) NUMERAL (fünf)) **/
/**                                            **/
/**  Eigenschaften: syntaktische Funktion      **/
/**  Vererbung     : alles                     **/
/**                                            **/
/************************************************/

lhs          ADV + NUMBER
conditions   eq        (MS of ADV, 'ADV')
             eq        (MS of NUMBER, 'NUM')
             notempty (int (ADVKMB of ADV,  'NUM' ))

rhs          NUMBER_NEU (ADV' + sub (NUMBER))
assignments copydec   (NUMBER_NEU, NUMBER)
             assign    (SF of ADV', 'COMP')
end
```

Aufgabe der Missions ist es, für ein Problem, das durch die aktuelle Datenbasis repräsentiert wird, die zu lösenden Teilprobleme zu identifizieren und die Missions und Scouts zu aktivieren, die für diese Teilprobleme zuständig sind. Genauer: für jede Instantiierung des Teilproblems wird dem dafür zuständigen Problemlöser die Kontrolle übergeben. Missions sind folgendermaßen aufgebaut:

```
mission <name>
     scope <linker Kontext>
           <Bereich>
           <rechter Kontext>
     subproblems  <Parameter>
                  solve (Teilproblem1)
                  solve (Teilproblem2)
                  :
                  goal (<Zielbedingung>)
end
```

Unter dem Schlüsselwort 'scope' wird eine Klasse von Teilproblemen definiert, die gelöst werden sollen. Lautet beispielsweise ein zu lösendes Problem 'Einfache Nominalgruppen', so kann die dafür zuständige Mission die Teilprobleme

Substantiv-wird-NP

ART+SUB-wird-NP

PRON-wird-NP

usw.

definieren. Durch 'solve' werden die entsprechenden Problemlöser aktiviert. Deren Interaktion kann durch Parameter gesteuert werden: iterierend, präferentiell, stratifikationell oder (als Voreinstellung) parallel.

Mit der Funktion 'goal' hat der Computerlinguist die Möglichkeit zu formulieren, wie das Ergebnis der Problemlösung aussehen soll. Daran werden die gelieferten Problemlösungen gemessen und gegebenenfalls nicht akzeptiert. Somit hat der Computerlinguist ein einfaches, aber wirkungsvolles Werkzeug in der Hand, um effiziente sprachverarbeitende Systeme zu entwickeln.

1.4 Der systemgenerierende Werkzeugsatz

Bisher wurde lediglich das linguistische und strategische Wissen auf Objekt- und Metaebene beschrieben. Im Verständnis der NLPT ist damit aber nicht das gesamte Wesen eines sprachverarbeitenden Systems erfaßt. Dazu gehört auch die theoretische Fundierung des Rahmens, in den dieses Wissen eingebettet ist. Diesen Rahmen stellt die Benutzerschnittstelle dar, auf die also großer Wert gelegt werden muß.

Die Benutzerschnittstelle soll den Linguisten von allen unmittelbaren Kontakten zum Rechner und Tätigkeiten wie Compilieren oder Binden von Programmen, Koordination von Systemkomponenten usw. befreien. Die Softwarekonzeption, die diesem Anspruch gerecht wird, wird im Kap. 3 vorgestellt werden.

Auf oberster Ebene des systemgenerierenden Werkzeugsatzes hat der Linguist lediglich die Auswahl zwischen den Funktionen 'edit' und 'run', abgesehen von einigen Dienstleistungen. Wählt er die Funktion 'edit', kann er Graphen (Wissensquelle KONTROLLSTRUKTUR), Frames (Wissensquelle SYMBOLE) oder FUSL-Texte editieren, wobei jeweils vom System Kontrollen bezüglich der Korrektheit der einzelnen Wisseneinheiten und der Konsistenz der gesamten Wissensbasis durchgeführt werden. In das System ist der Generator GENESYS integriert, der aus den FUSL-Texten COMSKEE-Moduln generiert und damit die Grundlage für das Laufzeitsystem liefert.

Damit kann die NLPT als Ganzes durch folgendes Bild repräsentiert werden:

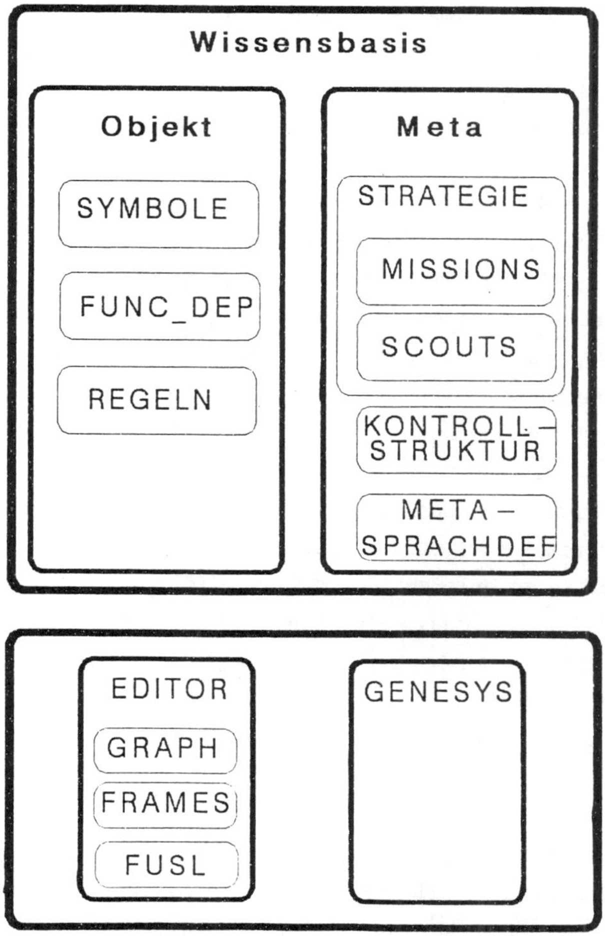

2. CAP - eine linguistische Problemlösungsstrategie

Von jeher sind Versuche, Sprache in strenge Regeln zu fassen, auf Schwierigkeiten gestoßen. Kann man sagen, Menschen verstehen einander, <u>weil</u> es Regeln gibt oder <u>obwohl</u> es Regeln gibt? Wenn alle über einen gemeinsamen Regelapparat verfügen und ihn konsistent benutzen, verstehen sie sich; aber sie verstehen sich auch dann, wenn Regeln verletzt werden. Valentin Braitenberg hat gesagt, "gebrochene Regeln sind abgelöste Sandkörner aus den verschiebbaren Dämmen der Grammatik" (Braitenberg 1984), und wenn man diesen Gedanken weiterverfolgt, kann man zu dem Schluß kommen, Sprache ließe sich überhaupt nicht in Regeln fassen. Somit wäre es auch nicht möglich, natürlichsprachliche Sätze maschinell zu analysieren. Zu dieser Vermutung kommt jeder einmal - wenigstens vorübergehend - der sich über einen längeren Zeitraum mit der maschinellen Analyse natürlicher Sprache beschäftigt.

Wohlgemerkt, es muß schon ein längerer Zeitraum sein, d.h. es müssen auch ein großes Regelpaket und ein umfangreiches Lexikon verwendet und eine größere Menge von Sätzen verarbeitet worden sein. Mit einer Handvoll Regeln, einigen vorgegebenen Sätzen und einem Lexikon von wenigen Hundert Wortformen kann man vieles beweisen, nur nicht, wie ein Parser auszusehen hat, der irgendwann einmal beliebige Sätze in endlicher Zeit analysieren soll. Es ist ein bekanntes Phänomen in der Computerlinguistik, daß mit relativ geringen Mitteln, also mit wenigen einfachen Regeln, überraschend viel erreicht werden kann, daß es aber danach überproportional schwierig wird, die restlichen Probleme zu lösen. Die einfachen Regelformalismen, die man entwirft, um den Linguisten das Regelschreiben zu erleichtern, reichen vielleicht irgendwann nicht mehr aus; die Formalismen erhalten Erker und Balkone, und die Architektur gerät aus den Fugen. Dieser Gefahr setzen sich alle Formalismen aus, die auf der Annahme gründen, man könne natürliche Sprache mit einfachen Mitteln analysieren. Grammatikformalismen können anscheinend nicht so einfach sein, wie man es sich wünscht.

Eine weitere Beobachtung kann folgendermaßen formuliert werden: Ein Grammatikformalismus soll die Berücksichtigung einzelsprachspezifischer Besonderheiten ermöglichen, darf aber nicht zentral auf solche Besonderheiten ausgerichtet sein, es sei denn, er soll auf eine Sprache beschränkt bleiben. Für diese These spricht die Tatsache, daß die meisten der modernen Grammatikformalismen für das Englische und seine Besonderheiten entwickelt wurden und bei der Anwendung etwa auf das Deutsche stark modifiziert werden müssen. Als besonders problematisch erweist sich hier die vom Englischen sehr verschiedene Wortstellung des Deutschen.

Schließlich führt ein weiteres Problem für das Schreiben von Regeln zum Ausgangspunkt zurück: die Mehrdeutigkeit von Wörtern, Strukturen oder Eigenschaften. Um der Auflösung aller Arten von Ambiguitäten Herr zu werden, müssen sehr explizite Regeln formulierbar sein, die wiederum zum Bumerang werden können, wenn sie auf eine vom Regelschreiber nicht bedachte oder von einem Verfasser bewußt oder unbewußt von der Regel abweichend formulierte Struktur stoßen. Es gilt also, einen Weg zu suchen zwischen zu starker Restringierung, die eventuell die Analyse korrekter Strukturen verhindert, und zu schwacher Restringierung, die zu kombinatorischer Explosion führt.

Sprache in Regeln zu fassen, stößt also auf die verschiedensten Probleme, von denen bisher die folgenden genannt wurden:

- die Formulierbarkeit von Regeln und -restriktionen,
- der Aufbau großer Regelapparate,
- die Anwendung auf beliebige Sätze,
- die Komplexität des Formalismus,
- die Sprach(un)abhängigkeit des Formalismus,
- die Auflösung von Mehrdeutigkeiten.

Diese sollen im folgenden konkretisiert werden, zunächst ausgehend von folgendem einfachen Satz:

(2) Der Gast trug einen Wunsch vor.

Hierfür ist die Regel

<1> VP => V NP^* VZS

denkbar, die auch auf

(3) Der Gast trug einen Stuhl vor das Haus.

angewendet wird. Dies ist dann kein Problem, wenn der Parser über eine Backtrack-Möglichkeit verfügt oder Strukturen quasi-parallel verarbeiten kann, so daß die Anwendung der Regel <1> nicht zum Scheitern der Analyse führt. Wenn sich solche Fälle allerdings häufen - und das tun sie leider -, so daß die Verarbeitungszeit stark zunimmt, wäre es von Vorteil, die Anwendung der Regel in bestimmten Fällen zu blockieren oder auf bestimmte Strukturen zu beschränken. Dies ist auch deshalb nützlich, weil so der Zwischenoutput erheblich abnimmt, was ein nicht zu unterschätzender Zeit- und Frustrationsfaktor für den Computerlinguisten, der sich Zwischenergebnisse von bestimmten Regeln ansehen will, vgl. auch den Satz

(4) Der Gast trug einen Stuhl aus dem Haus über den Hof auf die Wiese.

für den Regel <1> je nach Interpretation der NPs eine große Anzahl von Zwischenstrukturen erzeugen würde.

Bisher wurden einige Anforderungen genannt, die ein Grammatikformalismus erfüllen sollte. Im folgenden wird nun dargestellt werden, in welcher Weise das Konzept der Controlled Active Procedures (CAPs) zur Lösung der genannten Probleme beitragen kann.

Was sind 'controlled active procedures'? Wir verstehen darunter ein Konzept für die Formulierung von Strategien zur Lösung linguistischer Probleme. Die Sprache, in der diese Strategien formuliert werden, heißt FUSL (=functional system language). CAP-Strategien sind jedoch auch mit dem SUSY-II-Formalismus formulierbar.

Aus welchen Komponenten sich eine linguistische Problemlösungsstrategie zusammensetzt, wird im folgenden dargestellt werden.

Die Unterschiede zwischen neueren Grammatikansätzen ergeben sich aus der Art, wie die bekannten Probleme der kontextfreien Grammatiken überwunden werden. Während die Generalisierte Phrasenstrukturgrammatik (GPSG) mit Metaregeln, abgeleiteten Kategorien und dem ID/LP-Formalismus arbeitet, benutzt die Lexikalisch-Funktionale Grammatik (LFG) verschiedene Strukturkonzepte (c- und f-Struktur) und vor allem lexikalisches Regelwissen. Gemeinsame Kennzeichen von GPSG, LFG, Funktionaler Unifikationsgrammatik (FUG) etc. sind die Erweiterung der Regeln und die Dekoration von Knoten mit Eigenschaft/Wert-Paaren.

Mit CAP wurde eine Abkehr von den PS-Grammatiken vollzogen. Dies hat seinen Grund u.a. darin, daß diese strikte Stellungsregeln implizieren und Abweichungen von den angenommenen Standardstellungen nur mit Hilfe von Transformationen (Generative Transformationsgrammatik, GTG) bzw. abgeleiteten Kategorien oder neuen Formalismen (GPSG) möglich sind. Es kann als generelles Prinzip in CAP angesehen werden, daß Konstituenten, wenn möglich, dort akzeptiert werden, wo sie in der natürlichsprachlichen Äußerung ihren Platz haben. Es wird als natürlicher angesehen, z.B. in dem Satz Wen liebst du? die Konstituenten wen und du in ihren jeweiligen Positionen als Akkusativ- bzw. Nominativobjekt zu akzeptieren und zu repräsentieren, als in der Repräsentation die Lücken zu markieren, wo diese Konstituenten 'eigentlich' stehen müßten, oder sie an andere Stellen zu transportieren und die ursprünglichen Stellen zu markieren.

In LFG und GPSG werden Transformationen abgelehnt. In CAP gibt es eine Operation, die man als 'Transformation' bezeichnen könnte, obwohl dieser Name irreführend ist. Transformationen in CAP spielen nicht die gleiche Rolle wie in der Generativen Transformationsgrammatik (GTG) und sind wesentlich einfacher und in ihrer Wirkung leichter überschaubar. Transformationen dienen entweder dazu, durch einfache Konstituentenstrukturregeln analysierbare Strukturen herzustellen (wie bei der im folgenden diskutierten Normalisierung) oder eine für die Disambiguierung von Lexemen oder zur maschinellen Übersetzung erforderliche Tiefenstruktur zu erzeugen, etwa durch Rekonstruktion getilgter Komplemente. Konstituenten werden also, anders als z.B. in der Government-and-Binding-Theorie, nur dann 'bewegt', wenn diese Bewegung ohne Schaden für die Repräsentation geschehen kann, ohne daß die Konstituente an ihrer ursprünglichen Position eine 'Spur' (= trace) hinterläßt. GTG-typische Transformationen wie die Passivtransformation entfallen, da eine äquivalente Darstellung durch einfache Merkmalszuweisungen möglich ist.

Mit CAP ist die Realisierung bestimmter Merkmale der genannten Grammatikformalismen möglich: die Lexikalisierung linguistischen Wissens, die Erweiterung von Regeln, die Dekoration von Knoten mit Eigenschaft/Wert-Paaren und der Transport von Eigenschaften zwischen den Knoten. Darüberhinaus bietet CAP die Möglichkeit, bestimmte genau definierte Datenstrukturen für die Bearbeitung zu aktivieren und die Anwendung der Regeln stark zu restringieren (vgl. unten).

CAP-Regeln sind im Sinne von Montagues 'one argument at a time' und Dowtys 'grammatical relations'-Prinzip zu verstehen. Syntaktische Regeln bei Montague stellen sich als Tripel dar, z.B.:

S1: <F1,<IV,T>,t>

Dabei gilt:

syntaktische Operation (Fn),
Sequenz von Input-Kategorien (IV = intransitives Verb,
T = term phrase = NP),
Kategorie des Outputs (t = Satz).

In Anlehnung an Montague stellt Dowty (1982:84) das 'grammatical relations'-Prinzip auf, das - in das Montaguesche Format gefaßt - folgendermaßen aussieht:

S1: <F1,<V(n),NP>,V(n-1)>

Wenn man ein n-stelliges Verb mit einem Argument verbindet, ergibt sich daraus ein (n-1)-stelliges Verb, oder - in Begriffen der Valenzgrammatik ausgedrückt - wenn man eine Leerstelle im Valenzrahmen eines n-stelligen Verbs durch ein Argument füllt, ergibt sich daraus ein Verb mit n-1 Leerstellen.

Es hat sich wegen der Komplexität finiter Verben als sinnvoll erwiesen, statt mit V mit der nichtterminalen Kategorie PRED zu operieren, wobei V der Governor von PRED sein soll. Entsprechend werden in CAP die beiden Regeln <2> und <3> benutzt, die so erweitert sind, daß sichergestellt ist, daß die Valenz, die NP füllt, aus dem Valenzrahmen von PRED verschwindet.

Zur Darstellung der Strukturen werden Charts verwendet, die Bäumen entsprechen, wenn die Kanten als Baumknoten interpretiert werden.

<2> NP + PRED => PRED (NP + sub(PRED))

anzuwenden auf:

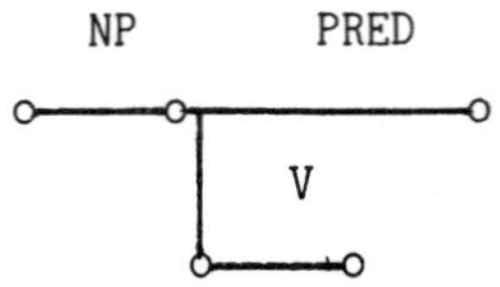

<3> PRED + NP => PRED (sub(PRED) + NP)

anzuwenden auf:

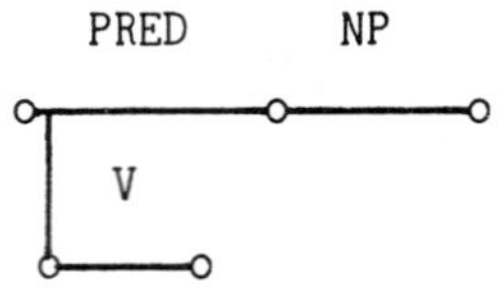

Die beiden Regeln werden, mit entsprechenden Restriktionen u.a. auf der Grundlage der Valenzgrammatik und von Stellungsregeln versehen, solange von der sie aufrufenden Einheit auf die Datenstruktur angewandt, bis alle NPs erfaßt sind (vgl. Luckhardt 1985). Stellungsregeln werden berücksichtigt, indem für PRED eine bestimmte Substruktur gefordert wird, z.B. wird <2> in Hauptsätzen nicht mehr angewandt, falls PRED in seiner Substruktur links von V bereits eine NP hat. NP wird hier als einfache oder komplexe NP etwa im Sinne der traditionellen Vorstellung vom 'Satzglied' verstanden.

Für Beispiel (5)

(5) Der Gast äußerte einen Wunsch.

wollen wir die Zwischenstruktur (6) annehmen:

(6)

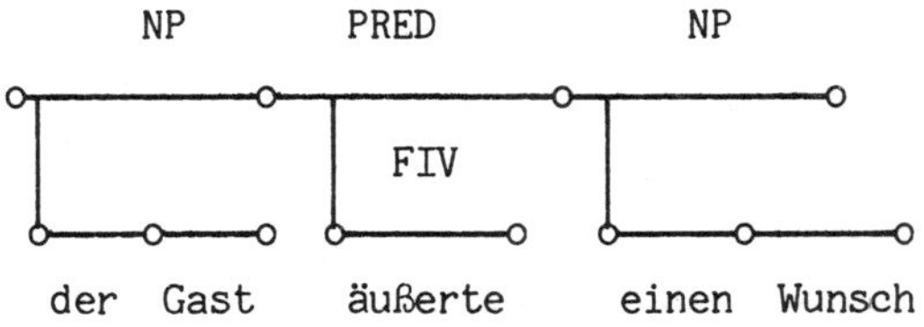

Die einzelnen Kanten der Chart sind mit morphosyntaktischen Beschreibungen versehen, sog. 'Dekorationen', Mengen von Attribut/Wert-Paaren wie etwa SF=SUBJ (syntaktische Funktion = Subjekt). Die sequentielle Anwendung von <2> und <3> ergibt (7a) und (7b).

(7a)

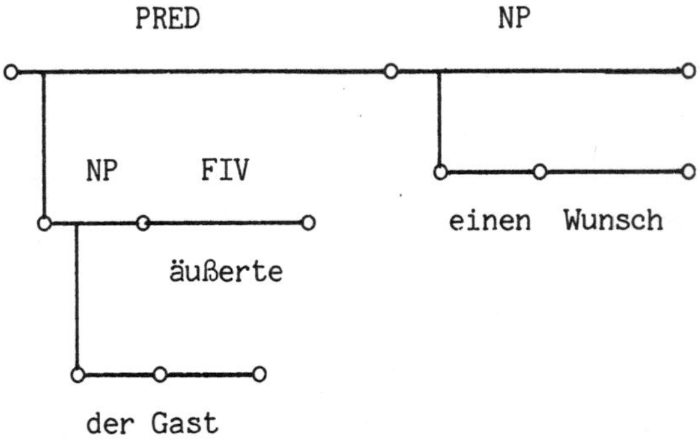

(7b)

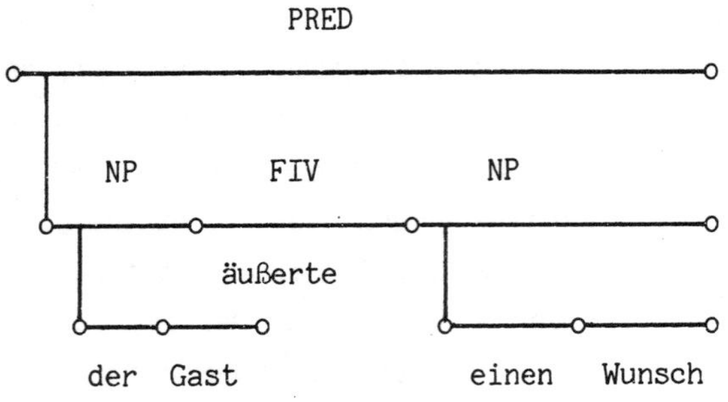

Entsprechend werden die Regeln auf (8) angewandt:

(8) Diesen Wunsch äußerte ein Gast.

Durch Iteration von <2>, d.h. durch wiederholte Anwendung, kann auch (9) erfaßt werden, vgl. Struktur (10).

(9) Seinem Gast die Wünsche von den Augen ablesen wollte der Gastgeber.

(10)

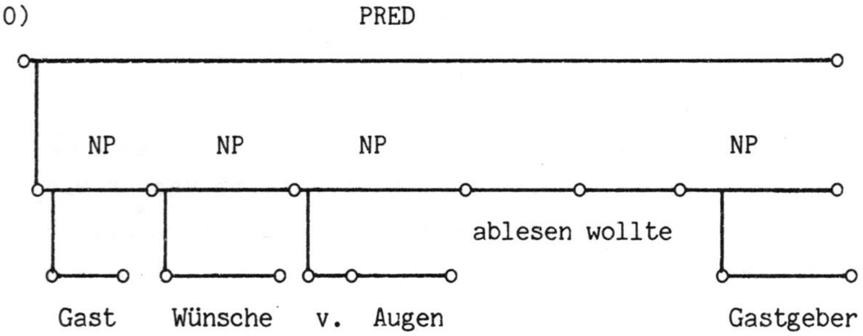

Dabei erhebt sich natürlich die Frage, wie diese Regeln angewandt werden, welche Bedingungen es dafür gibt, welche Attribute die Regeln vergeben etc. So wird natürlich nicht jede beliebige NP einem PRED zugeordnet, sondern z.B. eine, die eine Valenz befriedigt, die anschließend gelöscht wird.

Wie weiß nun der Parser, auf welche Teile der Datenstruktur er eine Regel anwenden soll? Anders ausgedrückt: es besteht die Aufgabe, diejenigen Pfade, also Folgen von Kanten wie z.B. 'NP + PRED', aus der Datenstruktur herauszusuchen, auf die eine oder mehrere Regeln möglicherweise anwendbar sind. Für diese Aufgabe wurde für CAP eine Einheit geschaffen, die den Namen Scout erhalten hat. Dazu ein Beispiel:

```
<4>  scout LINKSERWEITERN
     conditions arc1 (X, eq (CAT of X, 'NP'))
                arc2 (Y, and (eq (CAT of Y, 'PRED'),
                              notempty (FRAME of Y)))
     packet iterative
            use (SUBJ+PRED)
            use (AKK+PRED)
            use (DAT+PRED)
            use ...
     end
```

Die Scout sucht in der Chart zwei benachbarte Kanten X und Y, für die bestimmte Bedingungen gelten sollen, und wendet nacheinander und iterativ die im Regelpaket enthaltenen Regeln an, die dem Muster NP+PRED => PRED entsprechen. So werden z.B. für

(11) Die Maus fraß ...

zwei parallele Strukturen erzeugt, eine, in der 'die Maus' Subjekt ist, und eine, in der 'die Maus' Akkusativobjekt ist.

Eine andere Scout ist in <5> dargestellt.

```
<5>  scout DET+AP+SUB
     conditions arc1 (X, member (CAT of X,  'ARTU', 'ARTB', 'DEM', 'IND',
                                            'ALL', 'BEID', 'POSP' ))
                arc2 (Y, eq (CAT of Y, AP))
                arc3 (Z, eq (CAT of Z, SUB))
     packet preferential
            use (DETB+AP+SUB)
            use (DETU+AP+SUB)
            use (POSP+AP+SUB)
     end
```

Diese Scout bearbeitet Aneinanderreihungen der Form 'Determiner+Adjektivphrase+Substantiv'. Dafür existieren drei verschiedene Regeln, weil sich die Determiner bezüglich der Adjektivflexion sehr verschieden verhalten.

Nun gilt es natürlich, die Arbeit der Scouts zu koordinieren, d.h. es ist nicht sinnvoll, alle Scouts nacheinander und iterativ auf die Datenstruktur anzusetzen. Es ist z.B. sinnlos, die Scout LINKSERWEITERN auf Pfadsuche in die Datenstruktur zu schicken, wenn noch gar keine NPs bzw. PREDs vorliegen, d.h. zuerst müssen Scouts wie DET+AP+SUB die nichtterminalen Einheiten NP und PRED erzeugen, bevor LINKSERWEITERN starten kann. Grob formuliert: es können Aufgaben bzw. Teilaufgaben definiert werden, die in einer bestimmten Reihenfolge zu erfüllen sind. Solche Aufgaben übernehmen <u>Missions</u>. Ein weiteres Beispiel dafür bieten <6> und (12):

```
<6>  mission ANALYSE
     subproblems solve (ERZEUGE_NP)
                 solve (ERZEUGE_PRED)
                 solve (ERZEUGE_SAETZE)
     end
```

Die zugehörige Kontrollstruktur wird durch (12) veranschaulicht:

(12)

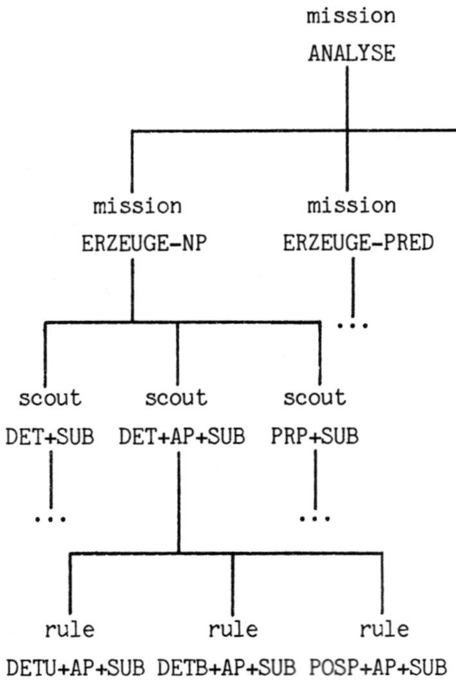

Damit ist die Aufgabe 'Analyse (des Deutschen)' in die Teilaufgaben Nominalanalyse, Verbgruppenanalyse und Satzanalyse unterteilt. Teilaufgaben können beliebig angeordnet sowie abgebrochen oder wiederholt werden, wobei die Teilaufgaben wieder Missions oder Scouts sein können (vgl. (12)).

Somit sind die verschiedenen Einheiten des CAP-Formalismus vorgestellt, und es bleibt noch zu zeigen, wie die eingangs genannten Probleme angegangen werden, z.B. wie die Unterscheidung zwischen (2) und (3) gelöst wird. Es gilt dafür, zwei Probleme zu berücksichtigen:

- die Analyse diskontinuierlicher Verbformen und
- die Beschränkung der Regelanwendung auf bestimmte Strukturen.

Der Problemkreis soll zunächst um die folgenden Sätze erweitert werden:

(13) Daher konnte dem Gast kein Stuhl angeboten werden.
(14) Versehentlich wurde dem Gast kein Stuhl angeboten.
(15) Nachher hat sich der Gast einen Stuhl geholt.
(16) Leider hat sich der Gast den Stuhl geholt, in dem Wespen nisten.
(17) Der Gast trug dem Gastgeber einen Wunsch vor, der nicht erfüllt werden konnte.

Die Beispiele haben gemeinsam, daß ihre Verbgruppen diskontinuierlich sind. Die Sätze können erst dann analysiert werden, wenn das Prädikat und sein Valenzrahmen festliegen. Die Strukturen ... wurde dem Gast ... oder ... konnte dem Gast ... in (14) und (15) werden nicht zusammengefaßt, da die Dativvalenz in 'anbieten' enthalten ist. ... kein Stuhl angeboten werden ... in (13) kann nicht zusammengefaßt werden, weil der Infinitiv keine Subjektvalenz hat.

Ein weiteres Problem ergibt sich dadurch, daß in (16) und (17) der Anschluß des Relativsatzes - Gleiches gilt für Attributsätze - durch verbale Elemente blockiert wird. Wenn es nun möglich wäre, z.B. aus (17) (17)' zu erzeugen:

(17)' Der Gast vortrug dem Gastgeber einen Wunsch, der nicht erfüllt werden konnte.

wären mehrere Probleme gleichzeitig gelöst:

- Die Diskontinuität wäre aufgehoben.
- Das Verb 'vortragen' könnte im Lexikon gesucht, der neue Valenzrahmen zugeordnet werden.
- Es läge eine mit einfachen cf-Regeln analysierbare Folge von NPs und PREDs vor.

Dies wird in CAP durch das 'Normalisierungsprinzip' erreicht. Unter einer 'normalisierter' Struktur wird eine solche verstanden, die nur noch aus NPs und PREDs besteht und mit einfachen 'one-argument-at-a-time'-Regeln analysiert werden kann. Normalisierte Strukturen werden durch die SWAP-Regel erzeugt, die folgendermaßen funktioniert: Auf die Konstituentenfolge

FIV NP NP NP VZS

wird solange die Regel NP + VZS => VZS + NP angewandt, bis die Folge

FIV VZS NP NP NP

entsteht, auf die dann die Regel FIV+VZS => PRED angewandt werden kann.

Hiermit wird das letzte der eingangs angesprochenen Probleme aufgegriffen: die Steuerung der Regelanwendung, d.h. wie kann sichergestellt werden, daß die SWAP-Regel keine unerwünschten Nebeneffekte hat? Betrachtet man noch einmal (13) - (17), stellt man folgende Strukturen fest (abgesehen von der einleitenden NP):

- Zunächst ein finites Verb,
- danach eine Folge von NPs,
- danach einen Infinitiv, ein Partizip oder einen Verbzusatz,
- rechts davon ein Satzzeichen (evtl. auch eine Präpositionalphrase und ein Satzzeichen).

Die Anwendung der SWAP-Regel sollte also auf Folgen der Form

$$FIV + NP^{*} + INF,PTZ,VZS$$

beschränkt werden, die als rechten Kontext ein Satzzeichen oder eine Folge 'Präpositionalphrase + Satzzeichen' haben. Diese Auswahl von Teilstrukturen aus der Datenstruktur wird in CAP in den Missions durchgeführt. Insgesamt stellt sich die Lösung des Problems durch die Mission NORMIERE-HAUPTSATZ folgendermaßen dar:

```
<7> mission  NORMIERE-HAUPTSATZ
     scope first (V, eq (CAT of V, 'FIV'))
           mid   (X, eq (CAT of X, 'NP'))
           last  (Y, member (CAT of Y, {'INF', 'PTZ', 'VZS'}))
           right (Z, or (member (CAT of Z, {'KOM', 'NKO', 'SEN'} ),
                          and (eq (CAT of Z, 'PP'),
                               rightbrother (Z, S, member
                                  (CAT of S, {'KOM', 'NKO', 'SEN'} )))))
     subproblems preferential
                 solve (VZS-SATZ)
                 solve (MODALKONSTRUKT)
                 solve (WIRD+NPS+PRED)
                 solve (IST+NPS+PTZ)
                 solve (HAT+NPS+PTZ)
     end
```

Im 'scope'-Teil wird der Ausschnitt aus der Datenstruktur definiert, in dem die angegebenen Missions operieren sollen. NORMIERE-HAUPTSATZ wird infolge des Parameters 'preferential' abgebrochen, wenn eine der Teilaufgaben erfüllt ist, weil dann keine der anderen mehr sinnvoll ist.

VZS-SATZ und die dazugehörige Scout SWAP-NP+VZS sehen etwa folgendermaßen aus:

```
<8> mission VZS-SATZ
     subproblems stratificational
                 solve (SWAP-NP+VZS)
                 solve (FIV+VZS-PRED)
     end
```

```
<9>   scout SWAP-NP+VZS
      conditions arc1 (X, eq (CAT of X, 'NP'))
                 arc2 (Y, eq (CAT of Y, 'VZS'))
      packet iterate
             delete
             use (SWAP-X+Y)
      end
```

Nachdem die Mission NORMIERE-HAUPTSATZ ihre Aufgabe erfüllt hat, können die Scouts LINKSERWEITERN und RECHTSERWEITERN die normalisierte Struktur mit den Regeln <2> und <3> bearbeiten.

Die Erfahrungen mit CAP haben gezeigt, daß sich das Vorgehen nach der Problemreduktionsmethode und die Restriktion der Regelanwendung durch Auswahl bestimmter Datenstrukturen positiv auf die Leistung eines Parsers auswirken, was die Analysezeiten und die Zahl der produzierten (Zwischen-)Strukturen anbelangt. Innerhalb des von Maas entwickelten Systems SUSY-II (vgl. Maas 1985), mit dem das CAP-Konzept ebenfalls implementiert wurde, sind insgesamt etwa 340 CAP-Einheiten realisiert worden, die einen umfangreichen Ausschnitt der deutschen Grammatik repräsentieren. Die Analysezeit beträgt zwischen 1/2 und 1 1/2 Sekunden CPU-Zeit pro Wort.

3. SAFRAN - die Implementierung eines sprachverarbeitenden Systems

Im folgenden soll unser Analysesystem zunächst aus der Sicht der Benutzenden vorgestellt werden, wie es sich ihnen anhand der einzelnen Menues darstellt. Davon ausgehend wird nach und nach näher auf Implementierungsdetails eingegangen werden, woraus sich schließlich ein Gesamtüberblick über das System ergeben soll.

Die Implementierung erfolgte in COMSKEE auf einer SIEMENS 7.570 unter BS2000.

Die beiden Grundleistungen des Systems, zum einen die Unterstützung der Formulierung linguistischen Wissens und zum anderen auf dieser Grundlage der Ablauf der Analyse, spiegeln sich im Hauptmenue wieder, über das der erste Zugang zum System erfolgt.

HAUPTMENUE

EDIT	RUN
Editieren der Wissensquellen - FRAME-Editor - CAP-Editor - Kontrollstruktur-Editor	Binden und Starten des Laufzeit-systems

Vereinfacht hat der/die Benutzer(in) zwei Wahlmöglichkeiten: es kann entweder eine der Wissensquellen editiert oder das Laufzeitsystem mit der Analyse gebunden und/oder gestartet werden.

Die dem System zugrundeliegenden Wissensquellen SYMBOLE und KONTROLLSTRUKTUR werden jeweils von einem Editor, dem FRAME- bzw. KONTROLLSTRUKTUR-Editor, bearbeitet. Zur Editierung der Wissensquellen REGELN, FUNKTIONALE_ABHÄNGIG-KEITEN, SCOUTS und MISSIONS dient der CAP-Editor.

Im folgenden sollen die einzelnen Editoren genauer betrachtet werden. Beim FRAME-Editor, mit dem die vom System verwendeten Symbole definiert werden, muß zunächst dem System durch Angabe eines Prototyps der Aufbau der einzelnen Frames bekanntgemacht werden.

Gemäß der Syntax des Prototyps muß dann das Eintragen der Symbole erfolgen. Einzelne Einträge können kreiert, korrigiert und gelöscht werden.

FRAME – Editor

– PROTOTYP generieren

– EINTRAEGE kreieren
korrigieren
loeschen

Der z. Zt. realisierte Prototyp sieht folgendermaßen aus:

frame ***PROTOTYP***
type
STRING | SET | NUMBER | BOOL
is
{*FILLER*}

An erster Stelle steht der Name des Eintrags, dann folgt die Typbezeichnung - realisiert sind die Typen String, Set, Integer und Boole -, und hinter dem Schlüsselwort 'is' erfolgt schließlich eine Auflistung der möglichen Werte.

Als Beispiel sei hier der Frame zur Definition der morphosyntaktischen Klasse aufgeführt:

```
frame   MS              /*morphosyntakt. Klasse*/
        type STRING
        is   SUB
             ADJ
             PER
             POSP
              .
              .
              .
             PTZ
             VZS
             NP
```

MS ist vom Typ STRING und kann z.B. ADJ für Adjektiv, PER für Personalpronomen, POSP für Possessivpronomen, VZS für Verbzusatz u.v.m. sein.

Realisiert wurden die Frames für einen Prototyp als COMSKEE-Wörterbuch, wobei die Frame-Namen als Schlüssel dienen. Z.Zt. kann pro Analyselauf nur mit einem Wörterbuch, d.h. einem Prototyp, gearbeitet werden, eine Erweiterung auf mehrere Wörterbücher ist aber möglich. Es ließe sich z.B. zusätzlich ein Prototyp für Verbalgruppentypen realisieren. Damit würde insgesamt die Anzahl der Regeln reduziert werden, indem ansonsten gleiche Regeln, die sich nur auf verschiedene Verbalgruppentypen beziehen, zu einer Regel zusammengefaßt werden könnten.

Ein weiterer vorliegender Editor ist der CAP-Editor für die Wissensquellen Missions, Scouts, Funktionale_Abhängigkeiten und Regeln, mit dem diese FUSL-Einheiten kreiert, korrigiert und gelöscht werden können. Diese wiederum stellen die Knoten im Kontrollstrukturgraphen dar, der vom KONTROLLSTRUKTUR-Editor bearbeitet wird und mit dem Knoten gelöscht, umgehängt und kopiert werden können. Zusätzlich sind noch einige Funktionen realisiert, mit deren Hilfe z.B. Pfade innerhalb des Kontrollstrukturgraphen beschrieben werden können, die Kontrollstruktur in verschiedenen Druckformaten aufbereitet werden kann u.ä.

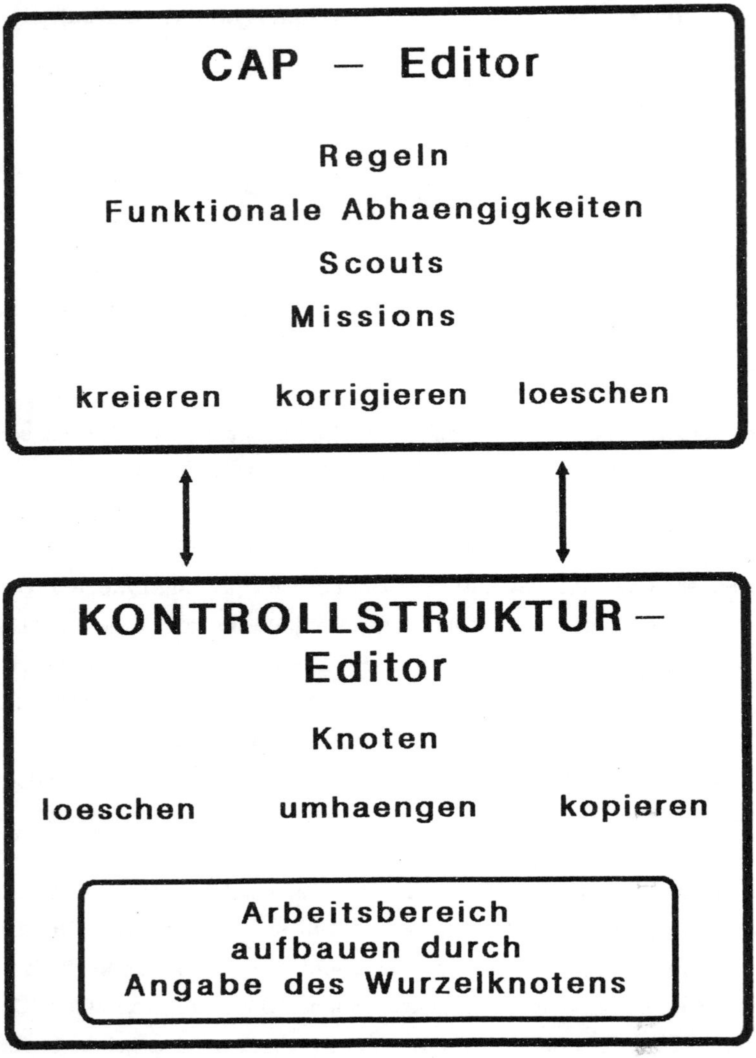

Eine wesentliche Aufgabe des Kontrollstruktureditors liegt darin, daß der/die Benutzer(in) sich durch Angabe eines neuen Wurzelknotens, mit dem die Analyse startet, einen eigenen Arbeitsbereich definieren kann, d.h. er/sie kann einen Teil der Kontrollstruktur herausgreifen und separat testen. Auf diese Weise ist es also möglich, auf Metaebene, eben über die Kontrollstruktur, ein sprachverarbeitendes System zusammenzubauen, ohne über die einzelnen Knoten Aussagen treffen zu müssen.

Aus der Tatsache, daß die CAPs die Knoten im Kontrollstrukturgraphen darstellen, ergibt sich, daß die Editoren nicht unabhängig voneinander sind, sondern Wechselwirkungen zwischen ihnen bestehen. Wird z.B. eine Regel im CAP-Editor kreiert oder gelöscht, muß diese ebenfalls in der Kontrollstruktur eingefügt bzw. gelöscht werden. Um die Konsistenz des Systems zu gewährleisten und die Benutzer(innen) zu entlasten, werden diese Änderungen automatisch durchgeführt.

Nach dem Editieren einer CAP laufen aber auch noch weitere Aktionen zunächst unsichtbar für die Benutzer(innen) ab.

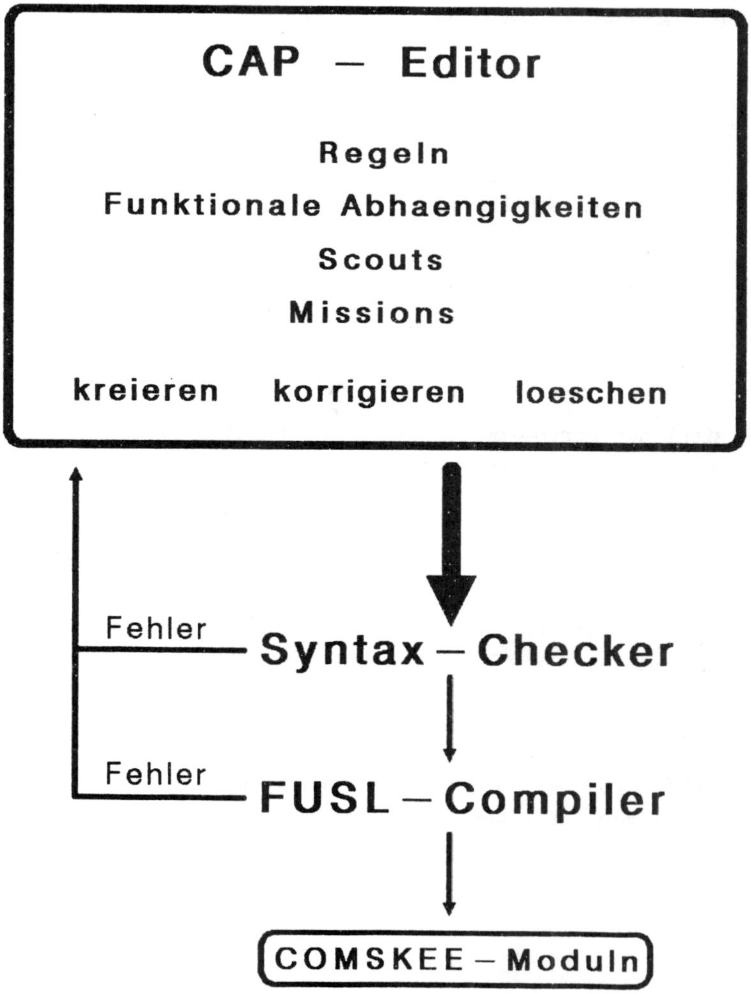

Als erstes prüft der Syntax-Checker, ob die editierte CAP mit der FUSL-Syntax übereinstimmt, ob angesprochene Dekorationen auch existieren, typkonsistent sind u.ä.. Im Fehlerfalle wird in den CAP-Editor zurückgesprungen, um die Fehlerkorrektur zu ermöglichen. Im nächsten Schritt wird, wenn eine korrekte FUSL-Einheit vorliegt, diese vom FUSL-Compiler in ein COMSKEE-Modul übersetzt. Am Ende des gesamten Editiervorgangs liegt also für jede CAP ein entsprechender COMSKEE-Modul vor.

Um hieraus ein lauffähiges Analysesystem zu erhalten, muß dann noch einmal das Hauptprogramm des Laufzeitsystems generiert und mit den Moduln zusammengebunden werden. Damit liegt ein fertiges Analysesystem vor, das die im Editiervorgang angegebenen Strategien und Regeln realisiert.

Als Eingabe benötigt das Laufzeitsystem (RUNCAP) einen oder mehrere zu analysierende Sätze. Für die Eingabe gibt es verschiedene Möglichkeiten. Die Auswahl erfolgt wieder über ein Menue. Dabei können einzelne Sätze oder ein ganzer Text direkt am Terminal eingegeben oder von einer Datei eingelesen werden.

Die Analyse erfolgt immer satzweise. Jeder Eingabesatz wird folgendermaßen weiterbearbeitet.

Am Anfang steht die morphologische Analyse, bestehend aus den Operatoren LESEN und WOBUSU, die von SUSY übernommen wurden, da hier direkt auf die SUSY-Wörterbücher zugegriffen wird.

Die Ausgabedatei DTX wird dann mit Hilfe eines WANDLER-Programms in eine für die weitere Analyse lesbare Form, d.h. in eine COMSKEE-lesbare Texthaltungsdatei, umgewandelt.

Aus dem so aufbereiteten Eingabesatz wird die Anfangschart aufgebaut, die die Grundlage für die weitere syntaktische Analyse darstellt, also den Bereich, auf dem die Startmission operiert.

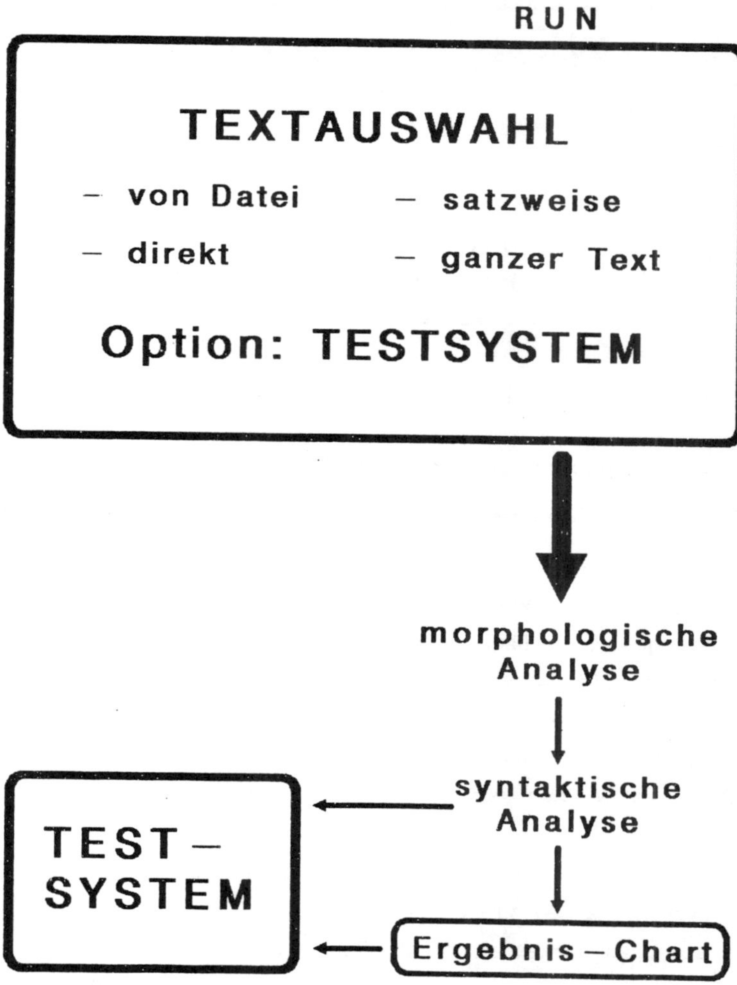

Die Kennzeichnung, welche Mission als Startmission markiert ist, kann beim Starten des Laufzeitsystems nochmals verändert werden. Auf diese Weise sind theoretisch - bei n vorliegenden Missions - ohne erneutes Compilieren und Binden n partielle Parser realisierbar.

Um dem/der Benutzer(in) die Möglichkeit zu geben, den Ablauf der Analyse direkt zu verfolgen und die Resultate nachzuvollziehen, steht ein Testsystem zur Verfügung, das wiederum über ein eigenes Menue angesteuert wird.

TESTSYSTEM

Informationen ueber

- **aktuelle Chart**
- **Stand der Analyse; d.h. welche CAP gerade aktiv ist**

Dekorationen aendern

System unterbrechen

Mithilfe des Testsystems können z.B. Informationen über den Stand der Analyse abgerufen werden, d.h. darüber, welche CAP gerade aktiv ist und von welcher anderen sie aufgerufen wurde. Die aktuelle Chart oder einzelne Teilcharts können ausgedruckt werden, für einzelne Knoten oder Kanten können Vorgänger oder Nachfolger erfragt werden, die an einer Kante hängenden Informationen können aufgelistet werden usw..

Außerdem kann der/die Linguist(in) von Hand Dekorationen ändern, um nicht erneut das System starten zu müssen, wenn die Analyse nicht so gelaufen ist, wie er/sie sich das vorgestellt hat. Für den weiteren Ablauf und die Konsistenz der Dekorationen ist der/die Benutzer(in) dann allerdings selbst verantwortlich. Im Notfall kann das System über das Testmenue aber auch abgebrochen werden.

Um das ganze System benutzerfreundlich und die Wartezeiten möglichst kurz zu halten, wurde zunächst die morphologische Analyse in den Hintergrund verlagert (als Batch-Prozeß) und zur Kommunikation der Prozesse untereinander ein Interprozeßkommunikationssystem (IPK) von COMSKEE aus zugänglich gemacht. Damit wurde die Möglichkeit geschaffen, einzelne Operatoren teilweise parallel ablaufen zu lassen. In etwa läßt sich dies an der folgenden Graphik verdeutlichen:

	Text-Eingabe	Morph. Analyse	Syntakt. Analyse
	SATZ1		
ZEIT ↓	SATZ2	SATZ1	
	SATZ3	SATZ2	SATZ1
	SATZ4	SATZ3	SATZ2
	SATZ5	SATZ4	SATZ3
	. . .	. . .	. . .

PARALLELITAET

durch INTERPROZESSKOMMUNIKATION (IPK)

Wenn der erste Satz ausgewählt ist und die morphologische Analyse damit startet, kann bereits der nächste Satz ausgewählt werden; und wenn die syntaktische Analyse den Satz 1 zur Abarbeitung übergeben bekommt, kann gleichzeitig die morphologische Analyse des zweiten Satzes erfolgen, während der dritte Satz ausgewählt wird.

Auch in der Generierungsphase bei der Erzeugung des Laufzeitsystems kann ein Teil, nämlich die eigentliche Generierung, in den Hintergrund ausgelagert werden. Das gleiche gilt fürs Binden.

Genauer sieht der Systemaufbau mit Interprozeßkommunikation folgendermaßen aus:

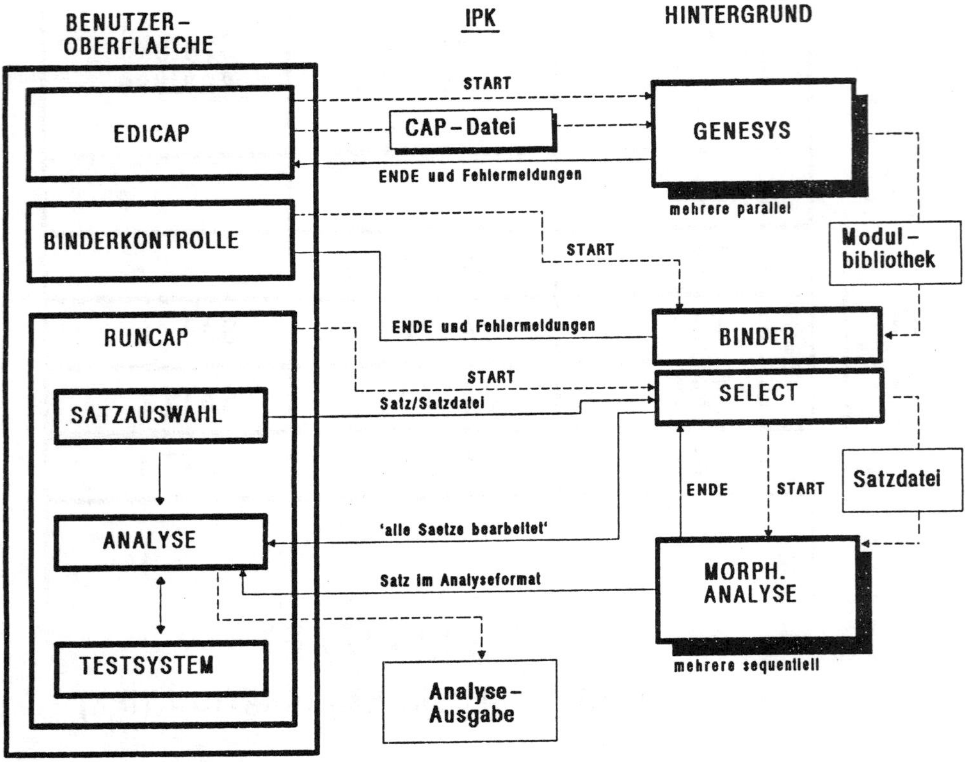

Auf der Benutzeroberfläche sind die Editoren, die Binderkontrolle und das Laufzeitsystem sichtbar.

EDICAP startet für jede editierte CAP einen Hintergrundprozeß (das generierende System GENESYS), der aus dem FUSL-Text einen COMSKEE-Modul erzeugt. Jede CAP wird über eine eigene Datei übertragen. Ende- und Fehlermeldungen werden von GENESYS über IPK an EDICAP zurückgegeben. Auf diese Weise können, während die Generierung im Hintergrund abläuft, im Vordergrund bereits weitere CAPs editiert werden.

Die generierten Moduln werden in einer Modulbibliothek gesammelt.

Wenn die Generierung fehlerlos abgelaufen ist, wird der Binder, der ebenfalls im Hintergrund abläuft und auf diese Modulbibliothek zugreift, vom System aktiviert. Fehler- und Endemeldungen gehen wieder an die Binderkontrolle im Vordergrund zurück.

Das Laufzeitsystem RUNCAP startet wiederum einen Hintergrundprozeß SELECT, der von dort über IPK die zu analysierenden Sätze oder den Namen der Datei, auf der diese stehen, übermittelt bekommt.

SELECT startet dann nacheinander für jeweils einen Satz die morphologische Analyse, die ebenfalls im Hintergrund abläuft. Die Übergabe des Satzes erfolgt über eine fest vorgegebene Datei.

Die morphologische Analyse gibt den weiter zu analysierenden Satz über IPK ans Laufzeitsystem mit der syntaktischen Analyse weiter, die direkt starten kann, sobald der erste Satz dort ankommt. Wenn alle Sätze durch die morphologische Analyse gelaufen sind, schickt SELECT eine Endemeldung ('alle Sätze bearbeitet') an die syntaktische Analyse, damit diese nicht weiter auf Eingabe wartet.

Zum Schluß liegt dann die Ergebnis-Chart auf einer Ausgabe-Datei vor.

4. Perspektiven

Die Arbeiten an und mit der NLPT/SAFRAN sind noch nicht abgeschlossen. Weiter oben wurde schon darauf hingewiesen, daß SAFRAN auch als Grundlage für weitere Experimente aufgefaßt wird. Über den jetzigen Entwicklungsstand hinausführende Perpektiven gehen mit folgenden Schwerpunkten in verschiedene Richtungen:

- Theoretische Untersuchungen und Erweiterungen
- Erweiterungen des bisher entwickelten Modells auf dem Gebiet der Sprachverarbeitung
- Anwendungen des (evtl.) erweiterten Modells auf neue Objektbereiche

Mit allen diesen Punkten sind sowohl theoretische als auch praktische Tätigkeiten verbunden.

4.1 Theoretische Untersuchungen

Insbesondere die Einführung einer Strategiekomponente wird weitere Untersuchungen erfordern, die z.B. das Zusammenwirken von strategischem und linguistischem Wissen, aber auch den Typ der Sprache (deklarativ/prozedural) betreffen werden. Mit eingeschlossen sind z.B. auch Fragen nach der deklarativen Definition von Parsingstrategien, allgemein von Problemlösungen. Viele der weiter unten vorgeschlagenen Punkte sind auch unter theoretischem Aspekt zu sehen, so auch eine Untersuchung darüber, welche Sprachklassen von dem System abgedeckt werden, vgl. 4.3.

4.2 Erweiterungen des Modells SAFRAN

Es hat sich als notwendig erwiesen, den Entwickler sprachverarbeitender Systeme zu unterstützen. In derzeit entwickelten Systemen werden daher zunehmend Werkzeuge mit diesem Ziel einbezogen. Bekannt ist hier z.B. die LFG-Werkbank. Werkbänke bieten eine komfortable Schnittstelle, die das Editieren der Regeln und das Compilieren (bzw. Interpretieren) unterstützen können (vgl. PATR-II, HUG, D-PATR: Karttunen 1985; 1986; Shieber 1986). Auch in einem neuen Projekt bei MCC (Microelectronics and Computer Technology Corporation) wird großer Wert auf die Entwicklung von Werkzeugen gelegt: "the design and implementation of advanced system-building tools" (Slocum, Justus 1985:208). Auch wenn das System SAFRAN schon in wichtigen Punkten den Entwickler von Grammatiken und Strategien unterstützt, sollte der Werkzeugsatz noch weiterentwickelt werden. Dabei ist daran gedacht, die Entwicklerschnittstelle durch eigenes Wissen (z.B. über den Grammatikformalismus) in die Lage zu versetzen, den Menschen intelligent zu beraten und auch selbst bestimmte Tätigkeiten durchführen zu lassen.

Eine weitere, aber langfristig zu sehende Erweiterung betrifft das Konzept der Parallelität. In der derzeitigen Implementierung wird Parallelität auf Betriebssystemebene durch das Absetzen von Hintergrundprozessen und mit Hilfe von Interprozeßkommunikation realisiert. Ein erster Schritt der Weiterentwicklung besteht darin, diese Prozesse echt parallel (d.h. auf verschiedenen Prozessoren laufen zu lassen. Langfristiges Ziel sollte aber sein, auch hardwaremäßig das zu realisieren, was die Theorie des Systems SAFRAN vorgibt: parallele Verarbeitung von Missions, Scouts und Regeln.

4.3 Weitere Anwendungen von SAFRAN auf dem Gebiet der Sprachverarbeitung

Hier sind vor allem naheliegende Ziele zu nennen wie z.B. die Implementierung einer bestimmten Grammatiktheorie oder die Erweiterung der existierenden Analyse um Transfer und Synthese. Natürlich sind hier auch Anwendungen auf dem Gebiet der formalen Sprachen möglich, vor allem um (theoretische) Eigenschaften des Systems zu untersuchen (z.B. die Analyse der kontextsensitiven Sprache $a^n b^n c^n$, $n \geqq 1$). Diese Arbeiten stehen in enger Verbindung mit theoretischen Untersuchungen, vgl. Abs. 4.1. Vorarbeiten für eine Implementierung von Lexical Functional Grammars (LFG) zeigen, daß SAFRAN in ähnlicher Weise wie D-PATR benutzt werden kann.

4.4 Anwendungen von SAFRAN auf andere Objektbereiche

Die NLPT als Grundlage von SAFRAN ist so allgemein, daß der Objektbereich prinzipiell nicht eingeschränkt wird (vgl. die Wissensquelle SYMBOLE). Daher ist es konsequent, SAFRAN als Expertensystem auf ausgewählte Ausschnitte der Welt anzuwenden. Einfache Implementierungen wie z.B. die des 'Tower of Hanoi' demonstrieren diese prinzipielle Möglichkeit.

Gerade in diesem Zusammenhang ist zu erwarten, daß sich weitere Ansätze für Modifikationen ergeben. So beruhen z.B. Charts zwar auf einem sehr allgemeinen Konzept für Datenstrukturen, zwingen den Entwickler/Computerlinguisten aber zu ziemlich starken Restriktionen bei der Repräsentation von Objekten (vgl. Thiel 1985). Eine allgemeinere und gleichzeitig anpassungsfähigere Datenstruktur wäre also wünschenswert.

Die in diesem Kapitel vorgestellten Perspektiven zeigen, daß die NLPT und SAFRAN als Grundlage aufgefaßt werden, auf der weiter experimentiert und aufgebaut werden kann.

LITERATUR

Barr, A., E.A. Feigenbaum (1983): The Handbook of Artificial Intelligence. London.
Braitenberg, V. (1984): Lalula - das Nichtverstandenwerdenwollen und die Sprache. In: K.M. Michel, T. Spengler (Hg.) (1984): Kursbuch 84. Berlin. 51-64.
Davis, R., G.B. Buchanan, E. Shortliffe (1977): Production rules as a representation for a knowledge-based consultation program. In: Artificial Intelligence, Vol. 8, No. 1. 15-45.
Davis, R., D.B. Lenat (1982): Knowledge Based Systems in Artificial Intelligence. New York.
Dowty, D. (1982): Grammatical Relations and Montague Grammar. In: P. Jacobson, G.K. Pullum (Hg.) (1982): The Nature of Syntactic Representation. Dordrecht. 79-130.
Frey, W., U. Reyle. (1983): A Prolog Implementation of Lexical Functional Grammar as a Base for a Natural Language Processing System. First Conference of the European Chapter of the Association for Computational Linguistics 1.-2. September 1983. Pisa.
Gazdar, G., E. Klein, G. Pullum, I. Sag (1985): Generalized Phrase Structure Grammar. Oxford.
Karttunen, L. (1985): Working with HUG. (Paper of the SRI International and Center for the Study of Language and Information). Stanford.
- (1986): D-PATR: Development. Environment für Unification-based Grammars. In: Proceedings of the 11th International Conference on Computational Linguistics COLING 1986. Bonn. 74-80.
Kilbury, J. (1985): Chart Parsing and the Earley Algorithm. In: U. Klenk (Hg.) (1985): Kontextfreie Syntaxen und verwandte Systeme. Tübingen. 76-89.
Klenk, U. (1985): Kontextfreie Syntaxen und verwandte Systeme. (Reihe Linguistische Arbeiten Nr. 155). Tübingen.
Licher, V., H.-D. Luckhardt, Th. Schäfer, K. Schworm, M. Thiel (1986): FUSL - eine funktionale Sprache zur Repräsentation linguistischen Wissens und linguistischer Strategien. (Linguistische Arbeiten des SFB 100, Neue Folge, Heft 16). Saarbrücken.
Luckhardt, H.-D. (1985): Parsing with Controlled Active Procedures. (CL-Report No. 2). Saarbrücken.
- (1986a): Normalisierung deutscher Oberflächenstrukturen mit Controlled Active Procedures. (CL-Report No. 10). Saarbrücken.
- (1986b): Vererbung von Merkmalen mit Controlled Active Procedures. (CL-Report No. 11). Saarbrücken.
Maas, H.-D. (1984): SUSY-II-Handbuch. (Linguistische Arbeiten des SFB 100, Neue Folge, Heft 14). Saarbrücken.
- (1985): Struktur und Steuerung der linguistischen Regeln in SUSY-II. In: U. Klenk (Hg.) (1985): Kontextfreie Syntaxen und verwandte Systeme. Tübingen. 107-117.
Nilsson, N. J. (1982): Principles of Artificial Intelligence. Berlin, Heidelberg, New York.
Pereira, F. C., S. M. Shieber (1984): The Semantics of Grammar Formalisms seen as a Computer Language. In: Proceedings of the 10th International Conference on Computational Linguistics COLING 1984. Stanford. 123-129.
Pohl, I. (1971): Bi-directional search. In: B. Melzer, D. Mitchie (Hg.) (1971): Machine Intelligence 6. New York. 127-140.
Schank, R., R.P. Abelson (1977): Scripts, plans, goals and understanding. Hillsdale.
Shieber, S. M. (1986): A Simple Reconstruction of GPSG. In: Proceedings of the 11th International Conference on Computational Linguistics COLING 1986. Bonn. 211-215.

Shortliffe, E.H. (1976): Computer-based medical consultations: MYCIN. New York.
Slocum, J., C.F. Justus (1985): Transportability to Other Languages: The Natural Language Processing Project in the AI Program at MCC. In: ACM Transactions on the Office Information Systems, Vol. 3, No. 2. 204-230.
Thiel, M. (1985): Eine konzeptionelle Basis für natürlichsprachliche Systeme. In: B. Endres-Niggemeyer, J. Krause (Hg.) (1985): Sprachverarbeitung in Information und Dokumentation. (Informatik Fachberichte 114). Berlin, Heidelberg, New York, Tokyo. 23-33.
- (1985a): CUMULUS. Überlegungen zu einer linguistischen Datenstruktur. (Linguistische Arbeiten des SFB 100, Neue Folge, Heft 13). Saarbrücken.
Tsujii, J., J. Nakamura, M. Nagao (1984): Analysis Grammar of Japanese in the Mu-Project - A Procedural Approach to Analysis Grammar. In: Proceedings of the 10th International Conference on Computational Linguistics COLING 1984. Stanford. 267-274.
Yasukawa, H. (1984): LFG-System in Prolog. In: Proceedings of the 10th International Conference on Computational Linguistics COLING 1984. Stanford. 358-369.

ERGEBNISSE UND PERSPEKTIVEN TEXTTYPBEZOGENER AUTOMATISCHER ANALYSE

Barbara Sandig

Annely Rothkegel und Heinz Josef Weber stellen in diesem Band ausführlicher ihre Arbeiten vor. Deshalb werde ich hier auf die Ergebnisse unserer Arbeit nur zusammenfassend eingehen und über eine mögliche Perspektive reden, über Bereiche, in die man die bisherigen Ergebnisse weiter vorantreiben kann.

Die Spezifik von A3 innerhalb des Sonderforschungsbereichs 100 ist seit etwa 10 Jahren das Arbeiten mit Texten, genauer mit Texten bestimmter Texttypen. Die automatische syntaktische und lexikalisch-semantische Analyse von Sätzen führte zu einer großen Zahl von Mehrdeutigkeiten, die dann auch nicht angemessen übersetzt werden konnten. Außerdem sind viele Synonyme in ihren Verwendungskontexten beschränkt, auch dies ergibt inadäquate Übersetzungen.

Dies hat dazu geführt, die Lösung der Probleme auf ganz anderem Weg als dem der Syntax zu suchen. Grammatische Analyse allerdings, wie sie im Sonderforschungsbereich in A2 erarbeitet wurde, ist nach wie vor der erste Ausgangspunkt.

Ein anderer Gesichtspunkt, der zum Arbeiten mit Texten führte, ist der: Man übersetzt in der Regel nicht Sätze, sondern Texte. Deshalb ist es nötig, Sätze in Text-Kontexten zu betrachten, für Übersetzen allgemein wie für maschinelle Übersetzung. D.h. die Einheit der Bearbeitung ist der Satz im Text oder wenigstens im Teiltext.

In den amtlichen Texten der EG ist sprachliche Kreativität ausgeschlossen. Deshalb sind in der Regel die lexikalischen Bedeutungen so verwendet, daß die Bedeutungsrekonstruktion - für den Texttyp - eindeutig erfolgen kann: Polysemie ist aus dem Spiel; Homonymie und Referenzunklarheiten können in Kontexten ausgeschlossen werden.

Die Modellierungen von Weber und Rothkegel zeigen nun zwei verschiedene Möglichkeiten der Textanalyse mit dem Ziel, dem jeweiligen Texttyp angemessene Übersetzungsäquivalente auszuwählen.

In Webers Analyse von Bulletin-Texten erfolgt zunächst eine Beschränkung auf einen Sachverhaltstyp, der in diesem Texttyp immer wieder thematisiert wird: Politikertreffen. Das Ziel der Modellierung ist es, auch für Pronomina und für Ersparungen (wie des Agens beim Passiv) Interpretationen zu finden, die eine dem Texttyp angemessene Übersetzung erlauben. Der Sachverhaltstyp wird nun so modelliert, daß nur die für den Texttyp relevanten Teile erscheinen. Z.B. gehört landläufig zu EINLADEN die Antwort auf die Einladung mit Alternativen wie ANNEHMEN, ABLEHNEN, Auf-später-VERSCHIEBEN-wollen. Da aber im Texttyp EG-Bulletin nur erfolgreiches Einladen relevant ist, spielt die Antwort auf die Einladung in der Modellierung keine Rolle. Die Sachverhaltsmodellierung ist also auf die Erfordernisse des Texttyps zugeschnitten. Der Sachverhaltstyp wird texttypbezogen als Skript modelliert.

Bei den informierenden Texten ist in der Modellierung von Weber ein Aspekt von Texten allgemein herausgegriffen: das Thematisieren von Sachverhaltstypen zu bestimmten Zwecken oder einfacher: das Textthema. Dieses wird anhand verschiedener Teilmodellierungen schrittweise bearbeitet. Herauszustellen sind hier besonders zwei Typen von Teilinformationen: die texttypbezogene Modellierung des Sachverhalts selbst und die generelle Information in Texten über die Organisation der Teilthemen, über deren Beginn, Fortsetzung und Beendigung.

Demgegenüber hat Rothkegel einen anderen Texttyp und eine andere Fragestellung gewählt; dies führt zu einer anders gearteten Modellierung. In Texten werden allgemein nicht nur Sachverhalte thematisiert, sondern mit Texten werden generell Handlungen vollzogen. Texte werden gemacht, um damit Handlungen durchzuführen. So wird mit Bulletintexten über Aktivitäten der EG INFORMIERT, mit Rechtstexten der EG werden Aktivitäten GEREGELT. Bei Rothkegel nun geht es um die adäquate Übersetzung der Handlungsstruktur von Rechtstexten. Da die einzelnen Handlungen im Text in der Regel nicht als solche explizit benannt werden, ist es nötig, die Illokutionen (d.h. den jeweiligen Handlungscharakter von Äußerungen) über die ausgedrückten Propositionen (d.h. die thematischen Anteile) zu rekonstruieren. Hier wirken sich Gegebenheiten der allgemeinen Sprachhandlungstheorie aus. Deshalb muß hier mit texttypspezifischen

Frames gearbeitet werden, als Voraussetzung für die Rekonstruktion der Handlungsstruktur. In diesem Zusammenhang von Texthandlungen und Textframes sind dann texttypspezifische Übersetzungsäquivalente auch automatisch bereitzustellen.

Die Komplexität dieser maschinell zu bearbeitenden Daten hat zur Erstellung einer Reihe von Spezialwörterbüchern geführt, die jeweils hintereinander geschaltet arbeiten: Prädikatlexika mit verschiedenen Konzeptionen (Rothkegel, Weber) und Rollenlexikon (Rothkegel) bzw. Argumentlexikon (Weber). Die Anwendung der Lexika ist je nach der Zielsetzung der Modellierung unterschiedlich: Bei Rothkegel werden über das Rollenlexikon (ROCAS) die Prädikate spezifiziert, die im Prädikatlexikon (PRÄCAS) aufgeführt sind; bei Weber werden zuerst die skriptspezifischen Prädikate identifiziert (Valenzlexikon), darauf aufbauend die zugehörigen Argumente des Argumentlexikons (ALEX).

Die thematische Struktur wird bei Weber zusätzlich mit einem Lexikon themengliedernder Ausdrücke bearbeitet. Bei Rothkegel arbeitet über der thematischen Strukturierung eine Handlungsgrammatik, in der Relationstypen zwischen Text-Handlungen erfaßt werden; dadurch wird auch die Textgliederung mit bearbeitet.

Der gemeinsame Nenner der beiden verschiedenen Modellierungen ist folgender:

- das Arbeiten mit natürlichsprachigen Texten,
- das Ausgehen von Einheiten der Textoberfläche, denen textrelevante Interpretationen gegeben werden.
- Diese Interpretationen sind das tertium comparationis für die Auswahl angemessener Übersetzungsäquivalente.

Diese Verknüpfung von Textoberflächenelementen und textlichen Interpretationsgesichtspunkten, die durch die Computerverarbeitung notwendig ist, entspricht einer relativ neuen linguistischen Tendenz, sprachliche Einheiten auf ihre Handlungsbedeutung, pragmatische Bedeutung, textliche Bedeutung hin zu betrachten. Dabei ist das lingistisch Neue, daß graphemische, lexikalische oder syntaktische Kategorien bei dem Einbezug von Textgesichtspunkten nicht mehr nach Beschreibungsebenen getrennt eine Rolle spielen. Vielmehr werden diese Kategorisierungen insofern geradezu über den Haufen geworfen, als jeweils Elemente der verschiedensten Kategorien zusammen wichtig werden; es werden neue Kategorisierungen quer zu den bekannten notwendig. Dazu zwei Beispiele:

Erstes Beispiel: TOLEX (Weber)

Weber betont zwar die ebenenbezogene Abarbeitung thematischer Aspekte; im Lexikon textorganisierender Einheiten (TOLEX) kommt aber auch er nicht darum herum, quer zu eingespielten Ebenen zu arbeiten: Graphie (für Absatzmarkierung), verweisende Einheiten wie Artikelformen (einige, manche), Satzadverbien (ebenfalls, folglich, ferner, insbesondere), adverbiale Phrasen wie bei dieser Gelegenheit, Pronomina (dann, danach, er), bewertende Ausdrücke wie im weitesten Sinne, in hohem Maße, bekanntlich; satzintern: unterordnende und nebenordnende Konjunktionen. Die Sequenzierung des Themas im Text erfordert eine solche Vielfalt von Sprachmitteln: Sie ist außerdem nicht scharf zu trennen von den thematischen Verweiungsstrukturen im Text. (Vgl. auch Weber 1986:251f)

Zweites Beispiel: Texthandlung (Rothkegel)

Für Texthandlungen (TH) hat Rothkegel (1986:203f) folgendes Beschreibungsformat entworfen:

Eine TH ist zu beschreiben mit

- einem handlungsbeschreibenden Verb (das aber meist nicht explizit im Text verwendet wird),

- einem thematischen Teil mit Kasus und Subkasus zum Zweck der Propositionsbeschreibung - über die Propositionsbeschreibung wird die Illokution ermittelt -,

- einem sprachlichen Repertoire (zum Zweck des automatischen Übersetzens mehrsprachig) bestehend aus einerseits lexikalischen Einheiten verschiedenen Typs wie Kollokationen, einfache Lexeme, feste Syntagmen und andererseits aus grammatischen Strukturtypen wie Hauptsatz als Satztyp, Nominalphrase als Phrasentyp, Koordination und temporale Relation als Verknüpfertypen, Verbmodus, Verbgenus, Verbtempus und Angaben zu Pronominalisierungs- und Tilgungsrestriktionen. Die Zuordnung der relevanten Oberflächeneinheiten zum Texthandlungstyp erfolgt also quer zu gängigen Kategorisierungen.

Der Grund nun für die kategorienübergreifende Vielfalt der Sprachmittel ist wohl darin zu sehen, daß mit einem im Textkontext geäußerten Satz in der Regel nicht nur eine einzige Textfunktion realisiert wird, sondern mehrere: lokal und global relevante Funktionen. Z.B. wird mit einem geäußerten Satz eine Teilhandlung, oft sogar mehrere aufeinander bezogene Teilhandlungen vollzogen, es wird das Textthema ein Stück weit bearbeitet, die Äußerung ist auf verschiedene Weisen mit anderen im Kontext verknüpft und hat so einen charakteristischen Platz im Textganzen, sowohl formal wie funktional. All dies wird mit einer einzigen syntaktisch-lexikalischen Struktur geleistet.

Soweit zu den Ergebnissen.

Diese Arbeiten wurden im Kontext automatischen Übersetzens betrieben. Es ist nun als Perspektive auch möglich, die Lexika und Programme für andere Zwecke einzusetzen. Einer dieser möglichen Zwecke ist automatische Inhaltserschließung, ein anderer Zweck ist die Benutzung der Lexika und Programme zur weiteren Erforschung der Einheit Text, d.h. zur Lösung textlinguistischer Probleme, und man kann auch daran denken, diese und weitere Lexika mit anderen Programmen für das Experimentieren in bezug auf Textherstellen einzusetzen. Es sind also insgesamt textlinguistisch nutzbare Instrumente.

In diesem Zusammenhang soll im Projekt WIST (Repräsentation von Textwissen) zukünftig die Generalisierung der vorhandenen Modelle erprobt werden. Zuerst soll das Vorhandene auf andere Texttypen angewendet werden. Bei Weber wird es um Rundfunknachrichten gehen, die mit demselben Sachverhaltstyp arbeiten: zunächst Politikertreffen, dann aber generell Ereignisse mit Personenbezug; bei Rothkegel wird es um Buchbesprechungen, Rezensionen etc. gehen. Die Lexika sind entsprechend zu modifizieren, die Programme für ihren Einsatz können teilweise verwendet werden.

Bei Weber ist für die neue Zielsetzung die Erweiterung des zu analysierenden Materials notwendig, um das relevante Skript nach außen gegen Redeeinbettungen, gegen andere thematisierte Sachverhalte also, abgrenzen zu können; dies ist mit weiteren Lexika zu leisten. Bei Rothkegel ist das Format der Lexika zu übernehmen, aber die Lexika selbst müssen angesichts des neuen Anwendungsbereichs texttypspezifisch neu gefüllt werden.

Die Schwerpunkte der Arbeit liegen bisher auf folgenden Datentypen:

- Sachverhaltswissen als auf einen Texttyp bezogenes thematisches Wissen,
- Wissen über die texttypspezifische Organisation von Themen,
- Handlungswissen, texttypspezifisch: d.h. eine Handlungsgrammatik, die auch die texttypspezifische Handlungsorganisation umfaßt.

Es liegt nun im Zuge der Generalisierung nahe, die verschiedenen erarbeiteten Datentypen in einem Datenbanksystem zusammenzufassen. Gerade die weit vorangetriebenen unterschiedlichen Modellierungen bieten für die Diskussion der sich dabei stellenden Probleme eine gute Voraussetzung. Dabei soll das System um einen weiteren Datentyp ergänzt werden, der sowohl bei der Textanalyse wie auch beim Übersetzen eine wichtige Rolle spielt. Es handelt sich dabei um Informationen, die im Text in einer Relevanzabstufung nicht explizit begrifflich (also als Thema oder als Texthandlung) gegeben werden, sondern die nebenbei mitgegeben werden. Die allgemeine Handlungstheorie wie auch die Sprechhandlungstheorie kennt hierfür die Begriffe Gleichzeitig-Handlung oder auch - in Betonung der Relevanzabstufung dieser Information - Zusatz-Handlung. Es sind Handlungen wie NEBENBEI-BEWERTEN (im Unterschied zu LOBEN, KRITIK ÜBEN usw.), INTERESSANT MACHEN, SACHLICH MACHEN, ein Thema ARGUMENTIEREND DURCHFÜHREN im Unterschied zu BEHAUPTEND DURCHFÜHREN usw. Allgemein werden derartige Zusatz-Handlungen als Teilaspekt von Stil gesehen. Im Unterschied zu der immer noch landläufigen Auffassung über Stil handelt es sich dabei nicht um Dekor, sondern um Informationen, die mit dem Text gegeben werden, allerdings nebenbei, zusätzlich, relevanzabgestuft.

Gemeinsam hat dieser Datentyp mit den anderen:

- Die Verknüpfung von Oberflächeneinheiten mit textrelevanten Interpretationen,

- die Kombination von Elementen verschiedener linguistischer Kategorien zum Zweck textrelevanter Information und

- den satzübergreifenden Aspekt: Die Zusatz-Handlungsbedeutung wird über eine Sequenz von Sätzen (Text oder Teiltext) hinweg konstituiert durch wiederholte Wahlen relevanter Oberflächenelemente; und schließlich

- den Bezug zu Texttypen: für bestimmte Texttypen sind bestimmte Zusatzhandlungen konstitutiv.

Ich nenne die Handlungsmuster für derartige Nebenbei-Handlungen Stilmuster (Vgl. Sandig 1986). Die Struktur von Stilmustern besteht aus einem Handlungstyp wie BEWERTEN und aus einer Menge sprachlicher Einheiten. Neben Lexemen mit wertender Bedeutungskomponente geht es um sprachliche Strukturen wie: Vergleich, Metapher, rhetorische Frage, gradierbares Adjektiv, Gradpartikel, Negation, Redewendung und sicher weitere. Ein Problem wird dabei sein, daß es bei den Elementen jeweils Untertypen gibt, und daß das Stilmuster sicher darzustellen ist als Prototypstruktur mit für bestimmte Texttypen erwartbaren

Kernelementen oder Kernstrukturen und weniger verläßlichen Rändern. Eine Modellierung der lexikalischen Prototypstruktur wurde von Dahlgren, McDowell (1986) auf der COLING 1986 vorgeschlagen. Man wird also hieran anknüpfen können.

Ein wichtiges Problem bei der Erarbeitung des Datenbanksystems wird die Erarbeitung von Organisationsprinzipien sein. Es wird, in Anlehnung an Karlgren, Walker (1983) sicher gut sein, dieses System relativ offen anzulegen, um die Vielfalt der Gesichtspunkte zu berücksichtigen: Datentypen und Texttypbezug, auch verschiedene Benutzerinteressen und Grade der Sicherheit von Daten. Das Datenbanksystem wird zwar einsprachig angelegt werden, aber die darin enthaltenen Informationstypen sind insgesamt nutzbar für computergestütztes Übersetzen. Ein anderes Interesse: eine Computerlinguistik, die neuere textlinguistische Ergebnisse nutzt, die auch Aspekte der KI wie Frames, Skripts nutzt, die aber auchz ihre Ergebnisse in die Linguistik zurückwirken läßt. Ein generelles Interesse unseres Arbeitens ist es, Brücken über bestehende Gräben zu bauen. Dazu ist die Saarbrücker Landschaft auch weiterhin geeignet, und dazu ist die Arbeit im Team notwendig.

LITERATUR

Bátori, I., H.-J. Weber (Hg.) (1986): Neue Ansätze in Maschineller Sprachübersetzung: Wissensrepräsentation und Textbezug. Tübingen.

Dahlgren, K., J. McDowell (1986): Kind Types in Knowledge Representation. In: Proceedings of the 11th International Conference on Computational Linguistics COLING 86. Bonn. 216-221.

Kiefer, F. (Hg.) (1983): Questions and Answers. Dordrecht, Boston, Lancaster.

Karlgren, H., D.E. Walker (1983): The polytext system - a new design for a text retrieval system: In: F. Kiefer (Hg.) (1983): Questions and Answers. Dordrecht, Boston, Lancaster. 273-294.

Rothkegel, A. (1986): Textverstehen und Transfer in der maschinellen Übersetzung. In: I. Bátori, H.-J. Weber (Hg.) (1986): Neue Ansätze in Maschineller Sprachübersetzung: Wissensrepräsentation und Textbezug. Tübingen. 197-227.

Sandig, B. (1986): Stilistik der deutschen Sprache. Berlin, New York.

Weber, H.J. (1986): Faktoren einer textbezogenen maschinellen Übersetzung: Satzstrukturen, Kohärenz und Koreferenz-Relationen, Textorganisation. In: I. Bátori, H.-J. Weber (Hg.) (1986): Neue Ansätze in Maschineller Sprachübersetzung: Wissensrepräsentation und Textbezug. Tübingen. 229-261.

SEMANTISCH-PRAGMATISCHE ASPEKTE IN DER MASCHINELLEN ÜBERSETZUNG

Annely Rothkegel

1. Bemerkungen zum Projekt

In der Zeit von 1981 bis 1986 wurde das Textanalysesystem TEXAN entwickelt, das einen Zusammenhang von thematisch-funktionalen Aspekten und spezifischen sprachlichen Mitteln einer Einzelsprache modelliert. TEXAN ist ein experimentelles System, das auf andere Module zurückgreift, die bereits vorher im SFB 100 entwickelt worden waren, so die syntaktische Satzanalyse (SATAN, vgl. SALEM 1980) und die textorientierte kasusgrammatische Analyse (PROLID, vgl. Harbusch, Rothkegel 1984). Die Verbindung semantisch-pragmatischer Beschreibungen mit sprachlichen Ausdrücken lexikalischer und syntaktischer Art macht TEXAN zu einem geeigneten Instrument, Probleme des Transfers bei der computerunterstützten Übersetzung von Texten zu lösen.

Wir gehen davon aus, daß die kommunikative Aufgabe und eine textorientierte Wissensstrukturierung die Selektion der sprachlichen Mittel im Text steuern. Die Hypothese ist, daß Faktoren dieser Art in einem sprechakttheoretischen Ansatz erfaßt werden können. Wir beziehen eine solche Beschreibung auf schriftliche Texte und formulieren dazu eine Textillokutionsgrammatik.

Das System ist entwickelt anhand internationaler Abkommen im EG-Bereich. Solche Texte liegen mehrsprachig in Parallelversionen vor (Sandig 1984). Dies bedeutet, daß authentische Angaben zum Sprachgebrauch vorliegen, so daß wir auf konstruierte Beispiele verzichten können. EG-Abkommen beziehen sich auf abgegrenzte kommunikative Aufgaben und Sachverhalte, die - in ihrem zentralen Bereich - in der Organisationsform von Fallregelungen verbalisiert sind.

Im Hinblick auf automatische Verfahren, u.a. auch im Rahmen der Künstlichen-Intelligenz-Forschung, sind juristische Texte vorwiegend Gegenstand inhaltlicher Analysen und Auswertungen für Datenbanken (Ciampi 1982; Goebel, Höfer-Frey, Scheller 1983; Martino 1982). In TEXAN liegt der Schwerpunkt dagegen auf der Lösung sprachlicher Probleme. Text- und Weltwissen werden betrachtet mit Bezug auf die Selektion sprachlicher Mittel.

Insgesamt wird versucht, anhand der Systemstruktur von TEXAN eine Beschreibung der Problemstruktur zu geben. Es wird gezeigt, wie die Fragestellung der Selektion von Übersetzungsäquivalenten schrittweise umformuliert wird bis zur Implementierung. Dies bedeutet, daß ein Begründungszusammenhang, in dem die verwendeten linguistischen Annahmen stehen, umgewandelt wird in die Konstruktion von Abläufen und deren Repräsentationen.

2. Fragestellung

In den meisten MÜ-Systemen liegt der Schwerpunkt der Arbeit auf der Behandlung von Ambiguitäten. Man geht davon aus, daß die eindeutige Zuordnung von Lesarten die wesentliche Voraussetzung für die Zuordnung von Übersetzungsäquivalenten darstellt. Es zeigt sich aber, daß die eindeutige Analyse des Quelltextes allein einen sprachüblichen Zieltext nicht garantieren kann. Das Prinzip der Wohlgeformtheit von Sätzen ist im weiteren zu ergänzen durch textbezogene Prinzipien kommunikativer Angemessenheit. Hierbei geht es um den texttypischen Sprachgebrauch. Dazu gehören einerseits spezifische Selektionen sprachlicher Mittel in Abhängigkeit thematisierter Sachverhalte und Textfunktionen, andererseits rekurrentes Auftreten der ihnen entsprechenden Einheiten, so daß Repertoires lexikalischer und syntaktischer Art entstehen, deren Verwendung bzw. Nicht-Verwendung maßgeblich ist dafür, ob ein Text einer bestimmten Textsorte und damit in seinen Funktionen erkannt wird oder nicht. In diesem Sinne erscheint es uns als angebracht, das Phänomen der 'sublanguage' (Lehrberger 1982) genauer zu explizieren und Eigenschaften interaktionsregelnder Texte (vgl. Rauch, Rothkegel 1985) in einem konsistenten Beschreibungsrahmen zu erfassen.

Zunächst aber sollen zwei Beispiele zur Lexik und Syntax die Fragestellung verdeutlichen.

(1) The Community shall not subject imports of jute products defined under Article 1 to new quantitative restrictions.

Die Gemeinschaft führt für die in Artikel 1 genannten Erzeugnisse keine neuen mengenmäßigen Beschränkungen ein.

(2) The Community shall not subject imports of jute yarn to quantitative restrictions.

Die Gemeinschaft wendet für Einfuhren von Jutegarnen keine mengenmäßigen Beschränkungen an.

(1) und (2) sind Beispiele für Textvorkommen, bei denen die englische Kollokation to subject ... to restrictions im deutschen Text die Entsprechungen hat wie einführen ... Beschränkungen und anwenden ... Beschränkungen. Vergleicht man nun ein- und mehrsprachige Wörterbücher, stellt man fest, daß solche Verbindungen von Verb und Nomen nicht vorgeschlagen werden. Ein Übersetzer, der also Hilfe in nicht textbezogenen Wörterbüchern sucht, erhält keine Hilfe. Im Handwörterbuch von Langenscheidt sind als Äquivalente für to subject angegeben: a) unterwerfen, abhängig machen; b) unterziehen; c) aussetzen (Hitze). Im einsprachigen Wörterbuch von Wahrig findet man bei den Kollokationen zu Beschränkungen die Verben auferlegen und unterliegen.

Auch im Bereich der Syntax liegt wenig Hilfe vor. Es gibt keine texttypspezifischen Grammatiken, die die jeweilig als rekurrent geltenden Konstruktionen angeben. So z.B., daß Verweise auf definierende Textstellen oder Textteile in Abkommenstexten mit Partizipialkonstruktionen ausgeführt werden (Beispiel (1)), was gleichermaßen für die verschiedenen Sprachen gilt. Ein Relativsatz im Deutschen wäre in diesem Fall keine angemessene Entsprechung für eine englische ing-Konstruktion. Auch geht es darum, Texteigenschaften der Art zu formulieren, daß die Beteiligten entgegen sonst geltender Textbildungsregeln nicht durch Proformen wiedergegeben werden (jeder Absatz muß für die Weiterarbeit mit dem Text für sich isoliert referierbar sein).

In TEXAN geht es nun darum, solche Selektionsprinzipien in geeigneten Beschreibungskategorien zu erfassen und anhand geeigneter Strukturierungen von Daten und Prozeduren in der Weise zu verarbeiten, daß wir vom System her Angebote hinsichtlich angemessener Übersetzungsäquivalente (lexikalisch und syntaktisch) erhalten. Dazu ist es erforderlich, Strukturierungen des außersprachlichen Kontextes mit einzubeziehen (auch Rothkegel 1985a; 1985b; 1986).

Wir gehen davon aus, daß Textthema und Textfunktion an der Selektion sprachlicher Mittel einen wesentlichen Anteil haben. Textthema gilt hier als texttypspezifische Auswahl von Sachverhaltszusammenhängen; Textfunktion bezieht sich auf die beabsichtigte Wirkung des Textes im Hinblick auf die Veränderung von Welt (Informationsstand, Werbung oder z.B. Normen, wie sie in interaktionsregelnden Texten eingeführt werden) und wird durch sprachliche Handlungen realisiert. Textthema und Textfunktion sind bereits durch den quellsprachlichen Text festgelegt. Insofern ergibt sich die Notwendigkeit, diese Aspekte bereits in der Analyse des quellsprachlichen Textes zu berücksichtigen.

3. Linguistisches Modell

3.1 Sprechakttheoretischer Ansatz

In verschiedenen sprechakttheoretischen Arbeiten werden Möglichkeiten aufgezeigt, die Wahl sprachlicher Mittel systematisch mit Handlungsinterpretationen zu koppeln. Solche Ansätze finden sich in Versuchen einer Zuordnung von Sprachhandlungen zu syntaktisch-semantischen Einheiten und einzelnen Oberflächenindikatoren (Gazdar 1981; Häfele 1979; Jacobs 1984; Zaefferer 1979). Ebenfalls in textpragmatischen Arbeiten der Lunder Arbeitsgruppe (Brandt et al. 1983), in denen es um den Zusammenhang von grammatischen Aspekten und Senderstrategien im Rahmen von Texten geht. Das Faktum, daß ein Sachverhalt in einer Erzählung, einem Bericht, einer wissenschaftlichen Arbeit, einer Verordnung oder sonstigem Text unterschiedlich verbalisiert wird, versucht man durch die Beschreibung von Sprachhandlungen in den Griff zu bekommen. So gibt es Typisierungen wie BESCHREIBEN, DEFINIEREN, ARGUMENTIEREN, usw. Interaktionsregelnde Texte sind z.B. durch REGELN, GENERALISIEREN, DIFFERENZIEREN, TERMINIEREN usw. charakterisiert (Rothkegel 1984a). In kommunikativ orientierten kontrastiven Grammatiken (z.B. Leech, Svartvik 1975) greift man auf einen solchen Ansatz zurück. Seine Relevanz für das Übersetzen haben Hönig, Kußmaul (1982) nachgewiesen.

In automatischen Verfahren spielen Sprachhandlungen vor allem eine Rolle in der Bearbeitung oder Simulation von Dialogen und Frage-Antwort-Systemen. Es handelt sich in erster Linie um Frage- bzw. Antworthandlungen. Das Prinzip der automatischen Identifikation liegt in der Einführung eines spezifischen Diskurswissens ins System (z.B. Ellman 1983; Wachtel 1986). Das zu lösende Problem ist hier die Bereitstellung von Informationen zu ausgewählten Sachverhalten. In der MÜ haben wir es dagegen mit Sprachproblemen zu tun. Der

Fall liegt also umgekehrt: Wir erwarten Informationen über sprachliche Mittel und verwenden zu ihrer Ermittlung Informationen zu Sachverhaltszusammenhängen. Dieser Ansatz macht es notwendig, die Beschreibung von Sprachhandlungen in spezifischer Weise zu strukturieren. Hierzu führen wir das Konzept der Texthandlung ein.

3.2 Texthandlungen

Für unser Modell gehen wir von zwei Annahmen aus, nämlich daß

- Sprachhandlungen eine geeignete Kategorie sind, um funktionale, thematische und oberflächenbezogene Aspekte miteinander zu verknüpfen und daß

- die Textstruktur in Hierarchien und Sequenzen von Sprachhandlungen erfaßt werden kann.

Auf diese Weise ist es möglich, Merkmale der Textoberfläche sowohl hinsichtlich lokaler (z.B. Lexemauswahl) als auch globaler (z.B. Verknüpfer, Tempus, Pronominalisierung) Bedingungen zu berücksichtigen. Die Searle'sche Dreigliederung von Illokution, Proposition und Äußerungsform wird in der Weise spezifiziert, daß wir von Textillokutionen, textthematischen Rollen und texttypspezifischen Repertoires ausgehen. Anders als bei Searle erscheinen Illokution und Proposition nicht additiv, sondern zugeordnet. Als Einheiten haben wir somit nicht REGELN, sondern REGELN (Fall). Die Handlungsbeschreibung (z.B. REGELN) gilt so semantisch als Prädikation über der Proposition (z.B. 'Fall': Aktion (Partner, Handelsobjekt, Mittel) oder REGELN (Aktion, Partner, Handelsobjekt, Mittel)).

Für das automatische Verfahren ist die Verknüpfung der drei Komponenten Textillokution (I), textthematische Rolle (T) und lexikalisch-syntaktische Repertoires (R(l,s)) wichtig. Ausgehend von der Textoberfläche und einer kasusgrammatischen Interpretation gestattet sie die Identifikation der Handlungsinterpretation (Textanalyse). Ausgehend von der Handlungsinterpretation und einer zugeordneten textthematischen Rolle gestattet sie Angaben zur sprachlichen Realisierung (Transfer).

4. Grundlagen des Systems

4.1 Textthematische Rollen und Sachverhaltsstruktur

Die behandelten Sachverhalte kommen im Text vor als Aktionsbeschreibungen der Art Die Gemeinschaft führt für Erzeugnisse x keine mengenmäßigen Beschränkungen ein. Diese Aktionsbeschreibungen sind weniger semantischen Eigenschaften der aktionsbeschreibenden Verben zuzuordnen, als vielmehr einer spezifischen Strukturierung einschlägiger Wissens- bzw. Erfahrungsbestände. Das zugrundeliegende Aktionsschema kann man sich als Mittel-Zweck-Schema vorstellen: Als Mittel der Transferveränderung (Transfer von Produkten) gelten (im EG-Bereich) Zölle und Kontingente. Mehr Transfer wird erreicht durch Erhöhung der Kontingente bzw. Verminderung der Zölle, weniger Transfer durch Verminderung der Kontingente bzw. Erhöhung der Zölle. Dem entsprechen Formulierungen wie Zölle aussetzen, Beschränkungen einführen/anwenden, Kontingente ausschöpfen/überschreiten usw.

Das Mittel-Zweck-Schema bildet die Grundlage für die Bestimmung der textthematischen Rollen. Es handelt sich um Einheiten, die als Teile eines solchen Schemas ('Szene') im Text rekurrent auftreten, so z. B. die Vertragspartner, konkrete Objekte wie die Mittel. Das Konzept der textthematischen Rollen ist von Agricola (1979) auf der Grundlage der Fillmore'schen Kasustheorie im Hinblick auf den Textzusammenhang entwickelt worden. Wir haben das Modell auf Handelsabkommen angewandt. Neben dem Kernbereich mit 'Partner' (X1,X2), 'konkretem Objekt' (Y) und 'abstraktem Objekt' (Z) gibt es im weiteren 'Zeitstrukturierung', 'Verfahrensangabe', 'Beziehungsangabe', 'Ort', 'Geltungsbereich' (vgl. Abb.1; auch Rothkegel 1984b).

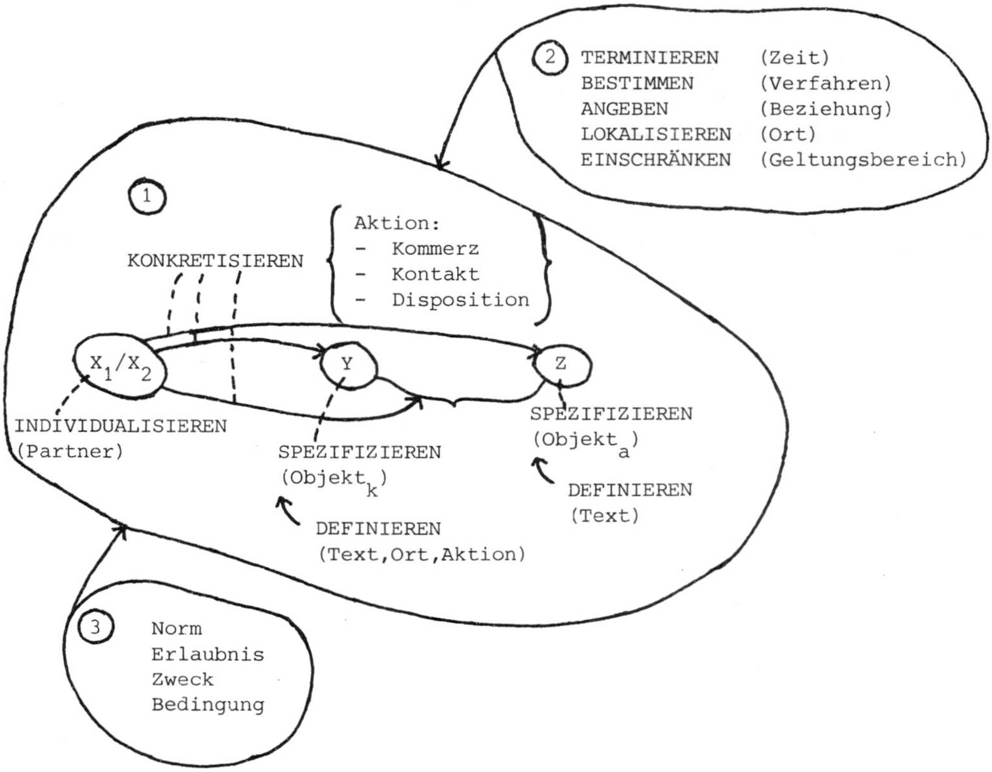

(Abb. 1)

In Abb.1 sind die Rollen aufgeführt in Verbindung mit Textillokutionen, wie sie in der Textstruktur (s. 4.2) auftreten. Der Kernbereich <1> ist charakterisiert durch drei Aktionsklassen (Kommerz, Kontakt und Disposition zu Kommerz bzw. Kontakt), aus denen durch KONKRETISIERUNG der Aktion spezifische Verben selektiert werden (z. B. Kommerz: einführen, anwenden/subject; Kontakt: mitteilen/inform; Disposition: nichts dagegen einzuwenden haben/not object). Beteiligte der Aktionen sind die Vertragspartner, die bei jeder Erwähnung mit ihrer individuellen Bezeichnung behandelt werden. INDIVIDUALISIEREN (Partner) ist somit oberflächensprachlich immer mit der vollen Bezeichnung verbunden, d. h. daß die sonst bei der Textherstellung üblichen Pronominalisierungen blockiert sind. Objekte werden SPEZIFIZIERT (Selektionen aus bestimmten Lexemklassen) und können darüber hinaus DEFINIERT werden. Konkrete Objekte werden z. B. DEFINIERT durch Verweise auf Textteile (die in Anhang C aufgeführten Erzeugnisse/products set out in Annex C), auf Herkunft (mittels formelhafter Wendungen wie mit Ursprung in und Herkunft aus x/ origination in and coming from x) oder durch Angabe spezifischer Aktionen (die zur sofortigen Wiederausfuhr bestimmt sind/which are intended for immediate re-export). Abstrakte Objekte werden DEFINIERT durch Verweis auf Texte (Zollsätze, für die sich die Höhe und die Zeit der Aussetzung aus Anhang B ergeben/duties in accordance with the rates and time-table set out in Annex B).

Aktionen werden weiter charakterisiert dadurch (vgl. <2>), daß sie zeitlich strukturiert werden (TERMINIEREN, z.B. durch Datum, Turnusangabe, Zeitpunkt relativ zu einem genannten Ereignis, relativ zum Abkommen und relativ zur Notifikation des Abkommens mit jeweils spezifischen sprachlichen Mitteln), daß das Verfahren angegeben wird (BESTIMMEN (Verfahren), z. B. schrittweise), daß die Aktion autonom oder im Einvernehmen mit dem Partner durchgeführt werden kann (ANGEBEN (Beziehung)), daß möglicherweise lokale Beschränkungen angegeben werden (LOKALISIEREN (Ort)) und daß der Geltungsbereich EINGESCHRÄNKT ist (z.B. daß eine Aktion im Rahmen der geltenden Bestimmungen nur möglich ist (s. Überblick in 5.3).

Die Verbalisierungen von <1> und <2> treten im Text nicht in neutraler Form, so etwa als Beschreibungen auf. Sie sind vielmehr zu verstehen (vgl. <3>) als Norm, Erlaubnis, Zwecksetzung oder Bedingungsfestlegung. Eine solche Interpretation kann allerdings nicht mehr auf der Ebene einzelsprachlicher Phrasen gegeben werden. Hierzu ist eine Zuordnung zu Propositionen bzw. Propositionsfolgen im Zusammenhang der Textstruktur erforderlich.

4.2 Textstruktur

Typisch für die textliche Organisation der Behandlung zukünftiger Aktionen der Vertragspartner (s. 4.1) ist ihre Darstelung als Regelung von Fällen. Eine spezifische Aktion aus dem Mittel-Zweck-Schema, eventuell zusammen mit Bedingungen und Zwecken, bildet einen Fall. Ein Fall kann Gegenstand weiterer Verhandlungen sein und ist formal in einem Artikel, die durchnumeriert werden) abgefaßt. Die zentrale Aktion eines Falles ist im Englischen durch eine Verbform mit shall gekennzeichnet, im Deutschen durch die Präsensform. Die Regelung eines Falles besteht aus der Generalisierung eines Allgemeinfalls oder aus der additiven Verknüpfung eines Allgemeinfalls mit einer oder mehrerer Differenzierungen von Spezialfällen. Bei der Generalisierung geht es um Normfestlegung für eine Aktion mit den Teilen aus <1> und <2> aus Abb. 1. Bei der Differenzierung handelt es sich um die Erlaubnis einer Abweichung vom Allgemeinfall, wobei Bedingungen obligatorisch, Zwecke fakultativ sind. Abb.2 zeigt die Einbettung der Sachverhaltsstrukturierung aus Abb. 1 in die globale Struktur von Hierarchien und Sequenzen der komplexen Textillokutionen. Abb. 3 gibt ein Beispiel für die Handlungsinterpretation eines Textausschnittes.

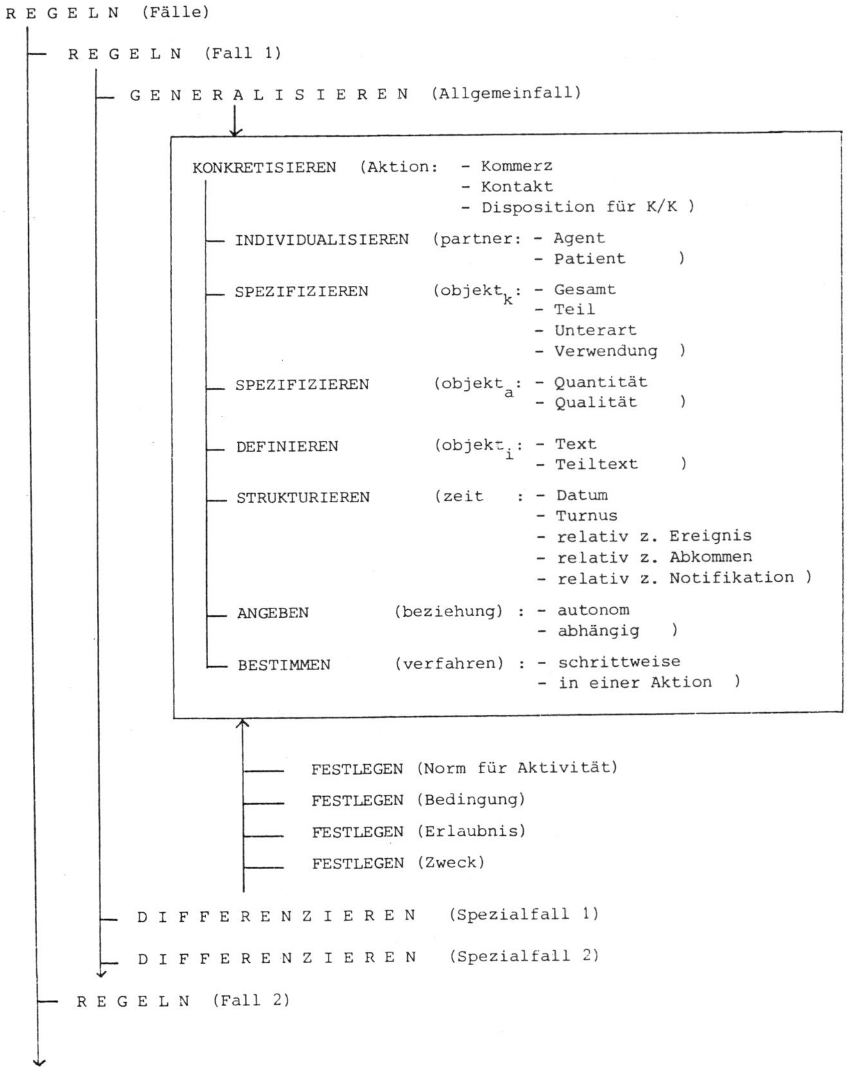

(Abb. 2)

Text: Artikel 3 (Textfragment)

(1) Die Gemeinschaft führt für die Ausfuhr der in Artikel 1 genannten Erzeugnisse keine neuen mengenmäßigen Beschränkungen ein.

(2) Als erster Schritt zur stufenweisen Abschaffung noch bestehender mengenmäßiger Beschränkungen setzt die Gemeinschaft die geltenden mengenmäßigen Einfuhrbeschränkungen für die in Anhang C genannten Erzeugnisse aus, sofern die Regierung Indiens die notwendigen Maßnahmen trifft, damit die indischen Ausfuhren die in dem genannten Anhang genannten Höchstmengen nicht überschreiten.

Zuordnung von Illokutionen und thematischen Rollen	Lemmata entsprechend der propositionalen Zerlegung des Textes
REGELN (Fall)	
GENERALISIEREN (Allgemeinfall)	
FESTLEGEN (Aktivität)	
KONKRETISIEREN2 (Aktion)	
KONKRETISIEREN1 (Kommerz)	einführen
IND (partner, Ag)	Gemeinschaft
SPEZ (ob_k, Gesamt)	Einfuhr (Erzeugnisse)
DEF (ob_i, Textteil)	genannt (Artikel 1)
SPEZ (ob_a, Quant.)	Beschränkungen
DIFFERENZIEREN (Spezialfall)	
FESTLEGEN (Aktivität)	
KONKRETISIEREN2 (Aktion)	
KONKRETISIEREN1 (Kommerz)	aussetzen
BEST (verfahren)	Schritt
IND (partner, Ag)	Gemeinschaft
SPEZ (ob_a, Quant)	Einfuhrbeschränkungen
DEF (ob_i, Textteil)	genannt (Anhang C)
FESTLEGEN (Bedingung)	sofern
KONKRETISIEREN2 (Aktion)	
KONKRETISIEREN1 (Kommerz)	treffen
IND (partner, Ag)	Regierung
SPEZ (ob_a, Qual)	Maßnahmen
FESTLEGEN (Zweck)	damit
KONKRETISIEREN2 (Ereignis)	
KONKRETISIEREN1 (Kommerz)	(nicht) überschreiten
SPEZ (ob_c, Gesamt)	Ausfuhren
SPEZ (ob_i, Quant)	Höchstmengen
DEF (ob_i, Textteil)	genannt (Anhang)

(Abb. 3)

5. Skizze des Analysesystems

5.1 Überblick

Komponenten von TEXAN

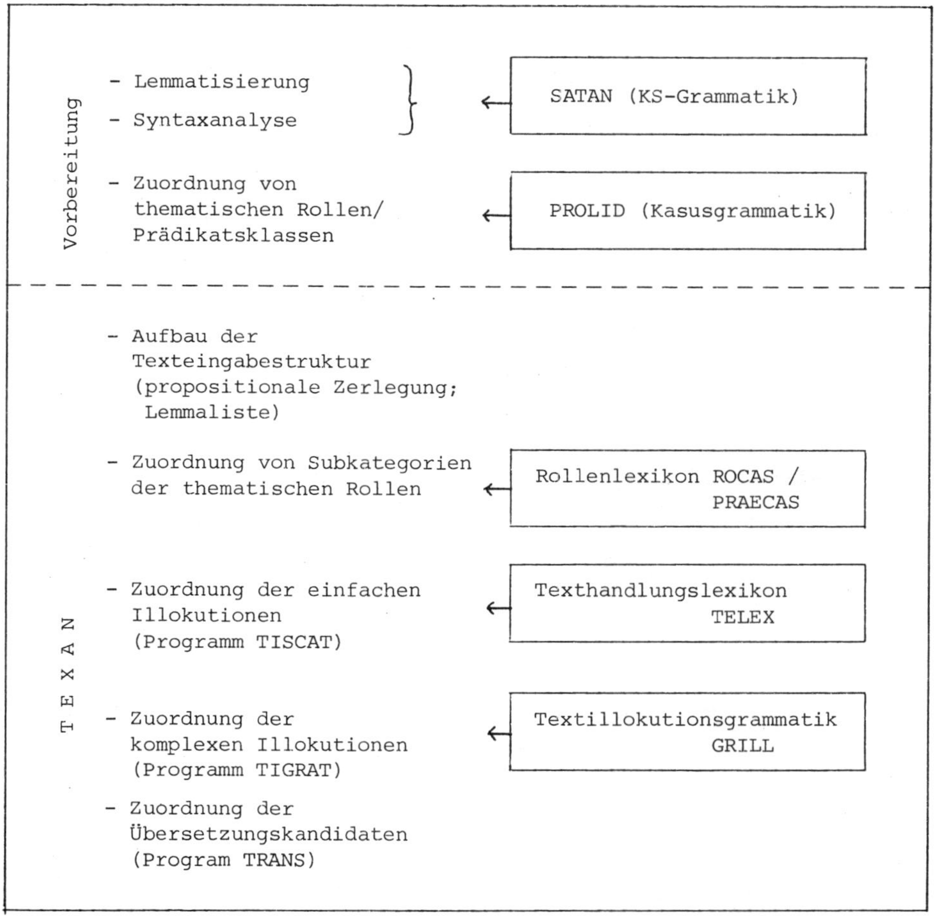

(Abb. 4)

Kern von TEXAN ist das Texthandlungswörterbuch TELEX und die Textillokutionsgrammatik GRILL. Vorausgesetzt wird eine Lemmatisierung und eine Konstituentenstrukturbeschreibung, die durch eine Syntaxanalyse (z. B. SATAN) geliefert wird. Das zweite Modul, das für die Erzeugung der Eingabestruktur von TEXAN wichtig ist, ist die kasusgrammatische Analyse, wie sie im Programm PROLID durchgeführt wird. Sie liefert die Identifikation textthematischer Rollen und

Prädikatsklassen, die in TEXAN weiter spezifiziert werden (z.B. 'Objekt' als 'Gesamtheit' (Juteerzeugnisse), als 'Unterart' (Jutegarne), als 'Quantität' (Teilmengen) oder als 'Verwendungsweise' (zur Veredelung bestimmt)). In der Eingabestruktur geht es um die propositionale Zerlegung des Textes sowie die Zuordnung der Lemmata zu den einzelnen Konstituenten. Für die Ausgabe sind zwei Optionen vorgesehen: einmal die Zuordnung von Handlungsinterpretationen zum laufenden Text (vgl. Abb. 3), zum andern Angebote zum Transfer (vgl. 6).

5.2 Texthandlungswörterbuch TELEX

Zu unterscheiden sind einfache und komplexe Texthandlungen. Einfache Texthandlungen (z.B. TERMINIEREN (Aktion)) können einzelnen Lemmata zugeordnet werden, die als Repräsentanten der jeweiligen textthematischen Rolle fungieren. Sie sind verbunden mit Repertoires lexikalischer Alternativen, spezifischer Kollokationen oder Fester Syntagmen, im syntaktischen Bereich mit Angaben zum Phrasentyp. Komplexe Texthandlungen (z.B. FESTLEGEN (Aktivität/Norm)) beziehen sich auf ganze Propositionen bzw. Propositionsfolgen. Sie sind verbunden mit Angaben zum Satztyp, zu Modus und Tempus.

Aufbau des Texthandlungslexikons TELEX
(in Klammern Beispiel)

Identifikationsteil: - Lemma ("einführen") - thematische Rolle ("Kommerz") - Illokution ("KONKRETISIEREN")		
Selektionsteil:	deutsch	englisch
R(l): lexikalische Repertoires		
LK (Lexemklasse) KL (Kollokation) FS (Feste Syntagmen)	"anwenden" "Beschränkungen ..."	"to subject" "... to restrictions"
R(s): grammatische Repertoires		
ST (Satztyp, kommt vor im:)	Deklarativsatz	Deklarativsatz
PT (Phrasentyp, kommt vor im:)		
V (übliche Verbform) präferiertes Tempus/Modus/Genus: Anwendung/Nicht-Anwendung von Pronominalisierung/Tilgung	Präsensform Aktiv	Infinitivform Aktiv

(Abb. 5)

Der Wörterbucheintrag (Abb. 5) hat einen Identifikationsteil und einen Selektionsteil. Einfache Texthandlungen werden durch die Angaben des Identifikationsteils identifiziert. Der Selektionsteil liefert Angaben zum Transfer. Komplexe Texthandlungen werden dagegen über die Grammatik identifiziert. Sie sind aber ebenfalls wegen der Angaben im Selektionsteil im Wörterbuch vertreten.

5.3 Grammatik der Illokutionen GRILL

Die texttypspezifischen Hierarchien und Sequenzen von Textillokutionen werden in GRILL formuliert. GRILL ist aufgebaut als Produktionsgrammatik, in der Einheiten ausgehend von Wörtern und Phrasen des Satzes zu ganzen Textpassagen zusammengefaßt werden. Dies geschieht auf der Grundlage von Neuinterpretationen durch Berücksichtigung zusätzlicher Bedingungen, die durch die globale Textperspektive gegeben sind. Auf diese Weise können Strukturierungen innerhalb einer Sprachhandlungshierarchie berücksichtigt werden (vgl. Teilhandlungen als INDEM-Handlungen, Nebenhandlungen als WOBEI-Handlungen und thematisch bedingte Subtypen als DURCH-Handlungen; ausführliche Darstellung in Rothkegel 1986). Für die Fallregelung gibt es 6 Regeln, die hier kurz dargestellt und kommentiert werden ('()' = thematische Rolle, '<>' fakultativ, '/' = Bedingung, '+' mehrfaches Vorkommen ist möglich):

1) Lexikonregel: Zuordnung der Illokution mit Übernahme der thematischen Rolle aus dem Lexikon (TELEX). Unterscheidungen ergeben sich aufgrund des Lemmas und der thematischen Rolle T.

   Form: I_j := Lemma, T_i

   Beispiel:
   a) SPEZIFIZIEREN := "Jutegarn", C2 = Objekt, Unterart
   b) KONKRETISIEREN1 := "Jutegarn", 2 = Kommerz
      DEFINIEREN := "festsetzen", 5 = Textreferenz

2) Zusammenfassung einfacher Illokutionen zu komplexen Illokutionen mit Bezug auf eine Proposition (= WOBEI-Handlungen, Nebenhandlungen).

   Form: I_x (T_y) := I_j (T_i)

Beispiel:

KONKRETISIEREN2 (Aktion) := KONKRETISIEREN1 KOMMERZ / KONTAKT / DISPOSITION

<+ SPEZIFIZIEREN (Objekt)
INDIVIDUALISIEREN (Partner)
BESTIMMEN (Verfahren)
ANGEBEN (Beziehung)
... >

3) Neuinterpretation der Proposition aufgrund von Spezifikationen hinsichtlich der thematischen Rolle (T) bzw. des lexikalischen oder syntaktischen Repertoires (R), z.B. von Verknüpfertypen oder Satztypen (= DURCH-Handlungen, Teilhandlungen).

Form: $I_k \ (T_l) \ := \ I_j \ (T_i) \ / \ R_x$

Beispiel:

a) FESTLEGEN (Aktivität) := KONKRETISIEREN (Aktion) / R_i

b) FESTLEGEN (Bedingung) := KONKRETISIEREN Aktion / Ereignis / R_j

c) FESTLEGEN (Zweck) := KONKRETISIEREN (Aktion) / R_l

4) Hierarchische Strukturierung, bei der Teilhandlungen (= INDEM-Handlungen) zusammengefaßt werden. Hierbei sind mehrere Propositionen betroffen.

Form: $J_q \ (T_r) \ := \ I_k \ (T_e)^+ \ <+ \ I_k \ (T_f)^+ \ >$

Beispiel:

GENERALISIEREN (Allgemeinfall) := FESTLEGEN (Aktivität)$^+$
<+ FESTLEGEN (Bedingung)$^+$

5) Siehe Regel 4).

Form: $J_w \ (T_v) \ := \ I_k \ (T_e)^+ \ + \ I_k \ (T_g)^+ \ <+ \ I_k \ (T_f), \ I_k \ (T_h) \ >$

Beispiel:

```
DIFFERENZIEREN (Spezialfall)   := FESTLEGEN  (Aktivität)+
                                  + FESTLEGEN (Bedingung)+
                                  <+ FESTLEGEN  Erlaubnis
                                                Zweck      >
```

6) Es wird eine weitere Hierarchiestufe nach dem Muster von 4) und 5) errichtet. Ein Fall wird gegenüber dem nächsten Fall abgegrenzt aufgrund des Inventars (Generalisierung bzw. Generalisierung und eine bis mehrere Differenzierungen).

Form: $J_z (T_n) := I_q (T_r) < + I_w (T_v)^+ >$

Beispiel:

```
REGELN (Fall)                  := GENERALISIEREN (Allgemeinfall)
                                  <+ DIFFERENZIEREN (Spezialfall)+ >
```

Die Verarbeitung der Regeln (Programmschritte TISCAT (Lexikonvergleich) und TIGRAT (Verarbeitung von GRILL)) geschieht in allgemeiner Form und ist unabhängig von der spezifischen Grammatik. Entsprechend der Anzahl der Regeln gibt es Stufen der Verarbeitung, auf denen jeweils die Bedingungen für die Hierarchiestufe abgefragt werden. Hierbei treten folgende Standards auf: Zusammenfassung von beliebigen Einheiten, Zusammenfassung von spezifizierten Einheiten, Neuinterpretationen des gleichen Textfragments, Zusammenfassung von Einheiten einer Reihe bis zum Auftreten eines markierten Elements.

6. Transfer

Angaben zum Transfer erhalten wir entweder direkt aus den Repertoires des mehrsprachig angelegten Texthandlungswörterbuchs oder über das Ergebnis der Analyse. Transfer stellt sich in beiden Fällen textbezogen dar, einmal im Hinblick auf potentielle Kandidaten für die Herstellung eines Textes eines bestimmten Texttyps, zum andern im Hinblick auf mögliche Übersetzungsäquivalente für die Herstellung eines zielsprachlichen Textes auf der Grundlage eines quellsprachlichen Textes. Wir geben dazu einige Beispiele:

Form der Transferregeln:

1) Für ein Lemma als Repräsentant eines Ausdrucks in der Sprache L1 mit der Illokution Ia gibt es in der Sprache L2 folgende Übersetzungskandidaten (Rl : lexikalisch, Rs : syntaktisch): ...

   Beispiel:

   a) 'to subject' / KONKRETISIEREN (Kommerz) / L englisch :=
      Rl / L deutsch : "einführen", "anwenden"
   b) 'originating' / DEFINIEREN (Objekt) / L englisch :=
      Rl / L deutsch : "mit Ursprung in und Herkunft aus"
   c) 'list' / DEFINIEREN (Objekt) / L englisch :=
      Rl / L deutsch : "aufführen", "festsetzen", "nennen";
      Rs / L deutsch : attributive Partizipialkonstruktion
      ("in Artikel x aufgeführte Erzeugnisse")
   d) 'community' / INDIVIDUALISIEREN (Partner) / L englisch :=
      Rs / L deutsch : keine Pronominalisierung

2) Für eine komplexe Illokution gibt es in der Sprache Lx folgende Übersetzungsmerkmale: ...

   Beispiel:

   a) FESTLEGEN (Aktivität) :=
      L deutsch : Tempus = Präsens; Deklarativsatz;
      L englisch : Verbform mit 'shall'; Deklarativsatz;
   b) DIFFERENZIEREN (Spezialfall) :=
      L deutsch : Verknüpfer = "jedoch"; neuer Absatz;
      L englisch : Verknüpfer = "however"; Neuer Absatz;

7. Schlußbemerkung

Das Konzept von TEXAN ist zwar generell angelegt, so z.B. im Hinblick auf die Beschreibungskategorie der Texthandlung oder auf die Grammatik und ihre Verarbeitung. Eine Generalisierbarkeit im Hinblick auf andere Texttypen bleibt aber noch zu überprüfen (geplantes Nachfolgerprojekt mit Buchankündigungen,

Rezensionen). Auch ohne den Nachweis der Generalisierbarkeit kann man sagen, daß praktische Probleme hinsichtlich der Auswahl von sprachlichen Mitteln für den behandelten Texttyp mit TEXAN lösbar sind. Es werden Angebote gemacht hinsichtlich angemessener Übersetzungskandidaten.

Einen anderen Aspekt betrifft den Beitrag des Projekts zu linguistischen Fragestellungen. Die Modellierung von textbezogenen Handlungsinterpretationen mit Teilkomponenten und Teilschritten, wie sie für die Verarbeitung in einem Computerprogramm erforderlich ist, kann zu Hypothesen über sprachliche Prozesse genutzt werden. In TEXAN geht es um Verknüpfungsweisen von Handlungskategorien, Sachverhaltskategorien und Sprachkategorien, die Prozesse der Lexematisierung (lexikalische Selektion) und Linearisierung (syntaktische Selektion) im Text explizieren. TEXAN ist so auch ein System, das zeigen kann, daß Prinzipien der Lexematisierung und Linearisierung gleichermaßen für die Interpretation als auch für die Generierung von Texten eine Rolle spielen. Dieser linguistische Ansatz wiederum macht deutlich, daß Prinzipien dieser Art auch in der MÜ berücksichtigt werden müssen.

LITERATUR

Agricola, E. (1979): Textstruktur-Textanalyse-Information. Leipzig.

Brandt, M., W. Koch, W. Motsch, I. Rosengren, D. Vieweger (1983): Der Einfluß der kommunikativen Strategie auf die Textstruktur - dargestellt am Beispiel des Geschäftsbriefes. In: I. Rosengren (Hg.) (1982): Sprache und Pragmatik. Lunder Symposium 1982. Stockholm. 105-136.

Ciampi, C. (Hg.) (1982): Artificial Intelligence and Legal Information Systems. Amsterdam.

Ellman, J. (1983): An indirect approach to types of speech acts. Proceedings of the 8th International Joint Conference of Artificial Intelligence IJCAI 83. Karlsruhe. 600-602.

Gazdar, G. (1981): Speech act assignment. In: A.K. Joshi, J.A. Sag, B.L. Webber (Hg.) (1981): Elements of discourse understanding. Cambridge. 64-83.

Goebel, J.W., D. Höfer-Frey, J. Scheller (1983): Rechtstatsachen beim Betrieb von Informationssystemen. Handbuch zu vertraglichen, urheberrechtlichen, datenbankrechtlichen und wettbewerbsrechtlichen Problemen. München.

Harbusch, K., A. Rothkegel (1984): PROLID. Ein Programm zur Rollenidentifikation. (Linguistische Arbeiten des SFB 100, Neue Folge, Heft 8). Saarbrücken.

Häfele, J. (1979): Der Aufbau der Sprachkompetenz. Untersuchungen zur Grammatik des sprachlichen Handelns. Tübingen.

Hönig, H., P. Kußmaul (1982): Strategie der Übersetzung. Tübingen.

Jacobs, J. (1984): Funktionale Satzperspektive und Illokutionssemantik. In: Linguistische Berichte 1984/91. 25-58.

Leech, J., J. Svartvik (1975): A communicative grammar of English. London.

Lehrberger, J. (1982): Automatic translation and the concept of sublanguage. In: R. Kittredge, J. Lehrberger (Hg.)(1982): Sublanguage. Berlin. 81-106.

Martino, A.A. (1982): Deontic Logic, Computational Linguistics and Legal Information Systems. Amsterdam.

Rauch, E., A. Rothkegel (1985): Abkommenstexte im Sprachvergleich. (Linguistische Arbeiten des SFB 100, Neue Folge, Heft 9). Saarbrücken.

Rothkegel, A. (1984a): Sprachhandlungstypen in interaktionsregelnden Texten. In: I. Rosengren (Hg.) (1984): Sprache und Pragmatik. Lunder Symposium 1984. Stockholm. 255-278.

- (1984b): Frames und Textstruktur. In: A. Rothkegel, B. Sandig (Hg.) (1984): Texte, Textsorten, Semantik. Hamburg. 238-261.

- (1985a): Text Acts in Machine Translation. (L.A.U.T. Paper No. 133). Trier.

- (1985b): Texttypeigenschaften in der maschinellen Übersetzung. In: U.L. Figge (Hg.) (1985): Romanistik und Datenverarbeitung. Akten der Sektion 'Romanistik und Datenverarbeitung' des Deutschen Romanistentages 1983. Dudweiler. 65-78.

- (1986): Textverstehen und Transfer in der Maschinellen Übersetzung. In: I. Bátori, H.J. Weber (Hg.) (1986): Neue Ansätze in Maschineller Sprachübersetzung: Wissensrepräsentation und Textbezug. Tübingen. 197-227.

SALEM: Sonderforschungsbereich 100 (Hg.) (1980): Ein Verfahren zur automatischen Lemmatisierung deutscher Texte. Tübingen.

Sandig, B. (1984): Textsorten aus dem Bereich der Euorpäischen Gemeinschaft als Gegenstand von maschineller Textanalyse und Übersetzung. In: A. Rothkegel, B. Sandig (Hg.) (1984): Text, Textsorten, Semantik. Hamburg. 197-210.

Wachtel, T. (1986): Pragmatic sensitivity in natural language interfaces and the structure of conversation. In: Proceedings of the 11th International Conference on Computational Linguistics COLING 86. Bonn. 35-41.

Zaefferer, D. (1979): Sprechakttypen in einer Montague-Grammatik. In: G. Grevendorf (Hg.) (1979): Sprechakttheorie und Semantik. Frankfurt.

WISSENSREPRÄSENTATION UND TEXTSTRUKTUR-ANALYSE

Heinz J. Weber

0. Vorbemerkung

Mein Beitrag befaßt sich mit verschiedenen Problemen einer maschinellen Analyse von semantischen Textstrukturen, den dafür relevanten Typen von 'Wissen', dessen computergerechte Repräsentation und Verarbeitung in dem System COAT (kurz für: 'Kohärenz-Analyse von Texten')[1] und einem darauf aufbauenden weiterführenden System OVERCOAT, das sich noch in der Konzeptionsphase befindet und hier nur in Umrissen dargestellt werden soll.

Meine Ausführungen gliedern sich in sieben Abschnitte:

Im ersten Abschnitt soll eine kurzgefaßte Erörterung der **Zielsetzungen** des Systems COAT, des anvisierten **Gegenstandsbereichs** (d.h. der Texte, auf die COAT angewandt werden soll) sowie der linguistischen und computerbezogenen **Grundlagen** den Rahmen abstecken, in den das Verfahren eingeordnet werden kann.

Im zweiten Abschnitt werden **Aufbau** und **Ablauf** von COAT beschrieben; im Vordergrund stehen dabei der Verbund der **lexikalischen Wissensquellen** (sprich: der Analyselexika von COAT) und deren Bezug sowohl zu syntaktischen Einzelsatzbeschreibungen als auch zu **textuellen Wissensquellen** (die hier als Kohärenz- und Referenzregeln bezeichnet werden).

Die **Analyselexika** werden eingehender im dritten Abschnitt behandelt.

Im vierten Abschnitt werden die Verarbeitung von Lexikoninformationen durch **Kohärenzregeln** und die Darstellung daraus abgeleiteter **semantischer Kontinuität** und **Konnexität** in Texten vorgeführt. Der Verfahrensablauf, insbesondere die Eingabe- und Ausgabeformate der einzelnen Verarbeitungsphasen und die Gesamtdarstellung der Analyseergebnisse von COAT im **'Text-Feld'** werden im fünften Abschnitt besprochen.

Nach einer zusammenfassenden Betrachtung des Systems im sechsten Abschnitt wird zum Schluß eine mögliche **Ausweitung des Gegenstandsbereiches** der Kohärenz-Analyse und eine Intensivierung der Textstruktur-Beschreibung im Verfahren OVERCOAT skizziert.

1. Satzübergreifende semantische Analyse: Ziele, Gegenstandsbereich, Grundlagen

Der Großteil des maschinell verarbeiteten Sprachmaterials dürfte in **Textform** vorliegen; Sprachmaterial in Form isolierter Wortformen oder Einzelsätze dürfte dagegen die Ausnahme bilden. Das läßt sich insbesondere für maschinelle Informationserschließung und für maschinelles Übersetzen sagen. Trotzdem beruht die Sprachverarbeitung in der Vielzahl der maschinellen Systeme auf dem 'Satz' als oberster sprachlicher Einheit. Der Takt der Verarbeitung wird dann bestimmt durch die in den Texten vorkommenden Sätze bzw. durch deren graphische Interpunktion (Leerzeichen als Wortformenbegrenzung, Punkt, Komma etc. für Satz- bzw. Satzteil-Grenzen, dazu Weber 1982a; 1982b; 1983). Nach jedem 'Satzende'-Symbol startet die Strukturbeschreibung von neuem, ohne Verarbeitungsergebnisse vorangegangener 'Sätze' einzubeziehen und ohne Ergebnisse noch folgender 'Sätze' abzuwarten. Einheiten und Relationen, die über die Satzgrenzen hinausreichen, werden allenfalls indirekt und global - z.B. über Fachgebiets- oder Texttyp-Markierungen - berücksichtigt.[2] Bei der Entwicklung von COAT und den entsprechenden Vorarbeiten (Weber 1976a; 1976b; 1980) stand die Überlegung im Vordergrund, daß bei Sprachmaterial, das in Textform vorliegt, eine angemessene Beschreibung über die Grenzen des Einzelsatzes hinaus erfolgen muß. Das gilt auf jeden Fall für die Ermittlung von Informationen, die sich nur im Textzusammenhang erschließen lassen (z.B. die Unterscheidung von 'alter' und 'neuer' Information in einem Satz, dazu Bátori 1980), schafft aber auch eine tragfähigere Grundlage für die Lösung von Problemen, die üblicherweise innerhalb der Satzgrenzen beschrieben werden (z.B. PP-attachment).[3]

Für den Zugang zum 'Text' gibt es keinen allgemeinverbindlichen Weg - so wenig wie dies bei der Analyse des 'Satzes' der Fall ist. Die konzeptionellen Grundlagen eines 'Text'-Analysesystems ergeben sich einesteils aus dessen Ziel(en) und Gegenstandsbereich(en) und zum andern aus den verfügbaren theoretischen und technischen Analysewerkzeugen.

1.1 **Ziel** von COAT ist die Zusammenfassung von syntaktisch und lexikalisch spezifizierten Einzelsätzen eines schriftlich vorliegenden abgeschlossenen Textes zu semantisch spezifizierten 'Textabschnitten'. Damit einher geht eine inhaltliche Gliederung von Texten, die im Rahmen von OVERCOAT (vgl. Abschnitt 7) verfeinert und auf die Beschreibung semantischer Beziehungen zwischen Texten (intertextuelle Kohärenz) ausgeweitet werden soll. Als erwünschte Nebeneffekte dieser Zusammenfassung dürften Verbesserungen der syntaktischen Einzelsatzbeschreibung anfallen, wie

- weitergehende Reduktion lexikalischer und struktureller Mehrdeutigkeiten,
- Zuordnung von Anaphern und Bezugsgrößen,
- Auffüllung von 'Lücken' in Sätzen (z.B. fehlendes Subjekt bei Passiv-Konstruktionen).

Die Frage der Nutzbarmachung der COAT-Ergebnisse im Rahmen einer Maschinellen Übersetzung bleibt hier ausgeklammert. Ich verweise auf die Ausführungen in Weber 1986a:233-244.

1.2 Der **Gegenstandsbereich** von COAT sind informierende, sachverhaltszentrierte Texte. Darunter sind solche Texte zu verstehen, in denen sich in der Regel kein expliziter Bezug auf Sender und Adressat findet, bei denen die Mitteilung über Sachverhalte (überwiegend Ereignisse) im Vordergrund steht. Dieser Texttyp ist stark ausgeprägt bei Nachrichten (Presse, Rundfunk, Fernsehen), Berichten und Erzählungen.

Zum Mindestinventar dieser Texte gehören eine Anordnung von sprachlichen Ausdrücken für Sachverhalte und (mindestens) einen Sachverhaltsbeteiligten. Ein klassisches Beispiel dafür:

(1) veni vidi vici   oder:

ven$_a$	i$_1$
vid$_b$	i$_1$
vic$_c$	i$_1$
Sachverhalts-zusammenhang	Sachverhalts-beteiligte

Etwas reichhaltiger ist das Inventar in dem bekannten Kinderreim:

(2)

Sachverhalts-beteiligte (I)	Sachverhalts-zusammenhang		Sachverhalts-beteiligte (II)
(das ist) der $Daumen_1$,	-		-
der_2	schüttelt $_a$		die $Pflaumen_6$,
der_3	$liest_b$		sie_6
		auf,	
der_4	$trägt_c$		sie_6
		nach Haus,	
(und) der $Kleine_5$	$ißt_d$		sie_6 alle
		auf.	

Die Anordnung der Sachverhalte a - c folgt hier - anders als in (1) - einem **Sachverhalts-Schema**: In Verbindung mit der Rubrik (II) kann es als 'Obsternte' bezeichnet werden. Die Sachverhaltsbeteiligten unter der Rubrik (I) lassen sich auf ein **Objekt-Schema** beziehen: die fünf Finger der Hand. Diese beiden Schemata spielen für die Feststellung des textlichen Zusammenhangs eine wichtige Rolle - poetische Faktoren wie Versrhythmus und Reim oder die Zuspitzung auf die Pointe im letzen Vers lasse ich dabei außer acht. Das gilt analog auch für die Beispiele (1) und (3). Beziehungen zwischen Sachverhalten und Sachverhaltsbeteiligten können auch durch sprachliche Mittel (**Text-Schemata**) hergestellt werden, etwa durch rhetorische Figuren wie Paralellismus und Kontrast:[4] <u>die einen</u> - <u>die andern</u>, <u>im Dunkel</u> - <u>im Licht</u>, <u>man sieht</u> - <u>sieht nicht</u>, oder durch Wiederaufnahme (Brinker 1985:26-44). Dazu ein Beispiel von Brecht (Schlußchor der Dreigroschenoper):

(3)

Verknüpfer	Sachverhalts-beteiligte (II)	Sachverhaltszu-sammenhang (II)	Sachverhalts-beteiligte (I)	Sachverhaltszu-sammenhang (I)
Denn	-	-	die $einen_1$	sind im $Dunkeln_a$
,und	-	-	die $andern_2$	sind im $Licht_b$
Und	man_3	$siehet_c$	die_2	im $Lichte_b$
,			die_1	im $Dunkeln_a$
		sieht		
	man_3	$nicht_d$		

In diesem Beispiel ist eine zusätzliche Rubrik eingeführt für **Verknüpfungs- und Verweisformen**, die einen weiteren Beitrag zur Bildung von Textabschnitten und zur Gliederung von Texten leisten.

Im vierten Beispiel - einer leicht abgewandelten Textpassage aus dem 'EG-Bulletin' - kommt noch eine Rubrik für **'Einbettungen'** hinzu (COAT-intern auch als 'Sprechblase' bezeichnet, da es sich bei den EG-Texten[5] in der Regel um Redebeiträge von Sachverhaltsbeteiligten handelt). Da sich Einbettungen über mehrere Sätze erstrecken und 'schema-fremde' Sachverhalte beinhalten können,[6] wird durch sie die Kohärenz-Analyse in COAT erschwert. Vorerst behilft sich COAT mit einer Isolierung von 'Sprechblasen'; sie werden im weiteren Verlauf der Textstruktur-Analyse ausgeblendet. Eine angemessenere Handhabung dieses Problems soll in OVERCOAT durchgeführt werden.

(4)

Verweise, Verknüpfer	Sachverhalts-beteiligte	Sachverhalts-zusammenhang	Einbettungen ('Sprechblase')
-	Mitglieder	trafen sich$_a$	-
	der Kommission$_1$	in Brüssel	
	und		
	Vertreter		
	des RGW$_2$		
Bei dieser			
Gelegenheit		unterstrich$_b$	
	Kommissionsmitglied		das Interesse
	Davignon$_1$,		der Gemeinschaft
			an ...
Ferner		hob	
	er$_1$,	hervor$_c$	,daß ...
	Man$_{1\&2}$	vereinbarte$_d$	eine Intensivierung ...

Der Zusammenhang der Sachverhalte folgt auch in diesem Beispiel einem Schema ('Politikertreffen'; vgl. Weber 1982a) - unterstützt durch die Wiederaufnahme von Sachverhalten ('bei dieser Gelegenheit') und Sachverhaltsbeteiligten ('er') in Verbindung mit einer Verknüpfung ('ferner').

Fassen wir einmal zusammen: Die in den vier Beispielen angeführten Spielarten für sachverhaltszentrierte Texte decken den Gegenstandsbereich der Textstruktur-Analyse mit COAT ab. Folgende Faktoren der Bildung von satzübergreifenden Einheiten in Texten kommen darin zum Tragen:

- Verweis- und Verknüpfungsrelationen, soweit sie durch lexikalische Mittel angezeigt sind, die im folgenden unter der Bezeichnung 'textorganisierende Einheiten' zusammengefaßt werden;
- Beziehungen zwischen sprachlichen Ausdrücken für Sachverhalte auf der Grundlage von Sachverhalts-Schemata (wie 'Obsternte', 'Politikertreffen') und Text-Schemata (z.B. Parallelismus, Kontrast);
- Beziehungen zwischen sprachlichen Ausdrücken für Sachverhaltsbeteiligte auf der Grundlage ihrer Sachverhaltsbeteiligung (Rollenspezifikation): z.B. Referenzidentität von 'Davignon' und 'er' in (4) als Besetzungen für die Rolle 'Sprecher' in den Sachverhalten b und c.
- Dagegen werden Einbettungen (sprachliche Ausdrücke für Redebeiträge von Sachverhaltsbeteiligten) 'eingekapselt' und bei der Kohärenz-Analyse übersprungen.

1.3 Nun zu dem **Grundlagen** der Kohärenz-Analyse: Vorausgesetzt wird eine **Lemmatisierung** des gesamten Textes nach dem in SALEM 1980 beschriebenen Standard und eine **dependentielle syntaktische Beschreibung der Einzelsätze,** die im konkreten Fall von dem SFB 100-Parser SATAN übernommen wird. Die Analyserichtung verläuft insgesamt aszendent - von einer morphologischen Beschreibung der Wortformen über eine syntaktische Beschreibung von Sätzen zur semantischen Beschreibung von Textstrukturen.

Lemmatisierung und Syntax-Analyse werden hauptsächlich zur Entlastung der Kohärenz-Analyse vorgeschaltet. Dem prinzipiellen Problem von Ebenen-Modellen in der Analyse, daß Spezifikationen für eine Ebene unter Umständen zu früh oder nicht mit Sicherheit vorausgesetzt werden und bei fehlerhaften Ergebnissen die Weichen für nachfolgende Analyseschritte falsch gestellt werden, versucht COAT dadurch zu begegnen, daß einmal

- die lexikalischen und syntaktischen Voraussetzungen zur Vermeidung von Analysefehlern relativ 'flach' gehalten sind (z.B. bei den Wortformen werden die morphologische Grundform und syntaktische Dekorationen wie Kasus-, Genus-, Numerus-, Person-, Tempus- und Modus-Angaben vorausgesetzt; für die

Sätze oberflächensyntaktische Kategorien wie Nominal-, Verbal-, Präpositional-Gruppen, Nebensatz-Typen und Aktiv-/Passiv-Unterscheidung). Um bestimmte 'Fußangeln' in der syntaktischen Beschreibung, wie etwa das PP-attachment (vgl. Anmerkung 3), zu umgehen, werden einige Ergebnisse der Syntax-Analyse, wie die PP-Zuordnungen, in COAT ignoriert; erst im COAT-Analyseschritt SEPARE[2] und in TEXTOR2 soll darüber entschieden werden.

- Zum andern wird die Möglichkeit von lexikalischen und strukturellen Mehrdeutigkeiten in COAT zugelassen, um evtl. in den vorangegangenen Analyseschritten unterdrückte Alternativen nochmals berücksichtigen zu können (siehe Abschnitte 2.1 und 4.1; CHOPPR1).

Im einzelnen werden die Ergebnisse der Lemmatisierung für die Identifizierung textorganisierender Einheiten und von Sachverhalten (vgl. Abschnitt 2.1, PARAGRAPH bzw. TEXTOR1), die syntaktischen Spezifikationen für die Identifizierung von Rollenbesetzungen herangezogen (vgl. TEXTOR2).

Die Kohärenz-Analyse geht von lexikalischen Einheiten aus; dies gilt - wie gesagt - für die textorganisierenden Einheiten und Ausdrücke für Sachverhalte. Den **textorganisierenden Einheiten** kommt im wesentlichen die Funktion zu, die zu analysierenden Texte vorzustrukturieren. Entsprechend ihrer Verwendung als **Text-Interpunktion** ist die Spezifikation dieser Einheiten allgemein gehalten. Unterschieden werden textabschnitt-trennende und textabschnitt-interne Einheiten; letztere werden nochmals unterteilt in verweisende, modifizierende und verknüpfende Einheiten. In Analogie zur Textgliederung in gesprochener Sprache (dazu Gülich 1970; Rath 1973) werden in COAT auch graphische Elemente einbezogen, wie Leerzeile, Numerierung, und die Satz-Interpunktionszeichen[7].

Die Identifizierung von **Sachverhalten** und **Sachverhaltszusammenhängen** beruht in der Hauptsache auf einer semantischen Beschreibung von Verben durch sogenannte **Propositionale Gefüge**; das sind gegliederte Propositionsmengen, die je nach der Komplexität der repräsentierten Sachverhalte aus einer (oder mehreren) Einzelproposition(en) bestehen (dazu ausführlicher Weber 1976a; 1981; 1983), und aus Verknüpfungssymbolen, die angeben, ob zwischen den inkorporierten Sachverhalten zeitliche Abfolge oder Gleichzeitigkeit vorliegt. Der propositionale Rahmen umfaßt jeweils ein Prädikat und eine Konfiguration von Rollenbezeichnungen für die Sachverhaltsbeteiligten.

Auf diese Weise werden nicht nur Verben beschrieben, sondern auch Nominalisierungen (z.B. 'Treffen', 'Reise'), objektsprachliche Rollenbezeichnungen ('Teilnehmer', 'Delegation', 'Treffpunkt', 'Zeitpunkt') und bestimmte Adjektiva ('voraussichtlich') und Präpositionen ('hinsichtlich').

Die Zusammenfassung von Sachverhalten geschieht auf dieser Grundlage: Welche Sachverhalte zueinander in Beziehung gebracht werden können, hängt von der Zusammensetzung der Propositionalen Gefüge ab.

Die Beschreibung von **Sachverhaltsbeteiligten** wird ebenfalls von den Propositionalen Gefügen abgeleitet, und zwar von den dort notierten **Rollenkonfigurationen.** Die satzübergreifende Beschreibung basiert auf der **Rollenidentität** von Sachverhaltsbeteiligten (vgl. 'Davignon' und 'er' als Besetzungen für die Rolle 'Sprecher' in Beispiel (4)) und auf der **Rollenverträglichkeit** (so sind die Rollen 'Sprecher', 'Partner', 'Akteur' innerhalb eines Propositionalen Gefüges verträglich (vgl. SEPARE[2])).

1.4 Wie in den Textbeispielen (1) - (4) gezeigt, ist bei der Ermittlung satzübergreifender inhaltlicher Zusammenhänge nicht allein von Repräsentationen außersprachlicher Gegebenheiten auszugehen, es müssen auch genuin sprachliche Vertextungsmittel einbezogen werden. In manchen Arbeiten zum 'Textverstehen' aus der Künstlichen Intelligenz (beispielsweise bei Eisenstadt 1976) werden diese beiden Faktoren der Vertextung durch Einführung von Rubriken wie 'domain knowledge' und 'discourse knowledge' auseinandergehalten.

Im Text ist zwischen beiden Typen von 'Wissen' keine scharfe Trennung möglich - im Gegenteil: gerade ihre Verbindungsfähigkeit ist für die Textbildung charakteristisch. Das zeigt sich z.B. daran, daß die festliegende zeitliche Abfolge von Ereignissen in komplexen Sachverhalts-Schemata bei textlicher Linearisierung variieren kann.[8] Die verschiedenen Möglichkeiten der Montage von Ereignissen lassen sich dabei ggf. auf unterschiedliche Text-Schemata beziehen (z.B. 'Protokollierung' bei progressiver Linearisierung der Ereignisse; 'Resümee' bei regressiver Linearisierung).

In COAT werden insgesamt drei **Wissensquellen** benutzt, in denen sprachliches und außersprachliches Wissen aufeinander bezogen sind: **Lexikalische, syntaktische und textuelle Wissensquellen.** Einen Überblick gibt das nachfolgende Diagramm:

Diagramm a: Typen von 'Wissen' für COAT

- **Lexikalische Wissensquellen**
  - **Außersprachliches Wissen:** Sachverhalts-, Objekt-Wissen, zeitliches, räumliches, logisches Wissen (z.B. KOMPLEX, TOLEX)
  - **Sprachliches Wissen:** Wortarten-Einteilung, semantische Wertigkeit von Lexemen, Kompositabildung (z.B. Komposita-Grammatik (in SATAN), Valenz-Lexikon, Funktionswörter-Lexikon (SATAN))
- **Syntaktische Wissensquellen**
  - **Außersprachliches Wissen:** Sachverhaltsbeteiligung, Sachverhaltszusammenhänge (z.B. KOMPLEX-Rollenkonfigurationen, Propositionale Gefüge)
  - **Sprachliches Wissen:** Syntaktische Einbindung von Rollenbesetzungen, Linearisierung von Sachverhalten, Sachverhaltsbeteiligten im Satz (z.B. ALEX-Rollen-Spezifikation; SATAN-Satzgrammatik)
- **Textuelle Wissensquellen**
  - **Außersprachliches Wissen:** Sachverhalte, Sachverhaltszusammenhänge, Sachverhaltsbeteiligung; zeitliche Abfolge (z.B. KOMPLEX, Propositionale Gefüge; Rollenkonfigurationen)
  - **Sprachliches Wissen:** Textliche Montage (Linearisierung, Verknüpfung) von Sachverhaltszusammenhängen, Verweisprinzipien (z.B. Kohärenz- und Referenz-Regeln)

1.5 Noch einige Bemerkungen zur **Implementierung** der Kohärenz-Analyse: COAT ist in der Programmiersprache COMSKEE (entwickelt vom Projektbereich E des SFB 100) implementiert und läuft auf einem Siemensrechner unter BS 2000. Eigenschaften und Datentypen von COMSKEE bestimmen zu einem großen Teil die Repräsentationsformate einzelner Wissensbestände, die Prinzipien ihrer Verarbeitung und die Notierung der Analyseergebnisse. Die records der COAT-Lexika sind durch die Datentypen 'string', 'set' und 'sentence' strukturiert. Die Verarbeitung dieser Informationen in den Kohärenz- und Referenz-Regeln basiert auf pattern-matching. Die Ergebnisse der einzelnen Analyseschritte werden kumulativ in einem 'Text-Feld' angeordnet (siehe dazu Abschn. 5). Bei der Wahl von COMSKEE als Implementierungssprache war zu Anfang mehr Pflichtgefühl als Neigung im Spiel. Mit fortschreitender Arbeit hat sich die Einstellung gewandelt; die komfortable und transparente Art der Programmierung machen COMSKEE zu einem gut handhabbaren Werkzeug in linguistisch komplexer Sprachverarbeitung.

Zum Stand der Implementierung ist folgendes zu berichten: Die Analyseschritte PARAGRAPH, TEXTOR1, CHOPPR1 mit den Lexika TOLEX, KOMPLEX und ALEX und den Kohärenz-Regeln liegen zum gegenwärtigen Zeitpunkt (September 1986) vor. Die Analyseschritte CHOPPR2, TEXTOR2 und SEPARE[2] mit den Referenz-Regeln sollen bis zum Ende des Förderungszeitraums implementiert werden.

2. Aufbau und Ablauf der Kohärenz-Analyse

2.1 In COAT sind folgende **Verfahrensschritte** vorgesehen: SYNTAX, PARAGRAPH, TEXTOR1, CHOPPR1 und CHOPPR2, TEXTOR2 und SEPARE[2]. Den Verfahrensteil **LETRA** (für 'Lexikalischer Transfer'), der auf der Grundlage von COAT-Ergebnissen eine Übertragung von deutschen Lexemen in englische und französische Äquivalente durchführen soll, bleibt - ebenso wie das Transferlexikon **TRAP** - ausgeklammert (näheres dazu in Weber 1986a:247-248). Das gleiche gilt für die Lemmatisierung und Syntax-Analyse, die oben unter der Rubrik **SYNTAX** zusammengefaßt sind (dazu Weber 1986b).

In der ersten eigentlichen COAT-Phase **PARAGRAPH** soll eine Vorstrukturierung der eingegebenen Texte versucht werden. Maßgebend dafür sind die Informationen aus einem Lexikon textorganisierender Einheiten (**TOLEX**). Die daraus abgeleitete Text-Interpunktion portioniert den Text in Analyseabschnitte und markiert Verweisformen, Modifikationen und Verknüpfer.

Die zweite COAT-Phase **TEXTOR1** (für 'Textorentierte Repräsentation') führt die von SYNTAX übernommenen lexikalischen Grundformen in Verbindung mit ihrer morphosyntaktischen Spezifikation Satz-für-Satz an den Einträgen des Lexikons für komplexe Sachverhalte (**KOMPLEX**) vorbei. Nach der Zuordnung von valenztragenden Lexemen und Propositionalen Gefügen von KOMPLEX wird im dritten Verfahrensschritt CHOPPR1 (für 'Kohärenz-orientiertes Parsing über Propositionen') versucht, über **globale Kohärenz-Regeln** und über eine Verträglichkeitsliste für Prädikatklassen **semantische Kontinuität** zwischen den vorliegenden propositionalen Sachverhaltsrepräsentationen herzustellen und **harte Schnitte** zu vermeiden. Der gewollte Nebeneffekt besteht darin, die von SYNTAX und/oder TEXTOR1 übernommenen Mehrdeutigkeiten und damit den Arbeitsaufwand für die nachfolgenden COAT-Phasen zu reduzieren.

Das betrifft vor allem **CHOPPR2**. Hier sollen die propositionalen Konstruktionen aus TEXTOR1 zu satzübergreifenden Propositionskomplexen verknüpft werden. Diese Verknüpfung wird - wie schon gesagt - zuerst über die Sachverhaltsrepräsentationen versucht. Sie hängt vom Umfang und der Gliederung dieser Repräsentationen ab und wird über **lokale Kohärenz-Regeln** gesteuert. Diese Kohärenz-Regeln setzen Propositionale Gefüge oder Teile davon zueinander in Beziehung und leiten daraus eine Spezifizierung von Sachverhaltszusammenhängen ab oder markieren im negativen Fall einen 'semantischen Schnitt'.

Im Verfahrensschritt **TEXTOR2** werden die in den Einzelsätzen vorkommenden valenzgebundenen Konstruktionen aufgrund ihrer syntaktischen Spezifizierungen durch SYNTAX als **Rollenbesetzungen** bestimmt. Die entsprechenden Rollen sind bereits in TEXTOR1 zusammen mit den Propositionalen Gefügen in die Kohärenz-Analyse eingebracht worden. Jetzt werden die im Rollen-Lexikon ALEX (für 'Argument-Lexikon') notierten syntaktischen Beschränkungen nacheinander mit den SYNTAX-Spezifikationen in den Einzelsätzen verglichen.

Im Verfahrensschritt **SEPARE^2** ('Semantisches Parsing von Referenz-Relationen') werden die Rollen und Rollenbesetzungen der in CHOPPR2 verknüpften Sätze oder Satzteile auf Rollenverträglichkeit bzw. auf Koreferenz hin überprüft. Diese Überprüfung erstreckt sich auf Wortlaute und auf Abfolge-Regularitäten verweisender Einheiten (z.B. 'Kadenzen' der Art <u>der Minister für XY</u> - <u>Minister A</u> - <u>Herr A</u> - <u>er</u> - <u>der Minister</u> ...; vgl. auch Beispiel (4)). Die Verträglichkeit von Rollen wird über Verträglichkeitslisten festgelegt und kommt dann zum Tragen, wenn die vorher genannten Überprüfungskriterien nicht zur Verfügung stehen. Ergebnis von SEPARE^2 ist eine **referentielle Darstellung** von Rollenbesetzungen in einem Sachverhaltszusammenhang, die im Falle von Auslassungen auch unbesetzte Rollen umfaßt.

Das nachstehende Diagramm zeigt die Verfahrensschritte von COAT (ohne die Transfer-Phase LETRA) im Überblick.

Diagramm b: Die COAT-Phasen im Überlick

Verfahren	spezifizierte Einheiten (Resultat)	übergeordnete Einheiten Analyserahmen	Wissensquellen	Verfahrensweise
SYNTAX	alle Wortformen	Satz	Valenzlexikon & Valenzgrammatik	Abgleich & Analyse
PARAGRAPH	Konnektoren und alle WFen	Text	TOLEX	Abgleich
TEXTOR1	mögliche Prädikate und Rollenkonfig. (Wortform)	Satz	KOMPLEX-Lesarten & -Klassen	Abgleich
CHOPPR1	desambig. Prädikate (Wortform)	Absatz	Globale Kohärenzregeln bezogen auf KOMPLEX-Klassen (1. Teil)	Analyse
CHOPPR2	kohärente Prädikate (Prädikatspaar)	Text	Lokale Kohärenregeln bezogen auf KOMPLEX-Klassen (2. Teil)	Analyse
TEXTOR2	Rollenbesetzungen (Wortformenfolge)	Satz	Rollen-Zuweisungsregeln bezogen auf ALEX-Restriktionen	Abgleich & Analyse
SEPARE[2]	koreferente Rollenbesetzungen (Gruppen von Wortformenfolgen)	Text	Referenzregeln bezogen auf Wortlaut oder Rollen-Labels	Analyse

3. Lexikalische Wissensquellen in COAT

3.1 Das Lexikon textorganisierender Einheiten TOLEX

Ein TOLEX-Eintrag besteht aus Index und ggf. Präfix (als Index-Bestandteil bei mehrwortigen Einheiten) und der Typisierung, dem Informationsteil des Eintrags. Index und Präfix verzeichnen den normalisierten Wortlaut der entsprechenden Einheit; die Typisierung selbst setzt sich aus drei Komponenten zusammen: aus Typ, Subtyp(en) und Bezugseinheit(en). Notiert wird die Typisierung in folgender Weise:

TYP/SUBTYP1.SUBTYP2/BEZUGSEINHEIT1-BEZUGSEINHEIT2-...

Als Beispiel die Einträge zu den Ausdrücken er, in folgender Weise, vorher (die entsprechenden Abkürzungen werden in nachfolgender Zusammenstellung erläutert).

Diagramm c: Aufbau eines TOLEX-Eintrags

Index:	Präfix:	Typisierung:
er	(leer)	LVERW/SUBS/OBJ
Weise	in folgend-	RVERW/SPEZ/PROP
vorher	(leer)	LVERW/SEQU.ZUVOR/PROP-ZEIT

Die verschiedenen Typisierungen werden in COAT an unterschiedlichen Stellen relevant: Absatzmarkierungen werden in CHOPPR1 beachtet, verweisende Einheiten werden in CHOPPR2 (bei Zeitangaben) und in SEPARE2 verarbeitet. Modifizierende Einheiten werden in COAT überlesen - sie leisten zur Kohärenz-Analyse keinen Beitrag. Verknüpfende Einheiten spielen sowohl bei der Überprüfung von syntaktischen Beschränkungen in TEXTOR2 (soweit sie Nominal- oder Präpositionalgruppen verbinden), als auch bei der Eingrenzung von 'Sprechblasen' in CHOPPR2 eine Rolle (soweit es sich um redeeinleitende Einheiten wie daß, ob etc. handelt).

Diagramm d) zeigt die Typologie der TOLEX-Einträge in einer Zusammenfassung:

Diagramm d: Typologie der TOLEX-Einträge

Typisierung:	Abkürzung:	Beispiele:
I. Textabschnitt-trennend		
1. Absatzschließend	ABSS	graphisch: Punkt, Absatz-Leerzeile
2. Absatz-öffnend	ABSA	graphisch: Absatz-Numerierung, Spiegelstrich
II. Textabschnitt-intern		
1. Verweisend		
A) Vorwegnehme (Rechtsverweis)	RVERW	
a) Substitution	/SUBS	graphisch: Ersetzungsstrich (Haus- und Grundbesitz) lexikalisch: derjenig-
b) Spezfikation	/SPEZ	graphisch: Doppelpunkt lexikalisch: folgend-
B) Wiederaufnahme (Linksverweis)	LVERW	
a) Substitution	/SUBS	er, dort
b) Spezifikation	/SPEZ	dies-
c) Begründung	/BEGR	deswegen
d) Anordnung	/SEQU	zuvor, gleichzeitig, später
C) Verweis (unspez.)	UNVERW	
a) Substitution	/SUBS	es
b) Spezifikation	/SPEZ	sein-
2. Modifizierend	MODE	
a) Spezfikation	/SPEZ	insbesondere
b) Begründung	/BEGR	nämlich
c) Bewertung	/WERT	graphisch: 'Gänsefüßchen', lexikalisch: in hohem Maß
3. Verknüpfend		
A) Unterordnend	UVERK	
a) Spezifikation	/SPEZ	daß, ob, ohne
b) Begründung	/BEGR	weil
c) Kondition	/KOND	wenn
B) Nebenordnend	NVERK	
a) Übereinstimmung	/AEQU	graphisch: Schrägstrich (er/sie) lexikalisch: und, oder, bzw.
b) Differenz	/DIFF	zwar, aber

Die Bezugseinheiten für die textinternen Einheiten sind Propositionen (PROP), Objektbezeichnungen (OBJ), Raum- und Zeitangaben (RAUM, ZEIT).

Die Zahl der TOLEX-Einträge beläuft sich derzeit auf ca. 120.

3.2 Das Prädikatlexikon KOMPLEX

KOMPLEX ist in zwei Teilen angeordnet, wovon der erste, KOMPLEX (Lesarten), eine semantische Klassifizierung von Lexemen (eben deren 'Lesarten') enthält. In Diagramm e) sind bei 'zusammentreten' zwei Prädikat-Klassen (SICH TREFFEN und ATTACKIEREN) vorgesehen; 'gehen' gehört den Klassen SICH BEGEBEN und FUNKTIONIEREN an.

Der zweite Teil, KOMPLEX (Klassen), umfaßt eine kohärenz-orientierte semantische Spezifikation dieser Prädikat-Klassen. Der Identifikationsvorgang in COAT verläuft demnach in zwei Durchgängen: Zuerst über die Grundformen von Lexemen, die in der vorangegangenen Lemmatisierung ermittelt worden und in dieser Form als Stichwörter in KOMPLEX (Lesarten) verzeichnet sind. Nach Zuordnung der jeweiligen Informationsteile, den Prädikat-Klassen, erfolgt der zweite Durchgang, diesmal über die Einträge von KOMPLEX (Klassen). Stichwörter sind hier die aus KOMPLEX (Lesarten) übernommenen Prädikat-Klassen. Die Spezifikation der Prädikat-Klassen ist in zwei Bereiche strukturiert, eine allgemeine Typisierung und ein Propositionales Gefüge, das aus Prädikat-Komplex und Rollen-Konfiguration besteht. Bei einfachen Prädikaten (vgl. FUNKTIONIEREN) bleibt der Prädikat-Komplex leer.

Die Kohärenzanalyse macht von diesen Informationstypen unterschiedlichen Gebrauch: die allgemeine Typisierung wird in der COAT-Phase CHOPPR1 durch globale Kohärenz-Regeln verarbeitet und dient u.a. zur Disambiguierung mehrdeutiger Lexeme, die Propositionalen Gefüge bilden die Basis für die Verknüpfung von Sachverhalten und Sachverhaltsbeteiligten im Text.

Diagramm e) deutet diesbezüglich mehrere Möglichkeiten an; sie sind durch unterbrochene Linien hervorgehoben: So erlaubt die Übereinstimmung der Prädikat-Klasse SICH BEGEBEN bei 'reisen' und 'gehen' mit der ersten Position des Prädikat-Komplexes von SICH TREFFEN eine Verknüpfung von Sätzen, in denen 'reisen' oder 'gehen' bzw. 'zusammentreten' oder 'sich treffen'[9] vorkommen (ausführlicher dazu Abschnitt 4.2). Darüberhinaus sind auch Verknüpfungen von Sachverhaltsbeteiligten über die Rollen-Spezifikation möglich: vgl. die übereinstimmenden Rollen-Etiketten bei SICH TREFFEN und VEREINBAREN.

Diagramm e: Struktur des Prädikat-Lexikons und Aufbau der Einträge

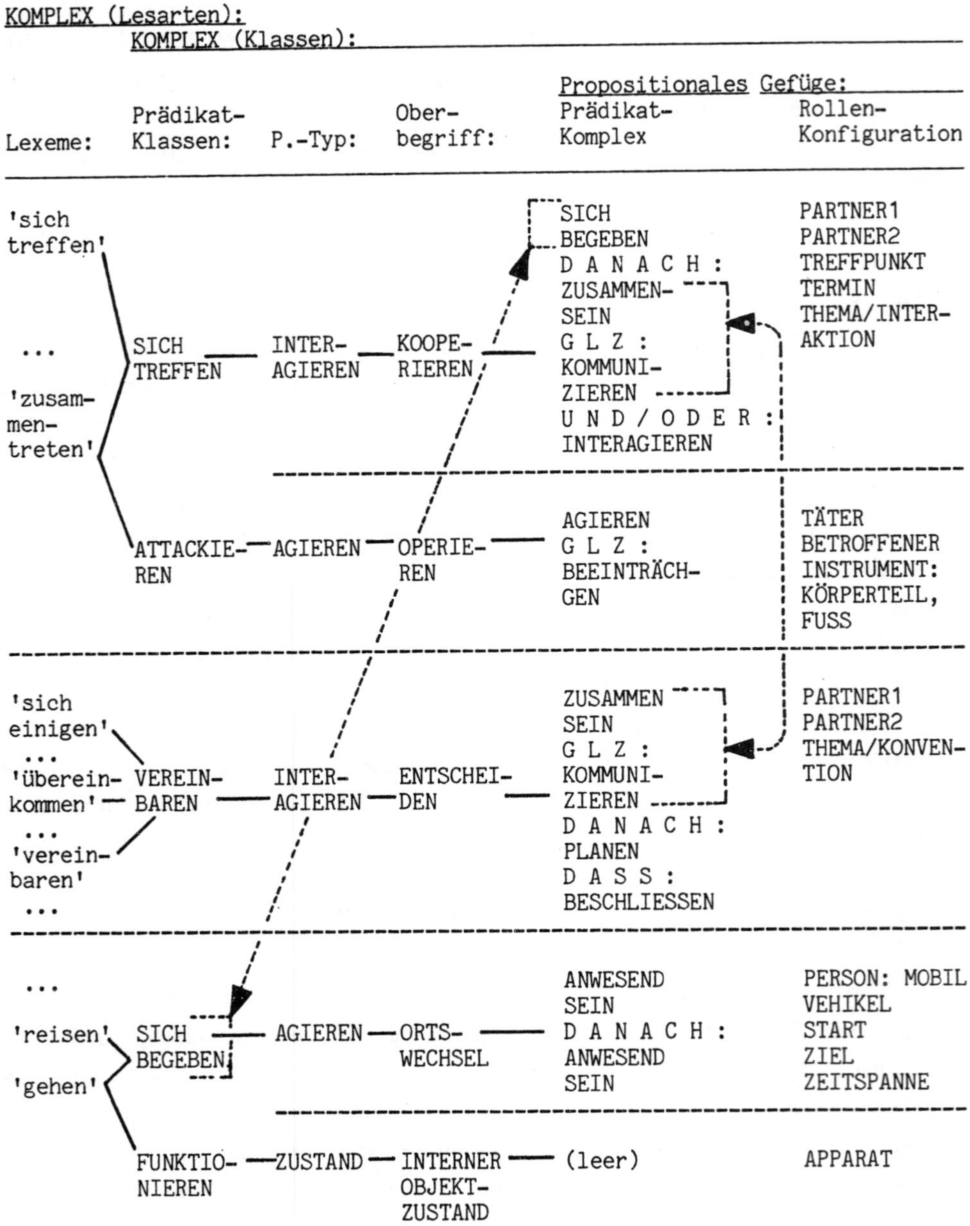

Den Kern der KOMPLEX-Spezifikationen bilden die Propositionalen Gefüge, die man in Anlehnung an die Schankschen Konstrukte (Schank 1975) als 'scripts' bezeichnen kann. Ziel von COAT ist jedoch die Strukturierung von Texten - nicht die Beantwortung von Fragen zu den darin behandelten Ereignissen oder Akteuren, etwa in der Weise: Warum muß ein Restaurant-Besucher Geschirr spülen? Dementsprechend erfolgt auch eine andere Art der Wissensverarbeitung in COAT. Die abgeleiteten Informationen umfassen eine Inventarisierung von Sachverhalten und Sachverhaltsbeteiligten, eine zeitliche und referentielle Relationierung und eine thematische Gliederung des Textes. Es wäre demnach zutreffender, von **kohärenz-orientierten scripts** zu sprechen.[10]

Zur Zeit enthält KOMPLEX (Klassen) insgesamt ca. 40 unterschiedliche Propositionalen Gefüge und 70 Prädikat-Klassen. Die Anzahl der Stichwörter in KOMPLEX (Lesarten) beträgt ca. 400.

3.3 Das Rollen-Lexikon ALEX

Die Stichwörter des Rollen- oder Argument-Lexikons (bislang ca. 30) stimmen mit den Rollen-Etiketten der Propositionalen Gefüge in KOMPLEX überein. ALEX-Einträge spezifizieren nicht direkt Lexeme, sondern Rollenbesetzungen, und zwar einmal bezogen auf deren strukturelle Einbindung in Sätze und zum andern hinsichtlich möglicher lexikalischer Kandidaten. Diagramm f) zeigt einen Ausschnitt aus der Spezifikation der Rollen PARTNER, THEMA, KÖRPERTEIL, FUSS (vgl. dazu auch Diagramm e).

Diagramm f: Aufbau der ALEX-Einträge

Rollen-Etikett:	Syntaktische	Lexikalische Beschränkungen:
PARTNER	NP1, PP (mit), ...	(leer)
THEMA	NP4, ST2, ST5	(leer)
KÖRPERTEIL, FUSS	PP (mit)	'Fuß', 'Bein', 'Schuh', 'Stiefel', ...

Die Abkürzungen bedeuten: NP1, NP4 (Nominalgruppen in Nominativ bzw. Akkusativ), ADV (Adverb), PP (Präpositionalgruppe), ST2, ST5 (Objekt-Satz bzw. Subjekt-Satz mit konjunktionaler Einleitung oder mit Infinitiv)

4. Textuelle Wissensquellen: Globale und lokale Kohärenz-Regeln

4.1 Die Überprüfung der Texte auf 'semantische Kontinuität' hin geht davon aus, daß in informierenden, sachverhaltsbezogenen Kleintexten, wie Kurznachrichten, 'harte Schnitte',d.h. unvermittelte Übergänge zu anderen thematischen Bereichen, selten sind, daß demgegenüber die Tendenz besteht, im gleichen Bereich zu bleiben bzw. einen Wechsel durch textorganisierende Einheiten unterstützend anzuzeigen. Diese Annahme wird in einem heuristischen Verfahren zur Reduktion von semantischen Mehrdeutigkeiten ausgenutzt. Über **globale Kohärenz-Regeln** und **Verträglichkeitslisten** sollen abweichende Sachverhaltsrepräsentationen zugunsten verträglicher Repräsentationen unterdrückt werden. Dazu ein Beispiel:

(5) Die im Text vorkommenden Sachverhalte werden durch die Verben 'einladen', 'zusammentreten' und 'erörtern' ausgedrückt. Es kann sich dann - vereinfacht gesprochen - um **einen** Sachverhaltszusammenhang handeln, ein Treffen, oder um drei unterbrochene Ereignissequenzen. Der erstgenannten Möglichkeit wird der Vorzug gegeben, die Verb-Lesarten der anderen Möglichkeiten werden dagegen in den nachfolgenden Verfahrensschritten nicht mehr berücksichtigt.

Lexeme:	'einladen'	'zusammentreten'	'erörtern'
Lesarten:	1. PLAZIEREN	3. SICH TREFFEN →	5. DISKUTIEREN
	(HANTIEREN)	(KOOPERIEREN)	KOMMUNIZIEREN)
	2. ANBIETEN ↗	4. ATTACKIEREN	
	(KOMMUNIZIEREN)	(OPERIEREN)	

Die Lesarten 2., 3., 5. zeigen einen kontinuierlichen Übergang, während die Lesarten 1., 3., 5. einen 'harten' Schnitt zwischen 1. und 3., 5., die Lesarten 1., 4., 5. einen 'Schnitt' zwischen 1., 4. und 5. und die Lesarten 2., 4., 5. zwei 'Schnitte' zwischen 2. und 4. und 5. zeigen.

Grundlage der Auswahl von Lesarten ist eine Verträglichkeitsliste für Prädikat-Klassen und Prädikat-Oberbegriffe:

Diagramm g: Verträglichkeit von Lesarten in CHOPPR1

Lesart:		verträglich mit:		unverträglich mit:	
KOOPERIEREN	oder	ORGANISIEREN	oder	OPERIEREN	oder
ORGANISIEREN	oder	KOMMUNIZIEREN	oder	HANTIEREN	oder
KOMMUNIZIEREN	...	ENTSCHEIDEN	...	PRAKTIZIEREN	...
ENTSCHEIDEN		KOOPERIEREN		OBJEKTZUSTAND	

4.2 Grundlage der Zusammenfassung von Sachverhalten sind die **lokalen Kohärenz-Regeln;** sie definieren semantische Relationen zwischen jeweils zwei aufeinanderfolgenden Sachverhaltsrepräsentationen. In lokalen Kohärenz-Regeln werden die Prädikat-Komplexe einschließlich der Konnektoren, wie sie in den Propositionalen Gefügen verzeichnet sind, zueinander in Beziehung gesetzt. Die Definition der Relationen wird sowohl im Hinblick auf die Struktur der Prädikat-Komplexe, als auch in Bezug auf die zeitliche Abfolge von Sachverhalten und die Reihenfolge ihres Auftretens im Text formuliert.

Hinsichtlich des Strukturvergleichs ergeben sich die Spezifikationen **Integration, Äquivalenz** (bei partieller bzw. vollständiger Übereinstimmung) und **Intersektion** (Vorkommen eines gemeinsamen Elements bei sonstiger Verschiedenheit der Prädikat-Kmplexe). Zeitliche Abfolge und Linearisierung im Text werden durch sieben **Kohärenz-Typen** spezifiziert:

Sequenz für zeitliche und textliche Aufeinanderfolge ('sich treffen' - 'verhandeln'), **Rücksprung** für die Umkehrung der zeitlichen Abfolge ('teilnehmen' - 'einladen'); für die textliche Aufeinanderfolge gleichzeitiger Ereignisse sind die Typen **Szene** ('unterwegs sein' - 'reisen') und **Parallelismus** ('sehen' - 'sehen')f, **Detaillierung** ('sagen' - 'betonen'), **Rahmung** ('teilnehmen' - 'weilen') und **Anschluß** ('sehen', daß 'kommen') vorgesehen.

Zur Ermittlung dieser Kohärenz-Typen sind 26 lokale Kohärenz-Regeln erforderlich. Sie haben folgenden Zuschnitt:

Diagramm h: Format lokaler Kohärenz-Regeln

Mustervergleich:	Spezifikation:
Zusatz, pattern Prädikat$_n$ = pattern Prädikat$_{n+1}$	: Kohärenz-Typ

Dazu ein Beispiel für den Kohärenz-Typ 'Sequenz':

(6)

Zusatz:	pattern 1:	pattern 2:
DANACH:	Prädikat$_n^1$ GLZ: Prädikat$_n^2$	= Prädikat$_{n+1}^1$ GLZ: Prädikat$_{n+1}^2$

Diese Regel spezifiziert den Zusammenhang zwischen Lexemen wie <'sich treffen', 'zusammentreten', ...> und <'vereinbaren', 'sich einigen', ...> (die entsprechenden Prädikat-Komplexe sind in Diagramm e) aufgeführt).

5. Interaktion der Verfahrenskomponenten, Aufbau des Text-Feldes

Nach der Schilderung des Verfahrensablaufs sowie der lexikalischen und textuellen Wissensquellen noch einige Erläuterungen zum Zusammenwirken der einzelnen COAT-Komponenten und der abschließenden Notierung der Analyseergebnisse:

Als Repräsentationsform für die COAT-Ergebnisse wurde eine Form gewählt, die eine transparente Dokumentation der Kohärenz-Analyse eines Textes und eine Weiterverarbeitung in einem anderen Rahmen (z.B. in der Maschinellen Übersetzung oder in OVERCOAT) ermöglicht. Das dafür aufgebaute 'Text-Feld' wird aus einer Matrix gebildet, deren vertikale Spalten von den im Text vorkommenden lexikalischen Einheiten - in der Reihenfolge ihres Auftretens - bestimmt werden.

Die 18 horizontalen Reihen verzeichnen die Analyseergebnisse von SYNTAX, PARAGRAPH, CHOPPR2, TEXTOR2 und SEPARE[2].

Diagramm i) zeigt den Verfahrensablauf, der kummlative Aufbau des Text-Feldes wird in Diagramm j) ersichtlich.

Diagramm i: Verfahrensablauf von COAT

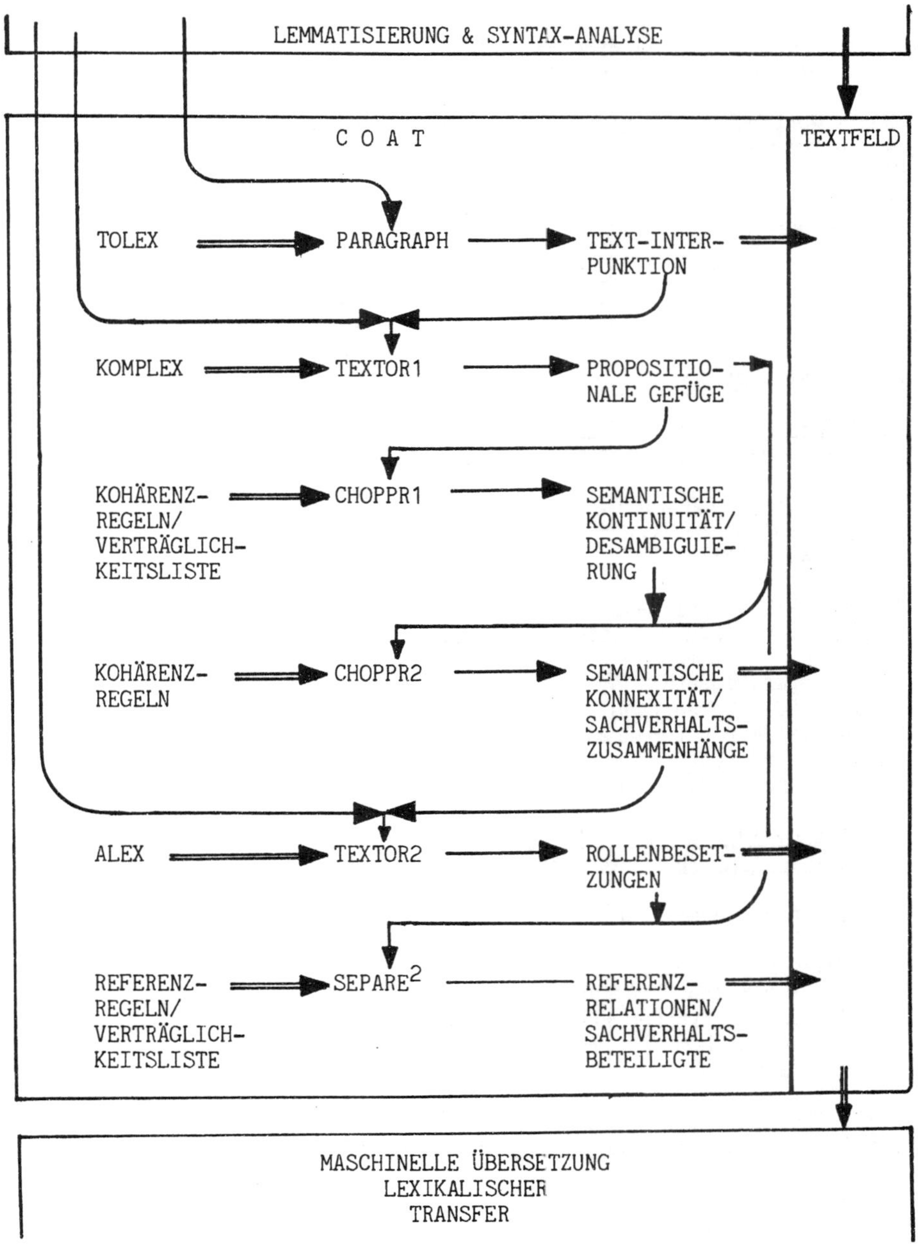

Diagramm j: Aufbau des Textfeldes

A. AUSGABE SYNTAX - EINGABE PARAGRAPH:
Spezifikationen für Wortformen pro Satz

1) SN - durchlaufende Satznummer n (pro Text); Datentyp: number
WN - Wortnummer m (pro Satz n); Datentyp: number

Wortformenbezogene Informationen:

3) WL - Wortlaut (orthographisch, Groß-Klein-Schreibung) string
4) LE - Lemma-Name (lexikalische Grundform) string
5) WK - lexikalische Wortklasse string

Gruppenbezogene Informationen:

6) PM - Phrasenstruktur-Markierung string

Clause-bezogene Informationen:

7) ST - Satz-Typ string

B. AUSGABE PARAGRAPH - EINGABE TEXTOR1:
Spezifikationen für Wortformem pro Text

1) - 7) wie oben; zusätzlich:
8) AN - Absatznummer (wenn Konnektoren vorhanden - andernfalls AN=1) string, number

C. AUSGABE TEXTOR1 - EINGABE CHOPPR1:
Spezifikationen für mögliche Prädikate pro Absatz

1) - 8) wie oben; zusätzlich:
9) PL - Prädikatlesart(en) AB, XZ, ... sentence (set)
10) OP - übergeordnetes Prädikat (pro Lesart) sentence
11) IP - implizites Prädikat (ggf. mehrere) sentence
12) UP - unspezifisches Prädikat (ggf. mehrere) sentence

D. AUSGABE CHOPPR1 - EINGABE CHOPPR2:
Spezifikation für Prädikate pro Absatz

1) - 8) wie oben; zusätzlich:
9) PL -NEU: Prädikat (desambiguiert)/Rollenname string
10) OP -NEU: übergeordnetes Prädikat (desambiguiert) string
11) IP -NEU: implizites Prädikat (desambiguiert) string
12) UP -NEU: unspezifisches Prädikat (desambiguiert) string
13) PK - Prädikatskomplex sentence
14) RK - Rollenfiguration sentence

E. AUSGABE CHOPPR2 - EINGABE TEXTOR2:
Spezifikation für kohärente Prädikate im Text

1) - 14) wie oben; zusätzlich:
15) KT - Kohärenztyp; WN des zugeordneten Prädikats string, number
16) GP - gemeinsamer Prädikatskomplex string

F. AUSGABE TEXTOR2 - EINGABE SEPARE[2]
Spezifikation für Rollenbesetzung im Satz

1) - 16) wie oben; zusätzlich:
17) RN - Rollenname string

G. AUSGABE SEPARE[2] - EINGABE OVERCOAT:
Spezifikation für koreferente Rollenbesetzungen im Text

1) - 17) wie oben; zusätzlich:
18) RE - Referent (im Wortlaut=Lemmaname) & WN der betreffenden Wortform string, number

6. Zusammenfassung

Der Zugang zum **Text** wird in COAT angestrebt über eine Beschreibung textorganisierender Einheiten, lexikalisierter Sachverhalte, Sachverhaltszusammenhänge und semantischer Rollen. Der Komplexität des Gegenstandsbereichs wird mit dieser **Reduktion** und **Modularisierung** zu begegnen versucht. Ziel des Verfahrens ist die Ermittlung und Spezifizierung inhaltlicher Textabschnitte, deren Einzelsätze durch eine dependentielle syntaktische Analyse vorstrukturiert sind. Die Satzverknüpfung wird in COAT nicht auf der Grundlage weitgespannter Repräsentationen für stereotype Ereignissequenzen, komplexe Objekte oder Szenen (wie scripts, frames, plans etc.) vorgenommen, die den Texten bei Auftreten auslösender Einheiten (wie 'Kellner' für 'Restaurant') en bloc zugeordnet werden und in die die Einzelsätze oder Teile davon 'eingepaßt' werden können. Im Unterschied dazu ist COAT aszendent angelegt: Sachverhaltszusammenhänge werden nicht als vorfabrizierte Konstruktionen in die Analyse eingebracht, sondern sollen durch die Analyse erst ermittelt werden. Damit wird in COAT eine Flexibilität im Hinblick auf die thematischen Möglichkeiten der eingegebenen Texte erreicht, die den früheren script- oder frame-basierten 'Textverstehenssystemen' aus der Künstlichen Intelligenz (z.B. SAM) gefehlt hat. Sie sind aufgrund ihrer zu weitgehenden Antizipierung der Thematik - die sich an der engen Spezialisierung auf ganz bestimmte semantische Domänen und an ausladenden Repräsentationskonstruktionen für viele Arten von (außersprachlichem) Wissen zeigt - darauf angewiesen, daß die eingegebenen Texte den damit gemachten Vorgaben entsprechen. Zu begründen ist dieses Vorgehen mit dem K.I.-spezifischen Interesse an (vornehmlich sachbezogenen) Inferenzen. Die bottom-up-Orientierung von COAT erlaubt den Einsatz der Kohärenz-Analyse in einem anderen Rahmen. Einen Ausblick auf eine mögliche Weiterentwicklung gibt der folgende Abschnitt.

7. Zur Analyse intra-textueller und inter-textueller Kohärenz. Skizze des Verfahrens OVERCOAT

Ziel von OVERCOAT ist - wie bei COAT - die Analyse sachverhaltszentrierter informierender Texte, deren Ergebnisse im Rahmen maschineller Sprachverarbeitungssysteme, insbesondere in der maschinellen Inhaltserschließung oder der Maschinellen Übersetzung, eingesetzt werden können. OVERCOAT baut auf den **Grundlagen** von COAT auf; COAT stellt eine Repräsentation von Sachverhaltszusammenhängen bereit, die über semantische Relationen zwischen Prädikaten und Rollen ermittelt werden.[11]

Neu an OVERCOAT ist die Ausweitung der Kohärenz-Analyse auf **Text-Serien** und die Verfeinerung der semantischen Beschreibung durch Einführung von **Text-Ebenen** und **Text-Instanzen.**

Als **Text-Serie** wird eine Menge in zeitlicher Abfolge produzierter Texte zu einem ebenfalls zeitlich ablaufenden Sachverhaltszusammenhang verstanden. Text-Serien werden in der Regel von periodisch informierenden Institutionen herausgegeben (Nachrichtenagenturen, Wetterdiensten, Presseredaktionen) und in verschiedenen Medien verbreitet. Die Texte einer Serie weisen ein Gefüge konstanter Inhaltselemente auf, das diese Texte als thematisch zusammengehörig kennzeichnet und dessen textliche Gliederung charakteristischen Veränderungen unterliegen kann (vgl. Diagramm k). Text-Serien sind jedoch nicht immer thematisch fest umgrenzbar - es sind Überschneidungen in den Themen möglich oder Überleitungen zu neuen Themen.

Diesem Umstand wird in OVERCOAT durch Einführung verschiedener **Text-Ebenen** Rechnung getragen, die als **Rahmentext, Einbettung, Anmerkung** und **Zuordnung** bezeichnet werden.

Dabei enthält der **Rahmentext** die konstanten thematischen Elemente; erist konstitutiv und delimitierend für eine Text-Serie. In **Zuordnungen** sind Nebenthemen zusammengefaßt, die sich in Sachverhalten, Sachverhaltsbeteiligten, Schauplätzen etc. vom Rahmentext unterscheiden. Bei **Einbettungen** handelt es sich um die Redewiedergabe von Sachverhaltsbeteiligten in Rahmentext und Zuordnungen. Auch hier können in thematischer Hinsicht Unterschiede zu den anderen Text-Ebenen vorliegen. **Anmerkungen** beziehen sich auf einzelne Inhaltselemente, sie etablieren kein eigenes Thema.[12]

Innerhalb einer Text-Serie können Variationen in der thematischen Entfaltung bei Einzeltexten ermittelt werden, die sich über Unterschiede in der Anordnung von Einzelereignissen des Rahmentextes explizit machen lassen. Thematische Ähnlichkeiten zwischen Texten können als Identität von Sachverhaltszusammenhängen bei Verschiedenheit der Text-Ebenen dargestellt werden (z.B. der 'Besuch von X bei Y' einmal im Rahmentext bzw. als Zuordnung oder als Einbettung in anderen Texten).

Die Analyse **textübergreifender** semantischer Beziehungen wird unterstützt durch die **zeitstrukturelle** Spezifikation von **Sachverhaltszusammenhängen** in den **Propositionalen Gefügen** von KOMPLEX. So lassen sich Anhaltspunkte ableiten, wie die zeitliche Anordnung von Texten einer Serie und die thematische Struktur zueinander in Beziehung gebracht werden können.

Diagramm k: Abfolge von Sachverhalten in Propositionalen Gefügen und Anordnung von Texten einer Text-Serie

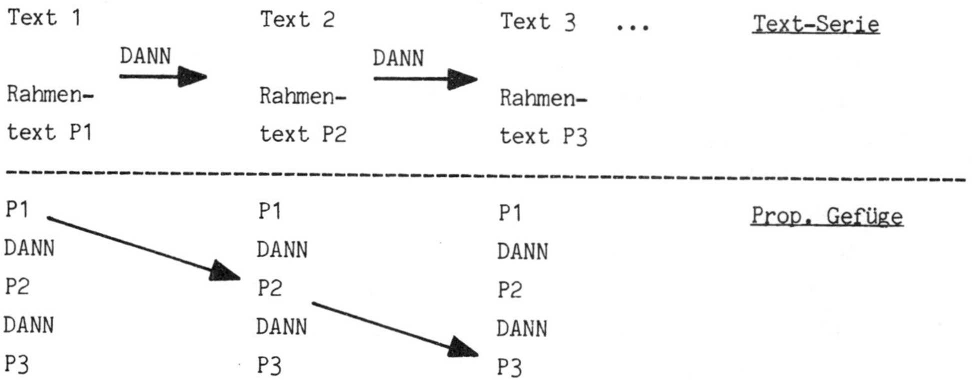

Dazu ein Beispiel: Bezogen auf das Propositionale Gefüge SICH TREFFEN (vgl. Diagramm e) mit dem Prädikat-Komplex

P1 (SICH BEGEBEN) DANN : P2 (ZUSAMMEN SEIN) GLZ : P3 (KOMMUNIZIEREN) ...

ergäbe sich für eine entsprechende Text-Serie folgende Verteilung der thematischen Schwerpunkte im Rahmentext:

In Text 1 (Rahmentext 'Anreise'), Text 2 ('Begegnung' und 'Gespräche') ...

7.2 Der Ansatz in OVERCOAT geht über die üblichen implementierten (und implementierungsnahen) Text-Analyseverfahren in zweifacher Hinsicht hinaus: in der Ausweitung des **Gegenstandsbereichs** auf **Text-Serien** und in der **Differenzierung** der Analyse von Sachverhaltszusammenhängen in Texten durch Einführung mehrerer **Text-Ebenen.**

Die Analyse des inhaltlich konstanten Bereichs von Text-Serien im Rahmentext greift auf Repräsentationskonzepte der Computerlinguistik und Künstlichen Intelligenz zurück, soweit es sich um die Beschreibung von stereotypen Sachverhaltszusammenhängen handelt; die Handhabung dieser Konzepte ist in COAT bereits vorgeführt worden. Die Behandlung thematischer Textstrukturen bezieht sich auf textlinguistische Forschungsergebnisse, insbesondere auf das Konzept der **thematischen Entfaltung** von Brinker 1985. Anders als bei Brinker wird in OVERCOAT auf die explizite Einbeziehung pragmatischer Faktoren (z.B.Illokutionsstrukturen) verzichtet; in dieser Hinsicht wird die Tendenz von COAT fortgesetzt. Das Schwergewicht der Beschreibung liegt auf der Darstellung semantischer Beziehungen. Die Unterscheidung verschiedener Text-Ebenen stellt eine Erweiterung schema-basierter Text-Analysen dar, da zwischen Rahmentext und Zuordnung einerseits und Einbettungen andererseits unterschieden wird. So werden die Analyse schematisierter Sachverhaltszusammenhänge (wie sie in Rahmentext und Zuordnungen häufig vorkommen) und die Analyse schema-fremder Sachverhalte (wie sie in Einbettungen und auch Anmerkungen erforderlich sein kann) auseinandergehalten. Text-Analyseverfahren, die auf die Grundlage schematischer Sachverhaltsrepräsentationen arbeiten, beziehen sich durchweg auf **eine** Text-Ebene und unterscheiden nicht zwischen Rahmentext und Einbettungen. Textlinguistische Modellierungen, die eine vergleichbare Unterscheidung treffen, sind hauptsächlich für gesprochene Sprache und in einem pragmatischen Beschreibungsrahmen vorgelegt worden (Gülich 1978). Die Beschreibung von zitierter Rede im Text auf der Grundlage der in COAT vorgenommenen Eingrenzungen von Einbettungen und in Verbindung mit den in OVERCOAT angesetzten Text-Ebenen ermöglicht des weiteren eine Berücksichtigung von **Mehrfach-Einbettungen** und damit einhergehend eine Unterscheidung von einbettenden **Text-Instanzen** ('Sprecher' als Sachverhaltsbeteiligter des Rahmentextes; 'Sprecher' als Beteiligter eines eingebetteten Sachverhalts; ...). Der Umstand, daß mehrere Text-Instanzen[13] an der Bildung eines Textes mittelbar beteiligt sind, tritt auch in Kleintexten und besonders in Nachrichten auf (z.B. die sogenannten 'gutunterrichteten Kreise', zitierte Sachverhaltsbeteiligte, Kommentare von unbeteiligten politischen Kontrahenten)[14].

Alles in allem dürfte sich durch die angestrebte Verfeinerung der semantischen Textstrukturbeschreibung in OVERCOAT auch eine Ausweitung des **Gegenstandsbereichs** der Kohärenz-Analyse auf reichhaltigere Spielarten sachverhaltszentrierter Texte erreichen lassen.

ANMERKUNGEN

1 An COAT arbeiten neben mir noch Eva Maria Naumann und Frank M. Spies, denen ich an dieser Stelle für ihr Engagement danken will.

2 Zum indirekten Textbezug in maschinellen Sprachverarbeitungssystemen (siehe Weber 1986a:231f)

3 So läßt sich die treffende Zuordnung der Präpositionalgruppe zum Verb bzw. zum Objekt in Er trägt Anzüge **aus dem Kaufhaus** nur im Rahmen einer satzübergreifenden Analyse finden.

4 Zur Einbeziehung der rhetorischen Figurenlehre in die Beschreibung von Textstrukturen Spillner 1977; Plett 1977: insbesondere 152.

5 Texte aus dem 'Bulletin der EG' (kurz: EG-Texte) bilden das wichtigste Experimentiermaterial im Projekt COAT. Ausführlicher dazu Weber 1982a; 1983; 1986a.

6 Ein Beispiel aus den EG-Texten wird in Weber 1986a:242f behandelt.

7 Zur konnektiven Funktion von Satzzeichen und den Schwierigkeiten ihrer Identifizierung siehe den ausführlichen Überblick über Konnektivausdrücke in Fritsche 1981:41-43.

8 Zur Vertextung von Ereignisfolgen, insbesondere zur Unterscheidung von progressiver und regressiver Linearisierung, siehe Wunderlich 1970:112-113.

9 Die einzelnen Prädikat-Klassen decken meist mehr Lexeme ab als im Diagramm aufgeführt. Im Schnitt kommen auf eine semantische Klasse 6 Lexeme. Ich verzichte hier - im wesentlichen aus Platzgründen - auf eine ausführlichere Behandlung der Prädikat-Klassifikation in COAT. Dies soll einer abschließenden Dokumentation des Verfahrens vorbehalten bleiben.

10 Zur kohärenz-orientierten semantischen Beschreibung von Lexemen und zum Vergleich zwischen Propositionalen Gefügen und scripts bzw. MOPs ('memory organizing packages') von Schank 1975; 1982 siehe Weber 1985a.

11 OVERCOAT ist geplant als Teil eines Projekts WIST, das noch zwei weitere Teilprojekte, TEXPERT und STIMUL von Annely Rothkegel bzw. Barbara Sandig, umfassen und Anfang 1987 in Angriff genommen werden soll. Siehe dazu die Beiträge von Sandig und Rothkegel in diesem Band. Eine detaillierte Darstellung von OVERCOAT findet sich in Weber 1985b.

12 Eine Übersicht über diese Variationsmöglichkeiten in Nachrichtentexten, vor allem in Presse und Rundfunk, gibt Weber 1985b.

13 Die Bezeichnung 'Text-Instanz' greift das Textbeschreibungskonzept der 'Diskursinstanz' auf, wie es von Scherner 1984 vorgeschlagen worden ist.

14 So sind z.B. in Rundfunk- und Pressenachrichten Texte mit zwei einbettenden Text-Instanzen keine Seltenheit (meist eine Agentur als Nachrichtenquelle und ein sachverhaltsbeteiligter Sprecher). Vgl. Beispiel in Weber 1985b.

LITERATUR

Bátori, I. (1980): Die prozessualen Aspekte der Referenzsyntax der natürlichen Sprachen. In: Sprache und Datenverarbeitung 1980/1. 1-9.

Brinker, K. (1985): Linguistische Textanalyse. Eine Einführung in Grundbegriffe und Methoden. Berlin.

Eisenstadt, M. (1976): Processing Newspaper Stories: Some Thoughts on Fighting and Stylistics. In: Proceedings of the AISB Summer Conference 1976. Edinburgh. 101-117.

Fillmore, C.J. (1976): Case Frames. In: Proceeding of the 6th International Conference on Computational Linguistics COLING 76. Ottawa.

Fritsche, J. (1981): Zum Gegenstandsbereich einer Untersuchung deutscher Konnektive. In: J. Fritsche (Hg.) (1981): Konnektivausdrücke - Konnektiveinheiten. Grundelemente der semantischen Struktur von Texten. Hamburg. 25-99.

Gülich, E. (1970): Makrosyntax der Gliederungssignale im gesprochenen Französisch. München.

- (1978): Redewiedergabe im Französischen. Beschreibungsmöglichkeiten im Rahmen einer Sprechakttheorie. In: R. Meyer-Hermann (Hg.) (1978): Sprechen - Handeln - Interaktion. Ergebnisse aus Bielefelder Forschungsprojekten zur Texttheorie, Sprechakttheorie und Konversationsanalyse. Tübingen. 49-101.

Hellwig, P. (1984): Grundzüge einer Theorie des Textzusammenhangs. In: A. Rothkegel, B. Sandig (Hg.) (1984): Text - Textsorten - Sematik. Hamburg. 51-79.

Jakobsen, L.F., J. Olsen (1978): Textkohärenz und Involvierungen. In: Deutsche Sprache 1978/1. 1-20.

Kuhlen, R. (1984): A Knowledge-based Text Analysis System for the Graphically Supported Production of Cascaded Text Condensates. (TOPIC-Bericht 9/84). Konstanz.

Metzeltin, M., H. Jaksche (1983): Textsemantik. Ein Modell zur Analyse von Texten. Tübingen.

Pause, P.E. (1986): Anaphor Resolution: Focus Assignment vs. Accumulative Evidence. (Con^{3}Tra-Bericht des SFB 99). Konstanz.

Plett, H.F. (1977): Die Rhetorik der Figuren. Zur Systematik, Pragmatik und Ästhetik der 'Elocutio'. In: H.F. Plett (Hg.) (1977): Rhetorik. Kritische Positionen zum Stand der Forschung. München. 125-165.

Rath, R. (1973): Zur linguistischen Beschreibung kommunikativer Einheiten in gesprochener Sprache. In: Linguistik und Didaktik 1973/15. 169-185.

Rollinger, C.-R. (1984): Textverstehen und Textrepräsentation in SRL. In: A. Rothkegel, B. Sandig (Hg.) (1984): Text - Textsorten - Semantik. Hamburg. 99-128.

SALEM (1980): Ein Verfahren zur automatischen Lemmatisierung deutscher Texte. (Projektbereich A, SFB 100, Universität des Saarlandes). Tübingen.

Sandig, B. (1973): Beispiele pragmalinguistischer Textanalyse. In: Der Deutschunterricht 25/1. 5-23.

Schank, R.C. (1982): Reminding and Memory Organization: An Introduction to MOPs. In: W. Lehnert, M.H. Ringle (Hg.) (1982): Strategies for Natural Language Processing. Hillsdale. 455-493.

Schank, R.C., R.P. Abelson (1975): Scripts, plans, and knowledge. In: Advance papers of the 4th IJCAI Conference. Tbilisi. 151-157.

Scherner, M. (1984): Sprache als Text. Ansätze zu einer sprachwissenschaftlich begründeten Theorie des Textverstehens. Tübingen.

Spillner, B. (1977): Das Interesse der Linguistik an Rhetorik. In: H.F. Plett (Hg.) (1977): Rhetorik. München. 93-108.

Steffen, P. (1983): Repräsentationsformen natürlicher Sprache und Pronomenresolution im Deutschen. (masch., deutsche Fassung der Master-Thesis, University of Exeter).

Weber, H.J. (1976a): Semantic Frames, Semantic Fields, and Text Analysis. In: American Journal of Computational Linguistics 2. Microfiche 48:22.

- (1976b): Semantische Merkmale zur Identifikation von Satz- und Textstrukturen. In: Proceedings zum Internationalen Kolloquium des SFB 100. Saarbrücken. 70-80.

- (1980): Satzübergreifende Analyse von Valenzstrukturen. In: H. Eggers (Hg.) (1980): Maschinelle Übersetzung, Lexikographie und Analyse. (Linguistische Arbeiten des SFB 100, Neue Folge, Heft 3.2). Saarbrücken. 151-155.

- (1981): Repräsentation von Alltagswissen und die Auffindung von Sinnzusammenhängen im Text. In: M. Kohrt, J. Lenerz (Hg.) (1981): Sprache: Formen und Strukturen. Tübingen. 317-326.

- (1982a): POLITIKERTREFFEN. Propositionale Spezifikationen und satzübergreifende Analyse von Nachrichtentexten. In: H. Fix, A. Rothkegel, E. Stegentritt (Hg.) (1982): Sprachen und Computer. Festschrift für H. Eggers. Dudweiler. 385-403.

- (1982b): Möglichkeiten und Grenzen der automatischen Textanalyse. In: Tagungsband zur GAL-Jahrestagung, Großbereich III, Köln. Tübingen. 67-68.

- (1983): COAT - Kohärenz-Analyse von Texten. In: Arbeits- und Ergebnisbericht des SFB 100 (1981-1983). Saarbrücken. 120-158.

- (1984): Semantische Textstruktur-Analyse mit COAT. In: A. Rothkegel, B. Sandig (Hg.) (1984): Text - Textsorten - Semantik. Hamburg. 222-237.

- (1985a): Coherence-oriented Lexicon Structures and Text-based Representation of Lexemes. An Outline of COAT. In: G. Hoppenbrouwes, P.A.M. Seuren, T. Weijters (Hg.) (1985): Meaning and the Lexicon. Dordrecht. 317-325.

- (1985b): Konvergierende Neuansätze in der Maschinellen Übersetzung. Am Beispiel von COAT und OVERCOAT. In: U. Klenk (Hg.) (1985): Strukturen und Verfahren in der maschinellen Sprachverarbeitung. Dudweiler. 152-176.

- (1986a): Faktoren einer Textbezogenen Maschinellen Übersetzung: Satzstrukturen, Kohärenz- und Koreferenz-Relationen, Textorganisation. In: I. Bátori, H.J. Weber (Hg.) (1986): Neue Ansätze in Maschineller Sprachübersetzung: Wissensrepräsentation und Textbezug. Tübingen. 229-261.

- (1986b): Ein dreistufiges Lexikonsystem zur maschinellen Analyse von semantischen Textstrukturen. In: P. Hellwig, H. Lehmann (Hg.) (1986): Trends in der Linguistischen Datenverarbeitung. Hildesheim. 92-109.

Wunderlich, D. (1970): Tempus und Zeitreferenz im Deutschen. München.

BERICHT ÜBER DIE ARBEIT DES PROJEKTBEREICHS C

Hans Ludwig Scheel

1. Einleitende Gedanken zum Hintergrund (Situation der Computer-Linguistik)

Dieser Bericht über die Aktivitäten und den gegenwärtigen Standort des Projektbereichs C sollte auf dem Hintergrund der Geschichte und der aktuellen Situation der Computerlinguistik, und zwar vor allem auf dem Sektor der maschinellen Übersetzung (MÜ), gesehen werden, über die jetzt eine Reihe von Arbeiten gut informiert.[1] Zwar könnte man der Auffassung sein, daß ein beträchtlicher Teil der Systeme im Umkreis der MÜ, die seit den sechziger Jahren entwickelt wurden und mehr oder weniger weit gediehen sind, und von denen einige sogar die Bewährungsprobe kommerzieller Anwendung bestanden haben, nur noch historisch interessant und hinsichtlich ihrer Konzeptionen und Strategien überholt seien. Doch erstens divergieren bekanntlich die Meinungen selbst kompetenter Spezialisten über die Tauglichkeit oder Untauglichkeit verschiedener Verfahren nicht selten radikal, und zweitens ist nicht von vornherein auszuschließen, daß Systeme, die nicht zur Anwendung gebracht werden konnten, auch Ansätze enthalten, die der weiteren Entwicklung zugute kommen mögen. Um der, besonders unter Sprachwissenschaftlern, immer noch verbreiteten Skepsis gegenüber der MÜ überzeugend begegnen zu können, wäre es wünschenswert, eine möglichst detaillierte Antwort auf die folgenden drei Fragen zu erstellen:

- Was vermag die MÜ heute zu leisten?
- Wozu wäre sie im Prinzip heute schon in der Lage, wenn die zahlreichen nebeneinander arbeitenden Systeme sich auf einen gemeinsamen Weg und eine einzige Strategie einigen könnten?
- Was vermag die MÜ nicht, bzw. erst zu einem Zeitpunkt, wo Entwicklungen eingetreten sein mögen, die vorerst nicht realisierbar sind?

Um die Frage zu beantworten, was in der MÜ heute bereits als 'effektiv funktionierend' bezeichnet werden kann und was dafür gegenwärtig weltweit getan wird, müßte man sich genau mit allen Systemen befassen, die zur Zeit vorliegen. Dabei wären nicht nur die Verfahren zu prüfen, die mit der Ambition der FAHQT auftreten, sondern auch diejenigen, die sich mit teil-automatischer Übersetzung begnügen und darüber hinaus unbedingt auch alles, was im Rahmen der KI und der Informationswissenschaft in bestimmter Weise seit einigen Jahren für das Verstehen, das Disambiguieren, für Repräsentation und Retrieval natürlicher Sprache erarbeitet worden ist.

Natürlich könnte man auch, wie Harald Zimmermann anläßlich der Eröffnung des IAI Kongresses 1986[2] nahelegte, daran denken, alle bereits praktisch verwendbaren Systeme zu einer Art 'olympischer Konkurrenz' zusammenzurufen, als deren Ergebnis vielleicht eine Hierarchie der Verfahren hinsichtlich ihrer Effektivität, Rentabilität, Benutzerfreundlichkeit etc. erstellbar wäre. Was das im Projektbereich C entwickelte System ASCOF angeht, müßte es m.E. bis zu einem Stadium weitergeführt werden, wo der Vergleich zum mindesten mit jenen Verfahren, die auch für die Analyse des Französischen und/oder die deutsche Synthese erarbeitet werden oder wurden, einen Sinn haben könnte.[3]

2. Konzentrierter Abriß der Entwicklung des Projektbereichs C

Wenn seinerzeit für die Konstitution des Sonderforschungsbereichs 100 an der Universität des Saarlandes neben dem germanistischen und dem anglistischen Projekt, die beide aus bereits mehr oder weniger weit gediehenen Vorarbeiten für die Automatisierung organisch erwuchsen, auch ein Französisch-Projekt beantragt wurde, so hatte dies als wesentliche Ursache die Existenz der **Archives du Français Contemporain**, die von Pierre Gilbert seit etwa Mitte der sechziger Jahre mit wissenschaftlichen Hilfskräften des Romanistischen Instituts erstellt wurden. Als die Saarbrücker Romanistik in den Jahren 1967/68 versuchte, für die **Archives** in den Genuß einer Schwerpunktförderung zu gelangen, wurde ihr seitens der Gutachter der DFG angeraten, einen Antrag auf Förderung der Französischen Neologismus-Forschung im Rahmen der von der Saarbrücker Germanistik, Anglistik und Informatik intendierten Errichtung eines Sonderforschungsbereichs einzubringen. Im Hinblick auf den großen Umfang der bis 1970 vorliegenden französischen Neologismus-Belege (weit über 80.000 Kontexte aus der Tagespresse und Literatur mit etwa 20.000 morphologischen und/ oder semantischen Neologismen, sowie französischen Neuwörtern)[4], erschien die Heranziehung von Datenträgern sinnvoll. Doch an die Möglichkeit der Erarbeitung eines Systems zur vollautomatischen französisch-deutschen Übersetzung hat damals wohl keiner der an der Antragstellung Beteiligten ernsthaft geglaubt. Jedenfalls wurde der Antrag für ein Französisch-Projekt des SFB 'Elektronische Sprachforschung' gestellt und genehmigt. Geboren wurde dieses Projekt mit dem Namen 'Tendenzen der französischen Gegenwarts-Sprache'. Als Ziel der Arbeiten hatten wir uns eine "systematische Erfassung der semantischen und syntaktischen Eigenschaften" aller lexikalischen Teilbereiche der französischen Sprache von heute vorgenommen. Von nur untergeordneter, allenfalls sekundärer Bedeutung erscheint daneben im Antrag für die Jahre 1972-1974 auch noch die Überprüfung der "Möglichkeiten eines halb- bzw. vollautomatischen Lemmatisierungsverfahrens für beliebige französische Texte". Der Schwerpunkt unserer Arbeit lag so zunächst auf der Untersuchung der Strukturen des Lexikons, die einen besonderen Akzent durch die Vorarbeiten Erwin Stegentritts für eine automatische derivationelle Analyse des Französischen[5] erhielt.

Aufgrund der Empfehlungen der DFG von 1974 und 1975 erfolgte eine grundlegende Revision der Zielvorstellungen: von 1975 an hat das Projekt die Ausarbeitung eines Verfahrens zur automatischen Analyse französischer Texte als seine zentrale Forschungsaufgabe angesehen.

Bei einer gerechten Würdigung des Umfangs der 1986 erreichten Teilziele und ihres Verhältnisses zu dem bisher nicht Erreichten muß unbedingt berücksichtigt werden, daß die Entwicklung im Projektbereich auch nach 1975 keine geradlinige war, sondern durch zweimalige 'Kehren', d.h. Umstellungen auf veränderte theoretische Grundlagen gekennzeichnet ist. 'Redesign' im Bereich der Computerlinguistik, im Sinne der Berücksichtigung neuer Erkenntnisse auf den Sektoren der Text-Analyse und der Generierung von Texten, sowie der Bereitstellung von Programmiersprachen für die MÜ wird solange erforderlich bleiben, bis (vielleicht) einmal ein Verfahren erarbeitet werden kann, das allen Ansprüchen genügt.

Zunächst hat unser Projekt in enger Berührung mit dem Forschungs-Zentrum von Bernard Vauquois in Grenoble gearbeitet und dem morphologischen und syntaktischen Parser die von GETA entwickelten Systeme zugrundegelegt. Nachdem bis 1976 von den damaligen Projekten A1 und A2 des SFB auch für das Französische verwendbare einzelsprachunabhängige Algorithmen entwickelt waren, wurde zunächst zwei Jahre lang im Projekt C 'doppelgleisig' gearbeitet: auf den theoretischen und informationstechnischen Grundlagen von GETA einerseits und von

SUSY andererseits. Sicherlich wäre es von besonderem Interesse, die Arbeitsweise und die Effektivität von zwei so verschieden konzipierten, vollautomatisch intendierten Analyseverfahren wie SUSY und GETA (mit ihren bis dato entwickelten Modifikationen und Verfeinerungen) viel detaillierter, als das seinerzeit bei uns geschehen konnte, miteinander zu konfrontieren. Aber leider war im Hinblick auf die dem Projekt zur Verfügung stehende Arbeitskraft die Fortführung der Doppelgleisigkeit nicht zu verantworten. Von der DFG wurde uns mit dem Bewilligungsbescheid von 1977 auferlegt, die inhaltliche Arbeit der Analyse des Französischen in Zukunft nur noch auf <u>einen</u> Algorithmus zu konzentrieren. Die Entscheidung ist damals, auch weil die beiden wissenschaftlichen Mitarbeiter, die im wesentlichen die Entwicklung auf der Grundlage von GETA getragen haben,[6] aus dem Projekt ausschieden, für das Saarbrücker System gefallen.

Auf der Basis von SUSY wurden bis 1980 die Wörterbücher (französisches Analyse-, französisch-deutsches Transfer- und deutsches Synthese-Wörterbuch) erweitert, sowie der Grundstein für ein französisches Synthese-Wörterbuch gelegt, die Flexions-Analyse neugestaltet und die Arbeitsgänge für das Homographie-Programm, die Satzsegmentierung, die Nominalgruppen-, Verbalgruppen- und Komplement-Analyse ausgebaut. Auf dem Sektor der semantischen Disambiguierung ergab sich, daß das im Saarbrücker System vorgegebene Inventar von semantischen Merkmalen aus unserer Perspektive verfeinert werden sollte, um bei Lexemen mit zahlreichen Lesarten in einer vom Deutschen mehr oder weniger stark divergierenden Kombination die einzelnen Sememe sicherer klassifizieren zu können. Dafür wurde zunächst ein Modellversuch anhand der verschiedenen Kontextbedeutungen von frz. <u>monter</u> erstellt, bei dem die Sem-Analyse zusammen mit syntaktischen und semantischen Valenz-Kriterien zum Zweck einer höheren Ansprüchen gerecht werdenden Disambiguierung zum Tragen kam.[7]

Eine neuerliche tiefgreifende Umstellung, die schließlich in der von den Mitarbeitern des Projekts selbständig entwickelten Konzeption des Systems ASCOF gipfelte, zeichnete sich bereits 1980 ab, und sie hat dann - abgesehen von der nur noch von einem wissenschaftlichen Mitarbeiter betreuten Arbeit für den strukturellen Transfer (Französisch-Deutsch) auf der Grundlage von SUSY II - die Arbeit des Projektbereichs von 1981 bis 1986 bestimmt.

Als Charakteristika des neuen eigenständigen Systems, das in den Beiträgen von Stegentritt, Féneyrol, Ritzke und Biewer[8] im einzelnen beschrieben ist, sind vorrangig zu erwähnen:

- Die Verwendung der Programmiersprache COMSKEE;

- die 'Synchronisierung' der bisher getrennt aufeinanderfolgenden Analysephasen durch eine korrelative 'Interaktion' von Syntax und Semantik;

- das Arbeiten mit ATN;

- die Verwendung einer Wissensbasis in Gestalt von semantischen Netzen, die vom Prinzip her eines Tages wahrscheinlich so weit ausgebaut und verfeinert werden können, daß in ihnen alles enthalten sein wird, was an sprachlichem Wissen, aber auch manches von dem, was an 'außersprachlichen' Voraussetzungen (Expertenwissen) für eine zufriedenstellende Bearbeitung französischer Texte in der Analyse und deutscher Texte in der Synthese benötigt wird.

Im Rahmen des vom Projekt C bearbeiteten Text-Corpus (EG-Bulletins zur Agrarpolitik) und weiterer zur Erprobung des Verfahrens herangezogener allgemeinsprachlicher französischer Texte vermag ASCOF - wenn auch zunächst nur exemplarisch und als realisierter Prototyp, der auszubauen wäre - die morphologische und syntaktisch-semantische Analyse französischer Texte durchzuführen. Für die semantische Wissensbasis sind einzelne Modelle erarbeitet, die das Prinzip illustrieren. Sowohl für den Ausbau der Wissensbasis, als auch für Transfer und Synthese ist, nachdem die Strategien im Prinzip festliegen, noch erhebliche Arbeit erforderlich.

Es soll aber keineswegs verschwiegen werden, daß es neben den Sparten des 'bereits Funktionierenden', des 'unschwer zum Funktionieren zu Bringenden' und des 'noch erhebliche Arbeit Erfordernden, jedoch von der Konzeption des Systems her durchaus zu Bewältigenden' auch eine Reihe von Problemen gibt, die - und das gilt außer für ASCOF auch für andere unter den fortschrittlicheren Verfahren der sogenannten 'dritten Generation' - heute noch (oder vielleicht für immer?) jenseits der Grenze des Lösbaren liegen.

Zusammenfassend kann das Folgende konstatiert werden: Das Projekt C ist mit sehr hohen Ansprüchen angetreten. Dreimal wurden die Weichen neu gestellt, zweimal auf Wunsch der DFG-Begutachtung, das dritte Mal aufgrund negativer Erfahrungen und positiver Einsichten.

Wir sind überzeugt, daß der Projektbereich C vor allem mit der Entwicklung des Systems ASCOF einen gangbaren Weg aufgezeigt hat. Natürlich sind bis jetzt nur mehr oder weniger umfangreiche Modelle im Rahmen eines Prototyps verifiziert, und vom Ist-Stand bis zur Anwendungs-Fähigkeit als implementiertes System muß noch jahrelange Arbeit investiert werden. Es wäre ausschließlich eine Frage der Arbeitskraft und der Finanzierung. Unsere Hoffnungen für die Zukunft gründen sich auf die Einrichtung des Lehrstuhls für Computerlinguistik an der Universität des Saarlandes.

3. Überlegungen zum Desideratum einer möglichst exhaustiven Disambiguierung aller 'unités significatives' natürlich-sprachlicher Texte auf maschinellem Wege

Die Vorstellung, daß einmal eine Zeit kommen wird, wo mit Hilfe von vollautomatischen Verfahren beliebige natürlichsprachliche Texte einer beliebigen Quellsprache in beliebige Zielsprachen fehlerfrei und zuverlässig übersetzt werden können, muß zum gegenwärtigen Zeitpunkt unbedingt als Utopie qualifiziert werden. Nicht bestritten werden darf aber die Tatsache, daß seit den sechziger Jahren und in dem Zeitraum, der seit der Gründung des Saarbrücker Sonderforschungsbereichs vergangen ist, ansehnliche Fortschritte im Sinne einer fortlaufenden Vervollkommnung der theoretischen Grundlagen, der technischen Ressourcen und der Strategien gemacht wurden. Falls die Entwicklung weiter vorangetrieben werden kann, wird sich die Relation zwischen dem Anteil der automatisch funktionierenden Textbearbeitung (in Analyse, Transfer und Synthese) und all demjenigen, wofür in der 'Human Aided Machine Translation' (H.A.M.T.) Humanübersetzer einspringen müssen, damit ein wirklich hochqualifizierter Zielsprachentext entsteht, zweifellos weiter zugunsten des maschinell 'Machbaren' verschieben, mag sich auch das Tempo weiterer Perfektionierungen immer mehr verlangsamen, da die noch nicht gelösten Probleme eine größere Komplexität als die bisher gelösten aufweisen.

Die ärgerliche 'Crux' aller sprachlichen Datenverarbeitung ist das Faktum, daß es bisher nicht gelingt, alle Ambiguitäten von Texten in ähnlich souveräner Weise, wie es ein intelligenter und perfektionierter menschlicher Übersetzer vermag, adäquat zu disambiguieren. Wir können in diesem letzten Teil unseres Berichts keine Darstellung der hauptsächlichen Disambiguierungs-Mängel im computerlinguistischen Bereich (sowohl für die MÜ wie für alle Retrievalverfahren) und ihrer verschiedenen Ursachen geben. Wir beschränken uns deshalb hier auf ein paar grundsätzliche Bemerkungen und auf exemplarisch gedachte Reflexionen auf der Grundlage von zwei kurzen Textausschnitten.

Als erster Leitsatz für die automatische Disambiguierung von Texten hat zu gelten: Was das menschliche Gehirn an sprachlicher und an Verstehens-Leistung nicht vermag, das kann auch von einer Maschine nicht verlangt werden.

Dieses Theorem löst automatisch die Frage aus: Kann ein Übersetzungs- oder Retrieval-Verfahren vollautomatisch jemals alles das leisten, was gute Human-Übersetzer an Verstehens- und Übersetzungsleistung vollbracht haben und auch in Zukunft vollbringen werden? Die Antwort auf diese Frage muß sicherlich negativ ausfallen, es sei denn, man vermöchte eines Tages Computer und Programme zu realisieren, die zusätzlich zum Sprachwissen, Situationswissen und Weltwissen eines Human-Übersetzers auch noch über jene Intelligenz verfügten, die zum mindesten perfekten Dolmetschern und Übersetzern zu eigen ist.

Wenn die automatische Disambiguierung heute noch in so vielen Fällen nicht gelingt, muß man zweifellos drei Kategorien von Motivierungen des Mißlingens auseinanderhalten:

(a) **Die im Quelltext beabsichtigte Ambiguität durch Mehrdeutigkeit des Gesagten und Metaphorik.** Da immer, wo so etwas vorliegt, der intelligente Human-Übersetzer (besonders bei poetischen Texten) sich vor Monosemierung hüten muß, muß für die maschinelle Analyse, für Retrieval, Transfer und Generierung des Outputs die folgende Überlegung beherzigt werden: Wo in der Quell- und Zielsprache semantischer Parallelismus (Homonymie oder Synonymie in sprachübergreifender Perspektive) oder eine identische Polysemie der aktualisierten 'unités significatives' vorliegt, vermag sprachenpaarbezogene Computerlinguistik im maschinenlesbaren zweisprachigen Transferwörterbuch (oder Notionsfeldverzeichnis)[9] oberflächennäher mit 'Eins zu Eins'-Relationen zu operieren, statt wie in allen anderen Fällen interne Homographie erheblich radikaler und stärker tiefenstrukturell bis zur Etablierung aller Sememe von Quell- und Zielsprache(n) auflösen zu müssen. Die Metaphorik ist bekanntlich ein besonders problematischer Komplex. Selbst wenn einmal zwei Sprachen verschiedene Metaphern mit derselben Konterdeterminationsrelation verwenden, bleibt doch immer noch die Frage zu prüfen, ob sie dann überall auch in gleich strukturierten (bildspendenden und bildempfangenden) Notionsfeldern lokalisiert sind, noch als echte Metaphern (nicht als Katachresen) empfunden werden und mehr oder weniger identische Konnotationen aufweisen. Daß dieser Text maschinell heute ein 'Adynaton' ist, braucht nicht eigens gesagt zu werden.

Als Leitsatz ergibt sich aber aus dem Gesagten, daß auch bei maschinellen Verfahren schon in der Analyse grundsätzlich alle semantischen Strukturen der Zielsprache(n) im voraus mit zu berücksichtigen sind.

(b) **Die sprachlich motivierte scheinbare Ambiguität**, die jedem auch nur halbwegs gebildeten 'native speaker' keinerlei Disambiguierungs-Schwierigkeiten bereiten sollte. Wir meinen, daß alles, was, von der semantischen Struktur einer Sprache bedingt, auf den ersten Blick 'polysem' zu sein scheint (inklusive aller auf der Ausdrucks-Seite sprachlich signalisierter Präsuppositionen und metonymischer, elliptischer Einheiten) eines Tages keine Probleme für die MÜ und Retrieval-Verfahren mehr darstellen sollte. Voraussetzung für diese Auffassung ist allerdings, daß dabei jene Verfahren ausreichen, für die Linguisten kompetent sind, so daß zum Disambiguieren ausschließlich mit einer feinmaschigen Erfassung von Gebrauchsbedingungen, d.h. syntaktischen **und** semantischen Valenzen gearbeitet werden kann. Um in semantische Netze oder 'Semantic Charts' die letzten Feinheiten einzuarbeiten, sollten möglichst alle in der letzten Zeit (keineswegs nur für die Belange der Computerlinguistik) angestellten Untersuchungen im Bereich der Textsemantik und der Wortvalenzen[10] (im weitesten Sinn!) ausgewertet werden.

Scheinbare Ambiguität kann auch durch mangelhaftes 'Textwissen' verursacht sein. Doch das Textwissen dürfte anders als das 'Sprachwissen' zu überwiegenden Teilen in der Kategorie (c) zu berücksichtigen sein. Der aus dem hier Gesagten resultierende - triviale - Leitsatz könnte so lauten: Das Disambiguierungs-Verfahren sollte von der Computerlinguistik bis zu einem Optimum an Feinmaschigkeit und Zuverlässigkeit ausgebaut werden, soweit dies mit linguistischer Kompetenz vereinbar ist. Was jenseits .pa ihrer Grenzen liegt, kann nur in Zusammenarbeit mit anderen, zuständigen Disziplinen erreicht werden.

(c) **Die auf unvollständigem Textwissen und/oder Situationswissen und/oder Weltwissen beruhende scheinbare Ambiguität.** Da ich mich an das zuletzt zu (b) Gesagte gebunden fühle, begnüge ich mich für diese Kategorie mit einer kurzen Bemerkung: Die Abgrenzung dieser drei 'Wissenskategorien' untereinander bereitet häufig theoretisch fast genauso große Schwierigkeiten wie deren Absetzung vom 'Sprachwissen', aber für die Disambiguierungs-Praxis ist es, wenn sie einmal zufriedenstellend vollautomatisch so gut reüssieren wird wie das von der H.A.M.T. gesagt zu werden verdient,[11] letztlich gleichgültig, wie die Fehler theoretisch motiviert waren. Für den Erfolg wird es entscheidend sein, daß möglichst viel von dem, was der Human-Übersetzer weiß, auch dem maschinellen Prozeß in irgendeiner geeigneten Weise zur Verfügung gestellt wird. Was wir brauchen, ist eine 'Textwäsche' (sit venia metaphorae!), nach deren Vollzug der Bedeutungsgehalt des Textes 'sauber' dasteht und einwandfrei so repräsentiert ist, daß sowohl die Rückübersetzung als auch der Transfer in die Zielsprache(n) makellos funktioniert.

Daß noch sehr viel zu tun ist, bis alle Ambiguitäts-Probleme gelöst sind, mag - exemplarisch - mit einem Blick auf zwei kürzere Text-Auszüge in französischer Sprache gezeigt werden:

(1) A l'heure du tout nucléaire, le monde entier s'angoisse et pence à ses enfants. (Paris Match, 16 mai 1986)

Die maschinelle Übersetzung dieses Satzes lautete mit SUSY:

(1') In der Stunde der ganzen Atomkraft ängstigt sich die ganze Welt, sie denkt an seine Kinder.

mit ASCOF:

(1'') In der Stunde des ganzen Nuklearen ängstigt die Welt sich und denkt an seine Kinder.

Das heißt, daß beide Systeme - und meines Wissens auch alle anderen Systeme - noch nicht in der Lage sind, romanische Possessiv-Pronomen, die sowohl auf Feminina als auch auf Maskulina zurückverweisen können, so zu disambiguieren, daß ein korrekter Transfer in Sprachen möglich ist, die hier 'weiblich' und 'männlich' differenzieren. Das ist ein linguistisches Problem. Gleichermaßen linguistisch zu lösen scheint der Übersetzungsfehler für tout nucléaire, wenn man die syntaktische und die semantische Valenz berücksichtigt. Nach einer Wörterbuch-Korrektur lieferte ASCOF die Übersetzung: In der Stunde des nuklearen Monopols ängstigt die Welt sich und denkt an seine Kinder.

Nur das Situationswissen und der für diesen Kontext erforderliche Rückbezug auf die Katastrophe von Tschernobyl lassen erkennen, daß le tout nucléaire im Sinne der Kategorie (a) zu verstehen ist: Gemeint ist außer dem Monopol-Semem auch ein zweites, etwa gleich dt.: Gefahr der totalen Katastrophe. Bereitet schon die Wiedergabe des ersten im Deutschen Schwierigkeiten, wird sich wohl kaum ein deutscher Ausdruck finden lassen, der die Ambiguität beider Sememe adäquat im Deutschen konserviert. Noch problematischer in mehrfacher Hinsicht ist unser Beispiel 2:

(2) Quand certains experts se félicitaient de constater la baisse de température du réacteur à 300 degrés, d'autres répliquaient que la chaleur du coeur étant techniquement impossibla à mesurer, le problème restait entier. Le rayonnement de surface prouvait que, tout au fond, l'incendie se poursuivait. Avec comme conséquences éventuelles, la fonte du réactuer à travers la terre jusqu'à la nappe aquifère qui aurait été irrémédiablement empoisonnée. (Le Figaro, 12 mai 1986, 32)

In diesem Text ergibt sich u.a. ein Problem der Kategorie (b) - in dem Segment la chaleur du coeur étant techniquement impossible à mesurer: Mit Hilfe semantischer Netze zur Disambiguierung der im Französischen und im Deutschen nicht immer identischen zahlreichen Sememe der lexikalischen Einheiten coeur und Herz läßt sich wahrscheinlich erreichen, daß coeur in diesem Kontext mit Herz wiedergegeben wird.[12] Ein Problem der Kategorie (c) scheint mir dagegen in La fonte du réacteur à travers: la terre ... vorzuliegen. Daß à travers hier nicht über ... hin, sondern durch bedeutet, läßt sich nur aufgrund von Fachwissen im Bereich 'Atomphysik' oder allenfalls mit Hilfe von Wissen um die Situation nach der Katastrophe von Tschernobyl eruieren. Darüber hinaus signalisiert der Gebrauch des französischen Imperfekts und des Konditionalis, d.h. der 'discours indirect libre' (erlebte Rede) von Zeile 4-8, daß sich die Experten nicht einig sind. In einer deutschen Synthese müßte die 'erlebte Rede' zum mindesten durch ein zusätzliches (Sprach-) Signal angezeigt werden.

Wenn man für Auflösungen der Kategorie (c) die Möglichkeit erwägt, mit **Frames** und Informationen aus Experten-Systemen der Künstlichen Intelligenz zu operieren, hat diese in vielen Bereichen vielleicht praktizierbare Strategie heute anscheinend eine Grenze, wenn es um Texte geht, in denen Ansichten über hochgradige oder totale Atomkatastrophen geäußert werden. Nicht nur der Computerlinguistik wäre gedient mit einem Experten-System für die totale atomare Katastrophe. Bleibt zu hoffen, daß ersteres erstellt werden kann, bevor letztere stattgefunden hat.

ANMERKUNGEN

1 U.a. Freigang et al. (1979); Lenders (1980); Slocum (1985); Lewis (1985); Batori, Weber (1986). Wegen des limitierten Umfangs des Berichts ist es leider nicht möglich, der gedruckten Fassung die Aufstellung aller seit den sechziger Jahren inaugurierten Systeme (mit den erforderlichen Ergänzungen zu der im Vortrag gezeigten Liste) mitzugeben. Es ist daran gedacht, eine solche Aufstellung an anderem Ort zu publizieren.

2 1st International Conference on the State of the Art in Machine Translation in America, Asia and Europe: 20-22 August 1986. Dudweiler.

3 Wegen Mitberücksichtigung des Französischen (mit verschiedenen Methoden, z.T. anwendungs-orientiert, z.T. noch im Experimentier-Stadium) wären hier u.a. (in alphabetischer Reihenfolge) zu nennen: ARIANE 78 und CALLIOPE; das LFG-basierte Stuttgarter System (C. Rohrer); LOGOS; TAUM; TITUS.

4 cf. Gilbert (1971); (1980).

5 Stegentritt (1978).

6 cf. Belin (1976); (1977a); (1977b); Weissenborn (1978).

7 cf. Féneyrol, Stegentritt (1980). Inzwischen wurden weitere Arbeiten zur Bestimmung von Adjektiv-Lesarten unternommen. Außerdem liegt ein Lexikon für die wichtigsten Lesarten französischer Nomina vor. (Alles z.T. noch nicht implementiert).

8 cf. in diesem Band: Biewer, Féneyrol, Ritzke, Stegentritt, sowie Ritzke (1986).

9 zum Terminus 'Notionsfeld' s. Scheel (1971); (1984).

10 U.a. Busse, Dubost (1977); Lewicka, Bogacki (1983); Shann (1984); Schwarze (1985). Wertvolle Anregungen für die Bewältigung von Schwierigkeiten dieser Kategorie sind vor allem auch Metzteltin, Jaksche (1983) zu entnehmen.

11 vgl. dazu bes. die Ausführungen von Schmitz in diesem Band.

12 In einem Bericht (dpa) vom 18. Juli 1986 steht m.W. zum ersten Mal auch die Exmetapher in einem deutschen (wohl aus dem Russischen als Zitat übersetzten) Kontext: - Legassow sagte, es sei selbst zweieinhalb Monate nach dem Atomunfall nicht möglich, direkt zum Herzen des Reaktors und zu seinem Brennmaterial vorzudringen. (Saarbrücker Zeitung 19./20. Juli 1986, 1)

LITERATUR

Belin, M. (1976): Zu einer Grammatik der A-Lexeme des Französischen: Adjektiv- und Verbalbereich. In: Arbeiten zur automatischen Analyse des Französischen I, FRANZ/I. Saarbrücken.
- (1977a): Dokumentation zu den ADJOINT im Wörterbuch zur automatischen Analyse des Französischen. In: Arbeiten zur automatischen Analyse des Französischen II, FRANZ/II. Saarbrücken.
- (1977b): Zu einem 'Dictionnaire des tournures'. In: Arbeiten zur automatischen Analyse des Französischen II, FRANZ/II. Saarbrücken.
Biewer, A., C. Féneyrol, J. Ritzke, E. Stegentritt (1985): ASCOF - A Modular Multilevel System for French-German Translation. In: Computational Linguistics 1985/11. 137-154.
Brachmann, R.J. (1985): On the Epistemological Status of Semantic Networks. In: N.V. Findler (Hg.) (1985): Associative Networks. Representation and Use of Knowledge by Computers. New York. 3-50.
Busse, W., J.-P. Dubost (1977): Französisches Verblexikon. Die Konstruktion der Verben im Französischen. Stuttgart.
Féneyrol, C., E. Stegentritt (1980): Vorschlag zu einer Disambiguierung von Verben - dargestellt am Beispiel von 'MONTER'. In H. Eggers (Hg.) (1980): Maschinelle Übersetzung, Lexikographie und Analyse. Akten des 2. Internationalen Kolloquiums des SFB 100. (Linguistische Arbeiten des SFB 100, Neue Folge, Heft 3.2). Saarbrücken. 177-192.
Freigang, K.-H., G. Thome, W. Wilss (1979): Der Stand der Forschung auf dem Gebiet der maschinellen Übersetzung. (Linguistische Arbeiten des SFB 100, Neue Folge, Heft 2). Saarbrücken.
Gilbert, P. (1971): Dictionnaire des mots nouveau. Paris.
- (1980): Dictionnaire des mots contemporains. Paris.
Lenders, W. (1980): Linguistische Datenverarbeitung - Stand der Forschung. In: Deutsche Sprache 1980/3. 213-264.
Lewis, D. (1985): The Development and Progress of Machine Translation Systems. In: ALLC Journal 5/1-2. 40-52.
Lewicka, H., K. Bogacki (Hg.) (1983): Dictionnaire sémantique et syntaxique des verbes français. Warszawa.
Maas, H.-D. (1978): Das Saarbrücker Übersetzungssystem SUSY. In: Sprache und Datenverarbeitung 1978/1. 43-61.
Meeserschmidt, J. (1984): Linguistische Datenverarbeitung mit COMSKEE. Stuttgart.
Metzeltin, M., H. Jaksche (1983): Textsemantik. Ein Modell zur Analyse von Texten. Tübingen.
Ritzke, J. (1986): Die französische Präpositionalphrase und ihre automatische Analyse. (Sprachwissenschaft-Computerlinguistik 13). Dudweiler.
Scheel, H.L. (1971): Ortis und Werther: vergleichbar oder unvergleichlich? Ein Experiment mit Notationsfeldern. In: K.-R. Bausch, H.-M. Gauger (Hg.) (1971): Interlinguistica. Festschrift zum 60. Geburtstag von Mation Wandruszka. Tübingen. 312-325.
- (1984): Zur Problematik maschinen-unterstützter 'Notionsfeldbestimmungen'. In: U.L. Figge (Hg.) (1984): Romanistik und Datenverarbeitung 1981. (Sprachwissenschaft-Computerlinguistik 7). Dudweiler. 91-108.
Schwarze, C. (Hg.) (1985): Beiträge zu einem kontrastiven Wortfeldlexikon Deutsch-Französisch. Tübingen.
Shann, P. (1984): Untersuchungen zur strukturellen Semantik. Dargestellt am Beispiel französischer Bewegungsverben mit Beschränkung auf das Medium Wasser. (Romanica Helvetica 98). Bern.
Slocum, J. (1985): A Survey of Machine Translation: Its History, Current Status, and Future Prospects. In: Computational Linguistics 1985/11. 1-17.

Stegentritt, E. (1978): MORPHO II B. Automatische derivationelle Analyse des Französischen. (Sprachwissenschaft-Computerlinguistik 1). Augsburg, Dudweiler.

- (1985): Realisierung eines semantischen Netzes für die Analyse des Französischen. In: U.L. Figge (Hg.) (1985): Romanistik und Datenverarbeitung. (Sprachwissenschaft-Computerlinguistik 11). Dudweiler. 55-63.

Trost, H. (1984): Wissensrepräsentation in der AI am Beispiel Semantischer Netze. In: J. Retti et al. (Hg.) (1984): Artificial Intelligence. Stuttgart. 48-72.

Vauqois, B. (1975): La traduction automatique à Grenoble. Paris.

Weber, H.-J. (1985): Konvergierende Neuansätze in der Maschinellen Übersetzung. Sachverhaltsstruktur- und Textstrukturbeschreibung. Am Beispiel von COAT und OVERCOAT. In: U. Klenk (Hg.) (1985): Strukturen und Verfahren in der Maschinellen Sprachverarbeitung. (Sprachwissenschaft-Computerlinguistik 12). Dudweiler. 152-176.

Weissenborn, J. (1978): Eine Basisgrammatik für die automatische Analyse des Französischen im Hinblick auf die maschinelle Übersetzung. (Diss.) Saarbrücken.

Wettler, M. (1980): Sprache, Gedächtnis, Verstehen. Berlin, New York.

ÜBERBLICK UND BERICHT ZUM ASCOF-SYSTEM DES PROJEKTS C

Erwin Stegentritt

1. Situierung des Systems

Das System ASCOF ist konzipiert als ein automatisches Übersetzungssystem für das Sprachenpaar Französisch-Deutsch. Der Name steht für 'Analyse und Synthese des Französischen mit Comskee', allerdings wurde bisher noch keine Synthese des Französischen begonnen. Hingegen wurden ein Transfer-Teil Französisch-Deutsch und eine relativ kleine Synthese des Deutschen entwickelt und implementiert, sodaß ein Übersetzungsvorgang vom Französischen ins Deutsche realisiert werden kann (vgl. Biewer 1985 und Biewer, Ritzke, Stegentritt 1985).

Will man ASCOF einer der Typen zuordnen, nach denen automatische Übersetzungssysteme klassifiziert werden, so gehört ASCOF in jene Klasse, die als 3. Generation bezeichnet wird und die sich durch die Integration von Ansätzen und Konzepten aus der KI auszeichnen; für ASCOF trifft dies insbesondere zu in Bezug auf die Verwendung von semantischem Wissen, das als Netz gespeichert ist (vgl. Figge 1986).

Darüberhinaus sind folgende Charakteristika des Systems ASCOF hervorzuheben:

- Die 'klassische' Einteilung in ANALYSE - TRANSFER - SYNTHESE (zur Gliederung von Übersetzungssystemen vgl. Vauquois 1965).

- Die Mehrstufigkeit der Analyse und der Synthese.

- Die Verwendung verschiedener Grammatiktypen (etwa kontextfreie Grammatik, ATNs).

- Die Verbindung von Syntax und Semantik im Rahmen der Analyse.

2. Gliederung des Systems: Die Analyse

Die ANALYSE-Phase ist in 3 Teile geteilt, deren Zusammenhang aus Abb. 1 deutlich wird:

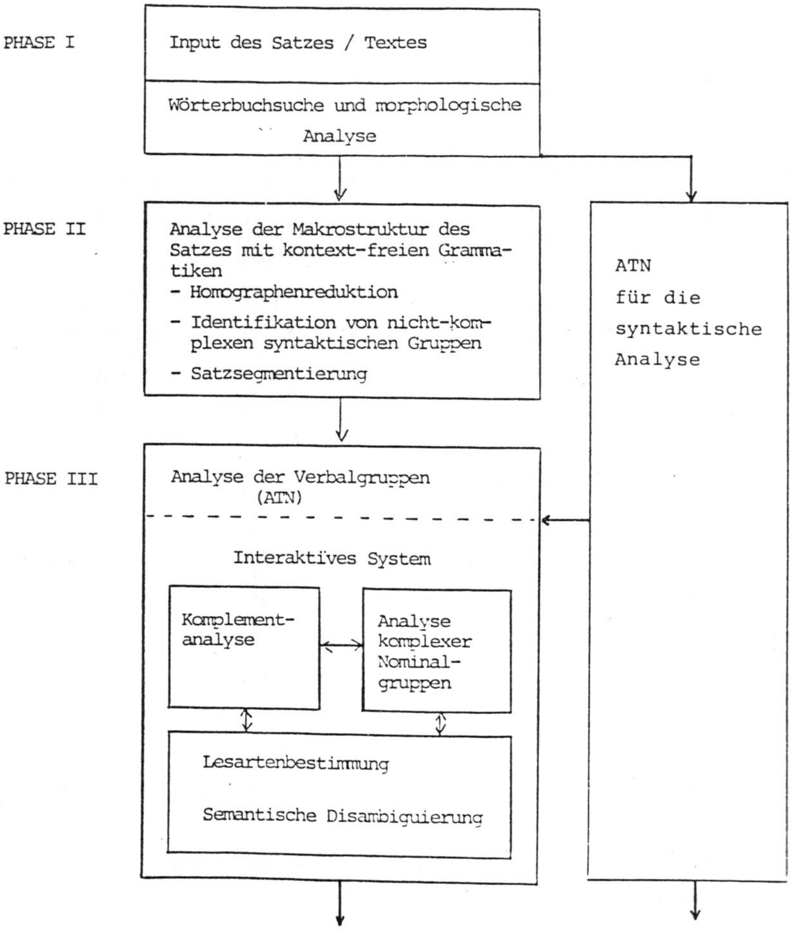

(Abb. 1)

Zusätzlich wurde eine Analysekomponente in Form einer ATN-Grammatik geschrieben, die als One-Pass-Parser die Analyse realisiert, so daß die Vor- und Nachteile eines alternativen Vorgehens untersucht werden können. Gleichzeitig dient dieser Teil dazu, die einzelnen - noch nicht miteinander verbundenen Komponenten zu testen. (Vgl. Abb. 1).

In PHASE I wird der zu übersetzende Satz eingelesen und jede Wortform wird mit den ca. 50.000 Einträgen des Analysewörterbuchs verglichen; zusätzlich wird eine flektionelle morphologische Analyse durchgeführt.

PHASE II hat zur Aufgabe, einfache syntaktische Gruppen und die Makro-Struktur des Satzes zu identifizieren. Dies geschieht durch eine kontextfreie Grammatik, wobei gleichzeitig mit dem Anwenden der Grammatik auf den ganzen Satz weitgehend Homographien aufgelöst werden.

Die kontextfreie Grammatik führt eine rudimentäre syntaktische Analyse des Satzes durch, was gerade bei flexionsarmen Sprachen wie dem Französischen für eine effiziente Homographenreduzierung notwendig ist, da nur unter Bezugnahme auf den Gesamtsatz bestimmte Typen von Homographen auflösbar sind.

Ergebnis dieser Phase II ist demnach eine relativ kleine Anzahl von Satzlesarten, (im günstigsten Fall eine einzige Satzlesart), die in einfache syntaktische Gruppen und diese wiederum in Teilsätze gegliedert sind.

In PHASE III werden in einer Vorphase die verbalen Gruppen mithilfe eines ATN analysiert.

Daran anschließend werden in einem interagierenden Teil die folgenden Aufgaben gelöst:

1. Teilphase: die Komplementanalyse

Hierbei werden von den Verben als Rektionsträgern ausgehend der jeweilige Verb-Vorbereich und der Verb-Nachbereich auf Verbkomplemente hin untersucht. Ist ein Verbkomplement erkannt, so wird es durch die danach aufgerufene

2. Teilphase: der Analyse der komplexen Nominal- und Präpositionalphrasen

auf mögliche abhängige präpositionale Gruppen untersucht, die mit dem bereits identifizierten Komplementteil, dem sog. Head, eine komplexe, d.h. mehrkernige Gruppe bilden.

Nach der Behandlung der Komplementgruppen muß für alle Gruppen, die nicht zum Verbalrahmen gehören, also den Adverbialen in Form von Präpositional- und Nominalgruppen, der Komplex der Nominal/Präpositionalanalyse erneut gestartet werden, wobei die bereits identifizierten Gruppen mit ihren Konstituenten und die dadurch gefüllten Leerstellen des Verbalrahmens entsprechende Informationen bezüglich der Gruppengrenzen liefern.

3. Wissensbasis

Zur Bestimmung der verschiedenen syntaktischen Funktionen im Satz, die durch die III. Phase geleistet wird, müssen sowohl morphologische als auch syntaktische UND semantische Informationen herangezogen werden.

Die morphologischen Angaben sind durch die I. Phase bereitgestellt worden. Die syntaktischen Angaben entstammen zum Teil den Einträgen aus dem Analysewörterbuch, zum Beispiel was die (syntaktische) Rektion eines Verbs betrifft. Die semantischen Informationen sind in Form eines semantischen Netzes organisiert, auf das innerhalb dieser Phase III zugegriffen wird. (Zur Realisierung des Netzes vgl. Stegentritt 1985).

Erst die Gesamtheit und das Zusammenspiel dieser Informationen mit den ATN-ähnlich organisierten Regelkomplexen erlauben es, eine Vereindeutung der syntaktischen Funktionen zu erreichen.

In vielen Fällen ist mit der Identifizierung einer bestimmten syntaktischen Funktion einer syntaktischen Gruppe auch die Lesart der an dieser Gruppe beteiligten Lexeme verbunden: ist z.B. ein bestimmter Verbalrahmen als gültig für ein Verb erkannt, so impliziert dies oft auch eine Vereindeutigung des Verbs selbst in seiner Lesart ebenso wie die Vereindeutigung der Lexeme in den Komplementen, die dem betreffenden Verb untergeordnet sind.

Diese Interaktion der verschiedenen Komponenten ist durch die Pfeile innerhalb der PHASE III in Abb. 1 dargestellt.

Eine selbständige Phase der semantischen Disambiguierung wurde bislang nicht entwickelt.

4. Transfer und Synthese

Die Komponenten von TRANSFER und SYNTHESE sind auf Abb. 2 dargestellt.

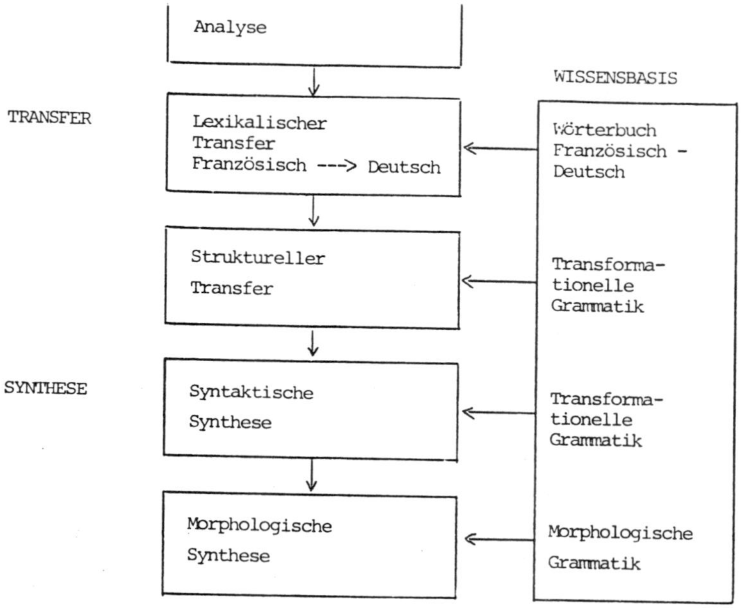

(Abb. 2)

In der Analyse wird ein (syntaktisch-funktionaler) Strukturbaum des zu übersetzenden Satzes erzeugt, der an die nachfolgenden Teile TRANSFER und SYNTHESE übergeben wird. Dieser Strukturbaum ist insofern standardisiert, als bestimmte syntaktische Strukturen und Funktionen jeweils nach einem festgelegten Muster dargestellt werden. Beispielsweise werden alle attributiven Adjektive im Strukturbaum unter einem Knoten SUB_MOD vereinigt, der unter dem dominierenden Substantiv-Knoten hängt. Des weiteren wurde für jede nominale Gruppe ein spezieller Knoten eingeführt, dem syntaktisch-morphologische Informationen als Etikett zugeordnet sind (Numerus, Genus, Kasus). Aus diesem Knoten (GTYP) werden in der später ablaufenden morphologischen Synthese die benötigten Informationen für nominale Gruppen abgerufen.

Ein Beispiel für den Strukturbaum zeigen Abb. 3 und 4.

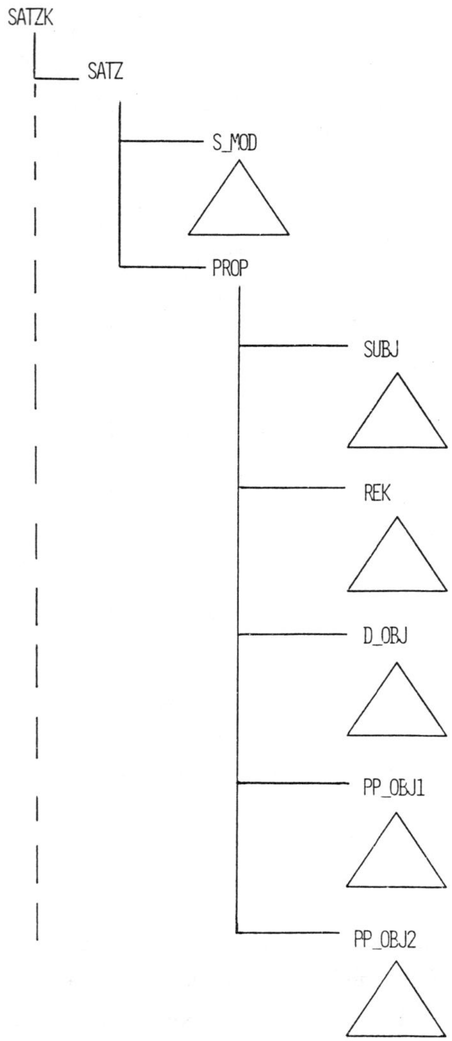

(Abb. 3)

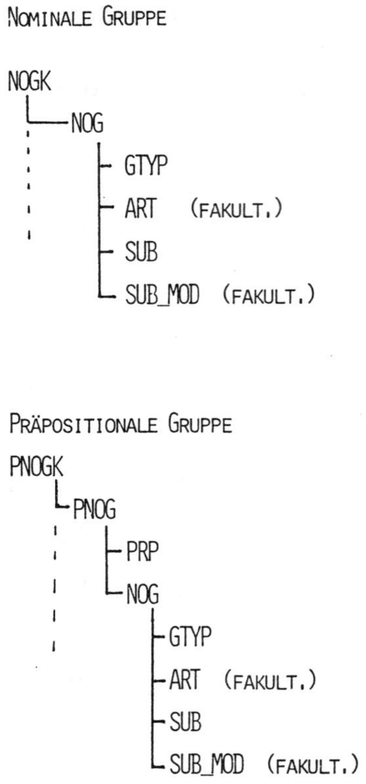

(Abb. 4)

Im Transfer werden in den Output-Baum der Analyse die jeweiligen zielsprachigen Lexeme eingesetzt. In der SYNTHESE-Phase werden die notwendigen Transformationen für die Zielsprache Deutsch durchgeführt (Syntaktische Synthese) und in der abschließenden Phase der morphologischen Synthese werden die zielsprachigen deutschen Wortformen erzeugt.

Da der Schwerpunkt der Arbeiten auf der Entwicklung der Analysekomponente lag, sind die Teile für TRANSFER und SYNTHESE nicht im gleichen Maß wie die Analyse entwickelt worden.

Dennoch ist die Transformationsgrammatik für die syntaktische Synthese soweit entwickelt, daß einige interessante Phänomene bearbeitet werden können, etwa die Bearbeitung präpositionaler und nominaler (direkter) Komplemente und die Umwandlung des einen in das andere, wie in à leurs clients > ihren Kunden; oder die Bearbeitung bestimmter Typen von Komposita.

In der morphologischen Synthese werden aus den Lexemen des Strukturbaumes und den Etiketteninformationen die deutschen Wortformen erzeugt; Transformationen werden dabei nicht durchgeführt. Sofern die Angaben über Numerus, Genus und Kasus sowie Flexionstyp vorliegen, - d.h sie wurden durch die Analyse bereitgestellt - können alle Wortformen der Adjektive und Substantive erzeugt werden. Zur Generierung der Verben steht ein spezielles Verblexikon für die unregelmäßigen Verben zur Verfügung, so daß neben den schwachen Verben, deren Lexemstämme aus dem Transfer stammen, auch alle starken Verben mit ihren verschiedenen Stämmen abgedeckt sind.

LITERATUR

Biewer, A. et al. (1985): ASCOF - A Modular Multilevel System for French-German Translation. In: Computational Linguistics 11/2-3. 137-154.

Biewer, A., J. Ritzke, E. Stegentritt (1985): ASCOF - Ein System zur Französisch-Deutschen Übersetzung. In: U. Klenk (Hg.) (1985): Strukturen und Verfahren in der Maschinellen Sprachverarbeitung. (Sprachwissenschaft-Computerlinguistik 12). Dudweiler. 34-46.

Figge, U.L. (1986): Computerlinguistik. Erscheint in: G. Holtus, M. Metzeltin (Hg.) (1986): Lexikon der Romanistischen Linguistik. Tübingen.

Stegentritt, E. (1983): Realisierung eines semantischen Netzes für die Analyse des Französischen. In: U.L. Figge (Hg.) (1983): Romanistik und Datenverarbeitung 1983. Akten der Sektion Romanistik und Datenverarbeitung des Deutschen Romanistentages Berlin 1983. (Sprachwissenschaft-Computerlinguistik 11). Dudweiler. 55-63.

Vauquois, B. (1965): La traduction automatique à Grenoble. Paris.

DIE PHASE II IN DER ASCOF-ANALYSE

Christian Féneyrol

Nach Durchlauf der genannten Wörterbuchsuche und Flexionsanalyse erhalten wir für den Beispielsatz

(1) Pour compenser la perte de la récolte, l'expertise prévoit une augmentation du prix du maïs de 3 %.

folgende Wortklassenzuordnungen:

Wort	Wortklassen
Pour	PRP, PRPINF
compenser	INF
la	PRO, ARTDEF
perte	SUB
de	PAQ, PRPINF, PRP
la	PRO, ARTDEF
récolte	SUB, VF
,	VIRG
l'	PRO, ARTDEF
expertise	SUB
	VF
prévoit	VF
une	ARTIND
augmentation	SUB
du	PAQ, PRP
prix	SUB
du	PAQ, PRP
maïs	SUB
de	PAQ, PRPINF, PRP
3	NUM
%	SUB
.	PF

(Abb. 1)

So erhalten wir etwa für

- pour	die beiden Lesarten	- Präposition
		- Infinitiv-einleitende Präposition
- la	die beiden Lesarten	- bestimmter Artikel
		- preverbale Partikel
- de	die drei Möglichkeiten	- Präposition
		- Infinitiv-einleitende Präposition
		- particule de quantité
- récolte	die Lesarten	- finites Verb
		- Substantiv

Das Ziel der nächsten Analysephase besteht nun darin, dieses Ergebnis der Behandlung durch eine kontextfreie Grammatik zu unterziehen. Zweck dieser oberflächensyntaktischen Analyse ist es, eine erste Strukturierung des Satzes vorzunehmen, in der drei Hauptaufgaben vereint sind (Abb. 2).

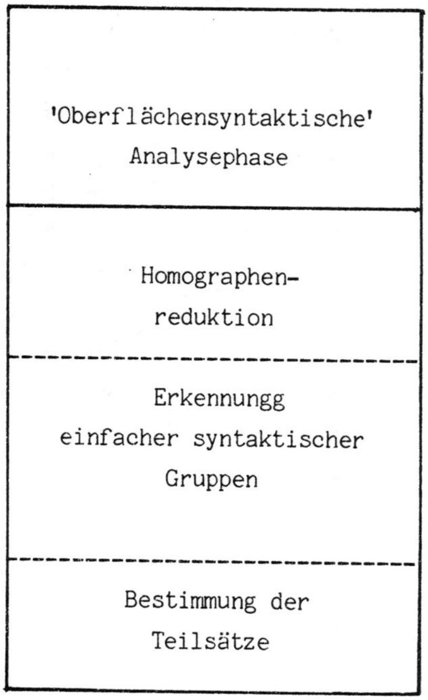

(Abb. 2)

Diese drei Aufgaben, die hier schematisch unterschieden sind, sind nicht als Folge von drei Einzeloperationen aufzufassen, bei der jeder Input für den anderen wäre. Sie stellen vielmehr ein Ganzes dar, das von der genannten Grammatik bearbeitet und gelöst werden kann, wobei nur soweit strukturiert wird, wie es die drei Teilaufgaben erfordern. Die Oberflächenanalyse erlaubt es, kategorielle Mehrdeutigkeiten durch die Bildung einfacher syntaktischer Gruppen aufzulösen; sind diese Gruppen selbst mehrdeutig, werden diese wiederum durch ihre Einbindung in den gesamten Satzkontext dann in der Regel vereindeutigt.

Als einfache syntaktische Gruppe - als **GROUPE SYNTAXIQUE SIMPLE** - bezeichne ich eine Folge von Lexemen, über deren Strukturierung und Delimitierung als Gruppe es keinen Zweifel gibt, betrachtet man allein die implizierten Wortklassen.

Wir unterscheiden drei Typen von ESG:

- ESG **VERBALER** Natur
  - l'expertise
  - prévoit
  - ne les ayant pas vus
  - la lui montrer
- ESG **NOMINALER** Natur
  - la perte
  - de la récolte
  - l'expertise
  - du maïs
  - du prix
  - automatiquement
- ESG **MOT-OUTIL**
  - Koordinationspartikel
  - Einleitungswörter
  - Zeichensetzung

Unser Beispiel weist eine Reihe von Wortklassenmehrdeutigkeiten auf, die zu mehrdeutigen einfachen Gruppen führen. Gerade in solchen Fällen zeigt sich das starke Disambiguierungspotential eines Ansatzes, der den Gesamtsatz in Betracht zieht. So kann von den beiden potentiellen Lesarten Nominal- bzw. Präpositional-Gruppe von <u>de la récolte</u>, <u>du prix</u> oder <u>du maïs</u> die Lesart als Nominalgruppe in der Umgebung einer eindeutigen Nominalgruppe wie sie in <u>la perte</u> oder <u>l'augmentation</u> vorliegt, ausgeschlossen werden. Ähnlich verhält es sich mit der Lesart der Verbalgruppe für <u>l'expertise</u>. Eine Lesart, die nach einem Komma durchaus denkbar wäre, hier aber wegen fehlender nominaler Partner entfällt, anders als zum Beispiel in

(2) Le spécialiste, pour taxer le tableau, l'expertise avec soin.

wo <u>l'expertise</u> verbaler Natur sein muß. Auf ähnliche Weise wird <u>pour</u> beim Aufbau des Infinitiv-Satzes als Einleitungswort vereindeutigt.

Wie sieht nun die Grammatik aus, die zugrundegelegt wird?

Wir nennen sie **DSA** für **DECOUPAGE SYNTAXIQUE AUTOMATIQUE**

- DSA $\langle V_A, V_T, PC, R \rangle$
- Das Hilfsvokabular umfaßt ca. 80 Kategorien
- Das Terminale Vokabular ca. 45 KAT. = Wortklassen

- PC für PHRASE COMPLEXE bildet das Axiom der Grammatik
- Sie umfaßt ca. 220 Regeln
- Als Algorithmus wird der EARLEY-Algorithmus verwendet

Auf das Beispiel angewandt, ergibt die Grammatik den Syntaxbaum in Abb.3.

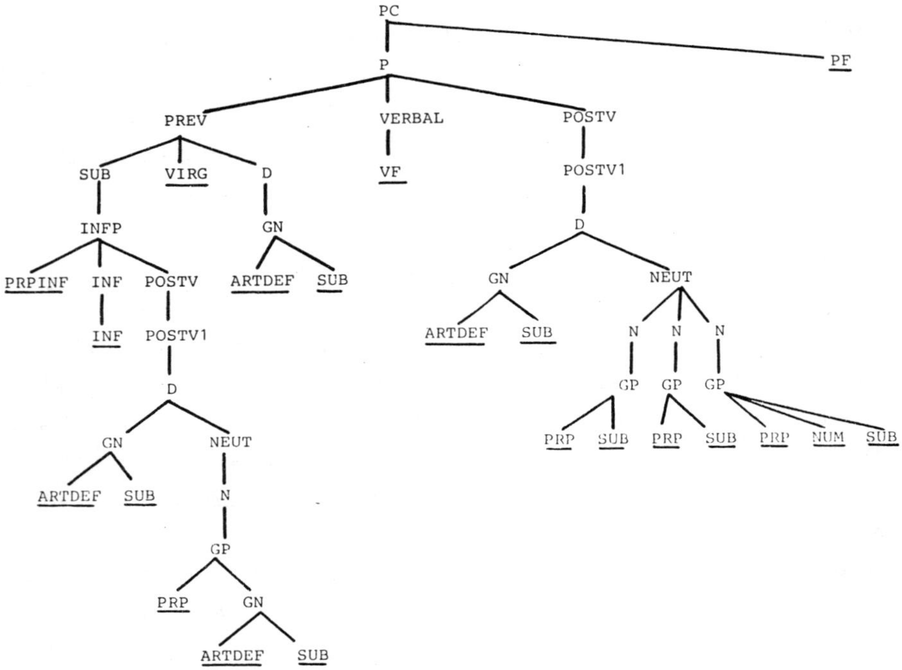

(Abb. 3)

Wir sehen, daß die Grammatik es erlaubt, durch die Erkennung von Teilsätzen und einfachen Gruppen, die Wortklassen zu vereindeutigen. Das Ergebnis kann dabei wie folgt charakterisiert werden: Das Strukturierungsniveau wird so niedrig wie möglich gehalten, aber so hoch wie es zur Erfüllung der gestellten Aufgabe nötig ist. Andere Ableitungen für diesen Satz sieht die Grammatik nicht vor, sodaß wir folgendes Ergebnis an die nächste Analysephase weitergeben können.

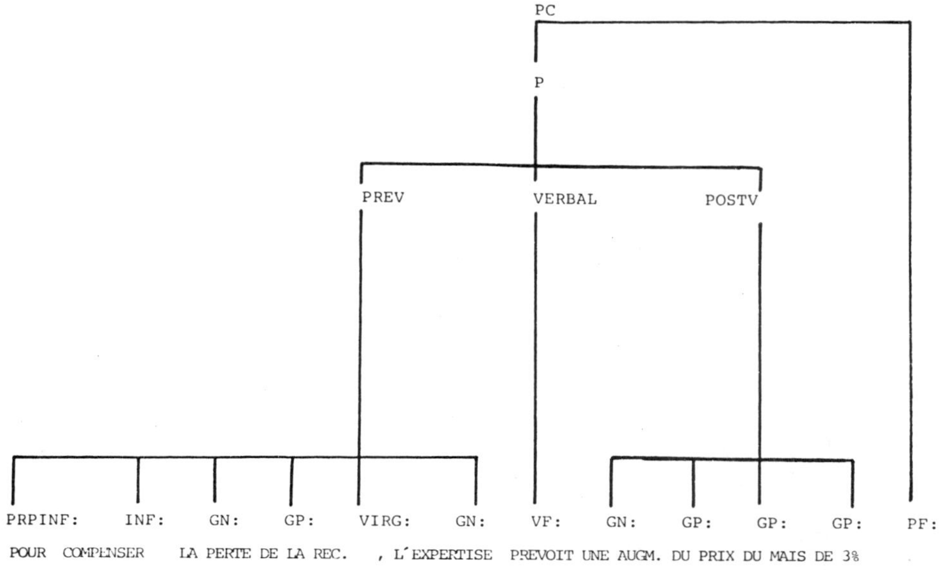

(Abb. 4)

Abbildung 4 zeigt den 'abgeflachten' Baum, in dem ein Großteil der Hilfskategorien gelöscht wurde und nur noch die einfachen Gruppen enthalten sind, aufgeteilt nach preverbalem, verbalem, und postverbalem Bereich. Ausgehend vom Verbalen Knoten wird nun - in der Phase III - die syntaktisch-funktionale Struktur des Satzes aufgebaut, indem die einfachen Gruppen zum Verb und zueinander in Relation gebracht werden.

ZUR SYNTAKTISCH-FUNKTIONALEN ANALYSE (PHASE III) IM SYSTEM ASCOF

Johannes Ritzke

1. Die syntaktisch-funktionale Analyse im System ASCOF umfaßt die Analyse von Verbkomplementen und komplexen Nominalstrukturen.[1] Sie arbeitet mit ATN-Grammatiken, deren Eingabe einkernige Phrasen sind, die in den vorangegangenen Phasen identifiziert wurden.[2] Die Grammatiken greifen direkt auf die Phrasen und die ihnen zugeordneten morpho-syntaktischen Werte zu.

Den bei ATN-Grammatiken, die über Wortketten operieren, üblichen Wort/Wortklassen-Kanten (CAT-Kante) entsprechen hier 'Phrasen'-Kanten, da ein kernige Phrasen und nicht Lexeme eingelesen werden.[3]

Auf Kanten sind ebenfalls Tests über Phrasen und Phrasentypen formuliert: Kategorialtests über bestimmte Phrasentypen, wie Nominal- oder Präpositionalphrasen, Tests über ihren Wortlaut und die für die syntaktisch-funktionale Analyse wesentlichen syntaktisch-formalen und semantischen Tests. Semantische Tests bestehen aus Anfragen an eine semantische Datenbasis über Verträglichkeiten zwischen Kernen der konsumierten Syntagmen.

Die semantische Datenbasis ist in Form eines semantischen Netzes ange legt. Das Netz enthält atomare Konzeptknoten und komplexe Knoten in Form von Frame-Strukturen. Folgende Kantentypen sind im Netz definiert:

- NAME-OF-(= Bezeichner-)Kanten,
- ISA- oder Vererbungs-Kanten,
- HASA-Kanten,
- PART-OF/OWN-Kanten,
- HAS-PROPERTY-Kanten,
- Slot-Filler-Kanten für Frames,
- verschiedene DEEP-CASE-Kanten.

Zur ökonomischen Netzverwaltung dienen zusätzlich zwei Kantentypen, die die Übertragung von Eigenschaftskonzepten und insofern die Manipulation von allgemeinem (Welt-)Wissen ermöglichen:

- FUNC-Kante, d.h. <KONZEPT> funktioniert als <KONZEPT>,
- IMPL-Kante, durch die eine Implikationsbziehung zwischen Konzepten ausgedrückt wird.

Die syntaktisch-funktionale Verbkomplementanalyse ist unterteilt in verschiedene Abschnitte, in denen jeweils charakteristische syntaktische Funktionen analysiert werden: Subjekt (SUB,INFSUB), direkte Objekte (K1), enge präpositionale Komplemente und Adverbiale im Verbalrahmen (K2...Kn); vgl. Abb. 1:

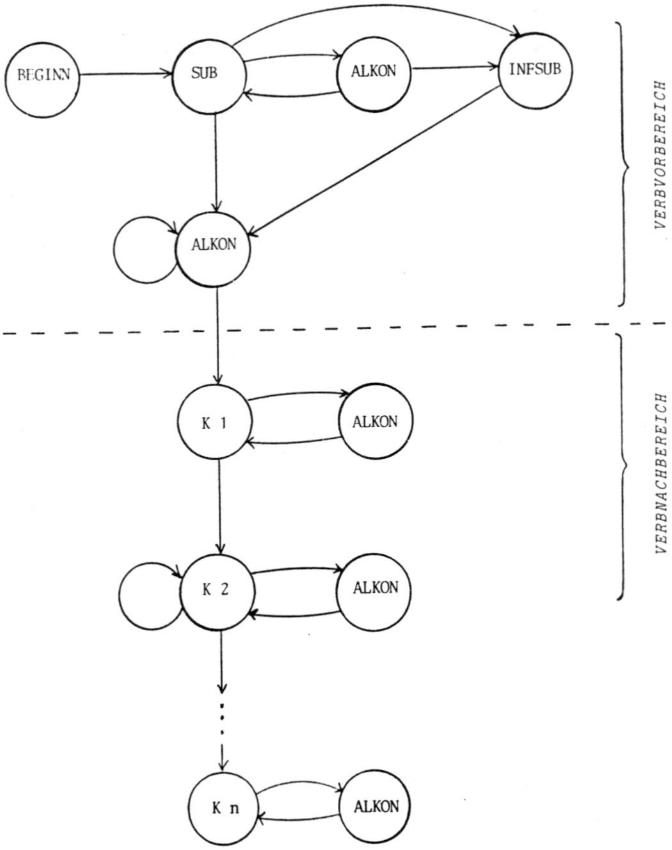

(Abb. 1: Interaktion der Analysephasen)

Die Analyseabschnitte interagieren untereinander und mit Subsystemen zur Analyse komplexer Nominalsyntagmen (ALKON). Sie sind durch unterschiedliche Teilnetze realisiert. Ist der Durchlauf durch ein bestimmtes Teilnetz in der Komplementanalyse erfolgreich, wird ALKON aufgerufen.

Ein als Komplement des Verbs ermittelter funktionaler Wert wird an ALKON als Eingangswert (= Parameter) übergeben. Ist z.B. die Subjektphrase ermittelt und in das Register des Teilnetzes 'Subjektanalyse' geschrieben, wird mit dieser Phrase die Nominalanalyse gestartet. Anschließende Phrasen werden konsumiert und analysiert - hier zunächst im Bereich zwischen Verbkomplement (Subjekt) und finitem Verb (= Verbvorbereich). Für den Verbnachbereich ist das Verfahren der Analyse von Verbkomplementen und Adjunkten analog. Ist eine Teilanalyse erfolgreich, wird dasübergebene Register mit der als komplex ermittelten Nominalstruktur gefüllt und an die Komplementanalyse zurückgegeben.

2. In der syntaktisch-funktionalen Internstruktur eines nominalen Komplexes sind unterschiedliche syntaktische Funktionen definiert.[4] Zu ihrer Ermittlung ist das Subsystem ALKON in Unternetze aufgeteilt, je eine eigene Prozedur für eine syntaktische Funktion: ein Subnetz für ein Präpositionalkomplement, eins für Präpositionalkomplement/Kompositumglied, eins für Präpositionalattribut mit einem Bedingungsteil für stärker restringierte enge und einem für freie Attribute, und zwei weitere für Koordination und Apposition, vgl. Abb. 2:

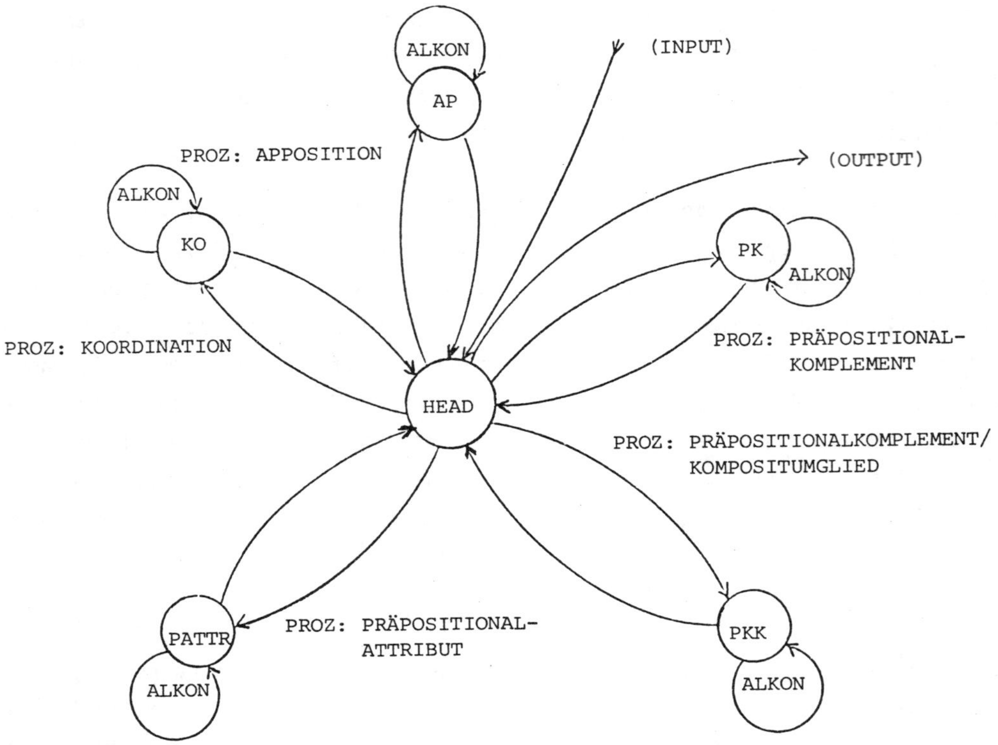

(Abb. 2: Analyse komplexer Nominalphrasen: ALKON)

Da im Französischen der zentralen Phrase eines nominalen Komplexes die ihr bei- bzw. untergeordneten Phrasen folgen, kann in ALKON als Analyserichtung zunächst links-rechts festgelegt werden: Mit der zentralen Phrase als Head wird begonnen, ihr unmittelbar rechter Nachbar ist die erste aktuelle (d.h. potentiell abhängige) Phrase. Die linke Grenze des Komplexes steht somit beim Einsatz der Analyse fest.

Um die rechte Grenze des Komplexes zu ermitteln und gleichzeitig seine Internstruktur zu beschreiben, muß der Analysealgorithmus Sub- und Koordinationsphänomene als gemeinsamen Komplex bearbeiten und dabei auch die Analyserichtung wechseln können. Dabei müssen effektiv formulierte Bedingungen und deren Interpretation entsprechende Aktionen für ein Attachment initiieren.

Den Kanten der unterschiedlichen Teilnetze sind morpho-syntaktische und semantische Bedingungen assoziiert, unter denen ein (aktueller) Head und eine (aktuelle) Phrase in Beziehung zueinander treten können. Einem aktuellen

Phrasenpaar wird die syntaktische Beziehung zugewiesen, die dem Teilnetz entspricht, in der alle Bedingungen erfüllt sind. Die daraus resultierende(n) (Teil-)Struktur(en) wird/werden im aktuellen Register des Subnetzes abgelegt.

Ist eine Relation für ein Phrasenpaar und somit die syntaktische Funktion für die aktuelle Phrase determiniert, wird diese Phrase aktueller Head für den nächsten Durchlauf. Aktuelle Phrase wird die nächstfolgende, rechts benachbarte Phrase usw., d.h. ALKON wird wiederholt aufgerufen.

Wird kein positives Resultat erzielt, beginnt ein neuer Suchlauf mit der dem bisherigen Head links benachbarten Phrase als neuem Head. Gibt es nach einer solchen Linksverschiebung weiterhin kein positives Resultat, wandert der Head weiter nach links, bis alle Kandidaten abgeprüft sind.

Eine Grenze des Komplexes wird erreicht, wenn keiner der Suchläufe ein positives Resultat bringt. In diesem Falle gehört eine aktuelle Phrase nicht mehr zum (komplexen) Syntagma, sondern vor ihr liegt die rechte Grenze des Komplexes.

3. Im Beispiel

(1) **La directive du conseil du 22 Juillet,** qui prévoit une augmentation du prix du maïs de 3 pour-cent, touche les régions du sud et les pays africains qui dépendent de ce produit d'importation.

finden sich vier komplexe Nominalstrukturen. Die erste ist die komplexe Subjektstruktur des Matrixsatzes. Ihre Analyse sei im folgenden als Beispiel näher dargestellt:

Nominaler Subjektkomplex: La directive du conseil du 22 juillet

Im Ablauf der Verbkomplementanalyse wird die Nominalphrase la directive als Subjekt-Phrase identifiziert. Zwischen dieser Phrase und dem finiten Verb befinden sich zwei einkernige Präpositionalphrasen. Da insofern eine komplexe Subjektstruktur vorliegen kann, wird das Subsystem ALKON gestartet. Aktueller Head (AH) ist die ermittelte Subjektphrase la directive, als aktuelle Phrase

(APHR) wird die erste rechts benachbarte Phrase konsumiert: <u>du conseil</u>. Beide Phrasen stellen die Parameter des ersten Suchlaufs in ALKON dar:

AH ——— ? ——— APHR

LA DIRECTIVE	DU CONSEIL
1	2

Das Supernetz (= Hauptprogramm) von ALKON ruft, da die konsumierte aktuelle Phrase eine Präpositionalphrase ist, zuerst das Subnetz 'Präpositionalkomplement' auf, um dort Kantenbedingungen zu überprüfen, und zwar

a) syntaktisch-formale Bedingungen: AH ist eine Nominalphrase, APHR ist eine Präpositionalphrase mit DE und mit Artikelwort, d.h. die formalen Bedingungen der ersten Kante sind erfüllt;

b) werden semantische Bedingungen abgeprüft (vgl. Abb. 3):

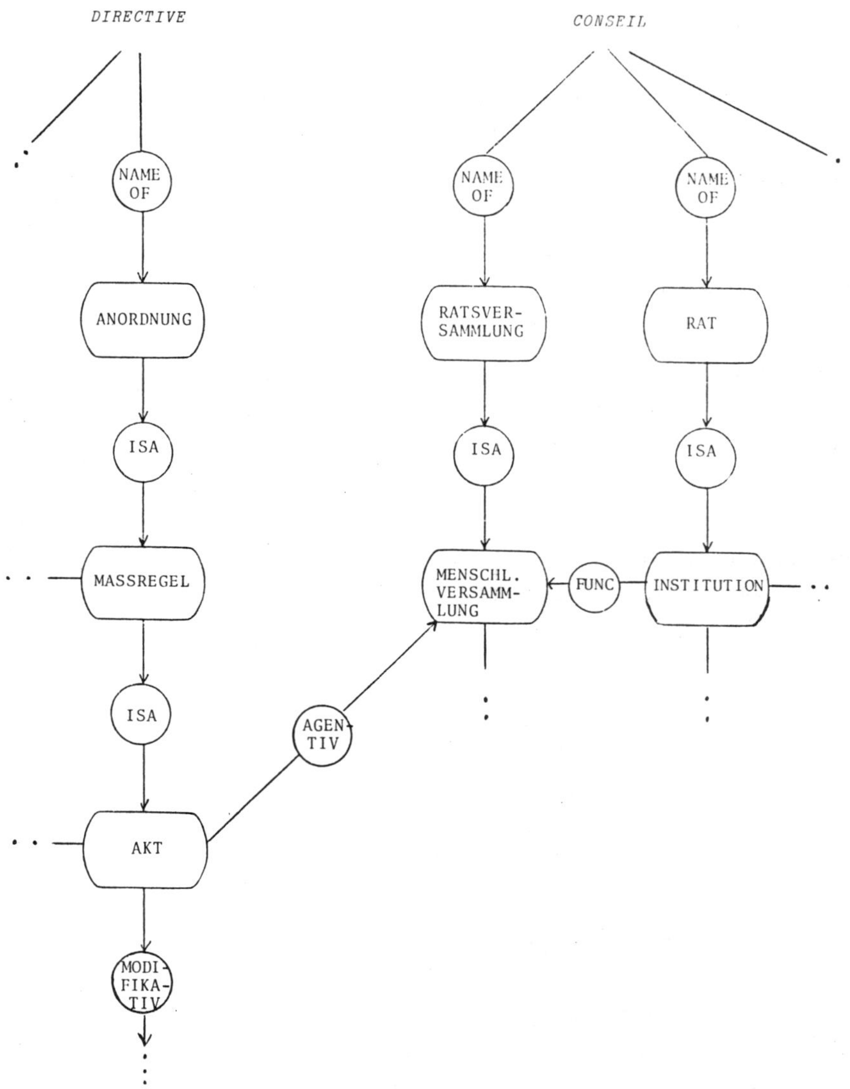

(Abb. 3)

Als semantischer Test ist eine Anfrage an die Wissensbasis mit den Lemmata der Kernlexeme von AH und APHR auf der ersten Kante notiert. Die Anfrage wird entsprechend gestartet: Über NAME-OF-Kanten wird die Verbindung der Lexeme 'directive' und 'conseil' zum Netz hergestellt. Directive ist mit einem Bezeichnungs-Konzept <ANORDNUNG> verbunden, während conseil mit mehreren Bezeichnungen verbunden ist, und zwar u.a. mit <INSTITUITION> und <MENSCHL. VERSAMMLUNG>. Aus dem Bezeichnungs-Konzept von directive führt ein ISA-Link zu einem Konzept <MASSREGEL> und ein weiterer ISA-Link zum Konzept <AKT>. Aus diesem Konzept führen mehrere DEEP-CASE-Kanten heraus, die Komplement-Beziehungen reflektieren. Eine der Kanten ist eine AGENTIV-Kante. Sie verbindet <ANORDNUNG>-ISA-<MASSREGEL>-ISA-<AKT> mit einem Konzept, das bestimmte Voraussetzungen erfüllen muß: Es muß sich um eine Person oder eine Gruppe von Personen handeln, oder um einen Begriff, der als solches fungieren kann. Das Bezeichnungskonzept <MENSCHL.VERSAMMLUNG> entspricht diesen Eigenschaften, ebenfalls aber auch das zweite Bezeichnungskonzept <INSTITUTION>, weil es mit dem ersten über eine FUNC-Kante ('funktioniert-als') verbunden ist. Zwischen *directive* und *conseil* kann somit eine Komplementrelation identifiziert werden, wobei die Beziehung im Hinblick auf die Bezeichnung (<RATSVERSAMMLUNG> vs. <RAT>) von *conseil* indifferent bleibt.

Da jetzt die Beziehung zwischen *directive* und *conseil* analysiert ist, wird die nächstfolgende Phrase *du 22 juillet* konsumiert. Der Head rutscht um eine Position nach rechts: AH für den Suchlauf ist *du conseil*, APHR ist *du 22 juillet*:

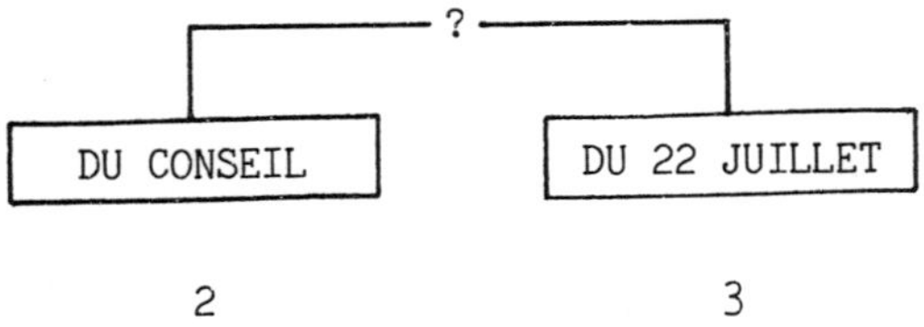

Folgende Bedingungen werden abgefragt:

a) Syntaktisch-formale Bedingungen: AH ist Präpositionalphrase, APHR ist DE-Phrase mit Artikelwort, - der Suchlauf beginnt wieder in der Prozedur Präpositionalkomplement;

b) Semantische Bedingungen: Im Unternetz 'Präpositionalkomplement' werden zwar zutreffende syntaktische, aber keine zutreffenden semantischen Bedingungen gefunden. Das im Anschluß aufgerufene Netz liefert ebenfalls kein positives Ergebnis. Erst im Unternetz 'Präpositionalattribut' treffen die Bedingungen zu (vgl. Abb. 4):

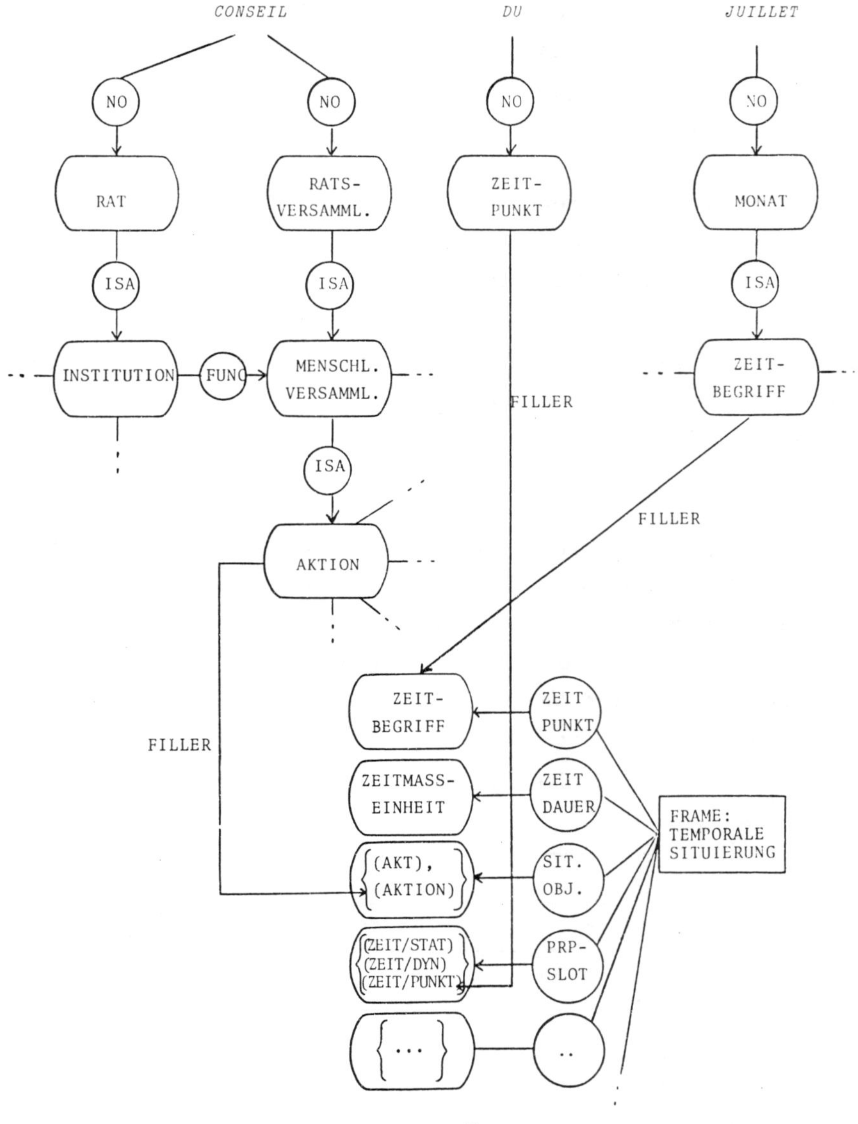

(Abb. 4)[5]

Anfrageparameter für den Test in der semantischen Datenbasis sind die Lemmata conseil und juillet. Juillet besitzt eine NAME-OF-Verbindung zum Bezeichnungskonzept <MONAT>, das seinerseits über einen ISA-Link mit einem Konzept <ZEITBEGRIFF> verbunden ist. Dieses Konzept steht in strukturellem Zusammenhang mit einem Frame 'Temporale Situierung', und zwar über eine Slot-Filler-Relation. <ZEITBEGRIFF> kann als Filler in den Slot 'Zeitpunkt' treten, der bereits mit einem Defaultwert <ZEITBEGRIFF> belegt ist. Im gleichen TS-Frame befindet sich auch ein präpositionaler Zeitpunkt-Slot (PRP/ZP-Slot), in den als Filler das temporale Zeitpunkt-Bezeichnungskonzept tritt, mit dem die Präposition DE unter anderem über eine NAME-OF-Kante verbunden ist.

Weitere Slots des Frame beträfen etwa Quantifizierungen, wo hier das Datum aufgenommen würde und andere temporale Zusammenhänge (Zeitdauer etc.), die ungefüllt bleiben. Weiterhin gibt es einen Slot für das Situierungsobjekt im weitesten Sinn. Dieser Slot kann sehr allgemein gefüllt werden (vgl. die eingesetzten Default-Werte), es muß sich allerdings um zeitlich situierbare Begriffe handeln, was für conseil mit der <RAT>-ISA-Verbindung zu <INSTITUTION> nicht zutrifft. Insofern kann dieses Konzept nicht als Filler in den TS-Frame treten.

Bei der semantischen Anfrage wird in der Prozedur 'Präpositionalattribut' ein positives Resultat gefunden, allerdings nur für die Lesart <RATSVERSAMMLUNG> von conseil. Conseil besitzt weitere Lesarten. Freie Präpositionalattribute können sich über mehrere Funktionen hinweg auf andere, auch bereits als komplex erkannte Strukturen beziehen. Es muß ein weiterer Suchlauf gestartet werden, um eventuelle Mehrdeutigkeiten zu ermitteln. Der Head rutscht dabei nach links zurück: AH ist jetzt la directive, die APHR bleibt gleich:

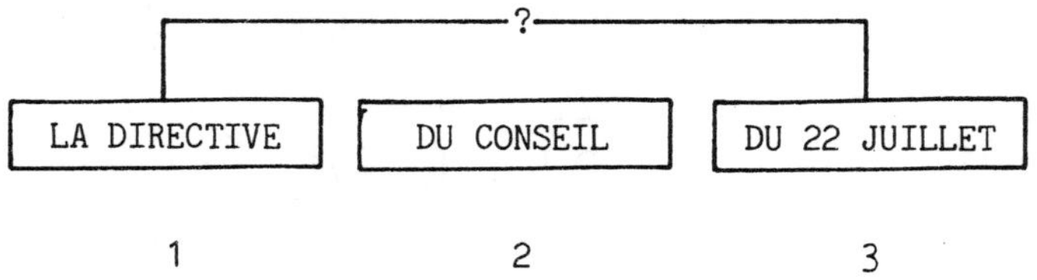

Die syntaktisch-formalen Bedingungen sind in gleicher Weise wie im vorausgegangenen Suchlauf erfüllt und wie dort wird die Beziehung über die Abfrage semantischer Bedingungen erkannt, und zwar analog im 'Präpositionalattribut'-Netz:

Unter den gleichen Bedingungen, wie das atomare Konzept <AKTION> als Filler des Objekt-Slots in den TS-Frame zeigt, tritt auch das atomare Konzept <AKT> - über einen NAME-OF-ISA-Pfad mit directive verbunden -, als Slot-Filler in den TS-Frame; vgl. Abb. 5:

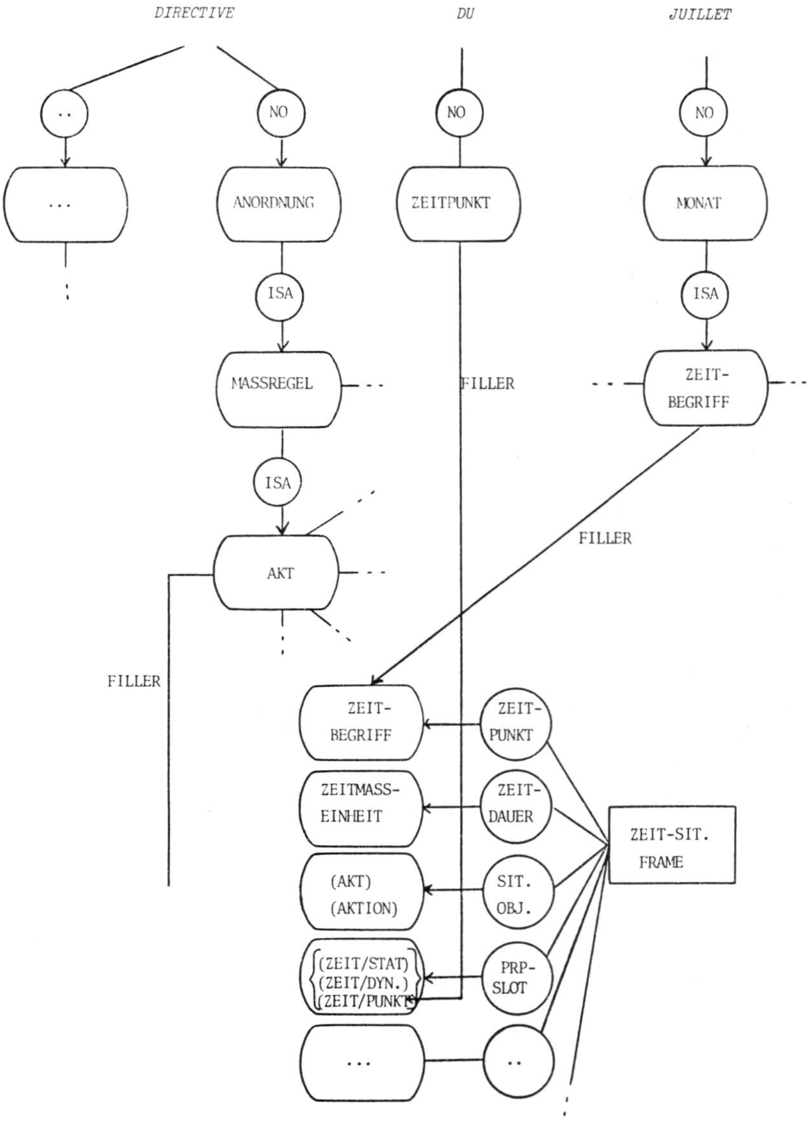

(Abb. 5)

Dementsprechend gibt es auch bei diesem Suchlauf ein positives Ergebnis, wobei impliziert ist, daß conseil **nicht** mit der Bezeichnung <RATSVERSAMMLUNG> selektiert wird, da der Slot hier bereits von <DIRECTIVE> aus gefüllt ist.

Bei der Lösung des dritten Suchlaufs hängen von la directive zwei Phrasen in unterschiedlicher Funktion ab: du conseilCONSEIL als Präpositionalkomplement und du 22 juillet als freies Präpositionalattribut. Da die funktionale Bindung zwischen Head und Präpositionalkomplement syntaktisch-formal und semantisch enger ist als zwischen Head und freiem Präpositionalattribut, wird das Präpositionalattribut so interpretiert, daß es hier die bereits komplexe Struktur Head/Präpositionalkomplement attribuiert:

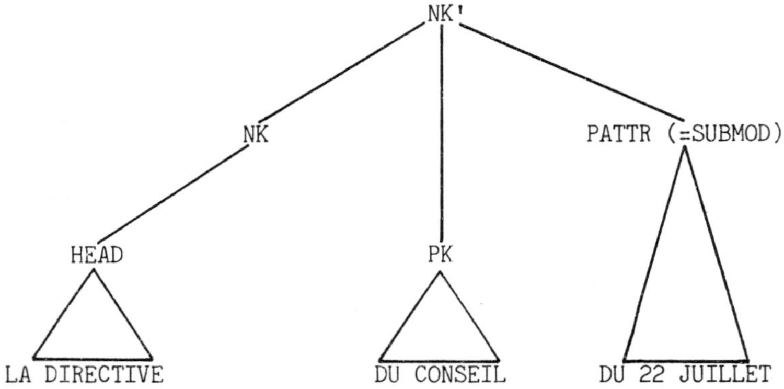

Vor dem finiten Verb befinden sich keine weiteren Phrasen mehr, d.h. der Subjektkomplex ist analysiert. Es gibt zwei Lösungen mit unterschiedlichen Strukturen:

1: 1(PK:2(PATTR:3))
2: 1(PK:2, PATTR:3)

Die semantischen Abfragen haben als 'Seiteneffekt' die semantische Disambiguierung von CONSEIL: erste Lösung = Rat; zweite Lösung = Ratsversammlung.

Die komplexe Subjektstruktur ist nunmehr bestimmt und wird ins Subjektregister der Komplementanalyse zurückgegeben:

SUBJ1 1(PK:2, PATT:3) bzw. SUBJ2 1(PK:2(PATT:3)).

Das Analyseverfahren für die übrigen nominalen Komplexe ist analog.[6]

4. Generell ist zum syntaktisch-funktionalen Analysesystem anzumerken, daß ein gewisser Teil von Mehrdeutigkeiten nicht lösbar ist, weil die Analyse - in der bisher prototypischen Ausbaustufe des Systems ASCOF - auf Satzdimension beschränkt bleibt. Die Textdimension ist langfristig in ein lei-

stungsfähiges Übersetzungssystem zu integrieren. Nur so können verbleibende Mehrdeutigkeiten aufgelöst werden und z.B. über Textteile hinweg bestehende anaphorische Bezüge identifiziert werden. Wie man in diesem Zusammenhang sieht, ist die semantische Wissensbasis allerdings so konzipiert, daß mit ähnlichem Formalismus (Netz/Frames) auch entsprechendes, textbezogenes Wissen repräsentiert werden kann. Als Ergänzung der bisherigen - statisch-deklarativ konzipierten - Wissensbasis wäre vor allem eine episodische Wissensbasis nötig, die im Verlauf der Analyse selbst aufgebaut wird. Erst mit einer derartigen Komponente kann ein in jedem Fall befriedigendes Attachment von Struktureinheiten ermöglicht werden.[7]

ANMERKUNGEN

1 Vgl. dazu auch Phase III im Beitrag von Stegentritt in diesem Band.

2 Vgl. dazu den Beitrag von Féneyrol in diesem Band.

3 Vgl. dazu auch Stegentritt (1983).

4 Basis für die Übersetzung im System ASCOF ist eine syntaktisch-funktionale Baumstruktur, die sich aus der Anwendung auf das strukturverwandte Sprachenpaar Französisch/Deutsch heraus begründet, - im Gegensatz etwa zu einer semantischen 'Interlingua' bei der Übersetzung aus dem Japanischen im System SEMSYN (z.B. Rösner 1986).

5 In der Abbildung sind Slots vereinfacht mit Knoten gefüllt dargestellt; die Realisierung verwendet hierarchische komplexe Frames.

6 Zur näheren Darstellung vgl. Ritzke (1986).

7 Vgl. dazu auch Rohrer (1986:62f).

LITERATUR

Ritzke, J. (1986): Die französische Präpositionalphrase und ihre automatische Analyse. (Sprachwissenschaft-Computerlinguistik 13). Dudweiler.

Roesner, D. (1986): SEMSYN-Wissensquellen und Strategien bei der Generierung von Deutsch aus einer semantischen Repräsentation. In: I. Bátori, H.J. Weber (Hg.) (1986): Neue Ansätze in Maschineller Sprachübersetzung: Wissensrepräsentation und Textbezug. Tübingen. 121-137.

Rohrer, C. (1986) Maschinelle Übersetzung mit Unifikationsgrammatiken. In: I. Bátori, H.J. Weber (Hg.) (1986): Neue Ansätze in Maschineller Sprachübersetzung: Wissensrepräsentation und Textbezug. Tübingen. 75-99.

Stegentritt, E., 1983, Beschreibung eines Input für eine ATN-Grammatik und ihrer Regeln zur Subjektfindung im Französischen. (Arbeitspapier C 20 des SFB 100). Saarbrücken.

PROBLEME BEI DER ANALYSE KOORDIINERTER STRUKTUREN IN ATN-GRAMMATIKEN

Axel Biewer

Koordinierte Strukturen bereiten einer automatischen Analyse in mehrerlei Hinsicht Probleme. Zunächst verursacht das Auftreten von Kommata und Konjunktionen eine der bedeutendsten Quellen struktureller Ambiguität, wie aus dem Beispielsatz (1) ersichtlich wird:

(1) Les éléments essentiels de la proposition de la commission concernant la fixation des prix agricoles pour la campagne 1975-1976 et certaines mesures connexes ont été exposés au conseil.

In (1) bieten sich für das Konjunkt et certaines mesures gleich 6 Kandidaten an. Auch wenn man zwischen solchen Präpositionen, die in koordinierten Präpositionalphrasen getilgt werden dürfen, und solchen bei denen dies im allgemeinen nicht möglich ist, wie bei der Präposition de, unterscheidet, kann die Nominalgruppe certaines mesures noch mit der Präpositionalgruppe pour la campagne sowie den Nominalgruppen la fixation und les éléments essentiels koordiniert interpretiert werden.

In Zusammenhang mit Koordinationen treten insbesondere auf Satzebene elliptische Strukturen auf, deren effiziente Behandlung - nicht nur innerhalb von ATN-Grammatiken - beträchtliche Schwierigkeiten bereiten, wie beispielsweise in (2):

(2) Aujourd'hui il vote pour la gauche, demain pour la droite.

Angesichts dieser Probleme stellen sich für ein automatisches Analysesystem zunächst mehrere Fragen:

- Lassen sich die verschiedenen Koordinationsmöglichkeiten und Formen einheitlich erfassen? Was die verschiedenen Koordinationsmöglichkeiten betrifft, wäre etwa zu unterscheiden zwischen Koordinationen auf der Ebene von Phrasen (wie Nominal- und Präpositionalgruppen) und Koordination auf der Ebene von Teilsätzen und Sätzen.

- Angesichts des Problems der Mehrdeutigkeiten bei der Analyse koordinierter Strukturen stellt sich des weiteren die Frage, ob und wie syntaktische und semantische Informationen heranzuziehen sind, um die Menge möglicher Strukturbeschreibungen sinnvoll einzuschränken und - falls dies nicht möglich sein sollte - welche Datenstrukturen zur Verwaltung mehrdeutiger Strukturen geeignet sind.

- Eine weitere Frage schließlichlich betrifft das gemeinsame Auftreten von Konjunktionen und elliptischen Strukturen. In (3)

  (3) Il a économisé de l'argent pour une voiture et une bicyclette.

  kann das Syntagma une bicyclette formal als Nominalgruppe und somit als mit argent koordiniert betrachtet werden; es kann aber auch als elliptische Präpositionalgruppe und somit als mit pour une voiture koordiniert interpretiert werden.

  Analog hierzu könnte in einem Satz wie (4)

  (4) Il achète une voiture et une bicyclette

  une bicyclette demnach aufgrund der Verbtilgung als elliptische VP - und falls kein VP-Knoten angenommen wird - als elliptischer Satz analysiert werden.

Diese Fragen lassen sich für ein konkretes Analysesystem natürlich nur in Bezug auf die jeweilige Aufgabenstellung innerhalb eines Gesamtsystems sowie die zugrundeliegende Analysestrategie beantworten. Für ein Analysesystem, welches als Teilkomponente eines natürlichsprachlichen Datenbankanfragesystems fungiert, mag es etwa notwendig sein, den Satz Pierre achète une voiture et une bicyclette auf die beiden Sätze Pierre achète une voiture und Pierre achète une bicyclette zurückzuführen, um die Relation ACHETER für die beiden Argumentpaare (PIERRE,VOITURE) und (PIERRE,BICYCLETTE) überprüfen zu können; in einem Analysesystem, dessen Strukturbeschreibungen den Input für die Transferkomponente eines automatischen Übersetzungssystems bilden, wird man wohl eher auf eine derartige Interpretation verzichten, und für diesen Fall lediglich eine Nominalgruppenkoordination vorsehen, da insbesondere bei strukturähnlichen Sprachen eine Übersetzung auch ohne genaue Rekonstruktion der logisch-propositionalen Struktur möglich erscheint.

Wie stellen sich nun diese Fragen innerhalb des ATN-Formalismus[1] und welche Möglichkeiten bietet der ATN-Formalismus,[2] um die angesprochenen Probleme angehen zu können?

Da es in ATN's möglich ist, Informationen zwischen einzelnen Teilnetzen auszutauschen, also **nichtlokale** Informationen sowohl in Unternetze zu **vererben** als auch Informationen aus Unternetzen **abzuleiten** (SENDR und LIFTR-Aktionen), könnte man, um verschiedene Koordinationsmöglichkeiten einheitlich zu erfassen, ein **Teilnetzschema** annehmen, welches für koordinierte Strukturen sowohl auf der Ebene der verschiedenen Phrasen als auch auf der Ebene von Sätzen und Teilsätzen zuständig wäre.

Ein derartiges Netzschema zeigt Abb. 1:

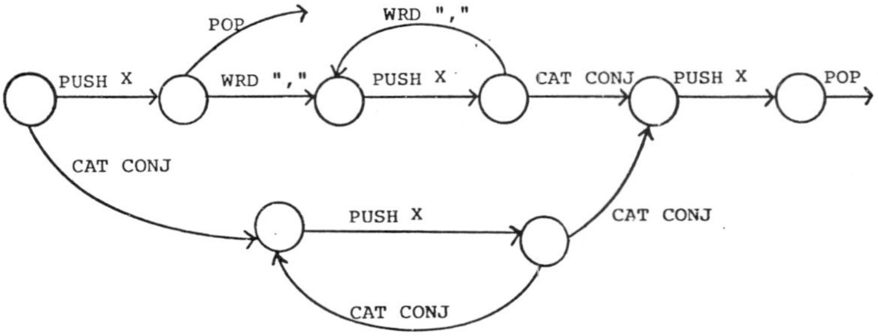

KOORD -> X ((, X)* CONJ X)
-> CONJ X (CONJ X)* CONJ X

(Abb. 1: Netzwerkschema für koordinierte Stukturen)

In diesem Netz, welches äquivalent zu den darunter stehenden Regelschemata ist, sind die Zielzustände auf den Push-Kanten Variablen, deren Instantiierung in Abhängigkeit von dem jeweils im aufrufenden Netz (Matrixnetz) zu analysierenden Nonterminal erfolgt. Die Push-Ziele werden demnach nicht explizit angegeben, sondern aus 'ererbten' Informationen des aufrufenden Netzes gewonnen.

Ein derartiges Netz, welches für Koordinationen verschiedener Phrasen- und Satztypen zuständig wäre, ist in mehrerlei Hinsicht problematisch: Zum einen müssen natürlich die Kanten des Netzwerkes mit weiteren Tests verbunden werden, um ungrammatische Koordinationen verwerfen zu können bzw. um die Menge möglicher Koordinationen aufgrund von Wahrscheinlichkeitsüberlegungen einschränken zu können; diese Tests allerdings sind je nach Kategorie der Konjunkte verschieden; so etwa müssen bei koordinierten Präpositionalphrasen die jeweiligen Präpositionen überprüft werden, was bei der Koordination anderer Konstituenten offensichtlich nicht sinnvoll ist. Komplexere Kantenbedingungen, die die Abhängigkeit der Tests von der jeweils zu analysierenden Struktur berücksichtigten, wären zwar möglich, würden das Netzwerk allerdings stark aufblähen und sich negativ auf Verarbeitungsgeschwindigkeit und Transparenz der Grammatik auswirken.

Ein weiteres, wesentlich gewichtigeres Argument gegen ein derartiges Netzwerkschema, besteht allerdings darin, daß hierdurch nur Koordinationen erfaßt werden, deren Konjunkte der gleichen syntaktischen Kategorie angehören.

Strukturen, wie sie in (5), (6) und (7) vorliegen:

(5) Un pays dépeuplé par l'émigration massive de ses cadres, ruiné par la gabegie, ravagé par les catastrophes naturelles et ou 77% des citoyens sont analphabètes. (Le Monde)

(6) Elle est belle et d'un charme attrayant.

(7) Il travaille lentement et sans aucun intérêt.

könnten somit nicht analysiert werden. Das Auftreten von Koordinationen, bei denen nicht syntaktische **Konstituenten** sondern **Funktionen** koordiniert werden,[3] legt es nahe, Koordinationsmöglichkeiten explizit in den einzelnen Teilnetzen vorzusehen (wofür des weiteren auch eine effiziente Behandlung elliptischer Strukturen spricht) und auf ein Netzwerkschema für Koordinationen zu verzichten.

Unabhängig davon, ob man ein Netzwerkschema zur Analyse koordinierter Syntagmen zugrundelegt, oder Koordinationsmöglichkeiten in den einzelnen Teilnetzen explizit vorsieht, bleibt man mit dem Problem konfrontiert, syntaktische und semantische Restriktionen formulieren zu müssen, um die Menge möglicher Strukturbeschreibungen zu reduzieren. Was die syntaktischen Möglichkeiten anbelangt, möchte ich kurz auf die Folge von Kommata und Konjunktionen in koordinierten Syntagmen eingehen.

Wie die Beispielsätze (8) und (9) zeigen,

(8) Il avait appris à nager, à plonger, à lancer le trident. (Grevisse)

(9) Dans ce dernier secteur sont désormais soumis à ce régime le sucre blanc, les sirops et (...) les betteraves et les cannes à sucre. (EG-Abkommenstext).

kann man weder zur Bedingung machen, daß das letzte Konjunkt einer Koordination durch eine Konjunktion eingeführt wird, noch daß eine Konjunktion nach einer Folge von Kommata auch definitiv das Ende der Koordination markiert.

Um allerdings in einer Folge

SYNTAGMA1 , SYNTAGMA2 et SYNTAGMA3

nicht auch die Teilsequenz 'SYNTAGMA1 , SYNTAGMA2' als vollständige, bereits abgeschlossene koordinierte Struktur auszuweisen, was den Analyseprozeß natürlich wesentlich verlangsamen würde, bietet es sich an, zunächst Kommata und Konjunktionen gleich zu behandeln und die POP-Kante des jeweiligen Netzes mit einem Test zu versehen, der überprüft, ob es in den verschiedenen koordinierten Strukturen solche gibt, die durch eine Konjunktion abgeschlossen sind, und in diesem Fall diejenigen ausfiltert, bei denen dies nicht der Fall ist.

Eine derartige Strategie stellt sicher, daß Sätze wie (8) und (9) akzeptiert werden, für Koordinationen mit abschließender Konjunktion allerdings nur eine Analysestruktur angenommen wird.

Natürlich wird man aufgrund syntaktisch-funktionaler Tests in komplexeren Sätzen nur selten alle strukturellen Mehrdeutigkeiten auflösen bzw. von vorneherein ausschließen können. Um Fälle, bei denen ein Konjunkt vorangehenden Gruppen auf unterschiedlicher Analysetiefe angeschlossen werden kann, effizient zu behandeln, scheint eine WELL-FORMED-SUBSTRING-TABLE, eine CHART, als Datenstruktur angebracht.

In (10)

(10) Les éléments (...) concernant la fixation (...) pour la campagne et certaines mesures connexes.

können auch durch syntaktische und semantische Tests die drei Strukturierungsmöglichkeiten, also die Nebenordnung

campagne - mesures, fixation - mesures und éléments - mesures

nicht verworfen werden.

Um nicht die Nominalgruppe certaines mesures ebenso oft analysieren zu müssen als sich Kandidaten für eine Koordination anbieten, ist es notwendig, jeweils nach erfolgreichem Durchlauf durch ein Teilnetz, die Struktur in einer CHART abzulegen, und bevor eine Push-Kante beschritten wird, zunächst die Chart zu konsultieren und zu überprüfen, ob die jeweilige Teilstruktur bereits analysiert wurde. Bei einer TOP-DOWN LEFT-to-RIGHT - Analyse würde die Gruppe certaines mesures zunächst als elliptische Präpositionalgruppe der Gruppe pour la campagne nebengeordnet werden. Nach mehrmaligem Backtracking kann diese Gruppe schließlich auch noch der Nominalgruppe les éléments nebengeordnet werden.

CHART

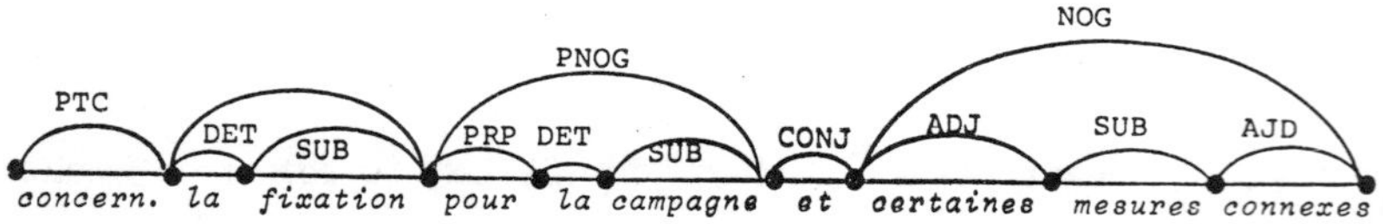

(Abb. 2)

Da in der Chart, wie sie Abb. 2 zeigt, dann bereits die Internstruktur von certaines mesures abgelegt ist, erübrigt sich ein nochmaliges Durchlaufen des Nominalgruppennetzes und die entsprechende Struktur kann direkt aus der Chart übernommen werden.

GAPPING-Strukturen

Zuletzt sei noch kurz auf elliptische Konjunkte eingegangen, die nicht als vollständige Konstituenten auf einer tieferen Ebene analysiert werden können. Eine solche Struktur liegt beispielsweise in (11) vor:

(11) Aujourd'hui il vote pour la gauche, demain pour la droite

Derartige GAPPING-Strukturen betreffend bemerkt Winograd:

"In order to handle these Phenomena properly, the system needs some notion of matching a new structure to an existing one. The basis ATN-approach can be seen as matching a new structure against a pattern that specifies all possible structures, but this has a very different character from matching against an actual set of structures already parsed. Rather than matching an individual word or phrase against an abstract class name or constituent label, we are matching it against a phrase with which it differs in some specific ways." (1983:259)

Um die strukturelle Ähnlichkeit eines GAPPING-Satzes zu einer vorangehenden Struktur auswerten zu können, um also eine vollständige Struktur als 'cadre de comparaison' heranziehen zu können, bietet es sich an, in Abhängigkeit von der vollständigen Struktur ein(en) Teilnetz/Teilautomaten zu spezifizieren und ein 'matching' in Bezug auf dieses Teilnetz zu überprüfen. Bei der Analyse des linken Konjunkts von (11) (Aujourd'hui il vote pour la gauche), wird der in Abb. 3 skizzierte Weg durch das Satz-Netz beschritten.

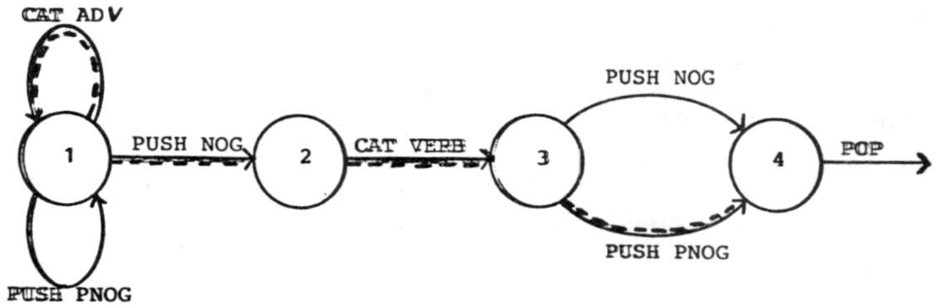

(Abb. 3)

Dieser Pfad, der ja in Abhängigkeit der bereits analysierten Struktur ein Teilnetz des Satznetzes spezifziert, kann als Vergleichsrahmen herangezogen werden und die Analyse des elliptischen Satzkonjunktes steuern. Beim Durchschreiten dieses Teilnetzes, darf prinzipiell jede Kante als e-Kante interpretiert werden; im Falle des Konjunkts demain pour la droite, in dem Subjekt und Verb getilgt sind, würden demnach die ersten mit PUSH NOG und CAT VERB etikettierten Kanten übersprungen werden. Werden vor der Analyse eines elliptischen Konjunkts die entsprechenden Register mit den Registerinhalten der vollständigen Struktur initialisiert, können die 'gaps' in der elliptischen Struktur durch die entsprechenden Inhalte der Vorgängerstruktur gefüllt werden, wie dies Abb. 4 zeigt:

REGISTER	ERSTES KONJUNKT	ZWEITES KONJUNKT
SATZMODIFIKATOR	aujourd'hui	demain
SUBJEKT	il	* il
VERB	voter	* voter
PRP_KOMPLEMENT	pour la gauche	pour la droite

(Abb. 4)

Bei der Analyse des elliptischen Konjunktes werden also nur die Register SATZMODIFIKATOR und PRP-KOMPLEMENT überschrieben.

In gleicher Weise kann auch Satz (12) analysiert werden:

(12) Le message aux intellectuels a été lu par le candidat Léger, celui aux artistes par le Cardinal Suenens. (France catholique).

Ohne Bezugnahme auf das vollständige Konjunkt könnte zum einen aux artistes auch als präpositionales Komplement und zum anderen die Nominalgruppe celui aux artistes auch in der Funktion eines direkten Objektes, wie in (13) interpretiert werden.

(13) Il achète une voiture pour Jean et une bicyclette pour Philippe.

Aufgrund der Registerinitialisierung werden für die Analyse des elliptischen Konjunkts Informationen zur Verfügung gestellt, die zur Auflösung funktionaler Mehrdeutigkeiten unabdingbar sind. In (13) können demnach die mit dem (rekonstruierten) Rektionsträger acheter verbundenen Selektionsrestriktionen eine Interpretation der Gruppe une bicyclette als Subjekt unterbinden.

Aus Effizienzgründen scheint es notwendig, eine Sequenz nur dann als elliptische Satzstruktur zu analysieren, wenn eine Analyse der Sequenz als vollständiger Satz scheitert und es sich bei der elliptischen Struktur nicht um den sicherlich am häufigsten auftretenden Fall einer Subjekttilgung handelt. Bei elliptischen Sätzen wie (14)

(14) Il boit du vin et mange un steak.

scheint es dagegen sinnvoll, den Startzustand für die Analyse des zweiten Konjunktes durch ein einfaches LOOK-AHEAD direkt zu bestimmen.

Des weiteren bleibt anzumerken, daß dieses Verfahren der Analyse von GAPPING-Strukturen die kategoriale Identität aller Konstituenten der elliptischen Struktur mit den korrespondierenden Konstituenten der vollständigen Struktur erfordert. Schon bei einer leichten Änderung von (11), wie sie in (15) vorliegt:

(15) Aujourd'hui il vote pour la gauche, à l'avenir pour la droite.

scheiterte die Analyse. Um hier Abhilfe schaffen zu können, wäre es notwendig, die Kanten des Satznetzwerkes auf Satzfunktionen abzubilden und somit bei der Analyse des zweiten Konjunktes in (15) im ersten Zustand nicht nur die ADV-Kante sondern auch die PNOG-Kante zu erlauben, die ebenfalls der Funktion SATZMODIFIKATOR zugeordnet wäre.

ANMERKUNGEN

1 Zum ATN-Formalismus vgl. vor allem Bates 1980; Woods 1970; 1980.

2 Boguraev 1983 schlägt zur Erfassung koordinierter Strukturen vor, auf den 'traditionellen' ATN-Formalismus zu verzichten, und bei Auftreten von Koordinationspartikeln die Analyse durch einen Dämon übernehmen zu lassen.

3 Auch in dem von Huang 1983 vorgeschlagenen Ansatz zur Behandlung von Koordinationen in einer ATN-Grammatik wird gefordert, daß die Konjunkte der gleichen syntaktischen Kategorie angehören müssen.

LITERATUR

Bates, M. (1980): Theorie und Praxis der ATN-GRAMMATIKEN. In: T. Christaller, D. Metzing (Hg.) (1980): Augmented Transition Network Grammatiken. Einführungen, Anwendungen, Weiterentwicklungen. Berlin. 1-90.

Boguraev, B.K. (1983): Recognising Conjunctions within the ATN Framework. In: K. Sparck-Jones, Y. Wilks (Hg.) (1983): Automatic Natural Language Parsing. Chichester.

Huang, X. (1983): Dealing with Conjunctions in a machine Translation Environment. In: Proceedings of the 1st Conference of the European Chapter of the Association for Computational Linguistics. Pisa. 81-85.

Winograd, T. (1983): Language as a Cognitive Process. Volume I, Syntax. Reading, Mass.

Woods, W.A. (1970): Transition network grammars for natural language analysis. In: Communications of the Association for Computing Machinery, Vol. 13. 591-606.

- (1973): An experimental parsing system for transition network grammars. In: R. Rustin (Hg.) (1973): Natural language Processing. New York. 111-154.

- (1980): Cascaded ATN Grammars. In: American Journal of Computational Linguistics 1980/6. 1-12.

SOFTWARE-WERKZEUGE IN DER LINGUISTISCHEN DATENVERARBEITUNG

Jan Messerschmidt

1. Motivation

Die Frage nach den Werkzeugen stellt sich bei jedem Vorhaben, bei dem es darum geht, irgend eine Sache, sei sie abstrakt oder konkret, in irgendeiner Form zu verändern. Und so wie die Dinge, die verändert werden sollen, abstrakt (wie z.B. die öffentliche Meinung) oder konkret (wie z.B. ein Stück Holz) sind, so können auch die Werkzeuge abstrakt (wie z.B. eine Methode) oder konkret (wie z.B. eine Säge) sein. Im Bereich der Linguistischen Datenverarbeitung (LDV) haben wir es schon bei den konkreteren Dingen mit Software[1] zu tun, die - per se - nicht wirklich anfassbar, also konkret, wäre. Entsprechend können die in diesem Bereich verwendeten Werkzeuge auch nur unterschiedlich abstrakt, nie aber wirklich konkret[2] sein. Dieser Umstand macht es schwer, über das Thema angemessen zu diskutieren (wie bei den Methoden zur Beeinflussung der öffentlichen Meinung). Es ist z.B. schwierig zu sagen, was jetzt wirklich ein LDV-spezifisches Softwarewerkzeug ist, wo die reinen Methoden aufhören (wie z.B. die Organisation eines Projektes) und die konkreten Werkzeuge (wie z.B. Editoren oder Anwendungsprogramme) beginnen. Letztendlich ist in den meisten Fällen eine Verquickung beider Aspekte zu beobachten.

Dieser begrifflichen Schwierigkeiten ungeachtet ist die Frage nach den richtigen Werkzeugen ausgesprochen wichtig. Wenn ein Werkzeug nur eine Arbeitserleichterung von 10% gegenüber einem anderen Werkzeug bringt, so macht dies in größeren Projekten (und LDV-Projekte tendieren dazu, groß zu sein) gleich einen deutlichen Unterschied aus. Hinzu kommt, daß die Unterschiede weit größer als 10% sein können, Arbeits-Effizienz-Verbesserungen um mehrere 100% sind beim Übergang auf ein besser angepaßtes Software-Werkzeug durchaus nicht ungewöhnlich: Vor noch nicht allzu langer Zeit war die Assembler-Programmierung auch bei LDV-Projekten weit verbreitet, und man geht davon aus, daß der Übergang auf eine höhere Programmiersprache eine Effizienzsteigerung im Erstellungsaufwand von Programmen um den Faktor 10 bringt.

2. Bereiche der Linguistischen Datenverarbeitung

In der LDV (und in der allgemeinen Sprachdatenverarbeitung, die wir im weiteren nicht getrennt behandeln wollen) können wir folgende Bereiche unterscheiden:

a) **Zeichenverarbeitung**
In diesem Bereich befinden sich Anwendungen wie z.B. das Umkodieren von Texten. Ein typisches Beispiel, das an der Grenze zur wirklichen LDV liegt, ist die Umwandlung von Texten in reiner Großschreibung, ohne Umlaute und ß (EDV-Druck der 60-er Jahre) in die korrekte Form.

b) **Low-Level-Satzverarbeitung**
Dazu gehören solche Anwendungen wie das Erstellen von Indizes und Konkordanzen, aber auch Umsortierungen nach linguistisch interessanten Kriterien (z.B. nach Wortklassen oder in lemmatisierter Form).

c) **High-Level-Satzverarbeitung**
Als - im SFB 100 - wichtigster Teilaspekt dieses Bereiches ist die Maschinelle Übersetzung (MÜ) zu nennen, daneben aber auch das Gebiet des natürlichsprachigen Dialogs. Dieser bietet - ähnlich wie die MÜ - zwei Teilgebiete, die hier aber besser getrennt sind, nämlich das Sprachverstehen und das Spracherzeugen. Die Computerunterstützte Sprachforschung reicht von Bereich b) in diesen Bereich hinein, die Grenzen sind selbstverständlich fließend.

d) **High-Level-Textverarbeitung**
Im Unter-Bereich des Textverstehens sind die gleichen Gebiete wie unter 3. versammelt. Der Unterschied liegt darin, daß mit dem Anspruch, Texte satzübergreifend zu bearbeiten, neue Probleme erwachsen. Daneben gibt es auch hier den Aspekt der Computerunterstützten Sprachforschung.

3. Aufgaben in der Linguistischen Datenverarbeitung

Es gibt unterschiedliche Spektren von software-spezifischen Aufgaben, die im Bereich der LDV anfallen. Hier sind zunächst zu erwähnen das Erfassen und die Veränderung von Texten. Daneben auch Verwaltungsaufgaben, die so oder in ähnlicher Form in jedem größeren Softwareprojekt anfallen. Also z.B. die Versionenkontrolle, das Überprüfen von Schnittstellen zwischen den verschiedenen Modulen und Teil-Systemen des aufzubauenden Software-Systems. Es sind sog. Meilensteine zu definieren, und ihr Erreichen zu überprüfen. Schließlich sollte auch die Dokumentation soweit wie möglich automatisiert sein, was entsprechende Softwareunterstützung voraussetzt.

Eine mehr LDV-spezifische Aufgabe ist in speziellen Statistiken zu sehen, in der dem besonderen Umstand Rechnung getragen wird, daß LDV-Anwendungen prinzipbedingt fehlerbehaftet sind (die verwendeten Heuristiken haben nur eine gewisse Trefferwahrscheinlichkeit). Es ist wichtig, daß man genau verfolgen kann, welche Verbesserung die Veränderung einer Heuristik bringt. Hierzu sind quantitative, automatisierte Verfahren notwendig.

Die Ausgabe von Ergebnissen stellt im Bereich der LDV spezifische Probleme, man denke nur etwa an die vielen verschiedenen nationalen Varianten der Alphabete, die alleine im Bereich der europäischen Sprachen über 250 verschiedene Alphabets-Zeichen kennen. Dies stellt sowohl an die Hardware (welches Bildschirm-Terminal kann schon über 256 verschiedene Zeichen gleichzeitig darstellen), wie auch an die Software besondere Anforderungen.

Als letzten Punkt ist in diesem Bereich der Aufbau und die Veränderung der verwendeten Datensätze zu nennen. Darunter kann man Wörterbücher, Grammatiken, Prozesse, aber auch Programme oder den Datenbestand einer Datenbank verstehen. Alle diese Datenaggregate müssen durch geeignete Werkzeuge handhabbar gemacht werden. Für viele Bereiche ist es ausreichend, normale Texteditoren mit Übersetzern zu kombinieren, die z.B. aus der Externform einer Grammatik eine intern benutzbare herstellen und dabei die syntaktische Korrektheit der Externdarstellung in dem gegebenen Formalismus überprüfen. Generell kann man nach zwei Kriterien jeweils zwei Klassen von Software-Werkzeugen im Bereich der LDV unterscheiden:

- solche zum Aufbau eines LDV-Systems, d.h. Software-Entwicklungssysteme. Diese sind dem Bereich der Forschung oder Entwicklung zuzurechnen.
- Werkzeuge, die innerhalb eines LDV-Systems eingesetzt werden. Dieses Werkzeuge sind dann der 'Produktion' (der routinemäßigen Nutzung des LDV-Systems) zuzurechnen.

Unter dem Gesichtspunkt der LDV-Spezifik kann man unterscheiden zwischen

- speziellen LDV-Software-Werkzeugen und
- allgemeinen Software-Werkzeugen.

Bei den Software-Erstellungswerkzeugen stehen an erster Position Programmiersprachen. Der Übergang zwischen 'echten' Programmiersprachen-Übersetzern und etwa Grammatikinterpretern ist fließend, und somit können dem Bereich der Programmiersprachen viele weitere Formalismen zugerechnet werden. Auf den Bereich der 'echten' Programmiersprachen wird weiter unten verstärkt eingegangen.

Eine zweite Gruppe kann mit dem Begriff Textmanipulatoren überschrieben werden. Hierzu gehören Editoren, mit denen Texte im Online-Dialog erfaßt und verändert werden können. Aber auch Codeumsetzer (die dann offline im Batchmodus arbeiten) und Extraktoren (z.B. zur Erstellung von Indizes oder Konkordanzen) sind der Gruppe der Textmanipulatoren zuzurechnen. Die dritte Gruppe der Softwarewerkzeuge für die LDV wird von den Grammatik-Manipulatoren gebildet. Diese haben als Aufgabe den Aufbau und die Veränderung von Grammatiken, deren Interpretation und Übersetzung in andere Erscheinungsformen (z.B. solche, die eine effizientere Interpretation zulassen).

4. LDV-Programmiersprachen: Anforderungen

Aus den typischen LDV-Anwendungen ergeben sich eine Reihe von Anforderungen an die Programmiersprachen, die in diesem Bereich einzusetzen sind. Diese Anforderungen sollen hier stichwortartig aufgeführt werden:

- Große, komplexe Datenmengen;
- inhaltsbezogener Zugriff (die Schublade, deren Inhalt eine gewisse Eigenschaft hat im Gegensatz zu der Schublade mit einer bestimmten Aufschrift);
- Wissensbasen (Wörterbücher, Semantische Netze, Frames, Weltwissen und alle dazwischenliegenden Darstellungsformen);
- syntaktische Strukturen, Bäume, Graphen, Baum/Graph-Transformationen.

Zusätzliche Anforderungen erwachsen durch einige Nebenbedingungen, die oft in LDV-Anwendungen gelten:

- es handelt sich vielfach um komplizierte, zeitaufwendige Algorithmen ('Heuristiken', viele Ausnahmefälle);
- LDV-Implementierer haben unterschiedliche Informatik-Ausbildung.

5. LDV-Programmiersprachen: Eignungsvergleich

Das nachfolgende Schema soll einen Hinweis darauf geben, daß verschiedene Programmiersprachen nach unterschiedlichen Kriterien optimiert wurden. Man kann sowohl Breitband- als auch Schmalbandprogrammiersprachen unterscheiden, d.h. solche, die für ein breites Einsatzspektrum geeignet sind und solche, die nur ein schmales Feld abdecken. Zum anderen sehen wir Unterschiede in der Hauptbetonung: manche Programmiersprachen decken eher den 'low-level'-Bereich der Maschinen-näheren Programmierung ab, andere hingegen sind mehr problemorientiert in den spezifischen LDV-Problemen, z.B. mit inkorporiertem Grammatikinterpreter. Selbstverständlich haben verschiedene Programmiersprachen weitaus mehr Aspekte, als sich in einem solch einfachen Schema ausdrücken lassen. Auch sei darauf hingewiesen, daß in einem solchen Schema sich lediglich Tendenzen ausdrücken lassen, da - wie in vielen Bereichen - gerade die Beurteilung der Adäquatheit einer Programmiersprache in weiten Bereichen eine Frage des Geschmacks ist. Und - schließlich - geben die Graphiken lediglich einen, durch Erfahrungen begründeten, aber doch subjektiven Eindruck des Autors wieder, in keiner Weise gestützt auf - auch nur schwer vorstellbare - statistische Untersuchungen.

Die folgenden Diagramme sind folgendermaßen zu interpretieren: Die jeweilige Höhe der Kurve gibt die Adäquatheit der Programmiersprache für die Lösung der jeweiligen Problemklasse wider. Dabei sind nach links hin die tieferen LDV-spezifischen Probleme angesiedelt, während nach rechts hin die maschinennah zu lösenden Probleme stehen. In der extremen Rechte also Dinge wie etwa eine Tastatursteuerung, und ganz links etwa das vollständige Problem der MÜ.

COMSKEE:

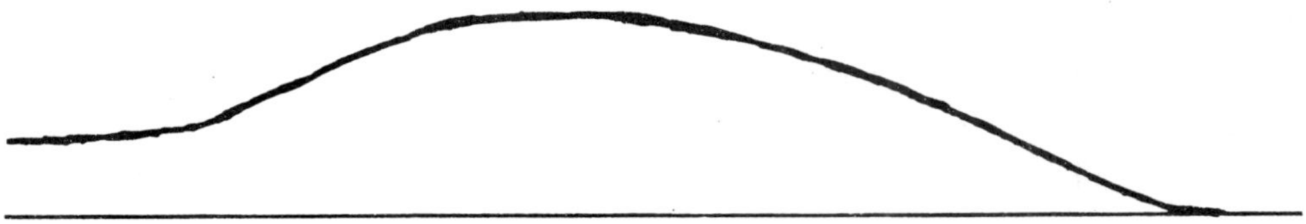

Hier haben wir es mit einer Breitband-Programmiersprache zu tun, mit der sich sowohl low-level-Zeichenverarbeitung, wie auch high-end-Textverarbeitung realisieren läßt. Das Maximum wird angenommen in dem Bereich, wo ein Datentyp Wörterbuch gefordert wird und wo unerfahrene Benutzer mit Programmieraufgaben betraut werden.

LISP:

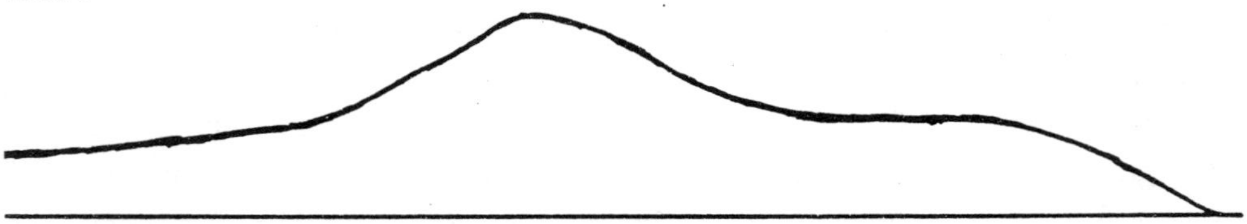

Ähnlich breitbandig wie Comskee, besonders günstig bei Netz/Baumstrukturen, weniger günstig bei ungeübten Benutzern.

PROLOG:

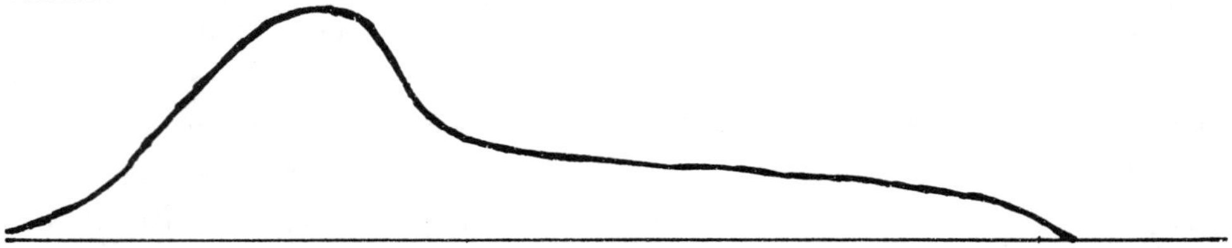

Klares Maximum in dem Bereich, wo die deduzierenden Komponenten einsetzbar werden, in den Randbereichen weniger elegant.

ATN: (Als Beispiel für einen Grammatik-Interpreter)

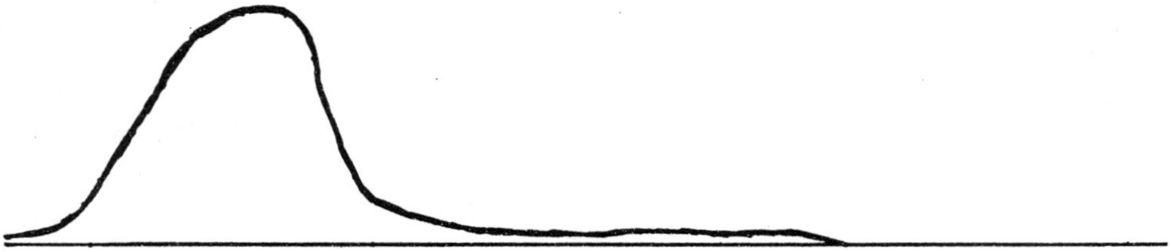

Keine wirkliche Programmiersprache, aber prinzipiell läßt sich mit einem ATN jede irgendwie berechenbare Funktion berechnen. Spezialisiert auf das Abarbeiten von Grammatiken.

BASIC:

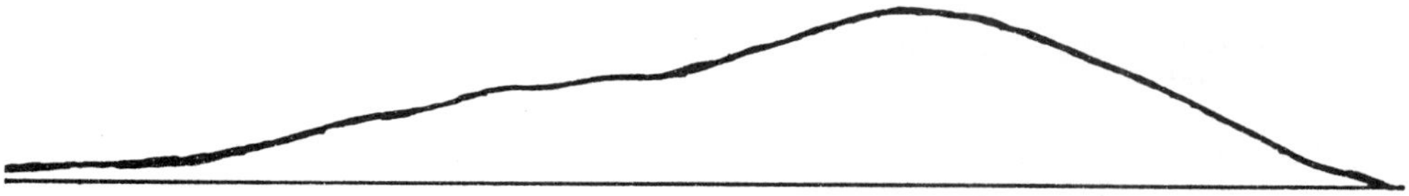

Sehr weit verbreitete Allround-Programmiersprache mit niedrigeren Informatik-Ansprüchen. Einfach für kleine Programme, Breitband.

6. Eigenschaften der Programmiersprache Comskee

Comskee wurde speziell auf die Belange der LDV zugeschnitten. Dabei wird sowohl der Bereich der einfachen Zeichenverarbeitung abgedeckt, als auch der der komplexen Anwendungen der Computerlinguistik oder der Bereich der maschinellen Übersetzung. Das Hauptaugenmerk lag bei der Entwicklung von Comskee auf der einfachen Benutzerschnittstelle. Dies impliziert zwei Forderungen, die teilweise gegenläufig sind: die Sprache soll einfach zu lernen und einfach anzuwenden sein. Die letztere Forderung impliziert einen reichen Satz an Datentypen und Operationen, so daß für die verschiedenen Anwendungen das richtige Sprachmittel möglichst direkt in der Sprache vorhanden ist und nicht vom Benutzer 'ausprogrammiert' zu werden braucht. Um der ersteren Forderung zu genügen wurden die Sprachmittel produktiv gestaltet, so kann z.B. der Benutzer die gleichen Operationen, die er auf strings (den Zeichenketten-Datentyp von Comskee) anwenden kann in völlig analoger Form auch auf sentences (den Datentyp für Listen von strings, d.h. Listen von Wörtern) anwenden. Somit erschließt der Benutzer für sich aus der Kombination von bekannten (für ihn) neue Datentypen, ohne daß es größeren Lernaufwandes bedarf.

Neben den Design-Kriterien der Universalität und der Problemorientiertheit wurde auch das für die Implementierung wichtige Kriterium der Effizienz berücksichtigt. Aus den eingangs erwähnten Besonderheiten der LDV-Anwendungen ist gerade die Effizienz unabdingbar. Sie ist bei Comskee gepaart mit der Transparenz insofern, als es keine einzelnen Operationen gibt, die für den Benutzer unerwartet lange[3] dauern.

Zum Abschluß sollen noch einige charakterisierende Eigenschaften von Comskee stichwortartig aufgelistet werden:

- dynamische Datenstrukturen
    - beliebig lange strings und sentences
    - beliebig große Mengen
    - beliebig lange Schlüssel und Einträge in Wörterbüchern
- Zeichenkettenverarbeitung (besonders optimierte Operationen)
- kontextueller Zugriff (als Sprachmittel)
- integrierter Datentyp Wörterbuch (beliebig konfigurierbar)
- konkurrenter Wörterbuchzugriff
- gleichzeitiges Lesen, Schreiben und Veränderung möglich
- Semaphore (insbesondere zum gezielten gegenseitigen Zugriffsausschluß)
- Parallelität:
    - Synchronisationsmechanismen
    - direkte Kommunikationsmöglichkeiten zwischen verschiedenen Comskee-Programmen
    - gemeinsame Speicherbereiche
- Datenbankaspekt
    - Wörterbücher, Terminologie-Datenbanken, Thesauri
    - Regelmengen
    - Weltwissen, Expertensysteme
    - komplexe algorithmische Strukturen auf den Daten
    - Datensicherheit, Wiederaufsetzbarkeit

ANMERKUNGEN

1 Auf die Hardware-Aspekte, die z.T. auch spezifisch für die LDV sind - man denke etwa an Terminals, die unterschiedliche Schriftarten gleichzeitig darstellen können - soll im Rahmen dieses Artikels nicht eingegangen werden.

2 Die Implikation von abstrakten Dingen zu abstrakten Werkzeugen ist allerdings nicht zwingend, man kann z.B. auch die eingangs zitierte öffentliche Meinung mit einem solch konkreten Werkzeug wie einem Wasserwerfer beeinflussen (auch wenn hier mehr die Methode, Wasserwerfer einzusetzen, beeinflußt, und weniger der Wasserwerfer selbst).

3 Wenn man voraussetzt, daß ein Benutzer akzeptiert, daß z.B. das Verketten von zwei strings proportional lang zu der Länge der Operanden dauert. Diese Eigenschaft ist z.B. nicht erfüllt bei Grammatik-Interpretern, bei denen das Anstoßen einer einzigen Ableitung u.U. exponentiellen (in der Größe der abzuleitenden Struktur) Zeit- (und auch Platz-)Verbrauch mit sich bringt.

LITERATUR

Messerschmidt., J. (1984): Linguistische Datenverarbeitung mit Comskee. Stuttgart.

Mueller-von Brochowski, A. et al. (1984): The Programming Language Comskee. 3rd Revised Report. (Linguistische Arbeiten des SFB 100, Neue Folge, Heft 10). Saarbrücken.

EINE INTEGRIERTE COMSKEE-DIALOGUMGEBUNG

Manfred Ries

1. Einleitung

Comskee ist eine linguistisch orientierte, universelle Programmiersprache mit einfachen, aber mächtigen Konstrukten, die in den letzten Jahren im Projekt E des SFB 100 entworfen, realisiert und weiterentwickelt wurde. Wesentliches Ziel dieser Entwicklung war es, dem Linguisten für seine Anwendungen adäquate Methoden und Werkzeuge in einer einfachen und beherrschbaren Sprache zur Verfügung zu stellen.

Herausragendes Merkmal der Sprache sind die voll dynamischen, den linguistischen Anforderungen angepaßten Datentypen wie string, sentence, set und 'Wörterbuch'.

Derzeit sind (neben der Erstimplementierung auf TR440) Implementierungen verfügbar für Siemens-BS2000-Großrechner 7.xxx und VAX-Rechner unter Unix; in Arbeit sind weitere Realisierungen auf Rechnern mit den Prozessorfamilien NSC 320xx, MC 680xx und Intel 80x86.

Der vorliegende Artikel befaßt sich mit dem Entwurf einer integrierten Dialogumgebung, die auf der Programmiersprache Comskee aufbaut und einen homogenen Zugang zu einem linguistischen Arbeitsplatzrechner definiert. Ziel dabei ist nicht eine Benutzerumgebung für den absoluten EDV-Laien, sondern vielmehr eine Vereinfachung des Zugangs für den Linguisten und die Integration und Integrierbarkeit linguistischer Objekte und Werkzeuge. Es zeigt sich, daß zusätzlich zur Dialogfähigkeit nur relativ wenige neue Sprachmittel erforderlich sind, um eine solche vollständige Benutzerschnittstelle zu realisieren.

Nach einer Konkretisierung der Idee stellen wir die Dialogumgebung in Teilaspekten anhand dreier Beispiele vor ohne jedoch Syntax und Semantik exakt zu definieren.

2. Das Dialogsystem

2.1. Anforderungen an eine linguistische Benutzerschnittstelle

Für die linguistische Datenverarbeitung ist eine geeignete, linguistisch orientierte Benutzerschnittstelle ebenso wichtig wie eine adäquate Programmiersprache. Die Benutzerschnittstelle sollte dabei möglichst weitgehend von der zugrundeliegenden Maschine und dem Betriebssystem abstrahieren, aber dennoch alle notwendigen Funktionen, etwa die des Dateisystems, abdecken und darüberhinaus linguistische Dienste integrieren.

Wir wollen im folgenden einige wesentliche Anforderungen an die Benutzerschnittstelle skizzieren, die für unseren Entwurf berücksichtigt werden.

Einheitliche Bediensprache

Bei üblichen Rechnersystemen sind drei Aufgabenbereiche zu unterscheiden, die mit drei verschiedenen, voneinander unabhängigen Sprachen oder Sprachgruppen bearbeitet werden, nämlich Kommandosprache, Editiersprache und Programmiersprache.

Eine in sich geschlossene, einheitliche Bediensprache, die alle Bereiche abdeckt, bringt eine wesentliche Vereinfachung mit sich. Diese Sprache sollte dann die einzige Grundlage für einen Dialog mit dem System bilden.

Transparenz

Selbst dem versierten Benutzer bleibt der aktuelle Zustand des (Dialog-) Systems oft unklar, sodaß ein Verständnis der laufenden Aktion und deren Kontrolle aber auch die Selbstkontrolle des Benutzers nur schwer möglich ist. (Was ist geschehen? Was geschieht gerade?) Der Benutzer sollte deshalb jederzeit eine seinem Abstraktionsniveau angepaßte Vorstellung vom aktuellen Zustand des Systems haben oder zumindest in der Lage sein, sich diese Information zu beschaffen. Es sollte keine für den Benutzer unvorhersehbaren Zustände geben.

Sicherheit

Das System sollte Sicherheit gegen Fehlbedienung bieten, gleich ob sie aus falschem Verständnis existierender Programme resultiert oder aus Unachtsamkeit oder falscher Schreibweise. Das bedeutet insbesondere, daß keine Information verlorengehen darf.

Dialogfähigkeit

Die Dialogfähigkeit bezieht sich im allgemeinen nur auf Kommando- und Ediersprachen. Unser Ziel ist ein permanenter Dialog, innerhalb dessen die Kontrolle laufender Programme ohne weiteres möglich ist, ebenso wie das interaktive Erstellen und Austesten von Programmen. Der Dialog sollte aufgezeichnet werden; Anweisungen des Dialogs sollten editierbar und wiederausführbar sein.

Adaptierbarkeit

Es sollte auf einfache Weise möglich sein, eigene Werkzeuge (Programme) vollständig in die vorhandene Umgebung zu integrieren, bzw. die Umgebung eigenen Bedürfnissen und Gewohnheiten anzupassen.

Hilfeleistungen

Die Integration passiver wie auch aktiver Hilfesysteme ist denkbar, mindestens sollte jedoch eine zuschaltbare Benutzerführung (Was kann ich tun?) vorhanden sein. Insbesondere sollte eine Unterstützung bei der Fehlerkorrektur und bei der u.U. modifizierten Wiederholung bereits erfolgter Eingaben möglich sein. Darüberhinaus werden Benutzereingaben einem Syntaxtest unterworfen.

2.2 Das Konzept der 'Comskee-Maschine'

Mit 'Comskee-Maschine' wollen wir eine virtuelle Maschine bezeichnen, die die hier beschriebene Comskee-Dialogumgebung definiert, also ein homogenes, integriertes Dialogsystem, dessen einzige Bediensprache eine Dialog-Erweiterung von Comskee ist.

Die Comskee-Maschine realisiert einen Arbeitsplatzrechner für Linguisten und Textbearbeiter. Die Anwendungsgebiete liegen einerseits in der einfachen Textverarbeitung und -redaktion und der Textanalyse, reichen jedoch über die interaktive Programmentwicklung bis hin zu Aufgaben aus der maschinellen und maschinenunterstützten Übersetzung.

Reine Texterstellung und -bearbeitung wird durch einen Texteditor ermöglicht. Aufbau und Manipulation u.U. großer linguistischer Datenbestände geschieht mit angepaßten Werkzeugen, wie z.B. einem Wörterbucheditor, auf den in die Sprache integrierten Datentypen. Programmerstellung und -edition geschehen aus dem editierbaren Dialog (der Dialogaufzeichnung) heraus oder mit einem syntaxorientierten Editor. Alle Editoren haben die gleiche Benutzerschnittstelle und können untereinander kommunizieren (z.B. Wörterbuchsuche mit markierten Worten aus einem Textfile).

Maschinenunterstützte Übersetzung wird durch Integration und Integrierbarkeit von Standard- oder benutzerdefinierten Werkzeugen (Parser, Grammatikinterpreter, etc.) und komplexen Datenbeständen (Wörterbücher) ermöglicht.

Dialoganweisungen können editiert und zu Modulen (Programmen) zusammengefaßt werden (interaktive Programmentwicklung). Die Ausführung von Dialoganweisungen geschieht interpretativ; Module werden implizit in ausführbare Form übersetzt, verwaltet und bei Ausführung in die aktuelle Umgebung eingebunden. Dialog und Module können aufeinander Bezug nehmen, d.h. fremde Module oder Objekte daraus importieren.

3. Eine Comskee-Shell

Im folgenden wird eine Aufgabe aus der Dateiverwaltung betrachtet, die typisch für die Kommandosprachenebene ist (Malcolm 1981). Wir vergleichen zwei Unix-Lösungen mit Comskee-Dialogsprachenlösungen.

Finde alle Dateien mit dem Suffix '.mesa', die nicht auch mit dem Suffix '.bcd' existieren.

Die erste Unix-Lösung benutzt Zwischendateien und macht ausführlichen Gebrauch von in Unix verfügbaren Standardprogrammen unter Ausnutzung des pipe-Mechanismus:

```
ls *.mesa > mfiles
ls *.bcd | change .bcd .mesa > bfiles
cat mfiles bfiles| sort | uniq -d > mbfiles
cat mfiles mbfiles | sort | uniq -u
rm mfiles bfiles mbfiles
```

Die folgende Unix-'Einzeiler'-Lösung vermeidet Zwischendateien, ist aber entsprechend komplex und noch weniger verständlich:

```
(((ls *.mesa; ls *.bcd | change .bcd .mesa)| sort| uniq -d);
ls *.mesa)| sort | uniq -u
```

Wir geben nun eine Realisierung in Comskee an; die einzig notwendige Erweiterung gegenüber der Programmiersprache Comskee ist die Funktion directory:

```
string filename;
set m_files := directory ('*.mesa');
foreach filename @ directory ('*.bcd')
loop if not filename - '.bcd' + '.mesa' @ m_files
     then write filename;
     fi;
pool;
undeclare set m_files, string filename;
```

Bei Benutzung einer einfachen Funktion ch_set, die der Unix-Funktion change auf files entspricht läßt sich auch für Comskee eine Einzeilervariante angeben:

```
write directory('*.mesa')-ch_set(dir('*.bcd'),'.bcd','.mesa');
```

Beide Unix-Lösungen weisen eine hohe Komplexität im Entwurf auf, die durch die Verwendung von - mächtigen, aber nicht immer geeigneten - Hilfsmitteln (standard tools) nicht reduziert wird. Der Einzeiler ist für den durchschnittlichen Benutzer sicher nicht realisierbar; Mehrfachauswertung von

Teilausdrücken und mehrfaches Sortieren bringen Ineffizienz mit sich. Die Verwaltung von Zwischenergebnissen in Dateien erfordert explizites Löschen derselben. Für Unix spricht die Universalität und Mächtigkeit für den versierten Benutzer.

Gegenüber Unix sind beide Comskee-Lösungen natürlicher und einfach ad hoc zu entwerfen. Die Formulierung ist trotzdem kompakt; erstaunlicherweise liegt der Comskee-Einzeiler in der Anzahl der tokens noch unter dem Unix-Einzeiler, obwohl in letzterem drei zusätzliche tools zusammen fünffach verwendet werden. Insbesondere machen sich die integrierten Werkzeuge zur Stringmanipulation und die auf strings aufbauenden Datentypen (set) - auch in der Effizienz der Abarbeitung - positiv bemerkbar. Zwischendateien können durch prozedurlokale und damit sich selbst verwaltende Variablen vermieden werden.

4. Dialogorientierte Programmierung

Die Comskee-Dialogumgebung ermöglicht auf einfache Weise die interaktive Erstellung von Programmen. Dabei übernimmt der Dialog syntaktisch gesehen die Rolle eines umfassenden Hauptprogrammes, in dem einfache Anweisungen interpretativ zur Ausführung kommen (Tischrechnermodus). Innerhalb des Dialogs können lokale Prozeduren und Funktionen definiert werden. Module übernehmen die Rolle von Programmen, die den Dialog überdauern und implizit in eine ausführbare Form übersetzt werden. Module oder exportierte Objekte daraus können von anderen Modulen oder vom aktuellen Dialog importiert werden.

Einzelne Anweisungen oder Anweisungsgruppen des Dialogs können erneut selektiert, verändert oder neu gruppiert und wiederholt zur Ausführung gebracht werden.

Die Editierbarkeit des Dialogs ermöglicht es, im Dialog erstellte und getestete Anweisungsfolgen nachträglich zu Modulen (Programmen) zusammenzufassen.

Im folgenden einfachen Beispiel werden jeweils Ausschnitte aus dem Dialogfenster gezeigt.

```
func import set change_set (set Q);
                       imported: func change_set.
write dir('*.mesa')-change_set(dir('*.bcd'),'.bcd','.mesa');
                       >abc.mesa
                       >uvwxyz.mesa
```

Die Zusammenfassung zu einem Modul geschieht durch Einfügen von Anweisungen (begin end Klammerung):

```
module nobcd
begin
  func import set change_set (set Q);
  write dir('*.mesa')-change_set(dir('*.bcd'),'.bcd','.mesa');
end module nobcd;
                       defined: module nobcd.
call nobcd;
                       >abc.mesa
                       >uvwxyz.mesa
```

5. Eine kleine Übersetzerumgebung

Das folgende Beispiel zeigt, wie mit Hilfe des Datentyps 'Wörterbuch' eine einfache Übersetzerumgebung realisiert werden kann. Dabei kommuniziert der Wörterbucheditor mit dem Texteditor für den Quelltext. Ein weiterer Ausbau des Wörterbuchprozesses (Einbeziehung von Morphologie etc.) ist auf dieser Basis leicht möglich.

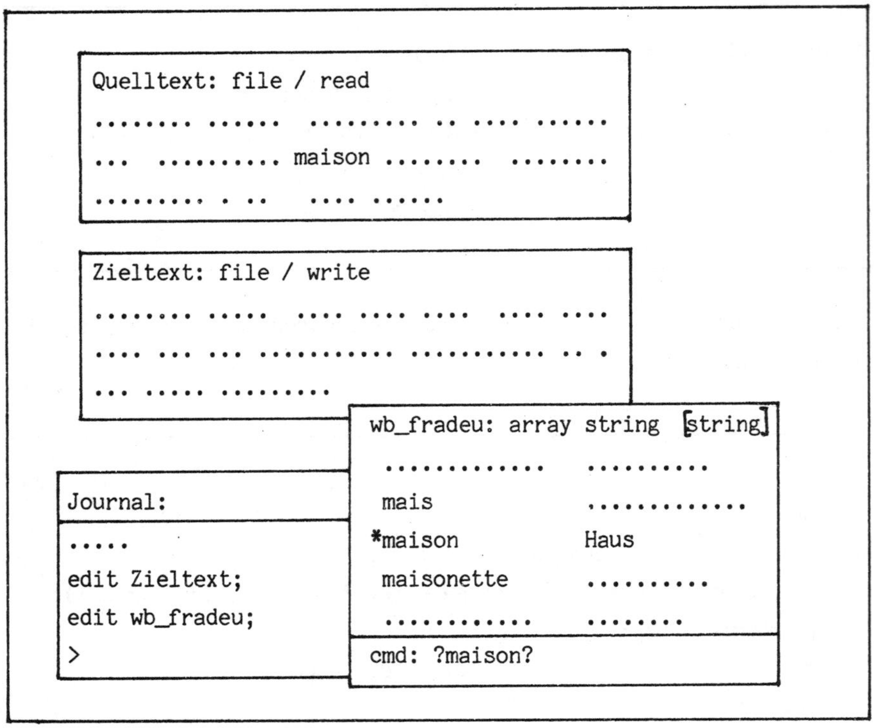

Der vorliegende Entwurf für eine Übersetzerumgebung bietet eine einheitliche Benutzeroberfläche durch uniforme Anweisungen für verschiedene Objekte (Dialog, Text- und Wörterbucheditoren). Die Darstellung der Objekte geschieht parallel in Fenstern (Desktop), der Kontextwechsel erfolgt implizit, auch zum eigentlichen Dialog.

Es können mehrere Wörterbücher eröffnet und in Fenstern dargestellt sein (private Terminologie-Wörterbücher). Insbesondere können während der Übersetzungstätigkeit die (privaten) Wörterbücher erweitert werden (parallele Erfassung).

Suchen in einem Wörterbuch kann durch explizite Angabe eines Suchwortes in der Eingabezeile des Wörterbuchfensters erfolgen, durch Markieren von Worten im Quelltext oder durch 'Blättern' im Wörterbuch. Die Darstellung in Wörterbuchfenstern geschieht zweispaltig wie in gedruckten Wörterbüchern. Wesentlich dabei ist, daß sowohl die interne Datenstruktur als auch der u.U. notwendige Zugriff auf Massenspeicher verdeckt bleiben.

Die gesamte Umgebung ist vom Benutzer konfigurierbar, was Anzahl und Darstellung der Wörterbuch- und Textfenster und die Art der Kommunikation betrifft.

6. Realisierung und Perspektiven

Eine experimentelle Realisierung der unter 5. vorgestellten Kommunikation zwischen Text- und Wörterbucheditor auf der Basis von kommunizierenden Prozessen sowie eine kleine Programmierumgebung wurden unter Unix erstellt. Auf einem Atari-PC (mit MC 68000) entsteht z.Zt. eine etwas ausgereiftere Programmierumgebung.

Geplant ist die Realisierung einer Prototypversion der vollständigen Dialogumgebung. Weitere Perspektiven sind:

- Ausbau und Verfeinerung der Benutzerschnittstelle,
- Consultant, Hilfesystem,
- Integration linguistischer Werkzeuge (linguistic workbench).

LITERATUR

Mueller-von Brochowski, A. et al. (1984): The Programming Language Comskee. 3rd Revised Report. (Linguistische Arbeiten des SFB 100, Neue Folge, Heft 10). Saarbrücken.

Malcolm, J.A. (1981): Brevity and Clarity in Command Languages. In: Sigplan Notices 1981/10.

EIN ÜBERSETZUNGSSYSTEM FÜR AUTOREN

Jörg Schütz

1. Klassische maschinelle Übersetzungssysteme

Das Modell der klassischen maschinellen Übersetzungssysteme können wir mit der Konstruktion einer Bogenbrücke veranschaulichen. Zunächst haben wir zwei Säulen, die jeweils auf einem Sockel verankert sind. Die Sockel repräsentieren in diesem Modell den Eingabe- und Ausgabetext für das System.

Die Säulen selbst bestehen aus verschiedenen Segmenten, die die einzelnen Verarbeitungskomponenten des Übersetzungssystems bilden.

Der Eingabetext wird durch die Komponenten der linken Säule analysiert, d.h. die Sätze der Eingabe werden in eine Struktur überführt, die die Form eines Baums oder eines Graphen besitzt. Eine Informationsanreicherung, die zur Übersetzung notwendig ist, erfährt unsere Struktur in den einzelnen Säulensegmenten in Richtung nach oben.

Die endgültige strukturelle Darstellung der Eingabe bildet den Bogen der Brücke. Auf der anderen Seite wird die Struktur wiederum linearisiert, um den Ausgabetext zu erzeugen, hier wird Information in umgekehrter Richtung geleitet.

Da wir vom klassischen Ansatz reden, sind die vorgestellten Komponenten vergleichbar den Kapiteln oder Bänden eines linguistischen Lehrbuchs, nämlich: Phonologie und Morphologie (Morphotax), Syntax, Semantik und Pragmatik.

Die Verbindung der Säulen sollte theoretisch dort geschehen, wo die Sprachen sich nicht mehr 'unterscheiden', in einem Bereich also, wo die Linguistik mit Psychologie und Philosophie verschmilzt.

Je höher die Segmente der Analysesäule, je weniger gut bekannt sind uns deren theoretischen Grundlagen. Aus diesem Grund schließen die meisten Systemdesigner die beiden Säulen wesentlich tiefer zusammen und konstruieren damit mehr oder weniger ad hoc Brückenbogen.

Diese Designarchitektur hat offensichtlich mächtige Ansätze, denn die Struktur der einzelnen Komponenten ist in den meisten Fällen auf einer linguistischen Theorie begründet, und die Struktur selbst unterscheidet dann zwischen

- einer formalen Beschreibung der relevanten Fakten über die natürliche Sprache (Daten), und
- einem Interpreter des Formalismus (Programm).

Abgesehen davon, daß keine einheitliche linguistische Theorie existiert, treten bei den klassischen Übersetzungssystemen viele noch ungelöste Probleme auf. Angefangen bei den Mehrdeutigkeiten die auf den verschiedenen Analyseebenen (Morphologie, Syntax und Semantik) auftreten, bis hin zur eigentlichen Realisierung auf einer Maschine. Die Auflösung der Ambiguitäten erfordert umfangreiche Strategien und vielfältige Kenntnisse, die auch der Maschine in irgendeiner Form verfügbar sein müssen. Dieser Umstand führte mit zu den genannten ad hoc Bogenkonstruktionen.

In jüngster Zeit wird wieder auf breiter Basis an neuen Methoden der maschinellen Übersetzung gearbeitet (5th Generation Computer Project in Japan, Eurotra innerhalb der EG, Calliope und Ariane X in Frankreich, SwissTra in der Schweiz), obwohl Martin Kay in der Tradition von Bar-Hillel die Undurchführbarkeit der maschinellen Übersetzung erneut postulierte (Kay 1986). Heute existiert, im Gegensatz zum ALPAC-Report von 1966, eine Gegendarstellung von Margaret King (1986).

2. Ein dialoggestütztes maschinelles Übersetzungssystem

Bei den bekannten Übersetzungssystemen gehen wir von fertigen Texten aus, die in eine andere Sprache übersetzt werden sollen. Wir wollen hier einen Ansatz vorstellen, der von verlagerten Interessen ausgeht: der Verfasser eines Textes will diesen in eine Fremdsprache, die er nicht ausreichend beherrscht, übersetzen.

Wir nennen unser System ein maschinelles Übersetzungssystem für Autoren.

Unsere Grundvoraussetzungen für das Systemdesign sind:

- wir betrachten das Sprachpaar Deutsch-Englisch;
- der Grammatikentwurf geschieht in Hinsicht auf die Übersetzung;
- linguistisches Wissen wird durch komplexe Merkmalsstrukturen bereitgestellt;
- der Benutzer des Systems kennt die Zielsprache nur unzureichend, er kann sie etwa lesen;
- der Benutzer ist z.B. Informatiker, der jedoch kein Linguist ist und kein Fachmann auf dem Gebiet der maschinellen Verarbeitung natürlicher Sprache (computational linguist);
- die Benutzerassistenz wird nur durch Interaktion bereitgestellt, es existiert keine Phase die vergleichbar wäre mit Prä- oder Postedition der bekannten Systeme;
- das System muß in Realzeit arbeiten und auf kleinen Computersystemen verfügbar sein.

Gegenüber klassischen Systemen hat unser System den Vorteil, daß es auf den Autor beim Schreiben Einfluß nehmen kann und diesen etwa bitten kann, 'übersetzbarer' zu schreiben.

Wie wir gleich sehen werden, macht dies einen sehr großen Unterschied. Während gute leserorientierte Übersetzungssysteme, also die bekannten Architekturen, noch nicht existieren und aller Voraussicht auch sobald nicht erscheinen werden, können wir hinsichtlich brauchbarer Übersetzungssysteme für Autoren optimistisch sein.

Denkbar ist ein solches System auch als Zusatzkomponente klassischer Systeme, wenn

- ein Text in mehrere Sprachen übersetzt werden muß oder
- ein Text so technisch ist, daß nur der Verfasser die Übersetzung bewerkstelligen könnte.

2.1 Das Dialogmodul

Die zentrale Komponente unseres Systems ist das Dialogmodul. Treten während der Analyse der Eingabe oder der Generierung der Ausgabe Schwierigkeiten auf, so informiert das System den Benutzer darüber. Der Benutzer kann nun seinerseits den Dialog mit dem System aktivieren.

Das System erzeugt entsprechend den aufgetretenen Schwierigkeiten Fragen an den Autor, deren Beantwortung neue Aufsetzpunkte zur weiteren Verarbeitung festlegen.

Um Fragen formulieren zu können, muß in gewisser Weise Wissen darüber existieren, was zu erfragen ist. D.h. das Ziel, das durch die Befragung und der darauf erhaltenen Antwort erreicht werden soll, muß im Systemkern verankert sein.

In der Regel induzieren Ambiguitäten auf den verschiedenen Ebenen der Analyse und der Generierung Konflikte, die einerseits durch linguistische und informatische Strategien auflösbar sind, andererseits aber aufgrund ihrer Komplexität mit diesen Verfahren nicht lösbar sind. Diese Konflikte werden in unserem System durch Fragen behoben.

Wir unterscheiden exemplarisch vier grobe Frageformen, die wir im weiteren sukzessive verfeinern werden:

- Fragen nach Fachbegriffen;
- Abweisungsfragen;
- Fragen zur lexikalischen Disambiguierung;
- Fragen zur strukturellen Disambiguierung.

Zu den einzelnen Frageformen werden wir zusätzlich die grundlegenden Verfahren vorstellen.

2.1.1 Allgemeines zum Dialogablauf

Stößt das System auf eine nicht 'intern' lösbare Konfliktsituation, so wird der Benutzer darüber informiert, daß ein Dialog zu aktivieren ist. Der Benutzer kann nun den Dialog eröffnen. Durch die Information, die durch die Interaktion bereitgestellt wird, können dann neue Aufsetzpunkte, die die weitere Arbeit des Systems ermöglichen, definiert werden.

Eröffnet der Benutzer den Dialog nicht, so werden Teile des Systems in einen Quasi-Wartezustand versetzt, während weitere Systemaktivitäten als Tochterprozesse gestartet werden. Die Anzahl der Tochterprozesse ist beschränkt, und je nach Art des Dialogziels, also entsprechend der momentanen Konfliktsituation, ist das Starten von Tochterprozessen nicht möglich.

Auf den Entwurf des Dialogfahrplans und die Steuerung von Tochterprozessen wollen wir hier nicht näher eingehen.

2.1.2 Fragen nach Fachbegriffen

Durch diese Form der Benutzerbefragung kann dem System zusätzlich Lexikoninformation zugeführt werden.

Wir unterscheiden

- den direkten Benutzereingriff und
- den indirekten Benutzereingriff.

Beim direkten Benutzereingriff ändert der Autor im Ausgabetext ein vom System bereitgestelltes Wort. Das System informiert den Benutzer über einen anstehenden Dialog, falls zu dem vom Benutzer eingeführten Wort keine Lexikoninformation vorhanden ist, und frägt an, ob diese Änderung im Lexikon vermerkt werden soll. Hier handelt es sich um einen 'ja/nein-Dialog'.

Wird eine neue Lexikoninformation hinzugefügt, so erhält das neue Wort genau die Lexikoninformation des ersetzten Wortes, und ein Verweis zwischen beiden wird erzeugt. Diese Verweise dienen in zukünftigen Anwendungen als Dialogindikatoren, d.h. es wird eine lexikalisch-ambige Struktur aufgebaut.

Die Information wird nicht redundant gespeichert. Beide (oder mehrere) Worte erhalten einen sogenannten Template-Verweis, und in diesem Template ist dann die eigentliche lexikalische Information verfügbar.

In diesem Sinn haben wir auch ein neues Konzept des Lexikons, das wir als dynamisches Lexikon bezeichnen.

Die Darstellung der Lexikoninformation geschieht in Form von Attribut/Wert-Paaren, die als Graphen dargestellt werden.

Ist nun das vom Benutzer eingeführte Wort schon vorhanden, so vergleicht das System die verfügbaren Informationen. Dies geschieht durch die kontrollierte Unifikation der Informationsgraphen. Kontrolle heißt hier: schlägt die Unifikation fehl, so kann die Ursache rekonstruiert werden. In diesem Fall wird ein Dialog angeregt und die Historie des 'fail' dient als Dialoginformation. Dieser Dialog kann das Hinzufügen neuer Lexikoninformation bewirken. Dann wird das Programm durch ein Menü vom Benutzer gesteuert. Wir sprechen von einem 'menü-gesteuerten Dialog'.

Der indirekte Benutzereingriff kommt zum Tragen, wenn in dem System ein bestimmter Begriff nicht verfügbar ist. Der Benutzer kann nun entweder ein neues Wort eingeben, die Informationsanreicherung des Lexikons geschieht dann wie oben beschrieben, oder seinen gesamten Satz (Teilsatz) ändern. Das System stellt beide Möglichkeiten zur Verfügung, der Benutzer entscheidet über das weitere Vorgehen. Diese Dialogform nennen wir 'Auswahldialog'.

2.1.3 Abweisungsfragen

Diese Form der Befragung kann auftreten, wenn

- die Analyse fehl schlägt oder
- die Generierung fehl schlägt oder
- keine eindeutige Struktur der Eingabe erzeugt werden kann.

Im ersten Fall kann eine Kongruenzverletzung den Konflikt verursacht haben. Hier muß auf einen Benutzerfehler geschlossen werden, etwa falsche oder nicht passende Kasus, Genera oder Numeri. Das System weist die Eingabe ab unter Mitteilung der Konfliktsituation (Kontrolle der Unifikation).

Weiterhin kann durch die Systemgrammatik der Konflikt verursacht werden. Es besteht die Möglichkeit, daß das System die syntaktosemantischen Werte für die semantischen Attribute der Grammatikregeln erfrägt (siehe 2.1.5). Wir verstehen diesen Prozeß als eine Art der Rückverfolgung der Analysestrategie, wie sie bei Programmiersprachen bei Laufzeitfehlern Verwendung findet. Dieser Vorgang muß vom Benutzer nicht aktiviert werden.

Schließlich kann dieser Konflikt durch unauflösbare Referenzen entstehen. Im Dialog wird die fehlende Referenz erfragt.

Der zweite Fall dürfte bei unserem System wohl die Ausnahme sein, da jede aufgebaute Analysestruktur eine zielsprachliche Ausgabe erzeugen sollte. Hier handelt es sich um einen Systemfehler.

Der letzte Fall tritt ein, wenn die verwendeten Mechanismen zu grobe Raster benutzen. Etwa weil ein Satz Mehrdeutigkeiten enthält, die dem Verfasser selbst nicht bewußt sind. Nach einer Benutzerbefragung werden die ambigen Strukturen weiter aufrechterhalten und unter Umständen werden mehrere Ausgabesätze erzeugt; dann kann der Benutzer wiederum eingreifen.

2.1.4 Fragen zur lexikalischen Disambiguierung

Ein in der Eingabe vorkommendes Wort hat mehrere Einträge zu seiner Wortklassenzugehörigkeit in der Lexikoninformation, z.B. Verbzusatz und Präposition (auf), oder Verb und Substantiv. Im Lexikon sind kritische Ambiguitäten mit einem 'Dialog-flag' markiert, d.h. ein Dialog sollte unbedingt aktiviert werden. Sonst wird die Mehrdeutigkeit gewollt mitgeführt und durch die weiteren Verfahren der Analyse eliminiert.

2.1.5 Fragen zur strukturellen Disambiguierung

Hier müssen wir zunächst etwas näher auf den verwendeten Grammatikformalismus eingehen. Eine kontextfreie Grammatik dient als Gerüst, und wie schon die Lexikoninformation in Attribut/Wert-Paaren repräsentiert ist, sind auch bei den Phrasenstrukturregeln zusätzlich Merkmalsstrukturen angegeben. Diese dienen zur Kongruenzüberprüfung, Informationsperkolation und zur Erzeugung von Fragen bei der Analyse.

Wir unterscheiden Gleichungen und Anwendungsmuster. Als Gleichungen verwenden wir diejenigen, die in unifikationsgestützten Grammatikformalismen als Ausdruckmittel für linguistisches Wissen benutzt werden (Shieber 1985). Die Anwendungsmuster definieren zusätzlich den semantischen Stellenwert der Konstituenten einer Regel.

Das Attribut D-Faktor steht in engem Zusammenhang mit den Anwendungsmustern. Für eine Regel definiert es die 'maßgeblichen' syntaktosemantischen Informationsträger der rechten Seite einer Regel für einen entsprechenden natürlichsprachlichen Ausdruck. Der D-Faktor ist definiert mittels der logischen Relation 'ist informationsreicher als' (>>).

Beispiel:

die einfache, kontextfreie Sprache

$$\gg \text{die} \left\{ \begin{array}{l} \text{einfache} \\ \\ \text{kontextfreie} \end{array} \right\} \text{Sprache}$$

>> die Sprache

Hier ist die Sprache D-Faktor des natürlichsprachlichen Ausdrucks die einfache, kontextfreie Sprache.

Die angegebenen Anwendungsmuster dienen bei Vorhandensein mehrerer struktureller Repräsentationen einer Eingabe zur Erzeugung von Fragen, die dem Benutzer in Dialogsequenzen vorgeführt werden. Die D-Faktoren dienen in diesem Zusammenhang dem Abbau von Übergenerierungen in den Anwendungsmustern. Die Form des Dialogs ist wiederum der 'Entscheidungsdialog'.

An einem Beispiel erläutern wir unser Konzept:

```
S --> NP VP (PP)
       S.head = VP.head
       S.head.subject = NP.head
       dfa == val(NP) + val(VP)
       awm.1 == val(NP) ist Subjekt der Handlung val(VP)
       awm.2 == Die Handlung val(NP) + val(VP) findet statt val(PP)
```

Die ersten beiden Gleichungen dienen Kongruenztests und der Informationsperkolation durch die Unifikation der Strukturen. Das Attribut 'dfa' bezeichnet den D-Faktor der Regel, dabei bedeutet val(X) den Wert, d.h. den natürlichsprachlichen Ausdruck, mit dem X assoziiert ist (Wertzuweisung an dfa).

Die letzen beiden Wertzuweisungen sind Anwendungsmuster, sie dienen der Interaktion mit dem Benutzer, falls notwendig, und wie schon die Gleichungen zur Erzeugung einer Repräsentationsstruktur.

Die Regel wird nun gelesen:

ein Satz (S) setzt sich zusammen aus einer Nominalphrase (NP), einer Verbalphrase (VP) und optional einer Präpositionalphrase (PP).

Der Wert des Attributs 'head' der Konstituenten S muß mit dem Wert von 'head' der VP übereinstimmen; das Subjekt (Pfad im Informationsgraphen: head.subject) des Satzes ist identisch mit dem Wert von 'head' der NP.

Wesentliche Informationsträger eines natürlichsprachlichen Ausdrucks, der durch die Regel erzeugt werden kann, sind die konkatenierten Stringwerte von NP und VP.

Es gilt dann 'val(NP) ist das Subjekt der Handlung val(VP)', und eventuell 'die Handlung val(NP) + val(VP) findet statt val(PP)'.

Beispielsatz: Der Algorithmus löst das Problem mit Backtracking.

Problem: Anbindung der Präpositionalphrase (Verb + PP oder NP + PP).

Lösung: Der Benutzer entscheidet sich für eine der beiden Alternativen, die aus den Anwendungsmustern unterschiedlicher Repräsentationen ermittelt werden.

(1) Die Handlung <der Algorithmus löst das Problem> findet statt <mit Backtracking>

(2) <das Problem> ist <mit Backtracking>

2.2 Implementierfähigkeit

Alle Informationselemente unseres Systems sind hierarchisch aufgebaut und können durch Graphen dargestellt werden.

Operationen auf Graphen sind hinlänglich bekannt, und die von uns benötigten Operationen (kontrollierte) Unifikation, Verallgemeinerung, Disjunktion, Negation, Löschen und Ersetzen können alle auf Graphstrukturen definiert werden.

Zur Implementierung der benötigten Informationsstrukturen eignet sich in natürlicher Weise der Datentyp 'Wörterbuch' der Programmiersprache Comskee, sowie deren sich in Realisierung befindliches Graphkonzept (Mueller-von Brochowski et al. 1984; Messerschmidt 1985; Schütz 1984).

Vorteil dieser Programmiersprache ist zudem die Möglichkeit mit anderen Programmiersprachen zu kommunizieren, d.h. eine Verbindung zu einer deklarativen Programmiersprache für ein 'rapid prototyping' ist durchführbar.

3. Vergleich der beiden Ansätze

Zur Konstruktion der Bogenbrücke haben wir eine Erweiterung hinzugefügt, die wir den Statiker für die Konstruktion nennen. Er verhindert, daß das System mit überflüssigem Ballast hantieren muß. Wir überlassen der Maschine Tätigkeiten, die sie gut und effizient bearbeiten kann und nutzen das Wissen des Textverfassers, um zu brauchbaren und guten Resultaten zukommen.

4. Aussichten

Unser Ansatz muß weiterhin praktisch erprobt werden, und die Theorie weiterentwickelt und erforscht werden. Insbesondere muß eine linguistische Motivation stärker erarbeitet werden, wir haben mehr die informatischen Aspekte betrachtet. Weiterhin fehlen geeignete Verfahren zur Verarbeitung fehlerhafter Eingaben, etwa Rechtschreibe- und Interpunktionsfehler, die häufig die Ursache von Systemfehlern sein werden.

Unsere Hoffnung ist zusätzlich die, ist eine Textsorte dialoggestützt gut in eine Sprache L1 übersetzbar, dann ist sie es unter Umständen auch für eine andere Sprachen L2 (Erweiterbarkeit des Konzepts).

LITERATUR

Mueller-von Brochowski, A. et al. (1984): The Programming Language Comskee. 3rd revised Report. (Linguistische Arbeiten des SFB 100, Neue Folge, Heft 10). Saarbrücken.

Kay, M. (1986): Martin Kay's Statement. In: Proceedings of the 24th annual meeting of the ACL 1986.

King, M. (1986): Margaret King's Statement. In: Proceedings of the 24th annual meeting of the ACL 1986.

Messerschmidt, J. (1985): Graph-Konzept für Comskee. (Interner Arbeitsbericht). Saarbrücken.

Schütz, J. (1984): Anwendungen des Comskee Graph-Konzepts auf 1. x- und d-kategorielle Netze, 2. das Parsen von Greibach-Normalform Grammatiken. (Interner Arbeitsbericht). Saarbrücken.

Shieber S.M. (1985): An introduction to unification-based approaches to grammar. Tutorial session at the 23rd annual meeting of the ACL. Chicago.

AUTOMATISCHE ANALYSE DES ENGLISCHEN: PROBLEME BEI DER ERWEITERUNG EINES BESTEHENDEN MÜ-SYSTEMS

Achim Blatt

1. Einleitung

Mitte des Jahres 1978 wurde im Projektbereich K des SFB 100 damit begonnen, innerhalb des Übersetzungssystems SUSY eine automatische Analyse des Englischen zu entwickeln. Dabei sollte einerseits überprüft werden, inwieweit die bereits für die Analyse anderer Sprachen (insbesondere des Deutschen und des Russischen) entwickelten Verfahren auch auf eine neue Sprache anwendbar waren, andererseits sollte untersucht werden, in welchen Bereichen Modifikationen erforderlich waren bzw. für welche Problemstellungen völlig neue Ansätze entwickelt werden mußten.

Für dieses Forschungsvorhaben sollte also kein grundlegend neues Analysesystem entwickelt werden, sondern die Gesamtarchitektur von SUSY war vorgegeben. Der Analyseteil von SUSY läßt sich wie folgt darstellen:

Texteingabe (LESEN)
!
Wörterbuchsuche und Flexionsanalyse (WOBUSU)
!
Reduktion von Homographen (DIHOM)
!
Zerlegung der Sätze in Teilsätze (SEGMENT/PHRASEG)
!
Analyse der Nominalgruppen (NOMA)
!
Analyse der Verbalgruppen (VERA)
!
Komplementanalyse (KOMA)
!
Semantische Disambiguierung (SEDAM)

Im folgenden möchte ich mich auf die zwei wesentlichen Aspekte konzentrieren, die bei der Entwicklung eines Systems zur Analyse natürlicher Sprache im Mittelpunkt stehen, nämlich zum einen auf das Sprachbeschreibungsmodell, d.h. die Definition der im Satz vorhandenen Elemente, ihrer Funktion und ihren Relationen untereinander und auf die Sprachanalyse, d.h. die automatische Ermittlung der Funktionen und Relationen im Satz. Dabei bildet das Sprachbeschreibungsmodell einerseits die Basis für die Sprachanalyse, andererseits soll die Sprachanalyse Ergebnisse liefern, die innerhalb des Sprachbeschreibungsmodells formuliert sind.

2. Das Sprachbeschreibungsmodell in SUSY

Das dem Übersetzungssystem SUSY zugrundeliegende Beschreibungsmodell beruht auf Satzebene im wesentlichen auf einer besonderen Ausprägung der Valenzgrammatik, die einige transformationelle Komponenten enthält. Im Gegensatz zur traditionellen Valenzgrammatik etwa im Sinne von Helbig, Schenkel (1972), die als Hilfsmittel für die korrekte Erzeugung sprachlicher Äußerungen dient, wird der Valenzbegriff in SUSY dazu verwendet, sprachliche Äußerungen zu analysieren, wobei a priori angenommen wird, daß diese Äußerungen korrekt sind. Das bedeutet, daß die Unterscheidung zwischen obligatorischen und fakultativen Aktanten aufgegeben werden konnte und daß die unterschiedlichen Valenzangaben zu unterschiedlichen semantischen Lesarten gemeinsam angegeben werden können. Die transformationelle Komponente des Modells kommt z.B. bei der Beschreibung der Passivsätze zum Tragen, die auf der Basis des zugrundeliegenden Aktivsatzes dargestellt werden.

Im folgenden soll anhand einiger Beispiele gezeigt werden, wie typisch englische Satzkonstruktionen innerhalb dieses Modells beschrieben werden können, ohne daß das Modell selber verändert werden muß.

2.1 Adverbiale Partizipialkonstruktionen

(1) Having finished his job, he went home.

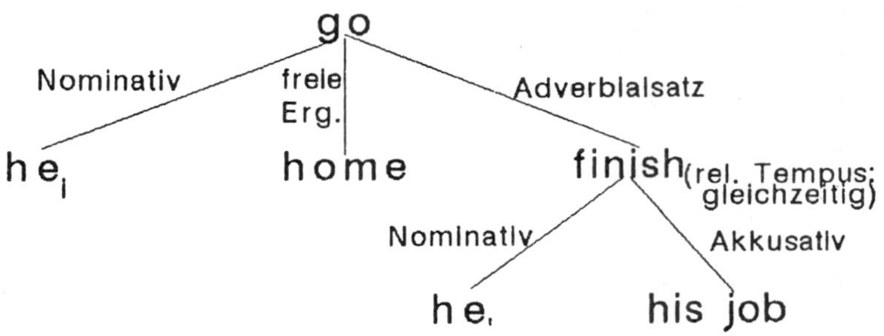

Die adverbiale Partizipialkonstruktion wird in Form eines adverbialen Nebensatzes dem dominierenden Verb zugeordnet. Das Subjekt der Partizipialkonstruktion wird aus dem Subjekt des dominierenden Satzes rekonstruiert. Es erfolgt also eine ähnliche Beschreibung wie bei konjunktionalen Adverbialsätzen.

2.2 Attributive Partizipialkonstruktionen

(2) Agricultural policy envisaged by the Rome Treaty is an important part of European economic policy.

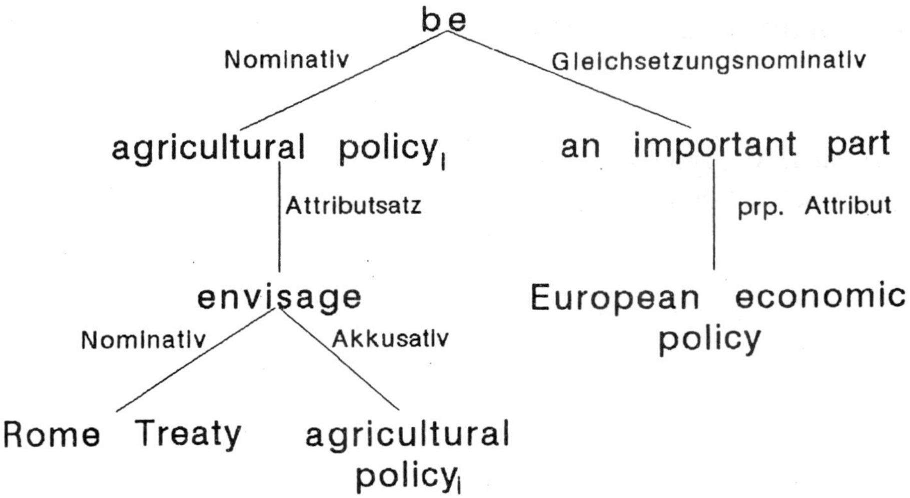

Die attributive Partizipialkonstruktion wird als Attributsatz der dominierenden Nominalgruppe beschrieben, ähnlich wie dies auch bei Relativsätzen geschieht. Steht die Partizipialkonstruktion im Aktiv, so wird für sie ein Subjekt in Form der übergeordneten Nominalphrase erzeugt, steht sie im Passiv, so erhält sie einen Akkusativ in Form der dominierenden Nominalphrase. Sieht man die Konstruktion als verkürzten Relativsatz an, so handelt es sich bei dieser Rekonstruktion um die Ermittlung des Referenten des getilgten Relativpronomens.

2.3 Attributive Infinitivsätze

(3) The problems to be solved in agriculture consist of several aspects.

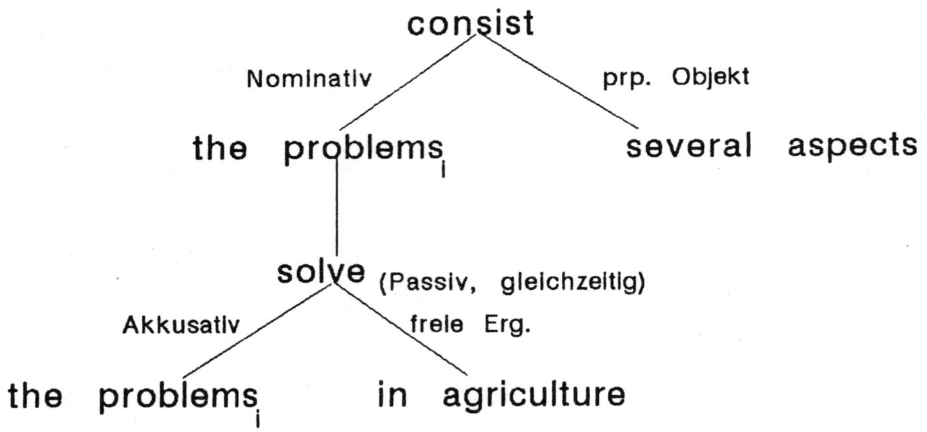

Attributive Infinitivsätze werden ähnlich wie die attributiven Partizipialsätze behandelt. Auch hier wird eine Rekonstruktion durchgeführt.

2.4 Gerundialkonstruktionen

(4) He stopped talking to his wife.

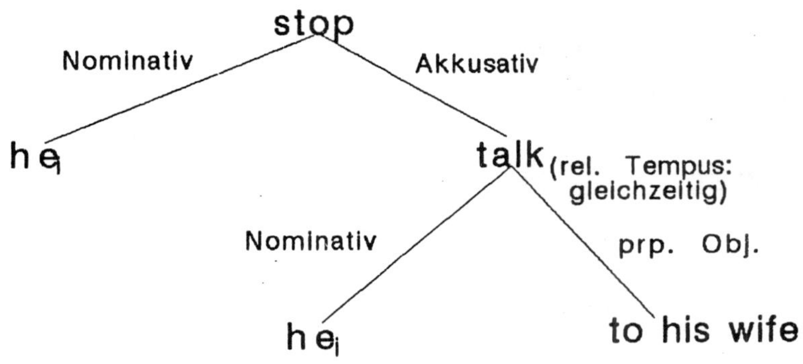

(5) We decided on watching television.

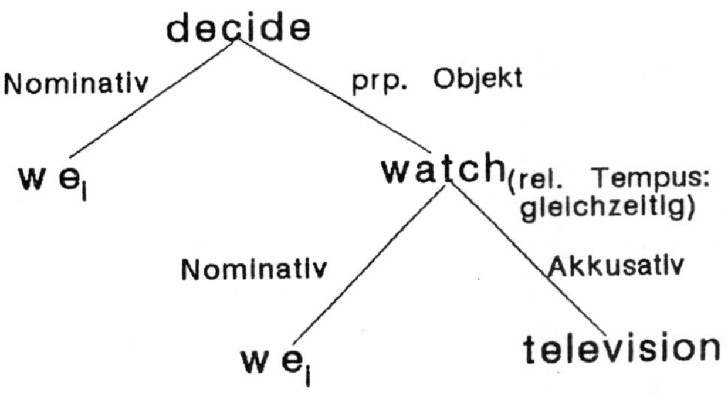

Die Gerundialkonstruktionen werden als valenzgebundene Nebensätze dem entsprechenden Valenzträger zugeordnet. Das Subjekt der Gerundialkonstruktion wird anhand von Wörterbuchinformationen ermittelt, die sich beim dominierenden Verb befinden.

2.5 Präpositional eingeleitete Infinitivsätze

(6) We cannot decide on how to solve the problem.

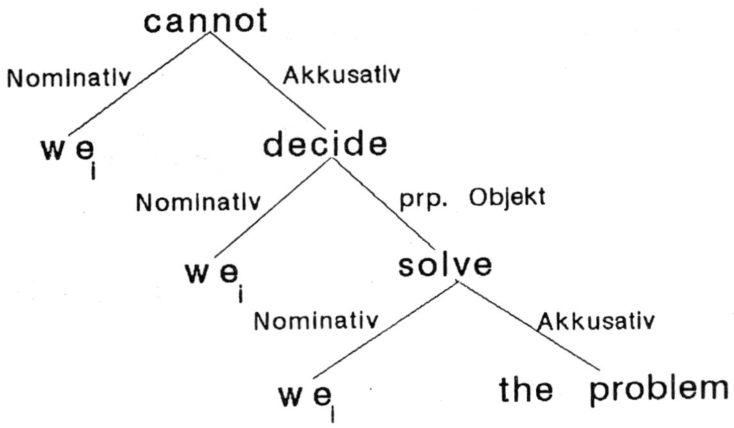

Die präpositional eingeleiteten Infinitivsätze werden analog zu den Gerundialkonstruktionen beschrieben.

Aus diesen Beispielen wird ersichtlich, daß das in SUSY verwendete Beschreibungsmodell auf Satzebene für die Darstellung speziell englischer Konstruktionen ausreicht. Um das Beschreibungsmodell auf Satzebene in der vorgegebenen Form beibehalten zu können, mußte natürlich die Beschreibung auf Wortebene erweitert werden. Dies betrifft zum einen die Definition der Wortklassen und zum andern die Informationen innerhalb der Wörterbucheinträge.

Als Beispiel für die Definition der Wortklassen mag die Differenzierung der sog. ing-Formen dienen, denen innerhalb der Flexionsanalyse folgende Wortklassen zugewiesen werden:

- attributives Adjektiv
- Adverbialpartizip
- Gerundium
- Partizip Präsens
- Verbalsubstantiv

Diese Differenzierung, die zur exakten Beschreibung des Englischen innerhalb des vorgegebenen Modells notwendig ist, hat u.a. dazu geführt, daß einige Präpositionen nun unterschiedlichen Wortklassen zugeordnet werden mußten:

- Präposition, die eine Nominalgruppe einleitet (PRP)
- Präposition, die eine Gerundialkonstruktion einleitet (PIG)
- Konjunktion, die ein Adverbialpartizip einleitet (WIB)

Dies ist u.a. deshalb notwendig, weil die eigentliche Präposition innerhalb des Beschreibungsmodells nur Teil einer Nominalgruppe, nicht aber Teil einer Verbalgruppe sein kann. Die durch diese Differenzierung hervorgerufene zusätzliche Worklassenmehrdeutigkeit für Präpositionen hat sich nicht als Nachteil erwiesen, da es sich im Grunde jeweils nur um eine Kombination mit der ohnehin schon vorhandenen Mehrdeutigkeit der ing-Form handelt. So können z.B. die Kombinationen PIG - Adverbialpartizip und WIB - Gerundium von vornherein ausgeschlossen werden.

Als Beispiel für die im Rahmen der Beschreibung des Englischen notwendige Modifizierung der Wörterbuchinformationen sei die Kodierung der Verben genannt. Hier mußten zusätzliche Informationen über die Anschließbarkeit von Gerundien, von wh-Sätzen mit Infinitiv (mit oder ohne einleitende Präposition) und der Verweis auf das jeweilige Subjekt dieser abhängigen Konstruktionen vorgesehen werden.

Insgesamt kann festgehalten werden, daß das in SUSY entwickelte Sprachbeschreibungsmodell ausreicht, um den Besonderheiten der englischen Sprache gerecht zu werden.

3. Die Sprachanalyse in SUSY

In meinen Ausführungen zur Analyse möchte ich einerseits auf die Aspekte eingehen, die durch das Vorliegen eines Analysesystems für Deutsch und Russisch teilweise modifiziert übernommen werden konnten oder die aufgrund der modularen Struktur von SUSY problemlos ersetzt werden konnten; andererseits möchte ich einige Besonderheiten des insgesamt vorgegebenen Aufbaus von SUSY aufzeigen, die sich für die Analyse des Englischen als weniger geeignet erwiesen haben.

Bei der Implementierung der Analyse des Englischen konnten die für das Gesamtsystem konzipierten Dienstprogramme und Datenstrukturen völlig oder nahezu unverändert übernommen werden. Zu diesem Bereich gehören:

- das Wörterbuchkonzept und der Operator WOBUKOR zur Korrektur und Manipulation der Analyse-, Semantik-, Transfer- und Synthesewörterbücher;
- die Datenstrukturen zur Verwaltung der Analyse-Ergebnisse und -Zwischen-Ergebnisse einschließlich der in ASSEMBLER geschriebenen Unterprogramme und Funktionen zur Überprüfung bzw. Veränderung der Werte innerhalb der Datenstruktur;
- der Operator DISPLAY zur verbalen Darstellung der Analyse-Zwischenergebnisse.

Dies ist größtenteils darauf zurückzuführen, daß die Darstellung auf Satzebene im wesentlichen beibehalten werden konnte.

Bei den einzelnen Analysebausteinen (Operatoren) waren unterschiedlich große Anpassungen notwendig. Die geringsten Veränderungen ergaben sich beim Operator **LESEN**, da dieser im wesentlichen nur den Text anhand der Satzzeichen in Sätze zerlegt und diese wiederum anhand der Leerzeichen und der Satzzeichen in Wörter. Hier mußten also nicht einmal die dem Operator zugrundeliegenden linguistischen Daten neu eingebracht werden.

Während der einzelsprachenunabhängige Operator WOBUSU zur **Wörterbuchsuche** mit geringen Modifizierungen übernommen werden konnte, mußte die Flexionsanalyse für das Englische zur Erkennung regelmäßig flektierter Verben, Substantive und Adjektive neu entwickelt werden. Die Behandlung unbekannter Wörter wurde ebenfalls modifiziert, analog zu dem in SUSY praktizierten Verfahren, die Zuordnung unbekannter Wörter zu bestimmtem Wortklassen anhand der vorliegenden Endgrapheme durchzuführen.

Die Struktur des Operators DIHOM zur **Homographenreduktion** konnte, technisch gesehen, auf die Analyse des Englischen übertragen werden.

Dieses Verfahren läuft zunächst so ab, daß einzelsprachenabhängige spezielle Homographenroutinen für besonders häufig auftretende Typen von Wortklassenmehrdeutigkeiten abgearbeitet werden. Diese speziellen Homographenroutinen können auf sämtliche von der Wörterbuchsuche gelieferten Daten zurückgreifen.

Die dann ablaufenden Teile des Verfahren sind einzelsprachenunabhängig konzipiert, es müssen jeweils nur die für jede Sprache notwendigen linguistischen Daten eingebracht werden.

Im nächsten Schritt wird anhand der sog. Verbotstabelle überprüft, ob zwei bestimmte Wortklassen unmittelbar nebeneinander stehen dürfen. Dadurch können bestimmte Kombinationen von Wortklassen ausgeschlossen werden. Die verbleibenden Wortklassenkombinationen werden anhand der Gewichtungstabelle gemäß ihrer Auftretenswahrscheinlichkeit gewichtet. Aufgrund dieser Gewichtung erfolgt eine sortierte Ausgabe der wahrscheinlichsten Wortklassenketten. In einem letzten Schritt werden anhand einer Liste von sog. negativen Patterns noch unsinnige Lesarten herausgefiltert, die nur durch mehr als zwei aufeinanderfolgende Wortklassen definiert werden können.

Dieses Verfahren hat sich für die Analyse des Deutschen äußerst bewährt, da es die vorhandenen Wortklassenmehrdeutigkeiten wirksam reduziert und gleichzeitig die Ausgabe der korrekten Wortklassenkombination praktisch immer sicherstellt. Dadurch erfolgt eine wesentlich effizientere Bearbeitung in der nachfolgenden syntaktischen Analyse.

Diese Treffsicherheit für das Deutsche beruht hauptsächlich auf zwei Faktoren. Zum einen kann die Groß-/Kleinschreibung ausgenutzt werden, zum andern ist das Deutsche eine stark flektierende Sprache. Das hat zur Folge, daß bei vielen Graphemfolgen schon eine eindeutige Entscheidung während der Wörterbuchsuche getroffen werden kann. Die folgende Tabelle gibt eine Übersicht über die Leistungsfähigkeit der Homographenreduktion, die in verschiedenen Tests für das Deutsche, das Französische und das Englische ermittelt wurde (vgl. Back 1983 und Freigang, Schmitz 1979b):

richtige Lesart bis einschließlich	deutsch	französisch	englisch
1. Kette	96,0 %	80,9 %	51,6 %
2. Kette	100,0 %	86,6 %	69,3 %
4. Kette		89,1 %	77,2 %
6. Kette		90,5 %	81,8 %

Die für das Englische nicht auswertbare Groß-/Kleinschreibung sowie die Flexionsarmut des Englischen wirken sich hier also äußerst negativ aus. Eine merkliche Verbesserung der Ergebnisse scheint mit den Mitteln des Operators DIHOM nicht möglich, da hier fast ausnahmslos die unmittelbare Nachbarschaft der mehrdeutigen Wortklassen überprüft wird. Die Grenzen dieses Verfahrens sollen im folgenden an einigen Beispielen verdeutlicht werden:

- Mehrdeutigkeit 'finites Verb - Substantiv':
  ... cheap food **imports** from ...
  ... the guarantee section **accounts** for ...

- Mehrdeutigkeit 'Infinitiv - Substantiv':
  ... measures to **control** tuberculosis ...
  ... which will, however, **end** between ...

- Mehrdeutigkeit 'Adjektiv - finites Verb':
  The program aims at giving people employed in agriculture **equal** status with workers.

Vor allem das letzte Beispiel zeigt, daß zur Erkennung der richtigen Wortklasse der gesamte Satzkontext notwendig ist.

Die eingeschränkte Leistungsfähigkeit des Operators DIHOM für das Englische bedeutet, daß das gesamte Analysesystem für das Englische nur bedingt tauglich ist. Da aber andererseits die Gesamtarchitektur von SUSY die Erstellung von Wortklassenketten an dieser Stelle verlangt, hätte dieser Operator nur dann durch ein anderes Verfahren ersetzt werden können, wenn eine vollständig neue Analyse implementiert worden wäre.

Anders verhält es sich mit der **Satzsegmentierung.** Auch hier erwies sich der für das Deutsche entwickelte Operator als untauglich, da dieser vor allem die strikte Zeichensetzung des Deutschen ausnutzt. Deshalb kann ein Teilsatz dadurch definiert werden, daß er von Satzzeichen oder nebenordnenden Konjunktionen begrenzt wird. Diese begrenzenden Wortklassen bilden den Ausgangspunkt für die Teilsatzanalyse. Weiterhin kann bei der Analyse des Deutschen ausgenutzt werden, daß das Verb im Nebensatz grundsätzlich Endstellung einnimmt und daß Nebensätze i.a. ein einleitendes Element besitzen.

Dagegen zeichnet sich das Englische durch eine Zeichensetzung aus, die sich nicht an den Teilsätzen, sondern eher an der Betonung orientiert. Weiterhin ist die Verbstellung in Haupt- und Nebensatz gleich, so daß auch ein Nebensatz im Englischen Ergänzungen im Nachfeld mit sich führen kann. Darüber hinaus treten im Englischen häufig Nebensätze ohne einleitendes Element auf, etwa in Form von verkürzten Relativsätzen.

Anders als bei der Homographenreduktion konnte der Operator zur Satzsegmentierung jedoch durch eine für das Englische adäquate Vorgehensweise ersetzt werden, wobei die Schnittstellen zum Gesamtsystem gewahrt werden konnten. Der hierfür entwickelte Operator PHRASEG ist ein mehrstufiges Verfahren, bei dem zunächst auf der Basis der Wortklassen Wortgruppen zusammengefaßt und typisiert werden, innerhalb derer sich keine Teilsatzgrenze befinden kann. Auf der Basis dieser Wortgruppen werden dann die Segmentgrenzen bestimmt, die Segmente typisiert und diskontinuierliche Segmente zu Teilsätzen zusammengefaßt. Dieses Verfahren hat sich als besonders mächtig erwiesen, da es auch auf andere in SUSY bearbeitete Sprachen angewandt werden kann und somit eine universalere Strategie darstellt.

Eine weitere Besonderheit dieses Verfahrens besteht darin, daß unsinnige Lösungen meist erkannt und ausgefiltert werden. Dies hat zur Folge, daß die relativ schlechten Ergebnisse der Homographenreduktion teilweise ausgeglichen werden können. Dadurch rücken von der Homographenreduktion an hinterer Stelle weitergegebene Lesarten nach vorne auf. Voraussetzung für eine korrekte Gesamtanalyse bleibt jedoch, daß sich die richtige Wortklassenkette überhaupt unter den weitergegebenen Lesarten befindet.

Im Bereich der Operatoren zur Nominal-, zur Verbal- und zur Komplementanalyse, die im wesentlichen die Strukturbeschreibung der Elemente in den Teilsätzen und ihre Relationen untereinander liefern, mußten lediglich Anpassungen an die besonderen Gegebenheiten der englischen Sprache durchgeführt werden.

Begünstigt wurden die Veränderungen durch das Konzept der linguistischen Charakteristiken, die für jede bearbeitete Sprache und für jeden der angesprochenen Operatoren eine Liste von Parametern beinhalten. Diese Parameter steuern dann die Anwendung der Unterprogramme innerhalb der Operatoren. Die Informationen innerhalb der linguistischen Charakteristik betreffen z.B. die möglichen Stellungen des Adjektivs bezüglich des Kerns der Nominalgruppe oder die Präpositionen, die unabhängig von den Valenzangaben der einzelnen Wörter präpositionale Attribute einleiten können, wenn sie unmitelbar auf ein Substantiv folgen (im Englischen z.B. of und per).

Durch dieses Konzept wird die multilinguale Analyse zwar stark unterstützt, Erweiterungen innerhalb der Programme waren dennoch dort unvermeidlich, wo für das Englische Strukturen analysiert werden mußten, die in den vorher bearbeiteten Sprachen überhaupt nicht aufgetreten waren.

Dies trifft in besonderem Maße auf den Bereich der **Nominalanalyse** zu und hier insbesondere auf die Erkennung der Nominalkomposita, deren Konstituenten anders als bei anderen in SUSY bearbeiteten Sprachen häufig durch Leerzeichen voneinander getrennt sind. Dies hat zur Folge, daß sie zunächst als zwei unabhängige Wörter aufgefaßt werden, so daß sie nicht durch einen morphologisch orientierten Zerlegungsalgorithmus während der Wörterbuchsuche bearbeitet werden, sondern durch einen syntaktisch orientierten Erkennungsalgorithmus während der Syntaxanalyse.

Dafür war die Entwicklung eines komplexen Regelapparats notwendig, damit nicht zwei benachbarte Substantive, die kein Kompositum bilden, fälschlich als ein solches zusammengefaßt werden. Dabei mußte auch berücksichtigt werden, daß für englische Nominalkomposita wesentlich mehr Attribuierungsmöglichkeiten bestehen als etwa für deutsche. So können z.B. Adjektivattribute in Binnenstellung auftreten (world agricultural trade) und auch das Determinans kann durch Präpositionalphrasen attribuiert werden (**price level for meat**).

Einen weiteren Schwerpunkt innerhalb der Nominalanalyse bildete die Bearbeitung des Verbvorfeldes, in dem andere Regelmäßigkeiten herrschen als etwa im Deutschen. Hier konnte die für das Englische relativ strikte Stellung der Elemente im Satz ausgenutzt werden.

Die Struktur des Operators zur **Verbalanalyse** (VERA) konnte im wesentlichen übernommen werden, wenn man von einigen Zusatzinformationen wie z.B., daß eine bestimmte Verbalgruppe in der Verlaufsform steht, absieht. Hier mußten also fast ausschließlich die externen Daten eingebracht werden. Diese externen Daten betreffen neben der bereits erwähnten linguistischen Charakteristik drei Bereiche, nämlich:

- die Definition und die Zuordnung zu verbalen Subtypen (z.B. finite Form von have);
- die Liste der Verbalgruppentypen mit den Informationen zu ihrer internen Struktur (z.B. finite Form von have + Partizip II eines einfachen Vollverbs: Kongruenzangaben aus dem ersten Teil, Valenzangaben aus dem zweiten Teil, Tempus ist Perfekt oder Plusquamperfekt, Genus Verbi ist Aktiv);
- die Tabelle zur Umwandlung von verbalen Subtypen zur erneuten Suche innerhalb der Verbalgruppentypen, wenn keine passende Verbalgruppe gefunden werden konnte (z.B. finite Form von have --> finite Form eines einfachen Vollverbs).

Der Operator zur **Komplementanalyse**, der die ermittelten Nominalgruppen, Verbalgruppen und Teilsätze funktional einander zuordnet, mußte um die für das Englische in diesem Bereich typischen Konstruktionen erweitert werden. Dabei handelt es sich im wesentlichen um die adverbialen Partizipialkonstruktionen und die Gerundialkonstruktionen, für die eine Einbeziehung in den Satzrahmen gewährleistet werden mußte.

Darüber hinaus erforderten die Verbalsubstantivkonstruktionen eine besondere Behandlung, da es sich hier um eine für das Englische typische Erscheinung handelt, in der eine Wortform einerseits Charakteristika eines Substantivs aufweist (vorangestelltes Genitivattribut bzw. Possessivpronomen), andererseits im Gegensatz zu anderen Substantiven wie eine verbale Konstruktion ein direktes Objekt in ihrem Valenzrahmen haben kann.

Im Operator zur **semantischen Disambiguierung** sind Regeln und Algorithmus vollständig voneinander getrennt, so daß der Algorithmus zur Bearbeitung der Regeln ohne nennenswerte Modifikationen übernommen werden konnte. Es mußten lediglich einige zusätzliche Abfragemöglichkeiten vorgesehen werden, die sich aber im nachhinein oft auch als hilfreich für die Analyse anderer Sprachen erwiesen haben.

Die zur semantischen Disambiguierung notwendigen linguistischen Daten befinden sich ausschließlich in den Wörterbüchern für die einzelnen Sprachen. Sie bestehen einerseits aus Einträgen zu den semantischen Merkmalen der Wörter und andererseits aus Regeleinträgen zur Vereindeutigung. Bei der Implementierung der Sprache Englisch mußten hier lediglich die linguistischen Daten ermittelt und eingetragen werden.

Dies betraf zum einen die Definition der für die semantische Analyse notwendigen Nomenklassen und zum andern die Disambiguierungsregeln für im Englischen auftretende lexikalische und z.T. auch für syntaktische Mehrdeutigkeiten, also etwa die Disambiguierung von Präpositionen und die Vereindeutigung des Passivs in Zustands- oder Vorgangspassiv.

4. Schlußfolgerungen

- Der modulare Aufbau von SUSY, das heißt seine Unterteilung in aufgabenbezogene Operatoren, unterstützt die Einbeziehung einer neuen Sprache in das Gesamtsystem erheblich, da die Sprachbeschreibung und die Schnittstellen zwischen den Operatoren größtenteils übernommen werden können. Daher reduzieren sich die Entwicklungsarbeiten auf die Analyse der in den bisher bearbeiteten Sprachen nicht aufgetretenen Phänomene und die diesbezügliche Erweiterung des Gesamtsystems.

- Lösungsstrategien, die komplett oder größtenteils übernommen werden können, erfordern lediglich die Einbringung der notwendigen linguistischen Daten. Dies ist besonders bei den Teilen von SUSY der Fall, wo die Trennung zwischen Regeln und Algorithmus am konsequentesten durchgeführt wurde.

- Lösungsansätze, die für die neu hinzukommende Sprache keinen Erfolg versprechen, können lokal durch geeignetere Vorgehensweisen ersetzt werden. Dies wird am deutlichsten bei der Ersetzung des Operators zur Satzsegmentierung ohne die Veränderung der Gesamtarchitektur von SUSY.

- Die Gesamtarchitektur von SUSY ist jedoch für die Analyse des Englischen nur bedingt geeignet, weil die Homographenreduktion in einem zu frühen Stadium erfolgt, in dem die starke Wortklassenmehrdeutigkeit noch nicht in befriedigendem Maße aufgelöst werden kann. Die nachfolgenden Operatoren können diese Aufgabe dann nur noch unzureichend lösen, da sich oft die richtige Wortklassenkette nicht mehr unter den weitergegebenen Lösungen befindet.

LITERATUR

Back, T. (1983): Der Operator DIHOM: Linguistische Grundlagen, Algorithmus und Leistungstest. (Arbeitspapier C17, SFB 100/C). Saarbrücken.

Blatt, A. (1981): Semantische Disambiguierung als Komponente des Übersetzungssystems Englisch-Deutsch. (Dokumentation K6, SFB 100/K). Saarbrükken.

- (1983): Nominalanalyse des Englischen im Übersetzungssystem SUSY. (Dokumentation K7, SFB 100/K). Saarbrücken.

Blatt, A., K.-H. Freigang, K.-D. Schmitz, G. Thome (1985): Computer und Übersetzen. Eine Einführung. Hildesheim, Zürich, New York.

Freigang, K.-H., K.-D. Schmitz (1979a): Wörterbucherstellung, Wörterbuchsuche und Flexionsanalyse im Übersetzungssystem Englisch-Deutsch. (Dokumentation K2, SFB 100/K). Saarbrücken.

- (1979b): Homographenanalyse als Komponente des Übersetzungssystems Englisch-Deutsch. (Dokumentation K3, SFB 100/K). Saarbrücken.

Helbig, G., W. Schenkel (1972): Wörterbuch zur Valenz und Distribution deutscher Verben. Leipzig.

Schmitz, K.-D. (1986): Automatische Segmentierung natürlichsprachiger Sätze. Hildesheim, Zürich, New York.

MENSCH-MASCHINE-SCHNITTSTELLE AM ÜBERSETZERARBEITSPLATZ

Klaus-Dirk Schmitz

Die Grundlagenforschung im Bereich der automatischen Übersetzung hat sich in der Vergangenheit im wesentlichen auf die Untersuchung und Entwicklung von Analyse- und Transferstrategien, auf die Konzeption von Grammatikmodellen sowie auf Forschungsarbeiten zur Repräsentation linguistischen und außerlinguistischen Wissens im Rahmen der Künstlichen Intelligenz (KI) konzentriert. Das Problem der Automatisierung des **gesamten** Übersetzungsprozesses, d.h. der Automatisierung am Übersetzerarbeitsplatz, und somit die Frage nach den Schnittstellen zwischen Mensch und Maschine beim Übersetzen wurde von seiten der Forschung lediglich als Randphänomen behandelt. Auf der anderen Seite jedoch sind maschinengestützte Übersetzungsverfahren auf dem Markt, die den Anspruch erheben, automatisierte Übersetzerarbeitsplätze darzustellen. Dabei handelt es sich größtenteils um Systeme, bei denen ein rudimentäres MÜ-Kernsystem durch eine Textverarbeitungskomponente zur Post-Edition ergänzt wurde (z.B. LOGOS, WEIDNER, SYSTRAN). Im System LITRAS wird versucht, das MÜ-System METAL in eine benutzerorientierte Umgebung zu integrieren, die ein abgestuftes Wörterbuchkonzept (vom allgemeinen Grundwortschatz zu diversen Fachwortschätzen) sowie eine Textvor- und -nachbereitungskomponente umfaßt.

Erst in den letzten Jahren hat sich sowohl bei den industriellen Softwareentwicklern als auch im Bereich der universitären Forschung die Einsicht durchgesetzt, daß die Akzeptanz moderner Informationstechniken und elektronischer Arbeitsmittel wesentlich durch die benutzergerechte Gestaltung der Mensch-Maschine-Kommunikation bestimmt wird. Mit diesen Fragestellungen beschäftigt sich u.a. die Software-Ergonomie, deren Ziel es ist, sowohl die Schnittstelle zwischen dem Menschen und dem Computer als auch die einzelnen Anwendungen möglichst optimal an die Bedürfnisse und Fähigkeiten des (individuellen) Benutzers anzupassen. Viele Methoden und Konzepte, die innerhalb dieses aus der Informatik, aus der kognitiven Psychologie und aus den Arbeitswissenschaften beeinflußten interdisziplinären Forschungsgebietes entwickelt wurden, sind auch für die Gestaltung eines computerunterstützten Übersetzerarbeitsplatzes relevant.

Auch im SFB 100 hat man erkannt, daß die dort entwickelten oder noch in der Entwicklung befindlichen MÜ-Systeme bei der derzeitigen Qualität der Übersetzungsergebnisse nur in sehr wenigen Einsatzbereichen (Informativübersetzung) ohne den Eingriff des Menschen auskommen können und daß deswegen das Kernsystem in eine Umgebung eingebettet werden muß, die diesen Eingriff des Menschen in einer Art und Weise unterstützt, daß nicht nur der Systementwickler selbst, sondern vor allem der zukünftige Anwender damit arbeiten kann.

Deshalb wurden im Projektbereich K, auch durch die Erfahrungen der Mitarbeiter bei der Ausbildung von Übersetzern und Dolmetschern, also den zukünftigen Nutzern derartiger Systeme, beeinflußt, bereits 1984 zusätzlich zu den Arbeiten an der englischen Komponente des SUSY-Systems die 'Untersuchung der Mensch-Maschine-Schnittstelle am Übersetzerarbeitsplatz' in das Forschungsprogramm aufgenommen.

Zu dieser Problematik wurden und werden in Saarbrücken Untersuchungen durchgeführt, Verfahren entwickelt und Prototypen implementiert, von denen ich die wichtigsten aufführen möchte:

1. Orientierung an der Praxis durch eine bei etwa 2.400 Übersetzungsdiensten in der Bundesrepublik und West-Berlin durchgeführten Fragebogenaktion, die über die Erfahrungen und Kenntnisse über maschinelle Hilfen für Übersetzer, über den Einsatz und die Verbreitung computergestützter Systeme und über die Einschätzung und Akzeptanz der Technisierung am Übersetzerarbeitsplatz informiert hat und deren Ergebnisse ausführlich in Schmitz 1986a und in Kurzform in Schmitz 1986b dokumentiert sind.

2. Untersuchungen zur Durchführbarkeit, Effizienz und Vorgehensweise bei der Arbeit mit maschinell zu übersetzenden oder maschinell übersetzten Texten im Rahmen von Hauptseminaren mit angehenden Übersetzern. Für die Prädition ergaben diese Untersuchungen, daß eine Verbesserung von Übersetzungsergebnissen durch Manipulation der ausgangssprachlichen Sätze ohne sehr detaillierte Kenntnisse des benutzten MÜ-System nur zufällig sind. Im Rahmen des Postediting wurden Rohübersetzungen der MÜ-Systeme LOGOS, SYSTRAN und SUSY mit den endsprechenden Endfassungen verglichen und die Typen und Häufigkeiten der Veränderungen als typische Posteditionsoperationen erkannt.

3. Untersuchung unterschiedlicher Typen von Textsystemen auf ihre Verwendbarkeit für die speziellen Bedürfnisse des Übersetzers. Diese im Rahmen von Hauptseminaren durch nicht computererfahrene Übersetzerstudenten durchgeführten Versuche wurden in einer Diplomarbeit zusammengefaßt und bewertet, wobei sich als wichtigstes Ergebniss neben der unterschiedlichen Leistungsfähigkeit und Benutzerfreundlichkeit der einzelnen Systeme vor allem die Behandlung unterschiedlicher Länder-Zeichensätze als problematisch erwies.

4. Entwicklung einer Studienkomponente 'Sprachdatenverarbeitung' im Rahmen der Ausbildung von Diplom-Übersetzern und Diplom-Dolmetschern, die auch den Zweck hat, die Akzeptanzprobleme bei den zukünftigen Benutzern von MGÜ- und MÜ-Systemen abzubauen (s.a. Freigang 1986).

5. Implementierungen von auf Kleinrechner verlagerten Modulen zur Textverarbeitung (TWINSTAR: WordStar-ähnliches Textverarbeitungssystem mit zusätzlichem senkrecht geteiltem Bildschirm), zur Verwaltung eigener Terminologie (TERMSTAR: Variables Datenbanksystem) und zur Kodierung maschinenlesbarer Wörterbücher (BIWAK: Benutzerfreundliche Kodierung von MÜ-Wörterbüchern mit automatischer Kontrolle der funktionalen Abhängigkeiten der einzelnen Informationen; nur für Substantive). TERMSTAR und TWINSTAR können auch miteinander kommunizieren und somit zusammen eingesetzt werden.

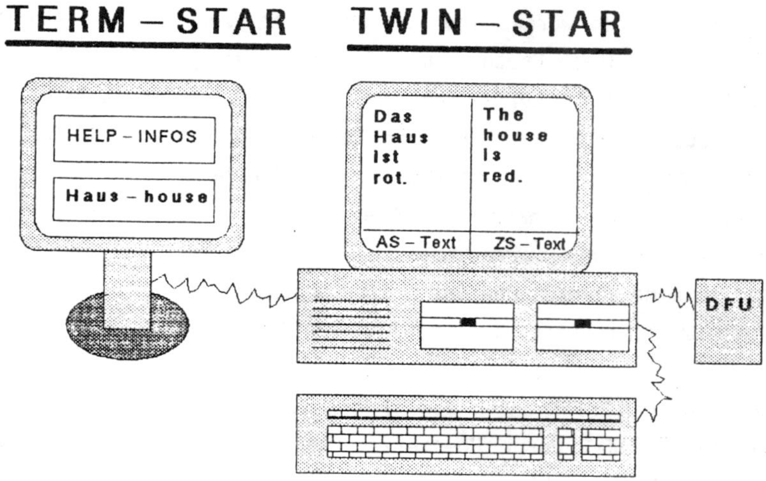

(Abb. 1)

Das BIWAK-Konzept soll im folgenden ausführlicher dargestellt werden.

Zur Erweiterung und Modifikation der Wörterbücher der Analyse- und MÜ-Systeme SUSY, SUSY II und SAFRAN steht das Programm WOBUKOR zur Verfügung. WOBUKOR ist als Dienstprogramm für die Systementwickler konzipiert und erfordert deswegen auch die Benutzung umfangreicher Kodierungsanweisungen und Bedienungsanleitungen. Hinzu kommt, das die Kodierung von Wörterbucheinträgen mit WOBUKOR zwar für den erfahrenen Bediener sehr effizient, aber auch sehr fehleranfällig ist. Die Eingabe: Z1,1=5 trägt in der 1. Zelle im 1. Byte den Wert 5 ein und dies bedeutet bei Substantiven, daß das eingegebene Wort das natürliche Genus Maskulinum (1) und Neutrum (4) hat (z.B. bei bull). Die Eingabe von Z1,1=14 wäre ebenso möglich wie das Nichtkodieren dieser Speicherzelle.

Da ein derartiges Konzept bei einer Anwendung von MÜ-Systemen und der dann notwendigen Wörterbuchmanipulation durch den Benutzer nicht befriedigen kann, müssen die Anforderungen an ein benutzerorientiertes Wörterbuchkodierprogramm definiert werden. Hierbei ist wichtig, daß das Kodierprogramm möglichst

ohne Kodieranweisungen und Systemkenntnisse
- falsche Kodierungen verhindert,
- notwendige Kodierungen fordert,
- überflüssige Kodierungen vermeidet und
- Standard-Kodierungen unterstützt.

Unter dieser Prämisse wurde eine Konzeption entwickelt, die linguistischen Daten ermittelt, und ein Prototyp mit der Bezeichnung BIWAK-1 (**B**enutzerorientierte **I**nteraktive **W**örterbuch-**A**ktualisierungs-**K**omponente) implementiert. BIWAK-1 ist auf einem 16-Bit-Mikrocomputer realisiert und auf dem relationalen Datenbanksystem dBase II aufgesetzt, d.h die Menü-orientierten Programme sind in der dBase-Datenbanksprache abgefaßt. Mit der BIWAK-1-Version ist nur die Kodierung von Substantivstämmen für das englische Analysewörterbuch von SUSY möglich; eine Überführung der Kodierungsergebnisse in die SUSY-Wörterbücher auf Großrechner wurde nicht realisiert.

Die Auswertung der Erfahrungen sowohl bei der Entwicklung als auch bei der Benutzung von BIWAK-1 durch Übersetzerstudenten hat zu einer Überarbeitung und teilweisen Neukonzeption des BIWAK-Modells geführt, die im folgenden erläutert werden soll:

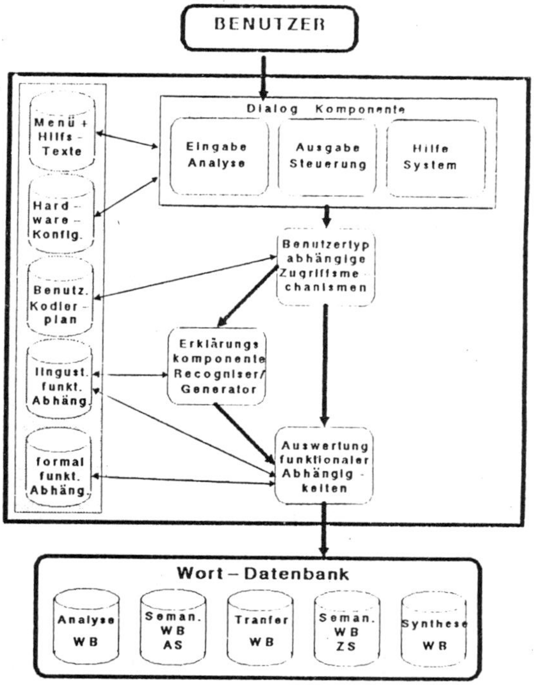

(Abb. 2)

Die BIWAK-Konzeption, die den Zugang eines Bedieners zu den Wörterbüchern eines MÜ-Systems benutzerfreundlich gestalten soll, enthält zunächst an der Schnittstelle zum Benutzer die Dialog-Komponente. Sie besteht aus Eingabe-Analyse, Ausgabe-Steuerung und Hilfe-System.

Die Eingabe-Analyse übernimmt die Kodierungseingabe des Benutzers und leitet sie an die folgenden Bausteine von BIWAK weiter. Die Ausgabe-Steuerung regelt die Darstellung der Kodierungsaufforderung und der Kodierungsmöglichkeiten auf dem Bildschirm. Um den Einsatzbereich von BIWAK so weit wie möglich auszudehnen und um Anpassungen an spezielle Anwendungen so einfach wie möglich zu gestalten, sind die Kodierungsaufforderungen in Form von Menü-Texten extern gehalten. Hierdurch ist eine Anpassung sowohl an die spezifischen Informationen der einzelnen Wörterbücher (z.B. unterschiedliche Informationen im deutschen oder im englischen Analysewörterbuch) als auch an die jeweilige Muttersprache des Benutzers auf einfache Weise möglich.

Das Hilfesystem wird entweder explizit durch den Benutzer oder implizit durch das BIWAK-System aktiviert. Es greift auf die extern abgelegten Hilfstexte zu und gibt dem Benutzer Erläuterungen. Ein expliziter Aufruf kann dem Benutzer die Bedeutung einzelner Kodierungen ausführlich verbal erläutern oder anhand von Beispielkodierungen veranschaulichen. Ein impliziter benutzertypabhängiger Aufruf des Hilfesystems kann beispielsweise dann geschehen, wenn ein neuer oder selten arbeitender Benutzer mögliche präpositionale Valenzen kodieren muß. Während ein erfahrener Kodierer durch eine Liste möglicher Präpositionen bei jedem Kodiervorgang belastet wird, kann in diesem Fall automatisch diese Liste als Hilfstext ausgegeben werden.

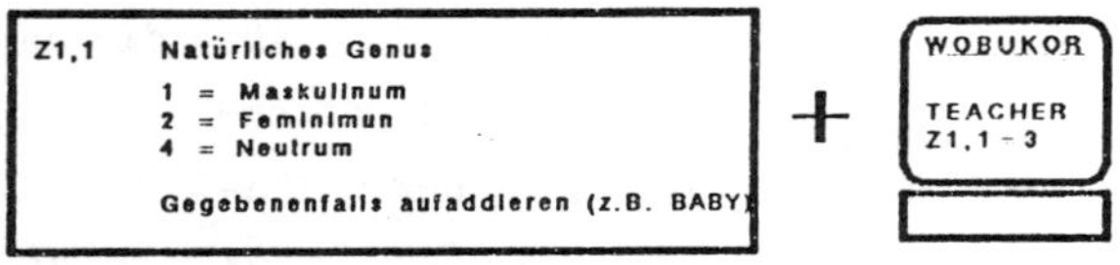

(Abb. 3: Kodierung mit WOBUKOR)

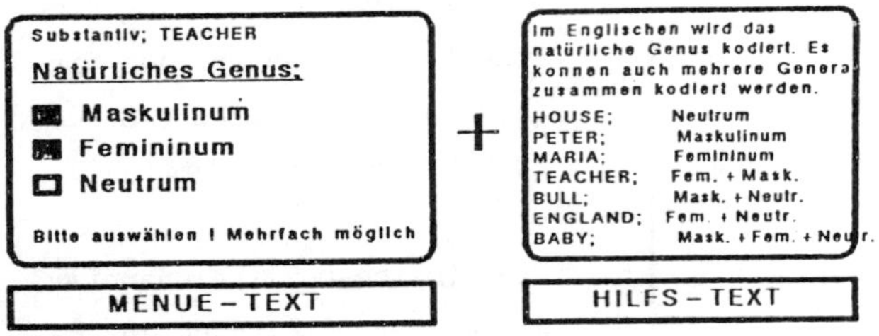

(Abb. 4: Kodierung mit BIWAK, Variante 1)

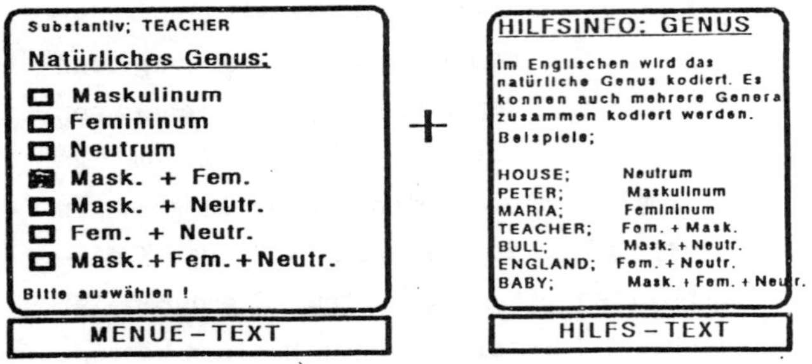

(Abb. 5: Kodierung mit BIWAK, Variante 2)

Die gesamte Dialog-Komponente benutzt zur Kommunikation mit dem Benutzer Informationen aus einer sogenannten Hardware-Konfigurierungs-Datei. Diese enthält Informationen über die Ansteuerung des Bildschirms, die Interpretation der Tastaturbelegung, die eventuell mögliche Eingabesteuerung durch eine Maus sowie die Nutzung des internen Hauptspeichers. Ähnlich wie bei vielen Textverarbeitungsprogrammen für Mikrocomputer kann die E/A-Hardware-Steuerung mittels eines Konfigurierungs- oder Installierungsprogramm auf die jeweils spezifische Hardware angepaßt werden, wodurch sich eine relative Unabhängigkeit des BIWAK-Konzeptes von der benutzten Hardware ergibt.

Der Aufruf der Dialog-Komponente wird im BIWAK-Konzept durch den folgenden Baustein mit den Benutzertyp-abhängigen Zugriffsmechanismen realisiert. Diese greifen auf ebenfalls extern ausgelagerte Benutzer-Kodierpläne zu. Hierdurch kann BIWAK nicht nur auf unterschiedlich erfahrene Benutzer sondern auch auf spezifische Kodiergewohnheiten einzelner Benutzer angepaßt werden. Die beiden folgenden Beispiele mögen dies verdeutlichen:

- Während es der eine Kodierer durch langjährige Erfahrungen mit der Kodierung von SUSY-Wörterbüchern auf herkömmliche Art vorzieht, die Informationen in der Reihenfolge der Speicherzellen zu erfassen oder zu korrigieren, kann es für andere Benutzer leichter sein, Wörterbucheinträge in der

Reihenfolge der als Vorlage dienenden herkömmlichen Wörterbücher (z.B. Wahrig) zu kodieren. Diese Anpassung betrifft nicht nur die Reihenfolge der Einzelkodierungen sondern auch die Berücksichtigung der spezifischen linguistischen Terminologie innerhalb der Menü- und Hilfstexte.

- In Abhängigkeit von bestimmten Benutzerklassen ist es in BIWAK möglich, die im folgenden erläuterten funktionalen Abhängigkeiten auszunutzen. So kann es sinnvoll sein, entweder alle Wörterbuchinformationen durch den Benutzer erfassen zu lassen und sie dann auf Konsistenz zu überprüfen oder den Benutzer möglichst wenig kodieren zu lassen und die aufgrund der Anhängigkeiten erschließbaren Kodierungen automatisch zu erzeugen.

Als nächster Schritt in BIWAK erfolgt die Auswertung der extern abgelegten formalen und linguistischen funktionalen Abhängigkeiten.

Die formalen Abhängigkeiten regeln unter anderem die Umwandlung der internen Datenstruktur, die die durch den Benutzer kodierten Wörterbucheinträge aufnimmt, in die externe Datenstruktur der Wörterbücher, die das MÜ-System benutzt, und zwar sowohl in der einen wie auch in der anderen Richtung. Die beiden folgenden Beispiele mögen dies verdeutlichen:

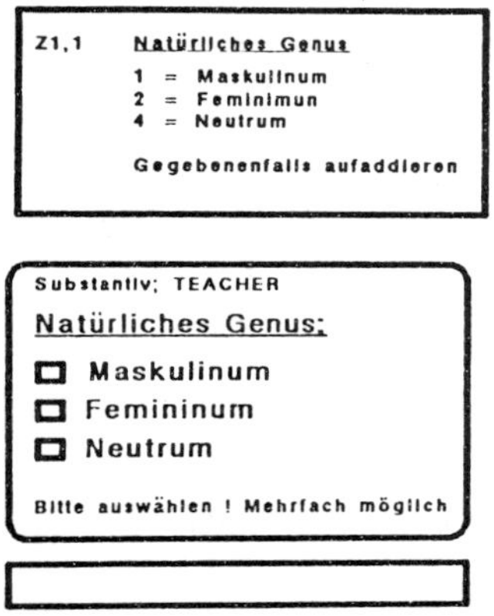


```
FILE=ENGWOSYN
ENTRY=SGENUS
VALUE(WERT)=
    {0,1,2,3,4,5,6,7}

WERT:=0
IF POS(1)=1
  THEN WERT:=WERT+1
IF POS(2)=1
  THEN WERT:=WERT+2
IF POS(3)=1
  THEN WERT:=WERT+4

TRANSFER(Z1,1,WERT)
```

(Abb. 6: Formale Abhängigkeiten, Beisp. 1)

- Da der Benutzer nicht sehen soll, welche Wörterbücher das MÜ-System benutzt, ist beispielsweise beim SUSY-System durch die formalen funktionalen Abhängigkeiten definiert, welche Kodierinformationen bei einem Wort in das morpho-syntaktische Analysewörterbuch und welche in das Semantik-Wörterbuch aufgenommen werden müssen und daß der zweite Wortlaut des Analysewörterbuchs dem ersten Wortlaut des Semantik-Wörterbuchs entsprechen muß.

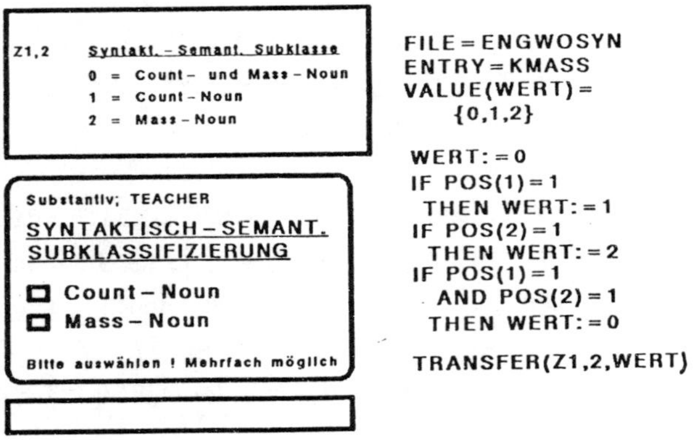

(Abb. 7: Formale Abhängigkeiten, Beisp. 2)

- Bei den SUSY-Wörterbüchern wurde wegen der benutzten Programmiersprache FORTRAN und einer möglichst optimalen Speicherplatzausnutzung auf dem Großrechner sowohl eine Kodierung von Wörterbuchinformationen in den einzelnen Bytes einer Speicherzelle als auch eine Mengenbildung bei der Kodierung durch Aufaddition von Binärzahlen realisiert (Beispiel Genuskodierung: 1=mask., 2=fem., 4=neutr., Aufaddition möglich). Die formalen funktionalen Abhängigkeiten definieren die Umwandlung der benutzerfreundlichen Eingabekonventionen in die interne Struktur des MÜ-Wörterbuchs.

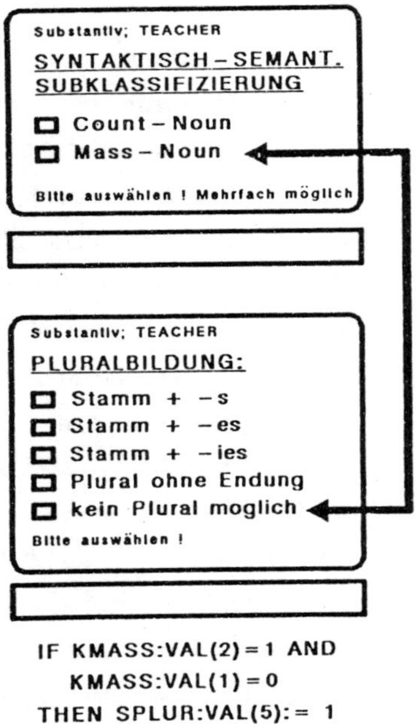

(Abb. 8: Ling. Abhängigkeiten)

Die linguistischen funktionalen Abhängigkeiten definieren die linguistischen Beziehungen der einzelnen Kodierungen untereinander. Als einfaches Beispiel hierfür kann etwa die Korrelation zwischen der Kodierung der syntaktisch-semantischen Subklassifizierung und der Kodierung der Pluralbildung angeführt werden. Wird bei einem Substantiv **nur** die Angabe 'Substantiv ist Mass-Noun' kodiert (z.B. bei butter oder milk), so muß bei der Pluralbildung 'kein Plural möglich' kodiert werden. Durch Auswertung dieser funktionalen Abhängigkeiten wird unter Zuhilfenahme der Benutzertyp-abhängigen Zugriffsmechanismen die Kodierung der einzelnen Wörterbucheinträge über die Dialogkomponente und der Zugang zu den MÜ-Wörterbüchern gesteuert.

Der Formalismus zur Beschreibung der formalen und linguistischen funktionalen Abhängigkeiten ist noch nicht explizit festgelegt; in den beiden Abbildungen oben sind die Abhängigkeiten in einer Pascal-ähnlichen Sprache formuliert.

Als weiterer Baustein enthält die BIWAK-Konzeption eine sogenannte 'Erklärungskomponente', die zwischen die Zugriffsmechanismen und die Auswertung der Abhängigkeiten geschaltet werden kann. Sie kann entweder benutzerspezifisch oder durch die linguistischen funktionalen Abhängigkeiten aktiviert werden. Sie verdeutlicht im Unterschied zum Hilfe-System komplexere, nicht von einer einzelnen Kodierung abhängige Beziehungen. Das folgende Beispiel soll die Wirkungsweise der Erklärungskomponente verdeutlichen:

- Die linguistischen funktionalen Abhängigkeiten definieren die Beziehungen der einzelnen Kodierungen untereinander. Nun kann beispielsweise gegen Ende einer längeren Folge von abhängigen Kodierungen eine bestimmte Kodierung verboten sein oder gefordert werden. Wenn dieses dem Benutzer nicht plausibel ist, reicht eine lokale Hilfsinformation nicht aus; es müssen vielmehr die Abhängikeiten der Kodierfolge untereinander erklärt werden.

Als weiteres Modul, das innerhalb des BIWAK-Konzeptes zunächst der Erklärungskomponente zugeordnet ist, ist ein morphologischer Recogniser/Generator notwendig. Der Recogniser/Generator hat die Aufgabe, aufgrund von phonologischen, morphologischen und syntaktischen Regeln möglichst viel Informationen aus der Eingabe eines zu kodierenden Wortlautes zu erkennen. Dies kann zum Beispiel die Erkennung des Genus und des Flexionsmusters aufgrund des Endmorphems und die Derivation von Einwortbegriffen (Präfix <u>un-</u> bei <u>unhappy</u>, Suffix <u>-ful</u> bei <u>useful</u>, Suffix <u>-er</u> bei <u>worker</u>) oder von Mehrwortbegriffen (<u>trade union</u>, <u>AC/DC Converter</u>) auf bereits kodierte Einträge und die Übernahme von möglichst vielen Informationen aus diesen Einträgen betreffen. Der Recogniser/Generator kann im umgekehrten Fall zur morphologischen Synthese von Wortformen auf der Basis der kodierten Informationen eingesetzt werden. Dieses Generieren kann entweder zur Erzeugung von Vollformen-Wörterbüchern oder zur Verdeutlichung der kodierten Informationen (deshalb ist er der Erklärungskomponente zugeordnet) benutzt werden. Der morphologische Recogniser/Generator kann je nach Benutzertyp und in Abhängigkeit von der Striktheit der zugrunde liegenden Regeln die ermittelten Ergebnisse entweder dem Benutzer zur Kontrolle anbieten oder direkt in das Wörterbuch eintragen.

Bei der Realisierung des Recogniser/Generator kann auf die Ansätze von Karttunen (1983; 1984), Koskenniemi (1983; 1984) und Bear (1986) zurückgegriffen werden.

Das im vorangehenden bewußt auf der Basis der Anforderungen des Benutzers und Systemdesigners entwickelte und dargestellte BIWAK-Konzept kann jedoch auch unter einem anderen theoretischen Hintergrund gesehen werden. BIWAK enthält mit seiner Dialogkomponente, seinem Benutzermodell, seiner Erklärungskomponente, dem auch als Inferenz- oder Problemlösungskomponente zu bezeichnenden Modul zur Auswertung der funktionalen Abhängigkeiten und nicht zuletzt wegen der in einer Wissensbasis gelagerten Regeln die typischen Bausteine eines KI-orientierten Expertensystems, das als ganzes wiederum als Zugangssystem zu einer lexikalischen Datenbank anzusehen ist. BIWAK hat auch gewisse Ähnlichkeiten mit dem aus der Datenbank-Theorie beeinflußten und auf der COLING86 vorgestellten 'Dedicated Database Management System for Dictionaries' von Marc Domenig (Domenig, Shann 1986). Deshalb sollten auch bei der endgültigen Implementierung von BIWAK (als BIWAK-2) die aus der KI und aus der Datenbank-Theorie bekannten Mechanismen vor allem bei der Benutzer-Modellierung und der Formulierung der funktionalen Abhängigkeiten benutzt werden.

BIWAK kann als Beispiel für die Forschungen zur Mensch-Maschine-Schnittstelle am Übersetzerarbeitsplatz angesehen werden. Nach der Untersuchung der Notwendigkeit und der Randbedingungen für ein derartiges Werkzeug wurde ein einfacher Prototyp (hier BIWAK-1) zur Überprüfung der Arbeitshypothesen implementiert. Die Erfahrungen bei der Implementierung und der Benutzung des Prototyps bildeten die Grundlage für den Entwurf eines ganzheitlichen Modells, wie er im vorangehenden vorgestellt wurde.

Diese und die anderen zu Beginn aufgeführten Untersuchungen innerhalb des Forschungenprogramms des K-Projektes stellen die Voraussetzungen für ein weiteres Projekt dar, das mit Unterstützung der Deutschen Forschungsgemeinschaft ab 1987 beginnen soll und dessen Zielsetzung ich im folgenden kurz vorstellen möchte.

Das zunächst auf zwei Jahre angelegte Projekt trägt den Titel 'Mensch-Maschine-Kommunikation und Benutzerschnittstelle am Übersetzerarbeitsplatz' und zielt, aufbauend auf Untersuchungen zu den Möglichkeiten der Automatisierung am Übersetzerarbeitsplatz und zu den Kommunikationsprozessen zwischen

Mensch und Maschine, auf die Entwicklung eines Modells des gesamten Ablaufs bei der Erstellung einer Übersetzung. Dieses Modell umfaßt die aufgabenbezogene Definition der einzelnen den Übersetzer unterstützenden Werkzeuge und die Festlegung der Kommunikationskanäle der Werkzeuge untereinander sowie zwischen dem Benutzer und den Werkzeugen.

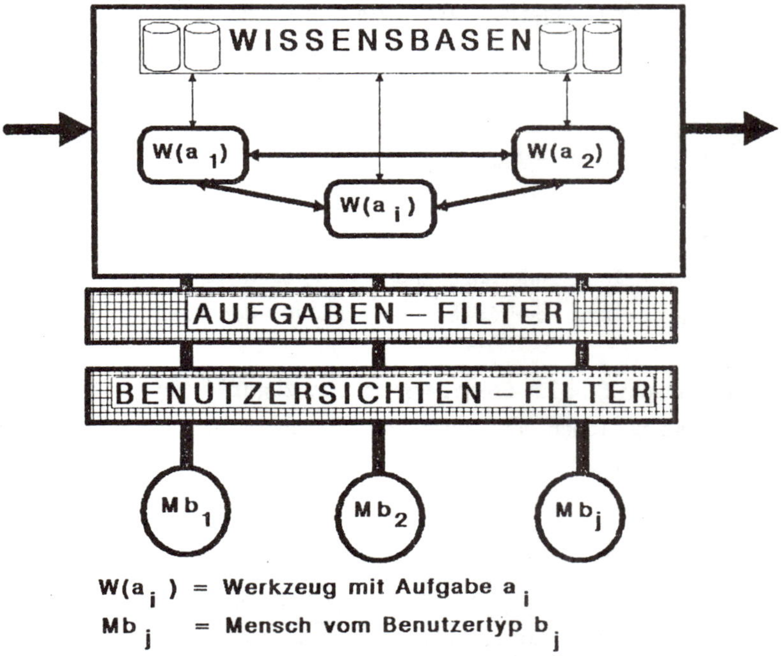

(Abb. 9)

Auf der Basis dieses Modells werden sodann vorhandene Werkzeuge auf ihre Brauchbarkeit hin untersucht, wenn möglich angepaßt und gegebenenfalls neu entwickelt. Werkzeuge sind unter anderem:

- Textprozessor (multilinguale Textverarbeitung, Prä- und Postedition)
- Terminologieverwaltung (private Terminologie, öffentliche Terminologie-Datenbanken)
- MGÜ-/MÜ-System (Informativ- und Rohübersetzung)
- Wörterbuchmanipulation (benutzerfreundlich und konsistent)

Die Hinzunahme weiterer Werkzeuge oder die Aufspaltung von Werkzeugen zu elementareren Modulen kann sich ergeben.

Die Werkzeuge werden sodann dem entwickelten Modell entsprechend innerhalb eines integrierten Übersetzerarbeitsplatzes vernetzt und mit übersetzerspezifischen Benutzerschnittstellen versehen. Die Konfigurierung des Systems und der Zugang zu ihm ist abhängig von bestimmten Anwendungsprofilen, die auf der Basis einer Analyse des gesamten Arbeitsablaufes bei der Erstellung einer Übersetzung bei verschiedenen Typen von Übersetzungsinstitutionen ermittelt und definiert werden müssen. Typen von Übersetzungsinstitutionen sind zum Beispiel:

- nebenberuflich arbeitender Übersetzer
- hauptberuflicher Ein-Mann-Betrieb
- Übersetzergenossenschaft
- Übersetzungsbüro mit mehreren angestellten und freien Übersetzern
- Übersetzungsabteilung innerhalb größerer Unternehmen
- Übersetzungsabteilung oder Sprachendienst von Behörden

Die folgende Graphik soll exemplarisch den Zugriff verschiedener Typen von Übersetzungsinstitutionen mit unterschiedlichen Anwendungsprofilen auf das integrierte System verdeutlichen.

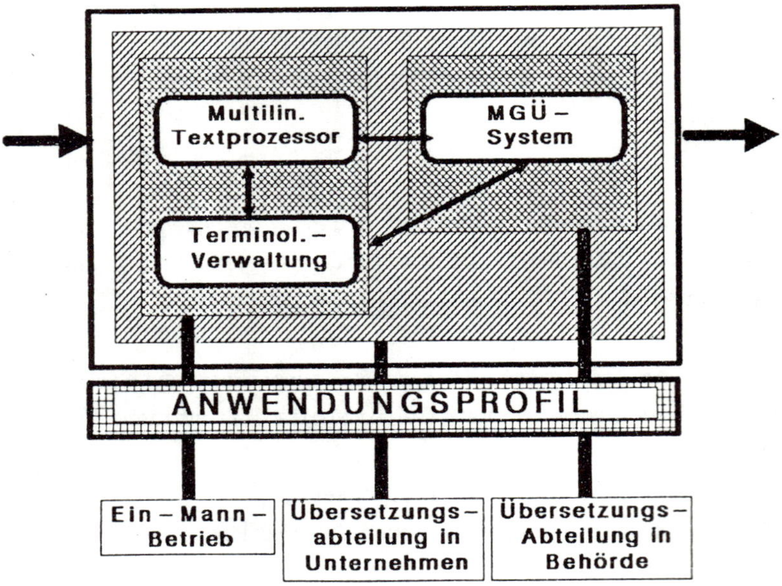

(Abb. 10)

Der integrierte Übersetzerarbeitsplatz soll innerhalb dieses Projektes (prototypisch) implementiert werden, wobei die Austauschbarkeit der Werkzeuge durch die Architektur des Systems und die Definition der Kommunikationskanäle sichergestellt werden soll. Eine Evaluierung der Projektentwicklungen sowohl durch Übersetzer aus der Praxis als auch durch Übersetzer- und Dolmetscherstudenten wird angestrebt.

LITERATUR

Bear, J. (1986): A Morphological Recognizer with Syntactic and Phonological Rules. In: Proceedings of the 11th International Conference on Computational Linguistics COLING 86. Bonn. 272-276.

Blatt, A., K.-H. Freigang, K.-D. Schmitz, G. Thome (1985): Computer und Übersetzen - Eine Einführung. (Hildesheimer Beiträge zu den Erziehungs- und Sozialwissenschaften Bd. 21). Hildesheim, Zürich, New York.

Blatt, A., K.-H. Freigang, K.-D. Schmitz (1985): Sprachdatenverarbeitung in der Übersetzer- und Dolmetscherausbildung - Ein Entwurf zur Aktualisierung des Studiengangs für Diplom-Übersetzer und Diplom-Dolmetscher an der Universität des Saarlandes. Saarbrücken. (masch.)

Domenig, M., P. Shann (1986): Towards a Dedicated Database Management System for Dictionaries. In: Proceedings of the 11th International Conference on Computational Linguistics COLING 86. Bonn. 91-96.

Freigang, K.-H. (1986): Sprachdatenverarbeitung in der Übersetzer- und Dolmetscherausbildung - Ein Entwurf zur Aktualisierung des Studiengangs. Erscheint in: Lebende Sprachen November 1986.

Karttunen, L. (1983): KIMMO: A General Morphological Processor. In: Texas Linguistic Forum 22. 165-186.

- (1984): Features and Values. In: Proceedings of the 10th International Conference on Computational Linguistics COLING 84. Stanford. 28-33.

Koskenniemi, K. (1983): Two-Level Model for Morphological Analysis. In: Proceedings of the 8th International Joint Conference of Artificial Intelligence IJCAI 83. Karlsruhe. 683-685.

- (1984): A General Computational Model for Word-Form Recognition and Production. In: Proceedings of the 10th International Conference on Computational Linguistics COLING 84. Stanford. 178-181.

Schmitz, K.-D. (1983): Bemerkungen zum Umfeld eines MÜ-Systems. In: Sprache und Datenverarbeitung 5/1-2. 32-37.

- (1984a): Überlegungen zur Mensch-Maschine-Schnittstelle am Übersetzerarbeitsplatz. (Masch.). Kurzfassung in: Universität des Saarlandes. Saarbrücker Computerforum Juni 1984. Saarbrücken.

- (1984b): Automation im Umfeld des Übersetzens und deren Berücksichtigung im Rahmen der Übersetzerausbildung. In: W. Wilss, G. Thome (Hg.) (1984): Die Theorie des Übersetzens und ihr Aufschlußwert für die Übersetzungs- und Dolmetschdidaktik. Tübingen. 350-355.

- (1986a): Computer in der Übersetzerpraxis - Ergebnisse einer Umfrage. (Linguistische Arbeiten des SFB 100, Neue Folge, Heft 15). Saarbrücken.

- (1986b): Computer in der Übersetzerpraxis - Ergebnisse einer Umfrage. In: BDÜ-Mitteilungsblatt für Dolmetscher und Übersetzer 4/1986. 4-9.

VERZEICHNIS DER AUTOREN (Stand Oktober 1986)

BIEWER, Axel
Sonderforschungsbereich 100, Projektbereich C
Universität des Saarlandes, 6600 Saarbrücken 11

BLATT, Achim, Dipl.-Übers.
Sonderforschungsbereich 100, Projektbereich K
Fachrichtung 8.6, 'Angewandte Sprachwissenschaft
sowie Übersetzen und Dolmetschen'
Universität des Saarlandes, 6600 Saarbrücken 11

FENEYROL, Christian, M.A.
Sonderforschungsbereich 100, Projektbereich C
Universität des Saarlandes, 6600 Saarbrücken 11

GERHARDT, Tom C., M.A.
IAI/EUROTRA-D
Martin-Luther-Str. 14, 6600 Saarbrücken

KROUPA, Edith, Dipl.-Math.
Projekt MARIS, Fachrichtung 5.5, Informationswissenschaft
Universität des Saarlandes, 6600 Saarbrücken 11

LICHER, Veronika, Dipl.-Inform.
Sonderforschungsbereich 100, Teilprojekt A2
Universität des Saarlandes, 6600 Saarbrücken 11

LUCKHARDT, Heinz-Dirk, Dipl.-Übers.
Sonderforschungsbereich 100, Teilprojekt A2
Universität des Saarlandes, 6600 Saarbrücken 11

LEHMANN, Hubert, Dr.
IBM Wissenschaftliches Zentrum Heidelberg
Tiergartenstr. 15, 6900 Heidelberg

MESSERSCHMIDT, Jan, Dr.
Sonderforschungsbereich 100, Projektbereich E
Universität des Saarlandes, 6600 Saarbrücken 11

RIES, Manfred, Dipl.-Inform.
Sonderforschungsbereich 100, Projektbereich E
Universität des Saarlandes, 6600 Saarbrücken 11

RITZKE, Johannes, Dr.
Sonderforschungsbereich 100, Projektbereich C
Universität des Saarlandes, 6600 Saarbrücken 11

ROTHKEGEL, Annely, Dr.
Sonderforschungsbereich 100, Teilprojekt A3
Universität des Saarlandes, 6600 Saarbrücken 11

SANDIG, Barbara, Prof. Dr.
Sonderforschungsbereich 100, Teilprojekt A3
Universität des Saarlandes, 6600 Saarbrücken 11

SCHEEL, Hans-Ludwig, Prof. Dr.
Sonderforschungsbereich 100, Projektbereich C
Universität des Saarlandes, 6600 Saarbrücken 11

SCHMITZ, Klaus-Dirk, Dr.
Sonderforschungsbereich 100, Projektbereich K
Fachrichtung 8.6, 'Angewandte Sprachwissenschaft
sowie Übersetzen und Dolmetschen'
Universität des Saarlandes, 6600 Saarbrücken 11

SCHÜTZ, Jörg, Dipl.-Inform.
Sonderforschungsbereich 100, Projektbereich E
Universität des Saarlandes, 6600 Saarbrücken 11

SGALL, Petr, Prof. Dr.
Matematicko Pyzikalni Fakulta
Univerzity Karlovy
Pracoviste Malostranskel Nam. 25
11800 Praha 1

SOMERS, Harold, Dr.
Centre for Computational Linguistics
U.M.I.S.T.
P.O.Box 88
GB-M60 1QD Manchester

STEGENTRITT, Erwin, Dr.
Sonderforschungsbereich 100, Projektbereich C
Universität des Saarlandes, 6600 Saarbrücken 11

THIEL, Manfred, Dr.
Sonderforschungsbereich 100, Teilprojekt A2
Universität des Saarlandes, 6600 Saarbrücken 11

WEBER, Heinz-Josef, Dr.
Sonderforschungsbereich 100, Teilprojekt A3
Universität des Saarlandes, 6600 Saarbrücken 11

WILSS, Wolfram, Prof. Dr.
Sonderforschungsbereich 100, Sprecher und Projektbereich K
Fachrichtung 8.6 'Angewandte Sprachwissenschaft sowie
Übersetzen und Dolmetschen'
Universität des Saarlandes, 6600 Saarbrücken 11

ZEMB, Jean-Marie, Prof. Dr.
Collège de France
11, rue Marcelin Berthelot
F-75231 Paris

ZIMMERMANN, Harald H., Prof. Dr.
Fachrichtung 5.5, Informationswissenschaft
Universität des Saarlandes, 6600 Saarbrücken 11